Söffing · Die Betriebsaufspaltung

Die Betriebsaufspaltung

Formen · Voraussetzungen · Rechtsfolgen

Von

Professor Dr. Günter Söffing
Rechtsanwalt, Steuerberater,
Richter am Bundesfinanzhof a. D.

2. Auflage

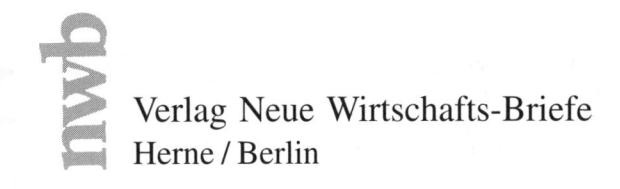

Verlag Neue Wirtschafts-Briefe
Herne / Berlin

Die Deutsche Bibliothek – CIP-Einheitsaufnahme

Söffing, Günter:
Die Betriebsaufspaltung : Formen, Voraussetzungen, Rechtsfolgen / von Günter Söffing. – 2. Aufl. – Herne ; Berlin : Verl. Neue Wirtschafts-Briefe, 2001
ISBN 3-482-49972-1

ISBN 3-482-**49972**-1 – 2. Auflage 2001

© Verlag Neue Wirtschafts-Briefe GmbH & Co., Herne/Berlin, 1999

Alle Rechte vorbehalten.

Dieses Buch und alle in ihm enthaltenen Beiträge und Abbildungen sind urheberrechtlich geschützt. Mit Ausnahme der gesetzlich zugelassenen Fälle ist eine Verwertung ohne Einwilligung des Verlages unzulässig.

Druck: Richarz Publikationsservice GmbH, St. Augustin

Vorwort

In der Neuauflage werden u. a. die Fortentwicklung der Rechtsprechung zur Betriebsaufspaltung und die mit einer Echternacher Springprozession vergleichbare Gesetzgebung zur Überführung bzw. Übertragung von Wirtschaftsgütern (§ 6 Abs. 5 EStG) berücksichtigt. Hinsichtlich dieser Gesetzgebung werden alle Rechtslagen, die bis 1998 geltende, die 1999 und 2000 maßgebende und die ab 2001 einschlägige, dargestellt.

Unverändert gegenüber der Vorauflage ist der Aufbau der Darstellung geblieben: Problemstellung und Entwicklung des Instituts der Betriebsaufspaltung (A.), Wesen und Rechtfertigung der Betriebsaufspaltung (B.), Formen der Betriebsaufspaltung (C.), Voraussetzungen der Betriebsaufspaltung (D.), Besitzunternehmen (E.), Betriebsunternehmen (F.), Rechtsfolgen der Betriebsaufspaltung (G.), Betriebsaufspaltung und Betriebsverpachtung (H.), Beginn und Beendigung der Betriebsaufspaltung (I.) und Betriebsaufspaltung: Ja oder Nein? (K.).

Unverändert geblieben ist auch der Zweck und die Art der Darstellung, nämlich Probleme der Betriebsaufspaltung, insbesondere unter Berücksichtigung der höchstrichterlichen Rechtsprechung, systematisch und verständlich aufzuzeigen. Damit soll erreicht werden, einerseits dem Studierenden den Einstieg in das Rechtsinstitut der Betriebsaufspaltung zu erleichtern und andererseits dem Praktiker bei der Lösung von Einzelproblemen der Betriebsaufspaltung zu helfen.

Kritische Anmerkungen zu dem Institut der Betriebsaufspaltung sind nicht vergessen worden.

München, im September 2001   Prof. Dr. Günter Söffing

Inhaltsübersicht

                                                Seite

Vorwort	5
Inhaltsverzeichnis	9
Abkürzungsverzeichnis	23
Literaturverzeichnis	27
A. Problemstellung und Entwicklung des Instituts der Betriebsaufspaltung	35
B. Wesen und Rechtfertigung der Betriebsaufspaltung	40
C. Formen der Betriebsaufspaltung	45
D. Voraussetzungen der Betriebsaufspaltung	50
E. Besitzunternehmen	166
F. Betriebsunternehmen	174
G. Rechtsfolgen der Betriebsaufspaltung	208
H. Betriebsaufspaltung und Betriebsverpachtung	305
J. Beginn und Beendigung der Betriebsaufspaltung	309
K. Betriebsaufspaltung: Ja oder Nein?	322
Stichwortverzeichnis	327

Inhaltsverzeichnis

Seite

Vorwort 5

Inhaltsübersicht 7

Abkürzungsverzeichnis 23

Literaturverzeichnis 27

A. Problemstellung und Entwicklung des Instituts der Betriebsaufspaltung

I. Einleitung 35
II. Das Grundproblem der Betriebsaufspaltung 36
III. Entwicklung des Instituts der Betriebsaufspaltung .. 37

B. Wesen und Rechtfertigung der Betriebsaufspaltung

I. Wesen der Betriebsaufspaltung 40
II. Rechtfertigung der Betriebsaufspaltung 40
   1. Die Reinhardtsche These 40
   2. Der Reichsfinanzhof 40
   3. Der Oberste Finanzhof 41
   4. Der Bundesfinanzhof 41
III. Verfassungsmäßigkeit 44

C. Formen der Betriebsaufspaltung

I. Allgemeines 45
II. Echte Betriebsaufspaltung 45
III. Unechte Betriebsaufspaltung 46
IV. Kapitalistische Betriebsaufspaltung 47
V. Mitunternehmerische Betriebsaufspaltung 48
VI. Umgekehrte Betriebsaufspaltung 48
VII. Unmittelbare Betriebsaufspaltung 48
VIII. Mittelbare Betriebsaufspaltung 49

		Seite

D. Voraussetzungen der Betriebsaufspaltung

I.	Allgemeines	50
II.	Sachliche Verflechtung	51
	1. Begriffsbestimmung	52
	2. Rechtfertigung für die Voraussetzungen der sachlichen Verflechtung	52
	3. Wesentliche Betriebsgrundlage	53
	a) Allgemeines	53
	b) Begriff	54
	c) Bebaute Grundstücke	56
	(1) Grundsätzliches	57
	(2) Besonders hergerichtet	57
	(3) Besondere Lage	58
	(4) Andere innerbetriebliche Gründe	59
	(5) Gesamtbildbetrachtung	60
	(6) Nutzung durch einen anderen Unternehmer	61
	(7) Ausübung des Betriebs in einem anderen Gebäude	61
	(8) Untergeordnete Bedeutung	61
	(9) Austauschbarkeits-Rechtsprechung	63
	(10) Zusammenfassung	64
	(11) Einzelfälle	66
	(11.1) Hotels, Restaurants, Cafés, Einzelhandelsunternehmen, Kaufhäuser	66
	(11.2) Verbrauchermarkt und Kurheimbetrieb	67
	(11.3) Fabrikgrundstücke	68
	(11.4) Reparaturwerkstatt	69
	(11.5) Bürogebäude, Verlagsgebäude und Lagerhallen	70
	(11.6) Gemischt genutzte Gebäude	74
	d) Unbebaute Grundstücke	74
	e) Bewegliche Wirtschaftsgüter	75
	f) Immaterielle Wirtschaftsgüter	75
	(1) Geschützte Erfindungen	76
	(2) Ungeschützte Erfindungen	77
	(3) Urheberrechte und sonstige Schutzrechte	78

	Seite
(4) Kundenstammrecht, Handelsvertretervertrag, Firmenwert, Konzessionen . . .	78
(5) Warenzeichen, Rezepte, Know-how . .	78
g) Umlaufvermögen	79
4. Überlassen von Wirtschaftsgütern	79
a) Abgrenzung der Nutzungsüberlassung zur Veräußerung	79
b) Nutzungsüberlassung eines fremden Wirtschaftsguts	80
c) Art der Nutzungsüberlassung	81
d) Erbbaurecht und Nießbrauch	82
e) Zwischenvermietung	83
5. Schlussbemerkung	84
III. Personelle Verflechtung	84
1. Begriff	85
2. Der einheitliche geschäftliche Betätigungswille	86
a) Allgemeines	86
b) Geschäfte des täglichen Lebens	87
c) Das Überlassungsverhältnis	88
d) Testamentsvollstrecker	89
e) Zwangsverwaltung, gerichtlicher Vergleich, Konkurs	90
3. Durchsetzung des einheitlichen geschäftlichen Betätigungswillens	90
a) Die Einmann-Betriebsaufspaltung	91
b) Einheits-Betriebsaufspaltung	91
c) Die Mehrpersonen-Betriebsaufspaltung	92
(1) Überblick	92
(2) Das Stimmrechtsverhältnis	92
(2.1) Allgemeines	92
(2.2) Das Stimmrecht	93
(2.3) Einfache Mehrheit	94
(2.3.1) Personenmehrheit beim Besitz- oder Betriebsunternehmen	94
(2.3.2) Personenmehrheit bei beiden Unternehmen	96
(2.3.2.1) Die Personengruppentheorie	96
(2.3.2.2) Beteiligungsidentität und unterschiedliche Beteiligungsverhältnisse	97

		Seite
(2.3.2.3)	Rechtfertigung der Personengruppentheorie	100
(2.3.2.4)	Widerlegung der Vermutung gleichgerichteter Interessen	101
(2.3.2.5)	Extrem konträre Beteiligungsverhältnisse	103
(2.3.2.6)	Erbengemeinschaften	104
(2.4)	Qualifizierte Mehrheit und Einstimmigkeit	104
(2.4.1)	Allgemeines	105
(2.4.2)	Das BFH-Urteil vom 9.11.1983	105
(2.4.3)	Folgerungen aus dem BFH-Urteil vom 9.11.1983	106
(2.4.4)	Auswirkungen des Urteils vom 9.11.1983 auf andere Besitz-Personengesellschaften	107
(2.4.5)	Auswirkungen des Urteils vom 9.11.1983 auf Betriebsgesellschaften	108
(2.4.6)	Das BMF-Schreiben vom 29.3.1985	108
(2.4.7)	Auswirkungen auf Gemeinschaften	108
(2.4.7.1)	Bruchteilsgemeinschaft	109
(2.4.7.2)	Erbengemeinschaft	110
(2.4.7.3)	Gütergemeinschaft	110
(2.4.8)	Bedeutung des Urteils vom 9.11.1983	110
4. Mittelbare Beherrschung		112
a) Einführung		112
b) Mittelbare Beherrschung auf der Seite des Betriebsunternehmens		113
c) Mittelbare Beherrschung auf der Seite des Besitzunternehmens		114
(1)	Das BFH-Urteil vom 27.8.1992	114
(2)	Kritik	115
(3)	Folgerungen aus dem Urteil vom 27.8.1992	115
(3.1)	Zwischenschaltung einer mitunternehmerischen Personengesellschaft	115
(3.2)	Sonderbetriebsvermögen II	116
(3.3)	Der Nur-Besitz-Gesellschafter	116
(3.4)	Wichtiger Hinweis für die Praxis	117

		Seite
5.	Zusammenrechnung von Angehörigenanteilen	117
	a) Die Rechtslage bis März 1985	118
	b) Die Rechtslage ab März 1985	119
	c) Zusätzliche Beweisanzeichen	119
	(1) Allgemeines	120
	(2) Die BFH-Urteile vom 27.11.1985 und vom 18.2.1986	120
	(3) Das Urteil des IV. Senats vom 24.7.1986	122
	(4) Das Urteil des VIII. Senats vom 17.3.1987	125
	(5) Zusammenfassung	127
	d) Feststellungslast	128
	e) Anwendung auf Anteile minderjähriger Kinder	128
	f) Folgen der Rechtsprechungsänderung	128
6.	Wiesbadener Modell	129
7.	Faktische Beherrschung	130
	a) Einleitung	130
	b) Bedenken gegen die faktische Beherrschungsthese	134
	c) Das BFH-Urteil vom 26.7.1984	135
	d) Folgerungen aus dem BFH-Urteil vom 26.7.1984	135
	e) Die weitere Entwicklung der Rechtsprechung	136
	(1) Das Urteil des VIII. Senats vom 9.9.1986	137
	(2) Das Urteil des X. Senats vom 12.10.1988	138
	(3) Das Urteil des I. Senats vom 26.10.1988	138
	(4) Das Urteil des III. Senats vom 1.12.1989	140
	(5) Das Urteil des BFH vom 27.2.1991	142
	(6) Das Urteil des FG Rheinland-Pfalz vom 6.10.1995	142
	(7) Das Urteil des FG Düsseldorf vom 25.10.1996	143
	(8) Das Urteil des XI. Senats vom 29.1.1997	144
	(9) Das Urteil des FG Baden-Württemberg vom 4.2.1998	146
	(10) Das BFH-Urteil vom 15.10.1998	146
	(11) Das BFH-Urteil vom 7.12.1999	147
	(12) Das BFH-Urteil vom 15.3.2000	147
	f) Ergebnis	148

		Seite
8.	Stimmrechtsausschluss	149
	a) Das Zivilrecht	150
	b) Das Besitzunternehmen	151
	c) Das Betriebsunternehmen	152
	(1) Allgemeines	152
	(2) Das Urteil des IV. Senats vom 26.1.1989	152
	(3) Kritik an dem Urteil des IV. Senats vom 26.1.1989	153
9.	Mehrere Besitzunternehmen	155
10.	Mehrere Betriebsunternehmen	160
11.	Stille Beteiligung	162
12.	Unterbeteiligung	163
13.	Gestaltungsmissbrauch	164
	a) Allgemeines	164
	b) Das BFH-Urteil vom 13.3.1997	164
	(1) Sachverhalt	164
	(2) Entscheidungsgründe	164

E. Besitzunternehmen

I.	Allgemeines	166
II.	Inländische Betriebsstätte	168
III.	Das Besitzunternehmen ist eine Kapitalgesellschaft	169
IV.	Das Besitzunternehmen erfüllt die Voraussetzungen des § 15 Abs. 2 EStG	170
V.	Besonderheiten bei der Einheits-Betriebsaufspaltung	170
VI.	Gemeinnützige Einrichtung	172
VII.	Gewinnermittlung	173

F. Betriebsunternehmen

I.	Kapitalgesellschaft als Betriebsunternehmen	174
II.	Personengesellschaft als Betriebsunternehmen (mitunternehmerische Betriebsaufspaltung)	174
	1. Die früher herrschende Rechtsprechung	176
	2. Die abweichende Rechtsprechung des VIII. Senats	178
	a) Das BFH-Urteil vom 23.4.1996	178
	b) Begründung des Urteils	179
	3. Bedenken gegen die Rechtsprechungsänderung	179

	Seite
a) Kontinuität der Rechtsprechung	180
b) Zirkelschluss	181
c) Nichtgewerbliche Personengesellschaft	183
d) Divergenz zu dem BFH-Urteil vom 3.2.1994	183
e) Das BFH-Urteil vom 24.11.1998	186
(1) Die Urteilsbegründung	186
(2) Urteilskritik	187
4. Folgerungen aus der Rechtsprechungsänderung	189
a) Der Nur-Besitz-Gesellschafter	190
b) Betriebsaufgabefälle	190
c) Abfärbevorschrift	191
d) Gewerbesteuerbefreiungen	193
e) Gewerbesteuerliche Doppelbelastung bei Darlehensgewährung	193
f) Keine Saldierungsmöglichkeit	194
g) Sonderabschreibungen, Investitionszulagen	194
h) Tarifbegünstigung bei Betriebsveräußerung	195
i) Umbuchung	195
j) AfA-Fortführung	196
k) Sonderabschreibungen nach dem Fördergebietsgesetz	196
l) Behandlung der Nur-Besitz-Gesellschafter	196
m) Antragsberechtigung bei der Investitionszulage	197
n) Verbleibens-, Zugehörigkeits- und Verwendungsvoraussetzungen	197
5. Übergangsregelungen	198
6. Vermeidung der Folgen der Rechtsprechungsänderung	199
a) Empfehlungen der Finanzverwaltung	199
(1) Erfolgsneutrale Überführung ins Gesellschaftsvermögen	199
(2) Einbringung nach § 24 UmwStG	199
b) Andere denkbare Vermeidungsmöglichkeiten	200
(1) Änderung der Stimmrechtsverhältnisse	200
(2) Kein volles Entgelt	201
(3) Vermeidung der Anwendung der Abfärbevorschrift	201

		Seite
	7. Keine Anwendung der neuen Rechtsprechungsgrundsätze	201
	a) Entgeltliche und teilentgeltliche Nutzungsüberlassung	201
	b) Mehrstöckige Personengesellschaften	202
	(1) Mehrstöckige Personengesellschaft auf der Seite des Besitzunternehmens	202
	(2) Mehrstöckige Personengesellschaft auf der Seite des Betriebsunternehmens	203
III.	Einzelunternehmen als Betriebsunternehmen	204
IV.	Gemeinschaft als Betriebsunternehmen	205
V.	Muss das Betriebsunternehmen einen Gewerbebetrieb zum Gegenstand haben?	205
VI.	Inländische Betriebsstätte	206

G. Rechtsfolgen der Betriebsaufspaltung

I.	Grundsätzliches	208
	1. Kein einheitlicher Gewerbebetrieb	208
	2. Umqualifizierung des Besitzunternehmens	209
II.	Bedenken gegen die Umqualifizierung	211
	1. Allgemeines	211
	2. Der GmbH & Co. KG-Beschluss	212
	3. Das BFH-Urteil vom 12.11.1985	214
	a) Die Begründung des Urteils	214
	b) Kritische Überlegungen	215
	c) Wertende Betrachtungsweise	218
	4. Lösungsvorschlag	218
	5. Beteiligung am allgemeinen wirtschaftlichen Verkehr	219
	a) Allgemeines	219
	b) Zurechnung der Beteiligung am allgemeinen wirtschaftlichen Verkehr des Betriebsunternehmens	220
	c) Zurechnung der Betriebseigenschaft des früheren einheitlichen Betriebs	221
	(1) Echte Betriebsaufspaltung	221
	(2) Unechte Betriebsaufspaltung	221

		Seite
III.	Umfang der Umqualifizierung	222
	1. Das Besitzunternehmen ist ein Einzelunternehmen	222
	a) Grundsätzliches	222
	b) Dem Betriebsunternehmen überlassene Wirtschaftsgüter	224
	c) Die Anteile an der Betriebs-Kapitalgesellschaft als Betriebsvermögen des Besitzunternehmens	226
	d) Darlehensforderungen	228
	e) Betriebseinnahmen beim Besitzunternehmen	229
	2. Das Besitzunternehmen ist eine Personengesellschaft	231
	a) Die nicht an das Betriebsunternehmen vermieteten Wirtschaftsgüter	231
	b) Nur-Besitz-Gesellschafter	234
	(1) Die Mitgegangen-Mitgefangen-These	234
	(2) Bedenken gegen die Mitgegangen-Mitgefangen-These	235
	c) Sonderbetriebsvermögen	238
	(1) Überlassung von Wirtschaftsgütern	238
	(2) Die Anteile an der Betriebs-Kapitalgesellschaft als notwendiges Sonderbetriebsvermögen II des Besitzunternehmens	243
	(3) Darlehensforderungen	244
	(4) Gewillkürtes Sonderbetriebsvermögen	245
	3. Das Besitzunternehmen ist eine Gemeinschaft	245
IV.	Korrespondierende Bilanzansätze	247
	1. Die frühere Rechtsprechung des BFH	248
	2. Kritik an der BFH-Rechtsprechung	249
	3. Das BFH-Urteil vom 8.3.1989	250
	4. Die BFH-Urteile vom 17.7.1991 und vom 14.1.1998	252
V.	Buchwertfortführung – Buchwertübertragung	252
	1. Einführung	252
	2. Buchwertfortführung bzw. Buchwertübertragung bei der Begründung einer echten Betriebsaufspaltung	253
	a) Buchwertfortführung im Besitzunternehmen	253
	b) Buchwertübertragung ins Betriebsunternehmen	253
	(1) Allgemeines	253
	(2) Rechtslage bis 1998	254

	Seite
(2.1) Das Betriebsunternehmen ist eine Personengesellschaft	254
(2.2) Das Betriebsunternehmen ist eine Kapitalgesellschaft	255
(2.2.1) Es sind nur Sowohl-als-auch-Gesellschafter vorhanden	255
(2.2.1.1) Allgemeines	255
(2.2.1.2) Verwaltungspraxis	257
(2.2.1.3) Übernahme von Verbindlichkeiten	257
(2.2.2) Es sind auch Nur-Betriebs-Gesellschafter vorhanden	259
(2.2.2.1) Die Verwaltungsmeinung	259
(2.2.2.2) Die Rechtsprechung des BFH	260
(2.2.2.2.1) Entnahmefälle	260
(2.2.2.2.2) Nicht-Entnahmefälle	262
(2.2.2.2.3) Lösungsvorschlag	263
(2.2.2.3) Teilwertübertragung	265
(3) Die Rechtslage in den Jahren 1999 und 2000	265
(3.1) Das Betriebsunternehmen ist eine Kapitalgesellschaft	265
(3.2) Das Betriebsunternehmen ist eine Personengesellschaft	266
(4) Die Rechtslage ab 2001	267
(4.1) Allgemeines	267
(4.2) Das Betriebsunternehmen ist eine Kapitalgesellschaft	267
(4.3) Das Betriebsunternehmen ist eine Personengesellschaft	268
3. Buchwertübertragung während des Bestehens einer Betriebsaufspaltung	269
a) Allgemeines	269
b) Die Rechtslage bis zum 31.12.1998	269
(1) Buchwertübertragung von einem Besitzunternehmen in ein Betriebsunternehmen	269
(1.1) An beiden Unternehmen sind dieselben Gesellschafter beteiligt	269
(1.2) Buchwertübertragung beim Vorhandensein von Nur-Besitz-Gesellschaftern	271

		Seite
	(1.3) Buchwertübertragung beim Vorhandensein von Nur-Betriebs-Gesellschaftern . . .	272
	(2) Besitz- und Betriebsunternehmen sind Kapitalgesellschaften	273
	(3) Buchwertübertragung vom Betriebsunternehmen auf das Besitzunternehmen . .	273
	c) Die Rechtslage in den Veranlagungszeiträumen 1999 und 2000	274
	d) Die Rechtslage ab Veranlagungszeitraum 2001	274
VI.	Können Besteuerungsmerkmale, die bei dem Betriebsunternehmen vorliegen, dem Besitzunternehmen zugerechnet werden (Merkmalübertragung)?	274
	1. Einführung	275
	2. Das BMF-Schreiben vom 10.12.1985	276
	3. Die Rechtsprechung zur Investitionszulage . . .	276
	4. Die Rechtsprechung des BFH zum Gewerbesteuergesetz	278
	5. Die Rechtsprechung des BFH zu § 7 g EStG . .	280
	6. Bedenken gegen die Rechtsprechung zum Gewerbesteuergesetz	281
	a) Grundsätzliche Bedenken	281
	b) Keine spezielle Zwecksetzung und tatbestandsmäßige Ausgestaltung bei der Investitionszulage	282
	(1) Allgemeines	282
	(2) Keine spezielle Zwecksetzung	283
	(2.1) Zielsetzung der Investitionszulage . . .	283
	(2.2) Die Investitionszulagenvorschriften sind keine Steuergesetze	284
	(2.3) Anwendung steuerrechtlicher Grundsätze	285
	(2.4) Gleichmäßigkeit der Begünstigung durch Investitionszulagen	285
	(2.5) Öffentlicher Zuschuss	286
	(3) Tatbestandsmäßige Ausgestaltung . . .	287
	(3.1) Vergleichbarkeit der Bemessungsgrundlagen	287
	(3.2) Andere tatbestandsmäßige Ausgestaltungen	287
	7. Das Urteil des FG Baden-Württemberg vom 6.9.2000	288
	8. Zusammenfassung	290
VII.	Phasengleiche Bilanzierung bei Ausschüttung der Betriebs-GmbH	291

		Seite

1. Einführung ... 291
2. Grundsätzliches zu Gewinnausschüttungen ... 292
   a) Allgemeines ... 292
   b) Versteuerung im Privatvermögen ... 293
   c) Versteuerung im Betriebsvermögen ... 293
   d) Betriebsaufspaltungsfälle ... 293
3. Die Ausnahme ... 294
   a) Die Rechtsprechung des BGH ... 294
   b) Die Rechtsprechung des BFH ... 294
VIII. Eintritt der weiteren Rechtsfolgen nur bei Umqualifizierung ... 297
IX. Pensionsrückstellungen und Tätigkeitsvergütungen ... 298
X. Haftung ... 299
XI. Angemessener Pachtzins (Mietzins) ... 300
  1. Grundsätzliches ... 301
     a) Unangemessen niedriger Pachtzins (Mietzins) ... 301
     b) Unangemessen hoher Pachtzins (Mietzins) ... 302
  2. Ausnahme beim Vorhandensein von Nur-Betriebs-Gesellschafter ... 302
  3. Wann ist ein Nutzungsentgelt angemessen? ... 304

H. Betriebsaufspaltung und Betriebsverpachtung

I. Betriebsverpachtung ... 305
II. Betriebsaufspaltung mit und ohne Betriebsverpachtung ... 306
  1. Allgemeines ... 306
  2. Die betriebsverpachtende Betriebsaufspaltung ... 306
  3. Nur wirtschaftsgutüberlassende Betriebsaufspaltung ... 307

J. Beginn und Beendigung der Betriebsaufspaltung

I. Beginn der Betriebsaufspaltung ... 309
  1. Allgemeines ... 309
  2. Bewertung bei Beginn der Betriebsaufspaltung ... 310
II. Beendigung der Betriebsaufspaltung ... 310
  1. Allgemeines ... 311
  2. Wegfall einer Voraussetzung der Betriebsaufspaltung ... 313
  3. Veräußerung des Besitzunternehmens ... 316

		Seite
4.	Das Betriebsunternehmen wird veräußert oder aufgegeben	317
5.	Möglichkeiten zur Vermeidung der Besteuerung der stillen Reserven des Besitzunternehmens bei Beendigung der Betriebsaufspaltung	318
	a) Allgemeines	318
	b) Zusammentreffen von Betriebsaufspaltung und Betriebsverpachtung	318
	c) Einbringung in eine GmbH	319
	d) Schaffung einer gewerblich geprägten Personengesellschaft	319
	e) Schaffung der Voraussetzung des § 15 Abs. 3 Nr. 1 EStG	320
	f) Änderung der Stimmrechtsverhältnisse	320
	g) Billigkeitsmaßnahme	321

K. Betriebsaufspaltung: Ja oder Nein?

I.	Einführende Bemerkung	323
II.	Haftungsbeschränkung	323
	1. Allgemeines	323
	2. Qualifiziert faktischer Konzern	323
	3. Kapitalersetzende Nutzungsüberlassung	324
III.	Geschäftsführergehalt und Pensionsrückstellung	325
IV.	Übertragung des Unternehmens auf die nächste Generation	325
V.	Attraktivitätsverlust?	326

Stichwortverzeichnis 327

Abkürzungsverzeichnis

a.A.	anderer Ansicht
a. a. O.	am aufgeführten Ort
Abs.	Absatz
Abschn.	Abschnitt
a.F.	alte Fassung
AG	Aktiengesellschaft
AktG	Aktiengesetz
Anm.	Anmerkung
AO	Abgabenordnung
ArbNehmErfG	Gesetz über Arbeitnehmererfindungen
Art.	Artikel
Aufl.	Auflage
Az	Aktenzeichen
BB	Betriebs-Berater (Zeitschrift)
BdF	Bundesminister der Finanzen
BerlinFG	Berlinförderungsgesetz
BetrVerfG	Betriebsverfassungsgesetz
BewG	Bewertungsgesetz
BFH	Bundesfinanzhof
BFHE	Sammlung der Entscheidungen des BFH
BFH/NV	Sammlung der nichtveröffentlichten Entscheidungen des BFH
BGB	Bürgerliches Gesetzbuch
BGH	Bundesgerichtshof
BGHZ	Entscheidungen des Bundesgerichtshofs in Zivilsachen
BiRiLiG	Bilanzrichtlinien-Gesetz
BMF	Bundesministerium der Finanzen
BStBl I	Bundessteuerblatt Teil I
BStBl II	Bundessteuerblatt Teil II
BuW	Betrieb und Wirtschaft (Zeitschrift)
BVerfG	Bundesverfassungsgericht
BVerfGE	Entscheidungen des Bundesverfassungsgerichts
DB	Der Betrieb (Zeitschrift)
ders.	derselbe
dies.	dieselbe(n)
Diss.	Dissertation
DNotZ	Deutsche Notar-Zeitschrift (Zeitschrift)
DStR	Deutsches Steuerrecht (Zeitschrift)

DStZ	Deutsche Steuer-Zeitung (Zeitschrift)
EFG	Entscheidungen der Finanzgerichte (Zeitschrift)
ESt	Einkommensteuer
EStDV	Einkommensteuer-Durchführungsverordnung
EStG	Einkommensteuergesetz
EStR	Einkommensteuer-Richtlinien
EuGH	Europäischer Gerichtshof
FA	Finanzamt
FG	Finanzgericht
FGO	Finanzgerichtsordnung
FördG	Gesetz über Sonderabschreibungen und Abzugsbeträge im Fördergebiet (Fördergebietsgesetz)
FinVerw	Finanzverwaltung
FR	Finanz-Rundschau (Zeitschrift)
GbR	Gesellschaft des bürgerlichen Rechts
GenG	Genossenschaftsgesetz
GesRZ	Der Gesellschafter (Zeitschrift für Gesellschaftsrecht)
GewA	Gewerbearchiv (Zeitschrift)
GewSt	Gewerbesteuer
GewStDV	Gewerbesteuer-Durchführungsverordnung
GewStG	Gewerbesteuergesetz
GG	Grundgesetz
GmbH	Gesellschaft mit beschränkter Haftung
GmbHG	Gesetz betreffend die Gesellschaften mit beschränkter Haftung
GmbHR	GmbH-Rundschau (Zeitschrift)
GmbH-StB	Der GmbH-Steuerberater (Zeitschrift)
GrS	Großer Senat
HFR	Höchstrichterliche Finanzrechtsprechung (Zeitschrift)
HGB	Handelsgesetzbuch
h.L.	herrschende Lehre
i.d.F.	in der Fassung
INF	Die Information über Steuer und Wirtschaft (Zeitschrift)
InvZulErl	BMF-Schreiben vom 5.5.1977 betr. Gewährung von Investitionszulagen nach dem Investitionszulagengesetz und nach § 19 des Berlinförderungsgesetzes (BStBl I 1977, 246)
InvZulG	Investitionszulagengesetz
i. S.	im Sinne

Abkürzungsverzeichnis 25

i.V.m.	in Verbindung mit
JbFfSt	Jahrbuch der Fachanwälte für Steuerrecht
JZ	Juristen-Zeitung (Zeitschrift)
KFR	Kommentierte Finanzrechtsprechung (Zeitschrift)
KG	Kommanditgesellschaft
KO	Konkursordnung
KÖSDI	Kölner Steuerdialog (Zeitschrift)
KStG	Körperschaftsteuergesetz
LSW	Lexikon des Wirtschafts- und Steuerrechts (Loseblattsammlung)
m.E.	meines Erachtens
MittBayNot	Mitteilungen des Bayerischen Notarvereins, der Notarkasse und der Landesnotarkammer Bayern (Zeitschrift)
m. w. N.	mit weiteren Nachweisen
NJW	Neue Juristische Wochenschrift (Zeitschrift)
NSt	Neues Steuerrecht von A-Z (Zeitschrift)
NWB	Neue Wirtschafts-Briefe (Zeitschrift)
NZB	Nichtzulassungsbeschwerde
ÖStZ	Österreichische Steuerzeitung (Zeitschrift)
OFD	Oberfinanzdirektion
OFH	Oberster Finanzhof
OHG	Offene Handelsgesellschaft
o. V.	ohne Verfasser
RdNr.	Randnummer
RFH	Reichsfinanzhof
RFHE	Sammlung der Entscheidungen und Gutachten des Reichsfinanzhofs
RG	Reichsgericht
RGZ	Sammlung der Entscheidungen des Reichsgerichts in Zivilsachen
RIW	Recht der internationalen Wirtschaft (Zeitschrift)
RN	Randnummer
Rpfleger	Der Deutsche Rechtspfleger (Zeitschrift)
Rspr.	Rechtsprechung
RStBl	Reichssteuerblatt
RWP	Rechts- und Wirtschaftspraxis
Rz.	Randziffer

StAnpG	Steueranpassungsgesetz
Stbg	Die Steuerberatung (Zeitschrift)
StbJb	Steuerberaterjahrbuch
StB	Der Steuerberater (Zeitschrift)
StBKongrRep	Steuerberaterkongress-Report
StBp	Die steuerliche Betriebssprüfung (Zeitschrift)
StEntlG 1999/ 2000/2002	Steuerentlastungsgesetz 1999/2000/2002
SteuerStud	Steuer und Studium (Zeitschrift)
StKongrRep	Steuerkongress-Report
StLex	Steuer-Lexikon (Loseblattsammlung)
StRK	Steuer-Rechtsprechung in Karteiform
StSem	Steuerseminar
StSenkG	Gesetz zur Senkung der Steuersätze und zur Reform der Unternehmensbesteuerung (Steuersenkungsgesetz – StSenkG)
StuW	Steuer und Wirtschaft (Zeitschrift)
StWa	Steuerwarte (Zeitschrift)
StWK	Steuer- und Wirtschafts-Kurzpost (Zeitschrift)
u. a.	unter anderem
UmwG	Umwandlungsgesetz
UmwStG	Umwandlungssteuergesetz
Vfg.	Verfügung
vgl.	vergleiche
WEG	Gesetz über das Wohnungseigentum und das Dauerwohnrecht
WiB	Wirtschaftsrechtliche Beratung (Zeitschrift)
WM	Wertpapier-Mitteilungen (Zeitschrift)
WPg	Die Wirtschaftsprüfung (Zeitschrift)
ZGR	Zeitschrift für Unternehmens- und Gesellschaftsrecht (Zeitschrift)
ZIP	Zeitschrift für Wirtschaftsrecht (Zeitschrift)
ZKF	Zeitschrift für Kommunalfinanzen (Zeitschrift)
ZMR	Zeitschrift für Miet- und Raumrecht (Zeitschrift)
ZPO	Zivilprozeßordnung
ZRFG	Zonenrandförderungsgesetz
z.T.	zum Teil

Literaturverzeichnis

Autenrieth, Die Gesetzesgrundlage der Betriebsaufspaltung, DStZ 1989, 280
Bärtels, Gewinnverlagerung in der Betriebsaufspaltung als Frage des zugrunde liegenden Besteuerungskonzepts, BB 1991, 1539
Barth, Steuerliche Probleme der Betriebsaufspaltung, DB 1968, 814
ders., Zur neueren Rechtsprechung über die Betriebsaufspaltung, DB 1972, 2230, 2231
ders., Betriebsaufspaltung im Steuerrecht, BB 1972, 1360
Bartholomé, Betriebsaufspaltung und Betriebsprüfung, StBp 1963, 281
Beckermann/Jarosch, Schlussfolgerungen aus dem Grundsatzurteil des BFH zum Wegfall der Voraussetzungen einer Betriebsaufspaltung für verschiedene Fallgruppen, DB 1984, 2483
Beckschäfer, Grenzbereiche bei Betriebsaufspaltungen, BB 1983, 630
Beisse, Die Betriebsaufspaltung als Rechtsinstitut, Festschrift für Schmidt 1993, 455
Bentler, Das Gesellschaftsrecht der Betriebsaufspaltung, Baden-Baden 1986
Biergans, Betriebsaufspaltung, NWB Fach 18, 2845
Binz, Hans-Bert, Betriebsaufspaltung bei Dienstleistungsunternehmen, DStR 1996, 565
Birkholz, Die Betriebsaufspaltung im Steuerrecht – Zum Vorlage-Beschluss des IV. Senats des BFH an den Großen Senat IV 87/65 vom 16.7.1970 (BStBl II 1971, 182), DStZ/A 1971, 158
ders., Noch einmal: Die Betriebsaufspaltung im Steuerrecht – Ausweitung statt Einschränkung des Begriffs, DStZ/A 1972, 39
ders., Problematische Betriebsaufspaltung, NSt-Betriebsaufspaltung, Darstellung 2 (1973)
ders., Die Betriebsaufspaltung im Steuerrecht, BB 1974, 1477
Bise, Die Betriebsaufspaltung in der Rechtsprechung des Bundesfinanzhofes, DB 1962, 416
ders., Zur Betriebsaufspaltung – Tendenzen nach dem Beschluss des Großen Senats des Bundesfinanzhofes vom 8.11.1971, StbJb 1972/73, 207 ff.
Bitz, Schlussfolgerungen aus dem Grundsatzurteil des BFH zum Wegfall der Voraussetzungen einer Betriebsaufspaltung für verschiedene Fallgruppen, DB 1984, 1492
ders., Replik zu Beckermann/Jarosch, DB 1984, 2484
Blumers/Beinert/Witt, Nettobetrachtung und Betriebsaufspaltung, BB 1998, 2505
Boschert, Dieter, Die steuerliche Problematik der Betriebsaufspaltung, Düsseldorf 1963
Böth/Brusch/Harle, Rechtsprechungsübersicht zur Betriebsaufspaltung, StBp 1992, 160, 177 und 200
Böttcher, Zur Betriebsaufspaltung, StuW 1962 Sp. 249
ders., Steuerfragen zur Betriebsaufspaltung, StbJb 1963/64, 123 ff.

Böttcher/Beinert, Die Rechtsprechung zur Betriebsaufspaltung, DB 1966, 1782 ff. und 1821 ff.
Brandes, Die Behandlung von Nutzungsüberlassungen im Rahmen einer Betriebsaufspaltung unter Gesichtspunkten des Kapitalersatzes und der Kapitalerhaltung, ZGR 1989, 24
ders., Grundpfandrechte und Betriebsaufspaltung, in: Abschied von der Betriebsaufspaltung?, RWS – Forum 5, hrsg. von Priester/Timm, Köln 1990, S. 43 ff.
Brandmüller, Wiederentdeckung der Betriebsaufspaltung, BB 1979, 465
ders., Betriebsaufspaltung und abweichendes Wirtschaftsjahr, BB 1980, 722
ders., Investitionszulage: Vergleichsvolumen bei der Betriebsaufspaltung, BB 1982, 1412
ders., Die Betriebsaufspaltung nach Handels- und Steuerrecht, 7. Aufl., Heidelberg 1997
Brandmüller, Betriebsaufspaltung heute – planmäßige Entsorgung, DStZ 1998, 4
Brune/Loose, Investitionszulage bei Betriebsaufspaltung, DB 1996, 345
Buchheister, Betriebsaufspaltung – Illusion und Wirklichkeit, BB 1996, 1867
Costede, Mitunternehmerschaft und Betriebsaufspaltung bei der GmbH und Still – Dogmatische und methodische Probleme des einkommensteuerlichen Dualismus, StuW 1977, 208 ff.
Crezelius, Ertragsteuerliche Kernfragen der Gestaltungspraxis bei Personengesellschaften – Aktuelle Betriebsaufspaltung, JbFSt 1991/92, 227
Dahlheimer, Betriebsaufspaltung – Formen, Vereinbarungen, Besteuerung, Herne/Berlin 1964
Dehmer, Die Betriebsaufspaltung – Steuerrecht, Umwandlung und Bilanzierung, Gesellschafts-, Pacht- und Arbeitsrecht, München 1983
Döring, Betriebsaufspaltung und notarielle Praxis, DNotZ 1982, 280
Dörner, Verlustverlagerung von Betriebs-GmbH auf Besitzunternehmen bei Betriebsaufspaltungen, INF 1996, 587
Donath, Die Betriebsaufspaltung – Steuerliche Grundlagenprobleme – Ausgewählte Fragen des Gesellschafts- und Konzernrechts, Heidelberg 1991
Drygala, Der Gläubigerschutz bei der typischen Betriebsaufspaltung, Diss. Gießen 1990
ders., Abschied von der Betriebsaufspaltung?, ZIP (-Report) 1990, 1026
Eckhardt, Betriebsaufspaltung, StbJb 1971/72, 116
Eikmeier, Die Rechtsprechung zur Betriebsaufspaltung unter dem Blickwinkel des § 42 AO 1977, Diss. Bochum 1995
Feißt, Gewerbesteuer, Betriebsverpachtung, Betriebsaufspaltung, Zerlegung, LSW 1998, G4/148.1 – 12
Felix, Die Einmann-Betriebsaufspaltung sowie die Beteiligung an der Besitz-GmbH & Co. KG und der Betriebs-GmbH in der Erbauseinandersetzung, GmbHR 1990, 561
ders., Betriebsaufspaltung und vorweggenommene Erbfolge in der Einkommensteuer, GmbHR 1992, 517

Felix/Heinemann/Korn, Praxisrelevante Schwerpunktfragen zur Betriebsaufspaltung, KÖSDI 1982, 4785

Felix/Heinemann/Carlé/Korn/Streck/Richter, Kölner Handbuch der Betriebsaufspaltung und Betriebsverpachtung, 4. Aufl., Köln 1979

Felix/Korn, Aktuelles zur Betriebsaufspaltung (Betriebsvermögen, Organschaft, Einkunftsarten), DStR 1971, 135

Felix/Söffing/Heinemann/Korn/Streck/Stahl, Betriebsaufspaltung in der Steuerberatung – Schwer- und Schwachpunkte, Köln 1983

Fichtelmann, Die Betriebsaufspaltung im Steuerrecht, INF 1972, 289 ff.

ders., Die Betriebsaufspaltung im Steuerrecht, NWB Fach 18, 2413 und 2659

ders., Die Betriebsaufspaltung – eine praktische Anleitung – LSW Nr. 10 vom 6.10.1982, Gruppe 8 S. 1

ders., Aktuelle Fragen der Betriebsaufspaltung, GmbHR 1984, 344

ders., Betriebsaufspaltung im Steuerrecht, 9. Aufl., Heidelberg 1996

ders., Die Erbauseinandersetzung bei der Betriebsaufspaltung im Zivil- und Steuerrecht, GmbHR 1994, 583

ders., Die fehlgeschlagene Betriebsaufspaltung als gewerbliche Betriebsverpachtung oder unschädliche Unterbrechung der gewerblichen Tätigkeit, INF 2000, 4

Frerichs, Teilbetriebsveräußerung und Aufgabe einer bestimmten gewerblichen Tätigkeit im Rahme einer Betriebsaufspaltung, FR 1997, 465

Frost, Betriebsaufspaltung, Freiburg 1993

Gail, Auswirkung von Erbstreitigkeiten auf eine Betriebsaufspaltung, BB 1995, 2502

Gebel, Schenkung von Anteilen an der Betriebskapitalgesellschaft im Zuge einer Betriebsaufspaltung, DStR 1992, 1341

Glad, Besondere Bilanzierungsfragen bei Betriebsaufspaltung, GmbHR 1981, 268

Gössner, Kann bei einer Betriebsaufspaltung die Handelsregistereintragung der „Besitzfirma" erhalten werden?, BB 1967, 1274

Gothe, Spezialfall einer Betriebsaufspaltung bei Zurechnung von Dividendeneinkünften bei Veräußerung von GmbH-Anteilen, GmbHR 1995, 890

Grieger, Von der höchstrichterlichen Rechtsprechung behandelte einkommen- und körperschaftsteuerliche Fragen der Betriebsaufspaltung, WM 1961, 129

Groh, Die Zukunft der Betriebsaufspaltung, Wpg 1989, 679

ders., Die Betriebsaufspaltung in der Selbstauflösung, DB 1989, 748

Hachenburg, Gesetz betreffend die Gesellschaften mit beschränkter Haftung (GmbHG), Großkommentar, 8. Aufl., Berlin 1992

Heinemann/Korn, Beratungsbuch zur Gründung von Betriebsaufspaltungen, Köln 1980

Heinsius, Die Betriebsaufspaltung – Vertragsmuster für eine moderne Unternehmensform WRS-Musterverträge, Bd. 2, München 1982

Heißenberg, Steuerkarzinom Betriebsaufspaltung: Weiteres Kapitel einer unendlichen Geschichte, Köln 1993, Arbeitskreis für Steuerrecht GmbH Nr. 39, 90

Herzig/Kessler, Typologie der Betriebsaufspaltungssachverhalte, Festgabe für Felix, S. 75

Heyel, Die Betriebsaufspaltung, Wiesbaden 1990
Hilbertz, Betriebsaufspaltung und Berücksichtigung von Gewerbeverlusten, StSem 1998, 248
Hitz, Die Betriebsaufspaltung – Ein Überblick, FR 1996, 850
Höhmann, Betriebsaufspaltung bei Wohnungseigentümergemeinschaften, NWB-Blickpunkt Steuern 10/97, 3758
Hoffmann, Fritz, Die Betriebsaufspaltung in der neueren Rechtsprechung des Bundesfinanzhofes, DStZ/A 1973, 33
Hoffmann, Wolf Dieter, Probleme und Entwicklungen bei der Betriebsaufspaltung, Harzburger Protokolle 1991, 183
ders., Die doppelte Betriebsaufspaltung, GmbH-StB 1998, 198
Hofmann, Die Betriebsaufspaltung im Grundbuch, NJW 1974, 448
Holzwarth, Gabriele, Konzernrechtlicher Gläubigerschutz bei der klassischen Betriebsaufspaltung, Köln 1994
Hübner, Interessenkonflikt und Vertretungsmacht, 1997
Hueck, Die Behandlung von Nutzungsüberlassungen im Rahmen einer Betriebsaufspaltung als Gesellschafterdarlehen?, ZGR 1989, 216
Jurkat, Aktuelle Probleme zum Konzernsteuerrecht und zur Betriebsaufspaltung, JbFSt 1972/73, 228
Kaligin, Die Betriebsaufspaltung, 3. Aufl., Bielefeld 1995
Kalle, Steuerrechtliche Betriebsaufspaltung und das Recht der verbundenen Unternehmen, Frankfurt 1991
Kaufmann, Martin, Durchgriffshaftung im faktischen Konzern, Konsequenzen für die Betriebsaufspaltung, NWB Fach 18, 3215
Kessler/Teufel, Die klassische Betriebsaufspaltung nach der Unternehmenssteuerreform, BB 2001, 17
Klinzmann, Aufspaltung einer Vermietungstätigkeit als Betriebsaufspaltung, DB 1981, 1360
Knobbe-Keuk, Brigitte, Die Betriebsaufspaltung – ein „Rechtsinstitut"?, StbJb 1980/81, 335
dies., Gefährdung der Betriebsaufspaltung durch die Rechtsprechung des BGH?, StBKongrRep 1993, 153
Knoppe, Betriebsaufspaltung, Heft 52 der Heidelberger Musterverträge, 4. Aufl., Heidelberg 1991
Kobs, Einkommensbesteuerung bei Betriebsaufspaltung, NWB Fach 18, 2139
Koewius, Betriebsaufspaltung und abweichendes Wirtschaftsjahr, DB 1981, 1308
Korn, Folgerungen aus der neueren Steuerrechtsprechung zur Betriebsaufspaltung für die Steuerpraxis, KÖSDI 1992, 9033
Kratzer, Die Betriebsaufspaltung, NWB Fach 18, 2763
Lange, Die Betriebsaufspaltung im Steuerrecht, StWa 1972, 129
ders., Die Betriebsaufspaltung im Steuerrecht, StWa 1979, 74 und 96
Lauber-Nöll/Schick, Neue gesellschafts- und arbeitsrechtliche Gesichtspunkte der Betriebsaufspaltung – Bericht über das RWS-Forum 5 „Abschied von der Betriebsaufspaltung?", GmbHR 1990, 333

Lauer, Zur Neuregelung der Grundsätze der Betriebsaufspaltung – Analyse des Urteils des Großen BFH-Senats 2/71 vom 8.11.1971, DB 1972, 1311
Lehmann/Marx, Das sanfte Ende der Betriebsaufspaltung, FR 1989, 506
Leingärtner, Zur Frage der Betriebsaufspaltung, INF 1972, 49
ders., Auswirkungen der Rechtsprechung des Großen Senats des BFH zur Betriebsaufspaltung, DStR 1973, 391
Littmann, Zur Frage der Betriebsaufspaltung, INF 1972, 49
ders., Auswirkungen der Rechtsprechung des Großen Senats des BFH zur Betriebsaufspaltung, DStR 1973, 391
Märkle, Neue Rechtsprechung zur Betriebsaufspaltung (Stand 1.1.1994), BB 1994, 831
ders., Die Betriebsaufspaltung an der Schwelle zu einem neuen Jahrtausend, BB 2000, Beilage 7
Märkle/Kröller, Das Ende der Betriebsaufspaltung? Anmerkungen zu den Urteilen des Bundesfinanzhofes vom 9.11.1983 und vom 13.12.1983, BB 1984, 2118
Martin, Die Betriebsaufspaltung im Steuerrecht, StWK, Heft Nr. 15 vom 9.8.1979, Gruppe 5 S. 855
Marx, Betriebsaufspaltung – Aktionen des Steuerpflichtigen und Reaktionen des Fiskus, SteuerStud 1990, 408
Miessl/Wengert, Die Betriebsaufspaltung aus dem Blickwinkel der Steuergerechtigkeit, DB 1995, 111
Mogg, Arbeitsrechtliche Risiken der Betriebsaufspaltung, DStR 1997, 457
Mössner, Wie lange lebt die Betriebsaufspaltung noch?, Stbg 1997, 1
Nagels, Monika, Betriebsaufspaltung und Kollektivvereinbarungen, Bad Honnef 1979
Neufang, Neue Beratungsprobleme bei der Betriebsaufspaltung, INF 1990, 179
Neufang, Betriebsaufspaltung zwischen Fremden und Familienangehörigen, 3. Aufl., Freiburg 1991
ders., Die Betriebsaufspaltung, NSt 1994, 11
ders., Betriebsaufspaltung, DStR 1996, 65
Patt, Errichtung einer Betriebsaufspaltung durch Umwandlung eines Einzelunternehmens, DStR 1994, 1383
ders., Die Betriebsaufspaltung, Voraussetzungen und einkommensteuerliche Rechtsfolge in der Praxis, StWa 1994, 181
Philipp, Das Rechtsinstitut der Betriebsaufspaltung im Lichte der neueren Steuerrechtsprechung, DB 1981, 2042
Priester/Timm, Abschied von der Betriebsaufspaltung?, Köln 1990
van Randenborgh, Ist die Betriebsaufspaltung noch zeitgemäß – 10 Argumente gegen die Betriebsaufspaltung, DStR 1998, 20
Raupach/Wochinger/Puedell, Steuerfragen im Sport: Sponsoring, Betriebsaufspaltung, ausländische Sportler, Stuttgart 1998
Reischauer, Betriebsaufspaltung und Steuerrecht, Diss. Mainz 1968
Richter, Betriebsaufspaltung im mittelständischen Bereich, StBKongrRep 1984, 339

Roellecke, Rechtsstaatliche Grenzen der Steuerrechtsprechung am Beispiel der Betriebsaufspaltung, Festschrift für Duden (1977), S. 481

Rose, Betriebsaufspaltungen oder Teilbetriebsaufgliederung?, Grundlagen für einen betriebswirtschaftlichen Besteuerungsvergleich. In: Oettle, Steuerlast und Unternehmenspolitik, Festschrift für K. Barth, Stuttgart 1971, S. 285

Sauer, Betriebsaufspaltung, StBp 1975, 121

ders., Uneigentliche Betriebsaufspaltung, FR 1975, 498

ders., Betriebsaufspaltung, StBKongrRep 1980, 249

Schallmoser, Flugzeuge, Betriebsaufspaltung und Liebhaberei, DStR 1997, 49

Schiffler, Nochmals: Betriebsaufspaltung – Illusion und Wirklichkeit, BB 1996, 2661

Schiffler, Zur Problematik der Betriebsaufspaltung, ÖStZ 1978, 170

ders., Die ertragsteuerliche Behandlung der Betriebsaufspaltung unter besonderer Berücksichtigung des Pachtverhältnisses, Schriften zum österreichischen Abgaberecht, Bd. 14, Wien 1978

Schmidt, Karsten, Gesellschaftsrecht, 3. Aufl., Köln, Berlin, Bonn, München 1997

Schmidt, Ludwig, Einkommensteuergesetz, 16. Aufl., München 1996

ders., In den Grenzbereichen von Betriebsaufgabe, Betriebsverpachtung, Betriebsaufspaltung und Mitunternehmerschaft, DStR 1979, 671 und 699

Schnell, Die Betriebsaufspaltung in Besitzpersonen- und Betriebskapitalgesellschaft im Einkommen- und Körperschaftsteuerrecht, Diss. Erlangen-Nürnberg 1967

Schoor, Betriebsaufspaltung im Steuerrecht, StWa 1983, 10

ders., Die Betriebsaufspaltung in steuerlicher Sicht, NSt 1984 Nr. 1–2, Betriebsaufspaltung, Darstellung 1

ders., Betriebsaufspaltung, StBp 1997, 60

ders., Bargründung einer GmbH und anschließende Betriebsaufspaltung, StSem 1998, 228

ders., Bilanzierung bei zunächst fälschlich nicht erkannter Betriebsaufspaltung, StSem 1998, 253

Schotthöfer, Die Aufspaltung handwerklicher Betriebe, GewA 1983, 120

Schreiber, Konzernrechnungslegungspflichten bei Betriebsaufspaltung und GmbH & Co. KG, Diss. Kiel 1989

ders., Konzernrechnungslegungspflichten bei Betriebsaufspaltung und GmbH & Co. KG, Wiesbaden 1989

Schuhmann, Die Betriebsaufspaltung im Blickwinkel der steuerlichen Außenprüfung, StBp 1981, 265

ders., Gewinnrealisierung bei der Betriebsaufspaltung, StBp 1983, 14

ders., Zur Betriebsaufspaltung aus der Sicht des neueren Schrifttums, StBp 1993, 253

ders., Die umsatzsteuerliche Organschaft und die Betriebsaufspaltung, UVR 1997, 68

Schulze-Osterloh, Gläubiger- und Minderheitenschutz bei der steuerlichen Betriebsaufspaltung, ZGR 1983, 123

Literaturverzeichnis

Schulze zur Wiesche, Die Betriebsaufspaltung in der BFH-Rechtsprechung der letzten beiden Jahre, GmbHR 1994, 98
Schwendy, Anm. zum BFH-Urteil vom 27.9.1979 – IV R 89/76, DStZ 1980, 118
Seiler, Nutzungsüberlassung, Betriebsaufspaltung und Unterkapitalisierung im Licht von § 32 a Abs. 3 GmbHG, Frankfurt/Main 1991
Seithel, Zweifelsfragen zur Betriebsaufspaltung, DStR 1971, 140
ders., Neue BFH-Rechtsprechung zur Betriebsaufspaltung, FR 1977, 166
ders., Neue Aspekte zur Betriebsaufspaltung durch das Mitbestimmungsgesetz, GmbHR 1979, 113
Söffing, Günter, Ausgeuferte Betriebsaufspaltung: Systematik, Modellfälle, Grundsatzbedenken in Einzelpunkten, KÖSDI 1984, 5756
ders., Umstrukturierung von Betriebsaufspaltungen, DStR 1992, 633
ders., Sonderbetriebsvermögen bei der Betriebsaufspaltung und der Vererbung von Mitunternehmeranteilen, StbJb 1992/93, 151
Söffing, Matthias, Grundsatzentscheidungen: Behandlung von Wirtschaftsüberlassungsverträgen (§ 13 EStG), FR 1993, 506
Sowka, Betriebsverfassungsrechtliche Probleme der Betriebsaufspaltung, DB 1988, 1318
Späth, Verschwiegenheitspflicht eines Steuerberaters bei gleichzeitiger Betreuung von Betriebs- und Besitzgesellschaft, DStR 1991, 167
SP, Die Betriebsaufspaltung auf dem Weg der Besserung?, DStR 1993, 429
Spiegelberger, Die Betriebsaufspaltung in der notariellen Praxis, MittBayNot 1980, 97; 1981, 53 und 1982, 1
Streck/Mack/Schwerthelm, Betriebsaufspaltungsprobleme bei Gemeinnützigkeit, AG 1998, 518
Steinhauff, Bilanzierungskonkurrenz bei mitunternehmerischer Betriebsaufspaltung, NWB Fach 3, 9907
Stahl, Betriebsaufspaltung in der Betriebsprüfung, FR 1980, 83
Theisen, Neue Aspekte zur Betriebsaufspaltung durch das Mitbestimmungsgesetz? Eine Replik zu R. Seithel in GmbHR 1979, 113, GmbHR 1979, 186
Thiel/Rödder, Nutzung eines Mitunternehmererlasses und der Betriebsaufspaltungsgrundsätze für eine Umstrukturierung, FR 1998, 401
Thissen, Betriebsaufspaltung in der Landwirtschaft, StSem 1996, 123
Tiedtke/Gareiss, Die Betriebsaufspaltung im Spiegel der neueren Rechtsprechung, GmbHR 1991, 202
Tiedke/Wälzholz, Zum Teilbetriebsbegriff bei Betriebsaufspaltung und -verpachtung, BB 1999, 765
Tillmann, Bert, Vorweggenommene Erbfolge bei Betriebsaufspaltung, GmbHR 1973, 260
ders., Betriebsaufspaltung und Beteiligung von Mitarbeitern – Zivilrechtliche Überlegungen, GmbHR 1992, 30, 98
Tillmann, Josef, Betriebsaufspaltung, StKongrRep 1980, 265
Uelner, Betriebseinbringung in eine Kapitalgesellschaft bei Betriebsaufspaltung oder Betriebsverpachtung, DB 1970, 2048

Uffelmann/Fröhlich, Betriebsaufspaltung, in: Aktuelle Fachbeiträge aus Wirtschaftsprüfung und Beratung, Stuttgart 1991

Wacker, Handbuch der Steuervorteile: A. 6 Möglichkeiten und Grenzen der Betriebsaufspaltung (Doppelgesellschaft), 1985

Walther, Besitzfirma – Betriebsfirma. Die Aufspaltung des Unternehmens in Besitz und Betrieb, 22. Aufl., Wiesbaden 1976

Weber-Grellet, Hinrichtung der Betriebsaufspaltung?, DStR 1984, 618

Wehrheim, Die Betriebsaufspaltung in der Finanzrechtsprechung, Wiesbaden 1989

Weilbach, Zivilrechtlicher Sündenfall bei der Betriebsaufspaltung: Kann Nutzungsüberlassung dem Eigentum gleichgestellt werden?, GmbHR 1991, 56

Wendt, Die Betriebsaufspaltung im Steuerrecht nach neuestem Stand, GmbHR 1973, 33

ders., Die Betriebsaufspaltung nach dem Beschluss des Großen Senats vom 8.11.1971, GmbHR 1975, 18

ders., Betriebsaufspaltung, StKongrRep 1978, 219

ders., Aktuelle Fragen zur Betriebsaufspaltung, GmbHR 1983, 20

Woerner, Die Betriebsaufspaltung auf dem Prüfstand – eine kritische Bestandsaufnahme aus aktueller Sicht, BB 1985, 1609

Wolf/Hinke, Handbuch der Betriebsaufspaltung, 1980/92

Zartmann, Überblick über die steuerliche Situation bei der Betriebsaufspaltung und ihre Vor- und Nachteile aus heutiger Sicht, RWP-Blattei 14 St-R D Betriebsaufspaltung I Überblick

Zöllner, Die Schranken mitgliedschaftlicher Stimmrechtsmacht bei den privatrechtlichen Personenverbänden, 1963

o. V., Aktuelle Fragen aus der Praxis der Betriebsprüfung – Betriebsaufspaltung, StBp 1971, 175

o. V., Zur Abgrenzung von Betriebsveräußerung, Betriebsaufgabe und Betriebsaufspaltung, StBp 1978, 132

o. V., Betriebsaufspaltung bei einer Handelsvertretung, GmbHR 1995, 891

I. Einleitung 35

A. Problemstellung und Entwicklung des Instituts der Betriebsaufspaltung

I. Einleitung

Nach dem allgemeinen Sprachgebrauch liegt eine Betriebsaufspaltung stets dann vor, wenn ein Unternehmen in zwei oder mehrere selbständige Unternehmen aufgespalten wird; sei es, dass bestimmte betriebliche Funktionen (z. B. Produktion) in dem einen Betrieb und andere betriebliche Funktionen (z. B. Vertrieb) in einem anderen Betrieb durchgeführt werden, sei es, dass alle betrieblichen Funktionen in einem Betrieb zusammengefasst sind (Betriebsunternehmen), während das andere Unternehmen (Besitzunternehmen) lediglich das Anlagevermögen oder Teile davon hält, mit dem das Betriebsunternehmen arbeitet.

Die Aufspaltung eines einheitlichen Unternehmens in zwei selbständige Unternehmen kann in verschiedener Weise erfolgen. Es können z. B. zwei Teilbetriebe verselbständigt werden. Es kann aber auch die Produktion oder der Vertrieb oder ein anderer Betriebsteil ausgegliedert und in einem anderen, meist neu gegründeten Unternehmen verselbständigt werden.

Steuerrechtlich interessiert vor allem die Art der Betriebsaufspaltung, bei der aus einem Einzelunternehmen oder einer Personengesellschaft die betriebliche Tätigkeit ausgegliedert und meist zusammen mit dem Umlaufvermögen auf eine GmbH übertragen wird. Das bisherige einheitliche Unternehmen behält lediglich das Anlagevermögen oder Teile davon zurück (Besitzunternehmen) und vermietet oder verpachtet diese Wirtschaftsgüter an die GmbH (das Betriebsunternehmen).

Beispiel:
A betreibt eine Maschinenfabrik in der Rechtsform eines Einzelunternehmens. Dieses Unternehmen spaltet er wie folgt auf: Er gründet eine GmbH und überträgt auf diese den Betrieb der Maschinenfabrik einschließlich des Umlauf- und Anlagevermögens, jedoch ohne das Fabrikgrundstück, auf dem die Maschinenfabrik betrieben wird. Dieses Grundstück behält er in seinem Eigentum und vermietet es an die GmbH.

Fragestellung:
Erzielt A durch die Vermietung des Grundstücks an die „abgespaltene" GmbH Einkünfte aus Vermietung und Verpachtung oder Einkünfte aus Gewerbebetrieb?

II. Das Grundproblem der Betriebsaufspaltung

Damit ist bereits das Grundproblem der Betriebsaufspaltung aufgezeigt. Es besteht in der Frage, ob der Rest des bisherigen Unternehmens, in dem jetzt nur noch eine Vermietungstätigkeit ausgeübt wird, nach der Abspaltung der GmbH weiterhin als sog. **Besitzunternehmen** ein Gewerbebetrieb bleibt oder ob A durch diese Vermietertätigkeit nur noch Einkünfte aus Vermietung und Verpachtung erzielt.

Bleibt der Rest des bisherigen gewerblichen Unternehmens ein Gewerbebetrieb, dann muss A im Zeitpunkt der Betriebsaufspaltung die stillen Reserven des zurückbehaltenen Fabrikgrundstücks nicht versteuern. Die **Einkünfte** des Besitzunternehmens sind weiterhin solche **aus Gewerbebetrieb** und unterliegen der Gewerbesteuer. Nach dem Entstehen der Betriebsaufspaltung bei den verpachteten Wirtschaftsgütern entstehende stille Reserven müssten ebenso wie die vor der Betriebsaufsspaltung entstandenen und noch vorhandenen stillen Reserven bei einer späteren Realisierung vom Besitzunternehmen versteuert werden.

Sind hingegen die **Einkünfte** des A aus der Vermietung des Fabrikgrundstücks solche **aus Vermietung und Verpachtung**, dann braucht A zwar keine Gewerbesteuer mehr zu bezahlen, muss aber im Zeitpunkt der Abspaltung der GmbH die stillen Reserven des Fabrikgrundstücks versteuern, weil der „Restbetrieb" kein Gewerbebetrieb mehr ist und mithin das Grundstück im Rahmen der Betriebsübertragung auf die GmbH entnommen worden ist. Die nach dem Entstehen der Betriebsaufspaltung bei den verpachteten Wirtschaftsgütern entstehenden stillen Reserven würden bei ihrer späteren Realisierung nicht der Einkommensteuer unterliegen.

Nach der Rechtsprechung des BFH verliert in dem vorstehenden Beispiel unter bestimmten Voraussetzungen das bisherige Einzelunternehmen des A durch die Abspaltung der GmbH **nicht** seine Eigenschaft als Gewerbebetrieb. Nach dieser Rechtsprechung, durch die das Institut der Betriebsaufspaltung entwickelt worden ist und die man deshalb als **Betriebsaufspaltungs-Rechtsprechung** bezeichnet, behält vielmehr das bisherige Einzelunternehmen als gewerbliches Besitzunternehmen neben der abgespaltenen GmbH, die als **Betriebsunternehmen** bezeichnet wird, seine Eigenschaft als Gewerbebetrieb.

Damit bestehen die Rechtsfolgen der Betriebsaufspaltung in erster Linie also darin, dass eine ihrer Art nach vermietende oder verpachtende Tätigkeit in eine gewerbliche Tätigkeit **umqualifiziert** wird. Der Art seiner Tätigkeit nach ist das Besitzunternehmen nur vermietend oder verpachtend, also nur vermögensverwaltend tätig. Durch das von der Rechtsprechung entwickelte Institut der Betriebsaufspaltung wird diese Tätigkeit aber – wenn die erforderlichen Voraussetzungen vorliegen – in eine gewerbliche Tätigkeit umqualifiziert.

III. Entwicklung des Instituts der Betriebsaufspaltung

In der Rechtsprechung des RFH begegnete man der Betriebsaufspaltung zum ersten Mal im Jahre 1924. Der Leitsatz des RFH-Urteils vom 12.12.1924[1] lautet:

„Der Übergang von der KG zur GmbH unter Verpachtung des Unternehmens an die letztere zur Ersparnis der ESt."

In dieser älteren Rechtsprechung ist das Besitzunternehmen nicht als Gewerbebetrieb angesehen worden. Der oder die Inhaber des „Besitzunternehmens" hatten nach dieser älteren Rechtsprechung also Einkünfte aus Vermietung und Verpachtung. Das Besitzunternehmen war kein Gewerbebetrieb.

Das änderte sich nach 1933. Den Anstoß zu dieser Änderung gab ein Vortrag den der damalige Staatssekretär im Reichsfinanzministerium Reinhardt am 23.10.1936 gehalten hatte und der unter der Überschrift „Beurteilung von Tatbeständen nach nationalsozialistischer Weltanschauung" im RStBl 1936, 1041 (1051) veröffentlicht worden ist[2].

Reinhardt hat dort ausgeführt, dass bei der Betriebsaufspaltung durch die Abzüge der Pachtzinsen und der Gehälter für den geschäftsführenden Gesellschafter bei der Betriebs-GmbH die Gewerbesteuer geschmälert werde und dass dies künftig nicht mehr geduldet werden könne, weil eine solche Schmälerung dem Grundsatz der Gleichmäßigkeit der Besteuerung widerspräche.

Aufgrund dieser Meinungsäußerung hat sich die Rechtsprechung des RFH geändert. Zum ersten Mal kommt der Gedanke, dass das Besitzunternehmen ein gewerbliches Unternehmen sein könne, in dem RFH-Urteil vom 26.10.1938[3] zum Ausdruck:

---

1 VI eA 188/24, RFHE 16, 15.
2 Vgl. hierzu u. a. auch *Barth*, BB 1985, 1861 und *Mössner*, Stbg 1997, 1, 2.
3 VI 501/38, RStBl 1939, 282.

„Im vorliegenden Fall scheint der Beschwerdeführer in engem wirtschaftlichen Zusammenhang mit der GmbH und ihren Teilhabern zu stehen. Wenn dies der Fall ist und die OHG sowie die GmbH von einer Mehrheit derselben Teilhaber beherrscht wird, so dürfte unter Umständen ein einheitlicher Gewerbebetrieb in Frage kommen, zu dem einerseits das von der OHG verwaltete Fabrikgrundstück, ferner auch die GmbH-Anteile, soweit sie im Besitz der Gesellschafter der OHG sind, gehören würden."

Und in dem Urteil vom 1.7.1942[1] hat der RFH dann kurz und bündig entschieden:

„Ein Fabrikgrundstück, in dem der Eigentümer einen Gewerbebetrieb unterhalten hatte und das er zur Fortsetzung des Betriebs an eine von ihm gegründete und beherrschte AG verpachtete, stellt einen gewerblichen Betrieb des Eigentümers dar."

Damit war die Betriebsaufspaltungs-Rechtsprechung geboren, die allerdings zunächst nur die Fälle umfasste, die wir heute unter der Bezeichnung **„echte Betriebsaufspaltung"** verstehen. Wegen des Begriffs der echten Betriebsaufspaltung s. unten unter C.II.

Der BFH hat diese Rechtsprechung übernommen und zunächst extensiv fortentwickelt[2], wobei heute der enge wirtschaftliche Zusammenhang darin gesehen wird, dass aufgrund besonderer sachlicher und personeller Gegebenheiten eine enge wirtschaftliche Verflechtung zwischen Besitzunternehmen und Betriebsunternehmen besteht[3].

In den 80er Jahren ließ sich eine restriktive Entwicklung in der Rechtsprechung des BFH hinsichtlich des Instituts der Betriebsaufspaltung feststellen. Insbesondere wurde versucht, das Merkmal der sachlichen Verflechtung nicht ausufern zu lassen. In der letzten Zeit jedoch ist wieder ein gegenläufiger Trend in der Rechtsprechung des BFH zu beobachten.

Die Rechtsgrundsätze, die der BFH zur Betriebsaufspaltung aufgestellt hat, sind nach dem Beschluss des BVerfG vom 14.1.1969[4] verfassungsrechtlich nicht zu beanstanden. Dabei ist jedoch wesentlich, dass das BVerfG ausdrücklich darauf hingewiesen hat, es könne nicht nachprüfen, ob

---

1 Urteil vom 1.7.1942 VI 96/42, RStBl 1942, 1081.
2 Vgl. insbesondere den Beschluss des GrS des BFH vom 8.11.1971 GrS 2/71, BFHE 103, 460, BStBl II 1972, 63 und die Darstellung dieses Beschlusses hinsichtlich Vorgeschichte, Anrufungsfragen und Ausdeutung des Inhalts von *Woerner*, BB 1985, 1609, 1611 f.
3 BFH-Urteil vom 16.6.1982 I R 118/80, BFHE 136, 287, BStBl II 1982, 662.
4 1 BvR 136/62, BStBl II 1969, 389.

III. Entwicklung des Instituts der Betriebsaufspaltung

die Auffassung des BFH über die Gewerbesteuerpflicht des Besitzunternehmens richtig sei, weil sich die verfassungsrechtliche Prüfung darauf beschränken müsse, ob die Entscheidung auf einer grundsätzlich unrichtigen Anschauung der Bedeutung der Grundrechte beruhe. In dem Beschluss vom 12.3.1985[1] hat das BVerfG seine Auffassung, dass die Betriebsaufspaltungs-Rechtsprechung zulässiges Richterrecht sei, bestätigt.

---

1 1 BvR 571/81, BStBl II 1985, 475.

B. Wesen und Rechtfertigung der Betriebsaufspaltung

I. Wesen der Betriebsaufspaltung

Nach der heutigen Rechtsprechung besteht das Wesen der Betriebsaufspaltung darin, dass eine nach ihrem äußeren Erscheinungsbild nur **vermögensverwaltende** und damit an sich nicht gewerbliche **Tätigkeit**, nämlich das Vermieten und Verpachten von Wirtschaftsgütern, in **eine gewerbliche Tätigkeit umqualifiziert** wird, wenn der Mieter (Pächter) ein Unternehmen betreibt (**Betriebsunternehmen**) und zwischen diesem und dem Vermieter (Verpächter) eine **enge wirtschaftliche Verflechtung** besteht. In einem solchen Fall bezeichnet man die Vermietungs- oder Verpachtungstätigkeit als **Besitzunternehmen**.

Besitzunternehmen und Betriebsunternehmen bilden nicht – wie früher z.T. angenommen wurde – ein einheitliches Unternehmen. Sie sind zwei selbständige Unternehmen[1].

II. Rechtfertigung der Betriebsaufspaltung

1. Die Reinhardtsche These

Reinhardt[2] hat die Betriebsaufspaltung unter Hinweis auf die Gleichmäßigkeit der Besteuerung – allein mit der in § 1 StAnpG vorgeschriebenen nationalsozialistischen Betrachtungsweise gerechtfertigt, die jedes beliebige Hinweggehen über das Gesetz ermöglichte[3].

2. Der Reichsfinanzhof

Der RFH ist zwar im Ergebnis der Ansicht von *Reinhardt* gefolgt, hat sich seiner Begründung jedoch nicht angeschlossen.

Der RFH geht anfänglich vielmehr wegen der Beteiligung derselben Personen an mehreren Unternehmen von deren Wirtschaftlichkeit aus, so dass

---

1 BFH-Beschluss vom 8.11.1971 GrS 2/71, BFHE 103, 440, BStBl II 1972, 63; BFH-Urteil vom 14.1.1998 X R 57/93, BB 1998, 1245.
2 Siehe oben unter A.III.
3 Siehe ausführlich: *Mössner*, Stbg 1997, 1, 3 linke Spalte.

II. Rechtfertigung der Betriebsaufspaltung

das ursprüngliche Unternehmen nur in anderer Form fortgeführt werde[1]. Gegen die Tatsachen, dass die Vermietung und Verpachtung von Grundstücken eine vermögensverwaltende Tätigkeit sei – so der RFH[2] –, könne sprechen, wenn ein ursprünglich bestehender Gewerbebetrieb „auf eine GmbH abgezweigt" werde. In einem solchen Fall werde die Verpachtung gewerblich, wenn sie in „engem wirtschaftlichen Zusammenhang" bzw. in einer „engen wirtschaftlichen Verflechtung" mit der Betriebsgesellschaft stehe. Dies sei der Fall, wenn dieselben Personen beide Gesellschaften beherrschten. Es liege dann ein „einheitlicher Gewerbebetrieb" vor.

Abweichend hiervon hat der RFH in seinem Urteil vom 1.7.1942[3] zur Rechtfertigung des Richterrechts „Betriebsaufspaltung" auch die folgenden Überlegungen angeführt: Es sei anzunehmen, dass nach der Betriebsaufspaltung das an das Betriebsunternehmen verpachtete Grundstück noch einen Rest des Betriebsvermögens des vor der Aufspaltung bestehenden einheitlichen Betriebs darstelle. Der Inhaber des Besitzunternehmens beteilige sich hinsichtlich der Verpachtung des Betriebsgrundstücks über den Betrieb des Betriebsunternehmens am wirtschaftlichen Verkehr.

3. Der Oberste Finanzhof

Nach 1945 hat sich der OFH in seinem Urteil vom 7.5.1947[4] zur Rechtfertigung der Betriebsaufspaltung allein auf die wirtschaftliche Betrachtungsweise berufen. Der OFH hat also lediglich die „nationalsozialistische Betrachtungsweise" durch die „wirtschaftliche Betrachtungsweise" ersetzt.

4. Der Bundesfinanzhof

(1) Der BFH[5] hat die Betriebsaufspaltung zunächst mit der Vorstellung von einem einheitlichen Unternehmen gerechtfertigt, das formal in zwei

---

1 Vgl. auch *Mössner*, Stbg 1997, 1, 3 rechte Spalte.
2 RFH-Urteile vom 27.4.1938 VI 136/38, StuW 1938 Nr. 370; vom 30.11.1939 III 37/38, RStBl 1940, 361; vom 1.7.1942 VI 96/42, RStBl 1942, 1081.
3 VI 96/42, RStBl 1942, 1081.
4 III 4/45 S, StuW 1947 Nr. 24.
5 Das erste Urteil des BFH zur Betriebsaufspaltung ist das vom 22.1.1954 III 232/52 U, BFHE 58, 473, BStBl III 1954, 91.

Unternehmen aufgeteilt vom früheren Unternehmer wirtschaftlich fortgesetzt werde[1]. In dem Urteil des BFH vom 8.11.1960[2] findet man auch die Vorstellung, es handele sich bei der Betriebsaufspaltung um einen wirtschaftlichen Organismus mit drei Beteiligten.

Der GrS des BFH hat in seinem sehr kurzen und wenig überzeugenden Beschluss vom 8.11.1971[3] die These von einem einheitlichen wirtschaftlichen Unternehmen aufgegeben und an dessen Stelle den von ihm erfundenen einheitlichen geschäftlichen Betätigungswillen gesetzt[4].

(2) Seitdem wird in der Rechtsprechung des BFH – zumindest in der des I. Senats[5] – die Betriebsaufspaltung überwiegend damit gerechtfertigt, dass das Besitzunternehmen deshalb ein Gewerbebetrieb sei, weil der einheitliche geschäftliche Betätigungswille der hinter beiden Unternehmen stehenden Person oder Personengruppe („über das Betriebsunternehmen"[6]) auf die Ausübung eines Gewerbebetriebs gerichtet sei (personelle Verflechtung) und dieser Wille in dem Besitzunternehmen durch die Verpachtung einer wesentlichen Betriebsgrundlage an das Betriebsunternehmen (sachliche Verflechtung) verwirklicht werde. Kurz und bündig heißt es in dem BFH-Urteil vom 18.6.1980[7]: „Der gewerbliche Charakter der Betriebsgesellschaft bestimmt die Qualifikation der Verpachtungstätigkeit." Wegen der Bedenken gegen diese Rechtfertigung der Betriebsaufspaltung s. unten unter G.II.2.

(3) Wegen der Unvereinbarkeit der vorstehend dargestellten Rechtfertigungen der Betriebsaufspaltung mit dem GmbH & Co. KG-Beschluss des GrS vom 25.6.1984[8] – siehe hierzu eingehend unten unter G.II.3. – hat der VIII. Senat in seinem Urteil vom 12.11.1985[9] die Rechtfertigung der Betriebsaufspaltungs-Rechtsprechung von der Einkunftsart des

---

1 Vgl. auch BFH-Urteile vom 9.12.1954 IV 346/53 U, BFHE 60, 226, BStBl III 1955, 88; vom 10.4.1956 I 314/55, HFR 1961, 128; vom 10.5.1960 I 215/59, HFR 1961, 129; vom 8.11.1960 I 131/59 S, BFHE 71, 706, BStBl III 1960, 513; vom 24.1.1968 I 76/64, BFHE 91, 368, BStBl II 1968, 354.
2 I 131/59 S, BFHE 71, 706, BStBl III 1960, 513.
3 GrS 2/71, BFHE 103, 440, BStBl II 1972, 63.
4 Vgl. auch *Mössner*, Stbg 1997, 1, 4 linke Spalte und unten unter G.I.1.
5 Urteile vom 12.3.1970 I R 108/66, BFHE 98, 441, BStBl II 1970, 439; vom 18.6.1980 I R 77/77, BFHE 131, 388, BStBl II 1981, 39, 40; vom 16.6.1982 I R 118/80, BFHE 136, 287, BStBl II 1982, 662, 663; vom 10.11.1982 I R 178/77, BFHE 137, 67, BStBl II 1983, 136, 137.
6 So der IV. Senat des BFH in seinen Urteilen vom 10.4.1997 IV R 73/94, BFHE 183, 127, BStBl II 1997, 569; vom 13.11.1997 IV R 67/96, BStBl II 1998, 254.
7 I R 77/77, BFHE 131, 388, BStBl II 1981, 39.
8 GrS 4/82, BFHE 141, 405, BStBl II 1984, 751.
9 VIII R 240/81, BFHE 145, 401, BStBl II 1986, 296.

II. Rechtfertigung der Betriebsaufspaltung

Betriebsunternehmens völlig gelöst und ausgesprochen, dass die Behandlung des Besitzunternehmens als Gewerbebetrieb sich allein aus dem von der Tätigkeit des Betriebsunternehmens völlig abstrahierten Merkmal des engen wirtschaftlichen Zusammenhangs ergäbe. Es genüge, dass das Besitzunternehmen die Tätigkeit des Vermietens oder Verpachtens entfalte. Die besonderen Umstände zwischen Besitzunternehmen und Betriebsunternehmen seien nicht Teil dieser Tätigkeit, sondern würden ihr nur die Eigenschaft eines Gewerbebetriebs verleihen. Wegen der Bedenken gegen diese Rechtfertigung siehe unten unter G.II.3.b).

(4) Nicht überzeugend ist auch der Versuch des GrS des BFH in seinem Beschluss vom 8.11.1971[1] eine Rechtfertigung für das Institut der Betriebsaufspaltung durch einen Hinweis auf § 21 Abs. 3 EStG zu finden. Der GrS meint, aus § 21 Abs. 3 EStG ergebe sich, dass es dem Willen des Gesetzgebers entspreche, wenn die Vermietung von Grundbesitz – bei Vorliegen besonderer Umstände – als gewerbliche Tätigkeit angesehen werde. § 21 Abs. 3 EStG bestimmt jedoch nur, dass Vermietungseinkünfte dann einer anderen Einkunftsart zuzurechnen sind, wenn sie zu dieser gehören. Damit wird lediglich die subsidiäre Bedeutung des Anwendungsbereichs des § 21 EStG gegenüber andern Einkunftsarten geregelt. Mit der Abgrenzung einer gewerblichen Tätigkeit gegenüber einer reinen vermögensverwaltenden Tätigkeit hat dies nichts zu tun.

(5) In manchen BFH-Urteilen[2] wird zur Rechtsgrundlage für die Betriebsaufspaltung ein in wertender Betrachtungsweise verstandener Begriff des Gewerbebetriebs angeführt. Vgl. hierzu unten unter G.II.3.c).

(6) Schließlich könnte man als Rechtfertigung für die Betriebsaufspaltung auch noch an eine Ableitung der gewerblichen Tätigkeit des Besitzunternehmens aus der gewerblichen Tätigkeit des einheitlichen Gesamtunternehmens denken, das vor der Betriebsaufspaltung bestanden hat. Wenn das Besitzunternehmen als Restunternehmen des bisherigen Einheitsunternehmens fortbesteht, dann besteht auch die Gewerblichkeit des bisherigen Einheitsunternehmens in dem Restbetrieb fort (**Restbetriebsgedanke**). Diese Rechtfertigung für die Betriebsaufspaltung ist in dem BFH-Urteil vom 18.6.1980[3] jedoch abgelehnt worden, weil sie versagt, wenn das vor

---
1 GrS 2/71, BFHE 103, 440, BStBl II 1972, 63, 64 rechte Spalte.
2 Z. B. BFH-Urteil vom 17.7.1991 I R 98/88, BFHE 165, 369, BStBl II 1992, 246.
3 I R 77/77, BFHE 131, 388, BStBl II 1981, 39.

der Betriebsaufspaltung bestehende Gesamtunternehmen kein Gewerbebetrieb war oder wenn ein Fall der unechten Betriebsaufspaltung vorliegt.

III. Verfassungsmäßigkeit

Literatur: *Barth,* Das Bundesverfassungsgericht und die Frage der sog. Betriebsaufspaltung, FR 1963, 151; *Kirmse,* Das Bundesverfassungsgericht billigt die Rechtsgrundsätze des Bundesfinanzhofes zur Behandlung der Betriebsaufspaltung im Gewerbesteuerrecht – Beschluss des Ersten Senats 1 BvR 136/62 vom 14.1.1969, RWP-Blattei St-R D Betriebsaufspaltung II B 2 Einzelfragen; *Labus,* Anm. zum BVerfG-Beschluss vom 14.1.1969, 1 BvR 136/62, BB 1969, 351.

Das BVerfG hat die Betriebsaufspaltungs-Rechtsprechung als zulässiges Richterrecht angesehen.

C. Formen der Betriebsaufspaltung

I. Allgemeines

Literatur: *Engelhardt,* Betriebsspaltung in Besitzpersonenunternehmen und Betriebskapitalgesellschaft, StWa 1960, 211.

Nach der Art und Weise, wie eine Betriebsaufspaltung entsteht, wird zwischen **echter** und **unechter Betriebsaufspaltung** unterschieden. Nach der Rechtsform des Betriebsunternehmens unterscheidet man zwischen der **kapitalistischen** und der **mitunternehmerischen Betriebsaufspaltung**. Allerdings wird z.T. der Terminus „kapitalistische Betriebsaufspaltung" auch für die Fälle verwendet, in denen das Besitzunternehmen eine Kapitalgesellschaft ist. Andere hingegen bezeichnen die Fälle, in denen das Besitzunternehmen eine Kapitalgesellschaft und das Betriebsunternehmen eine Personengesellschaft ist, auch als **umgekehrte Betriebsaufspaltung**. Eine weitere Unterscheidung ist die zwischen **mittelbarer** und **unmittelbarer Betriebsaufspaltung**.

II. Echte Betriebsaufspaltung

Eine echte Betriebsaufspaltung liegt vor, wenn ein bisher einheitliches Unternehmen (meist Einzelunternehmen oder Personengesellschaft) in der Weise aufgespalten wird, dass neben dem bisherigen Unternehmen ein neues Unternehmen – meist eine Kapitalgesellschaft – gegründet wird, das den Betrieb des bisherigen einheitlichen Unternehmens fortführt[1], während das bisherige Unternehmen sein Anlagevermögen ganz oder teilweise zurückbehält und an das neue **Betriebsunternehmen** vermietet oder verpachtet. Das bisherige einheitliche Unternehmen wird dadurch als Restbetrieb zum **Besitzunternehmen**. Bei dem zurückgehaltenen Anlagegegenstand (Anlagegenständen) muss es sich mindestens um **eine wesentliche Betriebsgrundlage** handeln, da andernfalls eine Betriebsveräußerung oder Betriebsaufgabe vorliegt[2].

Nicht erforderlich ist, dass die bisher betriebene einheitliche unternehmerische Tätigkeit eine gewerbliche war. Die Grundsätze der Betriebsaufspaltung sind vielmehr auch dann anzuwenden, wenn Besitz- und Betriebs-

---

1 BFH-Urteil vom 20.9.1973 IV R 41/69, BFHE 110, 368, BStBl II 1973, 869.
2 BFH-Urteil vom 24.8.1989 IV R 135/96, BFHE 158, 245, BStBl II 1989, 1041.

unternehmen aus einer früheren **freiberuflichen Tätigkeit** hervorgegangen sind[1]. M.E. gilt dies jedoch nur dann, wenn das Betriebsunternehmen als solches ein Gewerbebetrieb ist, z. B. weil es in der Rechtsform einer GmbH geführt wird. Ist hingegen das Betriebsunternehmen kein Gewerbebetrieb, sondern hat es z. B. – in der Rechtsform einer GbR geführt – eine freiberufliche Tätigkeit zum Gegenstand, dann kann m.e. auch das Besitzunternehmen nicht in einen Gewerbebetrieb umfunktioniert werden[2]. Das Gleiche gilt m.E., wenn Besitz- und Betriebsunternehmen aus einem früheren einheitlichen **land- und forstwirtschaftlichen Betrieb** hervorgehen oder wenn eine reine Vermietungs- und Verpachtungstätigkeit aufgespalten wird, also wenn z. B. A seine Mietshäuser an eine von ihm beherrschte GbR vermietet, die ihrerseits die einzelnen Wohnungen an Dritte vermietet[3].

III. Unechte Betriebsaufspaltung

Literatur: *Bremm,* Die Betriebsaufspaltung im Blickwinkel der neuen Rechtsprechung (mit Schwerpunkt „unechte Betriebsaufspaltung"), StWa 1989, 143; *Henninger,* Unechte Betriebsaufspaltung, § 2 GewStG, RWP-Blattei 14 St-R D BetrAufspalt. II B 1 c; *Labus,* Anm. zum BFH-Urteil vom 24.6.1969, I 201/64, BB 1970, 116; *List,* Anm. zum BFH-Urteil vom 24.11.1978 III R 121/76, DStZ/A 1979, 335; *Mittelbach,* Zweifelsfragen bei der unechten Betriebsaufspaltung, DStZ/A 1974, 361.

Eine unechte Betriebsaufspaltung[4] wird angenommen, wenn Besitzunternehmen und Betriebsunternehmen nicht durch die Aufspaltung eines einheitlichen Unternehmens entstanden sind, sondern wenn zu einem bereits bestehenden Betriebsunternehmen ein Besitzunternehmen hinzutritt.

Beispiel:
Der beherrschende Gesellschafter einer GmbH vermietet dieser ein Grundstück, welches vorher zu seinem Privatvermögen gehörte und fremdvermietet war.

Liegen die Voraussetzungen einer Betriebsaufspaltung vor[5], dann entsteht durch die Grundstücksvermietung eine unechte Betriebsaufspaltung. Die

---

1 BFH-Urteil vom 18.6.1980 I R 77/77, BFHE 131, 388, BStBl II 1981, 39.
2 Siehe auch G.I.
3 A.A. *Klinzmann,* DB 1981, 1360.
4 Vgl. BFH-Beschluss vom 8.11.1971 GrS 2/71, BFHE 103, 440, BStBl II 1972, 63.
5 Siehe unten unter D.

GmbH wird zum **Betriebsunternehmen**. Die in der Vermietung des Grundstücks bestehende Tätigkeit des beherrschenden GmbH-Gesellschafters ist eine gewerbliche Tätigkeit, ist also ein **Besitzunternehmen**. Die unechte Betriebsaufspaltung hat der BFH zum ersten Mal in seinem Urteil vom 3.11.1959[1] bejaht. Zur Rechtfertigung dieser ausdehnenden Anwendung des Richterrechts „Betriebsaufspaltung" ist in der Entscheidung ausgeführt: Auch bei der unechten Betriebsaufspaltung liege wirtschaftlich betrachtet ein einheitliches Unternehmen vor, bei dem Anlagevermögen und umlaufendes Vermögen lediglich der Form nach auf ein Besitzunternehmen und ein Betriebsunternehmen aufgeteilt worden seien. Auch bei der unechten Betriebsaufspaltung müsse daher das wirtschaftlich einheitliche Unternehmen steuerlich für die Frage der Art der Einkünfte des Besitzunternehmens und des Betriebsunternehmens einheitlich beurteilt werden[2]. Obgleich der Große Senat des BFH in seinem Beschluss vom 8.11.1971[3] entschieden hat, dass es bei der Frage, ob sich das Besitzunternehmen gewerblich betätige, nicht darauf ankomme, ob dieses Unternehmen mit dem Betriebsunternehmen wirtschaftlich ein einheitliches Unternehmen bilde, ist die unechte Betriebsaufspaltung beibehalten worden. Für die Rechtfertigung der unechten Betriebsaufspaltung kann daher heute nur noch in Betracht kommen, dass auch bei ihr dieselben Voraussetzungen vorliegen, die für die Umqualifizierung einer Vermietungstätigkeit in einen Gewerbebetrieb bei der echten Betriebsaufspaltung erforderlich sind. Vgl. aber auch die Ausführungen unten unter G.II.5. zu den Bedenken über die Zulässigkeit der unechten Betriebsaufspaltung.

IV. Kapitalistische Betriebsaufspaltung

Literatur: *Kuhsel*, Problembereiche der kapitalistischen Betriebsaufspaltung, DB 1998, 2194; *Schoor*, Kapitalistische Betriebsaufspaltung, StSem 1996, 156; *Wienands*, Anmerkungen zur kapitalistischen Betriebsaufspaltung, DStZ 1994, 623.

Von kapitalistischer Betriebsaufspaltung wird gesprochen, wenn das Betriebsunternehmen eine Kapitalgesellschaft ist. Die Fälle, in denen das

---
1 I 217/58 U, BFHE 70, 134, BStBl III 1960, 50.
2 Ebenso BFH-Urteil vom 24.6.1969 I 201/64, BFHE 97, 125, BStBl II 1970, 17.
3 GrS 2/71, BFHE 103, 440, BStBl II 1972, 63.

Besitzunternehmen eine Kapitalgesellschaft ist und die deshalb z. T. ebenfalls als kapitalistische Betriebsaufspaltung bezeichnet werden[1], werden im Folgenden unter dem Terminus umgekehrte Betriebsaufspaltung behandelt. Weil der Begriff „kapitalistische Betriebsaufspaltung" in letzter Zeit in zunehmendem Maße auch zur Bezeichnung der Fälle der „umgekehrten Betriebsaufspaltung" verwendet wird, findet man heute häufig für Gestaltungen, in denen das Betriebsunternehmen eine Kapitalgesellschaft und das Besitzunternehmen ein Personalunternehmen ist, die Bezeichnung „**klassische Betriebsaufspaltung**".

V. Mitunternehmerische Betriebsaufspaltung

Ist das Betriebsunternehmen eine Personengesellschaft, liegt eine mitunternehmerische Betriebsaufspaltung vor (vgl. die Ausführungen unter F.II).

VI. Umgekehrte Betriebsaufspaltung

Literatur: *van der Bosch,* Die umgekehrte Betriebsaufspaltung, Diss. Köln 1954; *Brendle/Schaaf,* Die umgekehrte Betriebsaufspaltung im Rahmen einer GmbH und Co. KG und ihre ertragsteuerlichen Konsequenzen, GmbHR 1970, 285 ff.; *Schulze zur Wiesche,* Die umgekehrte Betriebsaufspaltung, BB 1989, 815; *Söffing, Günter,* Der Geschäftswert bei Umwandlung einer Kapital- in eine Personengesellschaft und bei der umgekehrten Betriebsaufspaltung, INF A 1966, 121; *o. V.,* GmbH als Organ einer KG – Sog. „umgekehrte Betriebsaufspaltung", DB 1976, 1038.

Unter umgekehrter Betriebsaufspaltung werden die Fälle verstanden, in denen das Besitzunternehmen eine Kapitalgesellschaft und das Betriebsunternehmen eine Personengesellschaft oder Gemeinschaft ist. M. E. liegt in diesen Fällen keine Betriebsaufspaltung vor[2].

VII. Unmittelbare Betriebsaufspaltung

Eine unmittelbare Betriebsaufspaltung liegt vor, wenn die beide Unternehmen beherrschende Person oder Personengruppe sowohl am Besitzunternehmen als auch am Betriebsunternehmen unmittelbar, d. h. ohne Zwischenschaltung einer anderen Gesellschaft, beteiligt ist.

---

1 Vgl. z. B. BFH-Urteil vom 22.10.1986 I R 180/82, BFHE 148, 272, BStBl II 1987, 117 und die Ausführungen unten unter E.III.; *Kuhsel,* DB 1998, 2194.
2 Hinweis auf die Ausführungen unten unter E.III.

VIII. Mittelbare Betriebsaufspaltung

Von einer mittelbaren Betriebsaufspaltung spricht man, wenn zwischen das Betriebsunternehmen und die beherrschende Person oder Personengruppe eine Kapitalgesellschaft oder eine Personengesellschaft zwischengeschaltet ist[1].

---

1 Siehe auch unter D.III.2.a).

D. Voraussetzungen der Betriebsaufspaltung

Literatur: *Paus,* Die Betriebsaufspaltung: Voraussetzungen und Rechtsfolgen, StWa 1989, 57; *Schneeloch,* Betriebsaufspaltung – Voraussetzungen und Steuerfolgen, DStR 1991, 761 und 804; *Schulze zur Wiesche,* Voraussetzungen einer Betriebsaufspaltung weiterhin umstritten?, Wpg 1985, 579; *ders.,* Betriebsaufspaltung in der jüngsten Rechtsprechung – Voraussetzungen und Konsequenzen, bilanz & buchhaltung, 1992, 267; *o. V.,* Sachliche und personelle Voraussetzungen einer Betriebsaufspaltung, GmbHR 1991, R 86.

I. Allgemeines

Schon in dem Urteil des RFH vom 26.10.1938[1] wird als Voraussetzung für eine Betriebsaufspaltung, also für die Umqualifizierung des Besitzunternehmens in einen Gewerbebetrieb ein **enger wirtschaftlicher Zusammenhang** zwischen Besitzunternehmen und Betriebsunternehmen gefordert. Ein solcher Zusammenhang wird heute angenommen, wenn zwischen Besitzunternehmen und Betriebsunternehmen eine **sachliche** und **personelle Verflechtung** besteht[2], d. h. wenn die von einer Einzelperson, einer

---

[1] VI 501/38, RStBl I 1939, 282.
[2] BFH-Entscheidungen vom 10.6.1966 VI B 31/63, BFHE 86, 590, BStBl III 1966, 598; vom 8.11.1971 GrS 2/71, BFHE 103, 440, BStBl II 1972, 63; vom 29.3.1973 I R 174/72, BFHE 109, 456, BStBl II 1973, 686; vom 28.6.1973 IV R 97/72, BFHE 109, 459, BStBl II 1973, 688; vom 20.9.1973 IV R 41/69, BFHE 110, 368, BStBl II 1973, 869; vom 11.12.1974 I R 260/72, BFHE 114, 433, BStBl II 1975, 266; vom 15.5.1975 IV R 100/71, BFHE 116, 90, BStBl II 1975, 791; vom 24.11.1978 III R 121/76, BFHE 127, 214, BStBl II 1979, 366; vom 23.1.1980 I R 33/77, BFHE 130, 173, BStBl II 1980, 356; vom 1.4.1981 I R 160/80, BFHE 133, 561, BStBl II 1981, 738; vom 14.1.1982 IV R 77/79, BFHE 135, 325, BStBl II 1982, 476; vom 16.6.1982 I R 118/80, BFHE 136, 287, BStBl II 1982, 662; vom 9.11.1983 I R 174/79, BFHE 140, 90, BStBl II 1984, 212; vom 13.12.1984 VIII R 19/81, BFHE 143, 106, BStBl II 1985, 601; vom 12.11.1985 VIII R 240/81, BFHE 145, 401, BStBl II 1986, 296; vom 18.2.1986 VIII R 125/85, BFHE 146, 266, BStBl II 1986, 611; 12.10.1988 X R 5/86, BFHE 154, 566, BStBl II 1989, 152; vom 26.10.1988 I R 228/84, BFHE 155, 117, BStBl II 1989, 155; vom 11.7.1989 VIII R 151/85, BFH/NV 1990, 99; vom 1.12.1989 III R 94/87, BFHE 159, 480, BStBl II 1990, 500; vom 23.1.1991 X R 47/87, BFHE 163, 460, BStBl II 1991, 405; vom 27.2.1991 X R 25/88, BFH/NV 1991, 454, 455 linke Spalte; vom 5.9.1991 IV R 113/90; BFHE 165, 420, BStBl II 1992, 349; vom 12.9.1991 IV R 8/90, BFHE 166, 55, BStBl II 1992, 347; vom 6.11.1991 XI 12/87, BFHE 166, 206, BStBl II 1992, 415; vom 12.2.1992 XI R 18/90, BFHE 167, 499, BStBl II 1992, 723; vom 4.11.1992 XI R 1/92, BFHE 169, 452, BStBl II 1993, 245; vom 26.11.1992 IV R 15/91, BFHE 171, 490, BStBl II 1993, 876; vom 18.3.1993 IV R 96/92, BFH/NV 1994, 15, 16 mittlere Spalte; vom 10.4.1997 IV R 73/94, BFHE 183, 127, BStBl II 1997, 569; vom 13.11.1997 IV R 67/96, BStBl II 1998, 254; vom 14.1.1998 X R 57/93, BFHE 185, 230, BB 1998, 1245; vom 23.9.1998 XI R 72/97, BFHE 187, 36, BStBl II 1999, 281 m.w.N.; vom 15.10.1998 IV R 20/98, BFHE 187, 26, BStBl II 1999, 445; vom 7.12.1999 VIII R 50, 51/96, BFH/NV 2000, 601, 602 mittlere Spalte; vom 2.2.2000 XI R 8/99, BFH/NV 2000, 1135 rechte Spalte.

II. Sachliche Verflechtung 51

Gemeinschaft oder einer Personengesellschaft betriebene Vermietung oder Verpachtung (Besitzunternehmen) die Nutzungsüberlassung einer wesentlichen Betriebsgrundlage an eine gewerblich tätige Personengesellschaft oder Kapitalgesellschaft (Betriebsgesellschaft) zum Gegenstand hat (sachliche Verflechtung) und eine Person oder Personengruppe sowohl das Besitzunternehmen als auch das Betriebsunternehmen in dem Sinn beherrscht, dass sie in der Lage ist, in beiden Unternehmen einen einheitlichen geschäftlichen Betätigungswillen durchzusetzen (personelle Verflechtung)[1].

Die bloße Vermietung und Verpachtung von Wirtschaftsgütern, die sich im Regelfall nicht als Gewerbebetrieb, sondern als Vermietung und Verpachtung darstellt, wird also zur gewerblichen Tätigkeit, wenn die Voraussetzungen einer sachlichen und personellen Verflechtung zwischen dem Besitzunternehmen und dem Betriebsunternehmen vorliegen[2]. Das gilt sowohl für den Fall der echten als auch für den Fall der unechten Betriebsaufspaltung.

II. Sachliche Verflechtung

Literatur: *Bitz*, Betriebsaufspaltung: Sachliche Verflechtung bei verpachtetem Grundbesitz nach der neueren Rechtsprechung des BFH, FR 1991, 733; *Bordewin*, Anm. zum BFH-Urteil vom 24.8.1989 – IV R135/86, BStBl II 1989, 1014, RWP SG 1.3 S. 3175; *Heidemann*, Die Nutzungsüberlassung an die GmbH durch ihren Gesellschafter, INF 1990, 409; *ders.*, Nutzungsüberlassung an die GmbH, INF 1992, 562; *ders.*, Sachliche Verflechtung bei Betriebsaufspaltung, INF 1993, 75; *Jestädt*, Sachliche Verflechtung bei Betriebsaufspaltung als wesentliche Betriebsgrundlage, DStR 1990, 223; *ders.*, Sachliche Verflechtung bei Betriebsaufspaltung, Grundstück als wesentliche Betriebsgrundlage, DStR 1992, 1189; *ders.*, Sachliche Verflechtung bei Betriebsaufspaltung, Grundstück als wesentliche Betriebsgrundlage, DStR 1992, 1189; *Neufang*, Sachliche Voraussetzung der Betriebsaufspaltung im Bereich der Grundstücke, INF 1991, 326; *Pollmann, Erika*, Sachliche Verflechtung bei Betriebsaufspaltung – BFH-Urteil vom 24.8.1989 – IV R 135/86, BStBl II 1989, 1014, NWB Fach 18, 3061; *dies.*, Sachliche Verflechtung bei Betriebsaufspaltung – BFH-Urteile vom 7.8.1990 BStBl 1991, 336, und vom 23.1.1991 BStBl II, 405, NWB Fach 3, 7935; *Söffing, Günter*, Sachliche Verflechtung bei Betriebsaufspaltung, NWB Fach 18, 3021; *ders.*, Die sachliche Verflechtung im Rahmen der Betriebsaufspaltung,

---

1 BFH-Urteile vom 26.7.1984 IV R 11/81, BFHE 141, 536, BStBl II 1984, 714; vom 12.11.1985 VIII R 240/81, BFHE 145, 401, BStBl II 1986, 296; vom 24.8.1989 IV R 135/86, BFHE 158, 245, BStBl II 1989, 1014.
2 BFH-Urteile vom 12.11.1985 VIII R 240/81, BFHE 145, 401, BStBl II 1986, 296; vom 18.3.1993 IV R 96/92, BFH/NV 1994, 15; vom 21.1.1999 IV R 96/96, BFH/NV 1999, 1033; vom 24.2.2000 IV R 62/98, BFHE 191, 295, BStBl II 2000, 417.

DStR 1990, 503; *ders.*, Anm. zum BFH-Urteil vom 24.8.1989 – IV R 135/86, BStBl II 1989, 1014, FR 1990, 24; *o. V.*, Grundsatzurteil: Zur sachlichen Verflechtung als Tatbestandsvoraussetzung einer Betriebsaufspaltung, DStR 1989, 774.

1. Begriffsbestimmung

Eine sachliche Verflechtung ist gegeben, wenn das Besitzunternehmen dem Betriebsunternehmen Wirtschaftsgüter zur Nutzung überlässt, die für das Betriebsunternehmen eine **wesentliche Betriebsgrundlage** darstellen[1]. Das gilt sowohl für die echte als auch für die unechte Betriebsaufspaltung[2].

Hingegen wird durch **persönliche Dienstleistungen** keine sachliche Verflechtung begründet[3].

2. Rechtfertigung für die Voraussetzungen der sachlichen Verflechtung

Die Rechtfertigung für das Erfordernis des Überlassens einer wesentlichen Betriebsgrundlage als Voraussetzung für die Annahme einer Betriebsaufspaltung besteht darin, dass das Betriebsunternehmen ohne die überlassene wesentliche Betriebsgrundlage seinen Betrieb in der Form, wie es ihn mit Hilfe der überlassenen wesentlichen Betriebsgrundlage führt, nicht fortführen kann und deshalb der oder die Besitzunternehmer auch durch die Überlassung einer wesentlichen Betriebsgrundlage einen beherrschenden Einfluss auf das Betriebsunternehmen ausüben kann bzw. können[4].

In dem BFH-Urteil vom 24.8.1989[5] wird die Rechtfertigung auch darin gesehen, dass durch die sachliche Verflechtung gewährleistet werde, dass die Einflussnahme auf beide Unternehmen und ihre Geschäftspolitik koordiniert werde.

---

1 BFH-Urteile vom 24.2.1967 VI 169/65, BFHE 88, 319, BStBl III 1967, 387; vom 19.4.1972 I R 15/79, BFHE 105, 496, BStBl II 1972, 634; vom 20.9.1973 IV R 41/69, BFHE 110, 236, BStBl II 1973, 869; vom 28.1.1982 IV R 100/78, BFHE 135, 330, BStBl II 1982, 479; vom 30.7.1985 VIII R 263/81, BFHE 145, 129, BStBl II 1986, 359; vom 12.11.1985 VIII R 240/81, BFHE 145, 401, BStBl II 1986, 296; vom 26.1.1989 IV R 151/86, BFHE 156/138, BStBl II 1989, 455; vom 18.2.1986 VIII R 125/85, BFHE 146, 266, BStBl II 1986, 611; vom 1.12.1989 III R 94/87, BFHE 159, 480, BStBl II 1990, 500; vom 23.1.1991 X R 47/87, BFHE 163, 460, BStBl II 1991, 405; vom 14.1.1998 X R 57/93, BFHE 185, 230; vom 2.2.2000 IV R 8/99, BFH/NV 2000, 1135 rechte Spalte; vom 24.2.2000, BFHE 191, 295, BStBl II 2000, 417.
2 BFH-Urteil vom 18.6.1980 I R 77/77, BFHE 131, 388, BStBl II 1981, 39.
3 BFH-Urteil vom 26.1.1989 IV R 151/86, BFHE 156, 138, BStBl II 1989, 455.
4 BFH-Urteil vom 4.11.1992 XI R 1/92, BFHE 169, 452, BStBl II 1993, 245, 246.
5 IV R 135/86, BFHE 158, 245, BStBl II 1989, 1014.

II. Sachliche Verflechtung 53

3. Wesentliche Betriebsgrundlage

Literatur: *Binz, Mark K./Freudenberg/Sorg,* Die „wesentliche Betriebsgrundlage" im Ertragsteuerrecht, DStR 1993, 3; *Dehmer,* Wesentliche Betriebsgrundlage bei der Betriebsaufspaltung, KFR F. 3 EStG § 15, 4/92, S. 75; *Pollmann, Erika,* Wesentliche Betriebsgrundlagen bei der Betriebsaufspaltung, KFR F. 3 EStG § 15, 11/91, S. 259; *dies.,* Wesentliche Betriebsgrundlage bei Betriebsaufspaltung, KFR F. 3 EStG § 15, 12/92, S. 281; *Richter,* Zum Begriff „Wesentliche Betriebsgrundlagen", FR 1971, 40; *o. V.,* Betriebsaufspaltung: Wesentliche Betriebsgrundlage und Besitzunternehmen, DB 1975, 477.

a) Allgemeines

Ob die vom Besitzunternehmen dem Betriebsunternehmen zur Nutzung überlassenen Wirtschaftsgüter eine wesentliche Betriebsgrundlage sind, richtet sich nach den Gegebenheiten des Einzelfalls[1] und ist nach dem Gesamtbild der Verhältnisse des Streitjahres zu beurteilen[2].

Die Frage, ob das betreffende Wirtschaftsgut keine, nur geringe oder große **stille Reserven** enthält[3], spielt keine Rolle. Ebenso unerheblich ist es, ob das dem Betriebsvermögen zur Nutzung überlassene Wirtschaftsgut vorher zum Privatvermögen oder zum Betriebsvermögen gehört hat[4].

Anders als bei der Betriebsveräußerung oder Betriebsaufgabe kommt es nicht auf die wesentlichen Betriebsgrundlagen des veräußernden Unternehmens, sondern allein darauf an, ob **eine** für das Betriebsunternehmen wesentliche Betriebsgrundlage überlassen wird[5]. Es muss sich also nicht um alle wesentlichen Betriebsgrundlagen des Betriebsunternehmens handeln.

Außer bei der Betriebsaufspaltung, der Betriebsveräußerung und der Betriebsaufgabe spielt der Begriff der wesentlichen Betriebsgrundlage

---

1 BFH-Urteil vom 18.6.1980 I R 77/77, BFHE 131, 388, BStBl II 1981, 39.
2 BFH-Urteile vom 24.6.1969 I 201/64, BFHE 97, 125, BStBl II 1970, 17; vom 21. 5. 1974 VIII R 57/70, BFHE 112, 391, BStBl II 1974, 613; vom 12.11.1985 VIII R 342/82, BFHE 145, 396, BStBl II 1986, 299.
3 *Höger,* DB 1987, 349, 350.
4 BFH-Urteil vom 25.7.1968 IV R 261/66, BFHE 93, 82, BStBl II 1968, 677.
5 BFH-Urteile vom 20.9.1973 IV R 41/69, BFHE 110, 368, BStBl II 1973, 869; vom 21.5.1974 VIII R 57/70, BFHE 112, 391, BStBl II 1974, 613; vom 24.11.1978 III R 121/76, BFHE 127, 214, BStBl II 1979, 366; vom 12.11.1985 VIII R 342/82, BFHE 145, 396, BStBl II 1986, 299; vom 23.1.1991 X R 47/87, BFHE 163, 460, BStBl II 1991, 405.

auch bei der Einbringung eines Unternehmens gegen Gewährung von Gesellschaftsrechten nach § 20 UmwStG, bei der Betriebsverpachtung und bei der unentgeltlichen Betriebsübertragung i. S. von § 7 Abs. 1 EStDV eine Rolle[1]. Anders als bei der Betriebsaufspaltung müssen hier alle wesentlichen Betriebsgrundlagen des veräußerten, aufgegebenen, eingebrachten, verpachteten oder übertragenen Betriebs veräußert, ins Privatvermögen überführt, eingebracht, verpachtet oder übertragen werden. In diesen Fällen ist eine andere Betrachtungsweise als bei der Betriebsaufspaltung gegeben. Auch ist die Rechtfertigung für das Einbringen, Verpachten oder Übertragen aller stillen Reserven eine andere als bei der Betriebsaufspaltung.

Als Rechtfertigung dafür, dass es im Rahmen der Betriebsaufspaltung nicht auf **die**, sondern nur auf **eine** wesentliche Betriebsgrundlage ankommt, wird in dem BFH-Urteil vom 20.9.1973[2] darauf hingewiesen, dass im Fall der unechten Betriebsaufspaltung die Überlassung der wesentlichen Betriebsgrundlagen gar nicht möglich sei, weil das Betriebsunternehmen schon vor der Überlassung der Wirtschaftsgüter durch die Besitzgesellschaft bestanden habe. Das ist m.E. keine überzeugende Begründung; denn wenn zunächst die Gleichsetzung der unechten Betriebsaufspaltung mit der echten nur deshalb erfolgt ist, weil es die Gleichmäßigkeit der Besteuerung gebiete[3], dann kann es nicht zulässig sein, Folgerungen für die gesamte Betriebsaufspaltungs-Rechtsprechung aus Besonderheiten herzuleiten, die nur bei der unechten Betriebsaufspaltung vorkommen.

b) Begriff

Zu den wesentlichen Grundlagen eines Betriebs gehört ein Wirtschaftsgut, wenn es für den Betrieb nach seiner Art von besonderer Bedeutung ist, also wenn es für die Erfüllung des Betriebszwecks erforderlich ist und das ein besonderes wirtschaftliches Gewicht für die Betriebsführung des

---

1 Vgl. BFH vom 24.8.1989 IV R 135/86, BFHE 158, 245, BStBl II 1989, 1014.
2 IV R 41/69, BFHE 110, 368, BStBl II 1973, 869.
3 So *L. Schmidt*, ESt-Kom., 15. Aufl., § 15 Rz. 802, unter Hinweis auf die BFH-Urteile vom 20.9.1973 IV R 41/69, BFHE 110, 368, BStBl II 1973, 869; vom 23.7.1981 IV R 103/78, BFHE 134, 126, BStBl II 1982, 60; vom 12.4.1991 III R 39/86, BFHE 165, 125, BStBl II 1991, 773; vom 5.9.1991 IV R 113/90, BFHE 165, 420, BStBl II 1992, 349; vom 24.2.1994 IV R 8–9/93, BFHE 174, 80, BStBl II 1994, 466.

II. Sachliche Verflechtung

Betriebsunternehmen hat (von besonderer Wichtigkeit ist)[1]. Dabei ist zu beachten, dass die Begriffe „wesentlich", „notwendig" und „unentbehrlich" in der Rechtsprechung des BFH im gleichen Sinn gebraucht werden[2]. Es muss sich bei einer wesentlichen Betriebsgrundlage um ein Wirtschaftsgut handeln, bei dem es aus der Sicht des Betriebsunternehmens wirtschaftlich einen deutlichen Unterschied macht, ob es sich im Eigentum des Unternehmens (des Besitzunternehmens oder des Betriebsunternehmens) befindet und für Zwecke des Betriebsunternehmens **besonders hergerichtet** ist oder ob es von einem Fremden gemietet wurde[3].

Nach dem BFH-Urteil vom 24.8.1989[4] ist ein Wirtschaftsgut eine wesentliche Betriebsgrundlage i. S. der Betriebsaufspaltung, wenn es zum Anlagevermögen gehört und für den Betriebsablauf unerlässlich ist, so dass ein Erwerber des Betriebs diesen nur mit Hilfe dieses Wirtschaftsguts in der bisherigen Form fortführen kann.

Neuerdings findet sich in Urteilen des X. Senats des BFH[5] auch die Formulierung, für die Frage der sachlichen Verflechtung komme es lediglich auf die wirtschaftliche Bedeutung des Grundstücks für das Betriebsvermögen an. Es kann nicht davon ausgegangen werden, dass der X. Senat mit dieser Formulierung den Begriff „wesentliche Betriebsgrundlage" weiter als in der bisherigen Rechtsprechung fassen wollte; denn wenn dies der Fall sein sollte, hätte der X. Senat die Vorschrift des § 11 Abs. 2 FGO rechtswidrig verletzt, was nicht unterstellt werden kann.

---

1 BFH-Urteile vom 30.10.1974 I R 40/72, BFHE 114, 85, BStBl II 1975, 232; vom 12.11.1985 VIII R 240/81, BFHE 145, 401, BStBl II 1986, 296; vom 26.1.1989 IV R 151/86, BFHE 156, 138, BStBl II 1989, 455; vom 24.8.1989 IV R 135/86, BFHE 158, 245, BStBl II 1989, 1014; vom 23.1.1991 X R 47/87, BFHE 163, 460, BStBl II 1991, 405; vom 6.11.1991 XI R 12/87, BFHE 166, 206, BStBl II 1992, 415; vom 12.2.1992 XI R 18/90, BFHE 167, 499, BStBl II 1992, 723 m. w. N.; vom 26.3.1992 IV R 50/91, BFHE 168, 96, BStBl II 1992, 830; vom 4.11.1992 XI R 1/92, BFHE 169, 452, BStBl II 1993, 245; vom 26.11.1992 IV R 15/91, BFHE 171, 490, BStBl II 1993, 876; vom 28.1.1993 IV R 39/92, BFH/NV 1993, 528; vom 18.3.1993 IV R 96/92, BFH/NV 1994, 15, 16 rechte Spalte; vom 27.8.1998 III R 96/96, BFH/NV 1999, 750; vom 15.10.1998 IV R 20/98, BFHE 187, 26, BStBl II 1999, 445.
2 BFH-Urteile vom 20.9.1973 IV R 41/69, BFHE 110, 368, BStBl II 1973, 869; vom 12.11.1985 VIII R 342/82, BFHE 145, 396, BStBl II 1986, 299.
3 BFH-Urteile vom 24.1.1968 I 76/64, BFHE 91, 368, BStBl II 1968, 354; vom 24.6.1969 I 201/64, BFHE 97, 125, BStBl II 1970, 17; vom 12.11.1985 VIII R 342/82, BFHE 145, 396, BStBl II 1986, 299.
4 IV R 135/86, BFHE 158, 245, BStBl II 1989, 1014; vgl. auch BFH-Urteile vom 4.11.1992 XI R 1/92, BFHE 169, 452, BStBl II 1993, 245; vom 27.8.1998 III R 96/96, BFH/NV 1999, 758, 759 rechte Spalte.
5 Urteile vom 26.5.1993 X R 78/91, BFHE 171, 467, BStBl II 1993, 718; vom 2.4.1997 X R 21/93, BFHE 183, 100, BStBl II 1997, 561.

Bis zum Erlass des BFH-Urteils vom 26.5.1993[1] war ein Wirtschaftsgut auch dann keine wesentliche Betriebsgrundlage für das Betriebsunternehmen, wenn es jederzeit austauschbar (ersetzbar) war. Wegen Einzelheiten s. unten unter D.II.3.c) (9).

Als eine wesentliche Betriebsgrundlage wird nicht nur **die Verpachtung eines ganzen Betriebs**[2] oder eines **Teilbetriebs**, sondern auch die Vermietung und Verpachtung wichtiger einzelner Anlagegegenstände, insbesondere die Vermietung oder Verpachtung von **Grundstücken**[3] angesehen. Vor allem bebaute Grundstücke kommen als eine wesentliche Betriebsgrundlage in Betracht[4]. Deshalb, und weil im Rahmen einer Betriebsaufspaltung meistens bebaute Grundstücke vom Besitzunternehmen dem Betriebsunternehmen zur Nutzung überlassen werden, sind die meisten oberstgerichtlichen Entscheidungen auch zu der Frage ergangen, unter welchen Voraussetzungen ein bebautes Grundstück für das Betriebsunternehmen eine wesentliche Betriebsgrundlage ist. Im Folgenden werden deshalb auch zunächst die Fälle behandelt werden, in denen das Besitzunternehmen dem Betriebsunternehmen ein bebautes Grundstück zur Nutzung überlässt.

Keine Rolle spielt es, ob das dem Betriebsunternehmen zur Nutzung überlassene Wirtschaftsgut auch für das **Besitzunternehmen eine wesentliche Betriebsgrundlage** ist[5].

c) Bebaute Grundstücke

Literatur: *Braun, Rainer,* Grundstücke im Rahmen der sachlichen Verflechtung bei der Betriebsaufspaltung – Rückblick und Ausblick -, GmbHR 1994, 233; *Jestädt,* Sachliche Verflechtung bei Betriebsaufspaltung, Grundstück als wesentliche Betriebsgrundlage, DStR 1992, 1189; *Kempermann,* Grundstücke als wesentliche Betriebsgrundlage in der neueren Rechtsprechung zur Betriebsaufspaltung, FR 1993, 593; *Labus,* Anm. zum BFH-Urteil vom 24.6.1969, I 201/64, BB 1970, 116; *Mienert,* Überlassung eines Betriebsgrundstücks zur Verwaltung und Nutzung durch eine Kapitalgesellschaft, GmbHR 1974, 140; *o. V.,* Grundstücksvermietung und Besitzunternehmen, DB 1971, 2285; *o. V.,* Vermietung von Anbauten und Besitzunternehmen, DB 1981, 448; *o. V.,* Vermietung eines Betriebsgebäudes auf fremdem Grund und Boden als Betriebsaufspaltung, GmbHR 1991, R 69.

---

1 X R 78/91, BFHE 171, 467, BStBl II 1993, 718.
2 BFH-Urteil vom 2.2.2000 XI R 8/99, BFH/NV 2000, 1135 rechte Spalte.
3 BFH-Urteile vom 24.6.1969 I 201/64, BFHE 97, 125, BStBl II 1970, 17; vom 20.9.1973 IV R 41/69, BFHE 110, 368, BStBl II 1973, 869; vom 12.11.1985 VIII R 342/82, BFHE 145, 396, BStBl II 1986, 299.
4 BFH-Urteil vom 12.11.1985 VIII R 342/82, BFHE 145, 396, BStBl II 1986, 299.
5 BFH-Urteil vom 14.9.1989 IV R 142/88, BFH/NV 1990, 522.

II. Sachliche Verflechtung

(1) Grundsätzliches

Nicht jedes vom Besitzunternehmen an das Betriebsunternehmen vermietete bebaute Grundstück ist für dieses eine wesentliche Betriebsgrundlage[1]. Der in der Besteuerungspraxis z.T. vertretenen Gegenmeinung ist der BFH mit seinem Urteil vom 12.11.1985[2] entgegengetreten.

Ein bebautes Grundstück ist nur dann eine wesentliche Betriebsgrundlage[3],

- wenn es für die Bedürfnisse des Betriebsunternehmens besonders hergerichtet worden ist,
- wenn es nach Lage, Größe oder Grundriss für die Bedürfnisse des Betriebsunternehmens besonders geeignet ist[4] und
- wenn es für das Betriebsunternehmen nicht nur von geringer wirtschaftlicher Bedeutung ist[5].

(2) Besonders hergerichtet

Literatur: *Pollmann, Erika*, Die „besondere Gestaltung" wesentlicher Betriebsgrundlagen im Rahmen der Betriebsaufspaltung, NWB Fach 18, 3027; *o.V.*, Besondere Gebäudegestaltung und Besitzunternehmen, DB 1976, 1457.

Als besondere Herrichtung im vorstehenden Sinn kommt die individuelle[6] oder branchenübliche[7] Gestaltung des Grundstücks, seine Anpassung an

---

1 FG Köln, Urteil vom 30.9.1998, EFG 1999, 304.
2 VIII R 342/82, BFHE 145, 396, BStBl II 1986, 299; s. auch BFH-Urteile vom 24.8.1989 IV R 135/86, BFHE 158, 245, BStBl II 1989, 1014; vom 26.3.1992 IV R 50/91, BFHE 168, 96, BStBl II 1992, 830.
3 BFH-Urteile vom 24.8.1989 IV R 135/86, BFHE 158, 245, BStBl II 1989, 1014; vom 1.2.1990 IV R 91/89, BFH/NV 1990, 562; vom 23.1.1991 X R 47/87, BFHE 163, 460, BStBl II 1991, 405; vom 10.4.1991 XI R 22/89, BFH/NV 1992, 312; vom 12.4.1991 III R 39/86, BFHE 165, 125, BStBl II 1991, 773; vom 5.9.1991 IV R 113/90, BFHE 165, 420, BStBl II 1992, 349; vom 29.10.1991 VIII R 77/87, BFHE 166, 82, BStBl II 1992, 334; vom 7.8.1990 VIII R 110/87, BStBl II 1991, 336; vom 12.2.1992 XI R 18/90, BFHE 167, 499, BStBl II 1992, 723; vom 4.11.1992 XI R 1/92, BFHE 169, 452, BStBl II 1993, 245; vom 17.11.1992 VIII R 36/91, BFHE 169, 389, BStBl II 1993, 233; vom 26.11.1992 IV R 15/91, BFHE 171, 490, BStBl II 1993, 876; vom 24.2.2000, BFHE 191, 295, BStBl II 2000, 417.
4 BFH-Urteile vom 12.11.1985 VIII R 342/82, BFHE 145, 396, BStBl II 1986, 299 unter 4b; vom 7.8.1990 VIII R 110/87, BStBl II 1991, 336; vom 24.8.1989 IV R 135/86, BFHE 158, 245, BStBl II 1989, 1041; vom 12.4.1991 III R 39/86, BFHE 165, 125, BStBl II 1991, 773; vom 12.2.1992 XI R 18/90, BFHE 167, 499, BStBl II 1992, 723.
5 BFH-Urteil vom 12.11.1985 VIII R 342/82, BFHE 145, 396, BStBl II 1986, 299.
6 BFH-Urteile vom 12.11.1985 VIII R 342/82, BFHE 145, 396, BStBl II 1986, 299; vom 12.11.1985 VIII R 240/81, BFHE 145, 401, BStBl II 1986, 296; vom 25.10.1988 VIII R 339/82, BFHE 154, 539.
7 BFH-Urteil vom 7.8.1990 VIII R 110/87, BStBl II 1991, 336.

den Betriebsablauf sowie seine auf den Betrieb bezogene Gliederung und Bauart[1] in Betracht.

Nach dem BFH-Urteil vom 28.1.1993[2] kann sich die besondere Herrichtung eines Gebäudes für die besonderen Zwecke des Betriebsunternehmens auch aus dem räumlichen Zusammenhang von Lagerung, Produktion und Reparatur ergeben. Und in dem Urteil vom 5.9.1991[3] hat der IV. Senat des BFH eine besondere Herrichtung darin gesehen, dass in einem Gebäude der Werkstatt- und Lagerbereich (Produktionsbereich) einerseits durch eine Brandwand vom Verwaltungsbereich getrennt war, der Produktionsbereich seinerseits durch Wände in Montagehalle, Fertigwarenlager, Schlosserei und Pulverbeschichtungsraum aufgeteilt war und der Verwaltungsbereich in Büros, Besprechungs- und Sozialräume aufgegliedert worden war.

Besteht zwischen der Bebauung eines Grundstücks durch das Besitzunternehmen und der Vermietung des bebauten Grundstücks an das Betriebsunternehmen ein zeitlicher Zusammenhang, so wird von der Rechtsprechung des BFH[4] daraus geschlossen, dass das Gebäude für die besonderen Zwecke des Betriebsunternehmens hergerichtet worden ist.

Unerheblich ist es, ob die besondere Gestaltung für die Zwecke des pachtenden Betriebsunternehmens teilweise vom Besitzunternehmen und teilweise vom Betriebsunternehmen vorgenommen wird[5]. Der Annahme einer wesentlichen Betriebsgrundlage steht auch nicht entgegen, wenn die besondere Gestaltung allein vom Betriebsunternehmen hergestellt wird. Auf die Ausführung unten unter D.II.3.d), wo der Fall behandelt wird, dass auf einem vermieteten unbebauten Grundstück vom Betriebsunternehmen ein Gebäude errichtet wird, wird verwiesen.

(3) Besondere Lage

Von seiner Lage her ist ein bebautes Grundstück eine wesentliche Betriebsgrundlage für das Betriebsunternehmen, wenn der Betrieb derart von der Verbindung mit dem Grundstück abhängig ist, dass er an anderer Stelle

---

1 BFH-Urteile vom 24.8.1989 IV R 135/86, BFHE 158, 245, BStBl II 1989, 1014; vom 5.9.1991 IV R 113/90, BFHE 165, 420, BStBl II 1992, 349.
2 IV R 39/92, BFH/NV 1993, 528.
3 IV R 113/90, BFHE 165, 420, BStBl II 1992, 349.
4 BFH-Urteile vom 12.9.1991 IV R 8/90, BFHE 166, 55, BStBl II 1992, 347; vom 26.11.1992 IV R 15/91, BFHE 171, 490, BStBl II 1993, 876.
5 BFH-Urteil vom 26.11.1992 IV R 15/91, BFHE 171, 490, BStBl II 1993, 876 m. w. N.

II. Sachliche Verflechtung

nicht in der bisherigen Weise fortgeführt werden kann[1]. In einem solchen Fall ist das Gebäude zur Fortführung des Unternehmens erforderlich. Es ist nicht jederzeit beliebig ersetzbar und der Betrieb kann nicht an anderer Stelle unverändert fortgeführt werden; sein Kundenstamm ist mit der Lage des Geschäftslokals verbunden[2]. Würde der Betrieb in einem anderen Gebäude ausgeübt, bedeute dies eine Verlegung des Betriebs, die einschneidende Veränderung der betrieblichen Struktur (wie etwa im Hinblick auf den Kundenkreis, das Warensortiment, den Warenabsatz und die Wettbewerbslage) zur Folge hätte[3].

In seinem Urteil vom 7.8.1990[4] hat der VIII. Senat des BFH für **Ausstellungshallen** eines **Möbeleinzelhandelsunternehmens** eine besondere Lage angenommen, weil eine Halle in einer Gegend lag, in der reger Fußgängerverkehr herrschte. Die zweite Ausstellungshalle lag zwar am Stadtrand. Trotzdem ist hier die besondere Lage unter Berücksichtigung der veränderten Verkaufsgewohnheiten bei Möbeln angenommen worden. Diese veränderten Verkaufsgewohnheiten hat der BFH darin gesehen, dass durch Zeitungsanzeigen und Flugblattaktionen auf „Möbelparadiese auf grüner Wiese" aufmerksam gemacht werde, die auf großer Fläche das gesamte Warenangebot zeigten und zum „Probewohnen" einladen würden.

(4) Andere innerbetriebliche Gründe

Nach dem BFH-Urteil vom 26.5.1993[5] soll ein Grundstück im Rahmen einer Betriebsaufspaltung auch noch dann eine wesentliche Betriebsgrundlage sein, wenn das Betriebsunternehmen aus anderen innerbetrieblichen Gründen „ohne ein Grundstück dieser Art den Betrieb nicht fortführen könnte". Abgesehen davon, dass für die Notwendigkeit der Einführung eines neuen Merkmals „andere innerbetriebliche Gründe" überhaupt keine Gründe angeführt werden und auch nicht erkennbar ist, was mit „anderen innerbetrieblichen Gründen" gemeint sein soll, hat der BFH dieses Merkmal zur Begründung seiner Entscheidung nicht herangezogen, so dass es sich dabei um ein obiter dictum handelt, das als solches nicht zu beachten

---

1 BFH-Urteile vom 24.8.1989 IV R 135/86, BFHE 158, 245, BStBl II 1989, 1014 m.w.N.; vom 7.8.1990 VIII R 110/87, BStBl II 1991, 336; vom 5.9.1991 IV R 113/90, BFHE 165, 420, BStBl II 1992, 349; vom 12.9.1991 IV R 8/90, BFHE 166, 55, BStBl II 1992, 347; vom 12.2.1992 XI R 18/90, BFHE 167, 499, BStBl II 1992, 723.
2 BFH-Urteil vom 12.2.1992 XI R 18/90, BFHE 167, 499, BStBl II 1992, 723 m. w. N.
3 BFH-Urteil vom 12.2.1992 XI R 18/90, BFHE 167, 499, BStBl II 1992, 723.
4 VIII R 110/87, BStBl II 1991, 336.
5 X R 78/91, BFHE 171, 467, BStBl II 1993, 718.

ist. Daran ändert auch die Wiederholung der Nebenbeibemerkung in dem Urteil des X. Senats vom 2.4.1997[1] nichts. Immerhin aber kann nicht ausgeschlossen werden, dass – getragen von der Absicht einer Verschärfung der Betriebsaufspaltungs-Rechtsprechung – ein Senat des BFH dieses Merkmal aufgreift und irrigerweise als ständige Rechtsprechung behandelt.

(5) Gesamtbildbetrachtung

Maßgebend für die Beantwortung der Frage, ob ein bebautes Grundstück für das Betriebsunternehmen eine wesentliche Betriebsgrundlage ist, ist das Gesamtbild der tatsächlichen und beabsichtigten Nutzung[2].

Es ist Aufgabe des FG, die das Gesamtbild ergebenden Umstände festzustellen und zu würdigen[3]. Es kommt also entscheidend darauf an, dass alle Umstände, die für die Gesamtbildbetrachtung maßgebend sind, bis zum Schluss der mündlichen Verhandlung vor dem FG vorgetragen werden.

Bei der Gesamtbildbetrachtung sind nicht die einzelnen Teile eines bebauten Grundstücks für sich, sondern es ist das Grundstück **einheitlich zu beurteilen**[4].

Beispiel:

Das Betriebsunternehmen hat den Verkauf von Autoreifen mit und ohne Montage zum Gegenstand. Der Betrieb wird auf einem teilweise bebauten Grundstück ausgeübt, das das Betriebsunternehmen vom Besitzunternehmen angemietet hat. Auf dem Grundstück befinden sich Baulichkeiten für die Verwaltung, das Reifenlager, die Montage sowie Fahrzeugboxen, überdachte und nicht überdachte Flächen.

Lösung:

Nach dem BFH-Urteil vom 29.10.1991[5] dürfen die einzelnen Teile des Grundstücks bei der Beantwortung der Frage, ob das Grundstück eine wesentliche Betriebsgrundlage ist, nicht getrennt betrachtet werden.

Hinzuweisen ist in diesem Zusammenhang auch auf die BFH-Urteile vom 17.11.1992 VIII R 36/91[6] (Lagergebäude, Reparaturwerkstatt, Büro- und Verkaufsräume sowie Sozialräume) und vom 18.3.1993 IV R 96/92[7]

---

1 X R 21/93, BStBl II 1997, 565.
2 BFH-Urteil vom 17.11.1992 VIII R 36/91, BFHE 169, 389, BStBl II 1993, 233 m. w. N.
3 BFH-Urteil vom 17.11.1992 VIII R 36/91, BFHE 169, 389, BStBl II 1993, 233 m. w. N.
4 BFH-Urteil vom 29.10.1991 VIII R 77/87, BFHE 166, 82, BStBl II 1992, 334.
5 VIII R 77/87, BFHE 166, 82, BStBl II 1992, 334.
6 BFHE 169, 389, BStBl II 1993, 233.
7 BFH/NV 1994, 15.

II. Sachliche Verflechtung   61

(Sozialräume, Werkstatt und Lagerräume). Siehe auch unten unter D.II. c) (11.6) (gemischt genutzte Gebäude).

(6) Nutzung durch einen anderen Unternehmer

Unerheblich ist, ob das besonders hergerichtete oder nach seiner Lage und Größe besonders geeignete Gebäude auch von einem anderen Unternehmer genutzt werden kann[1]. Durch eine solche Möglichkeit wird also der Charakter des vermieteten Grundstücks als wesentliche Betriebsgrundlage nicht beseitigt. Es ist also nicht erforderlich, dass das vom Besitzunternehmen an das Betriebsunternehmen verpachtete Grundstück ausschließlich von dem betreffenden Betriebsunternehmen genutzt werden kann[2].

(7) Ausübung des Betriebs in einem anderen Gebäude

Auch durch die Möglichkeit, dass der Betrieb des Betriebsunternehmens in einem anderen Gebäude ausgeübt werden kann, wird der Charakter des Gebäudes als wesentliche Betriebsgrundlage für das Betriebsunternehmen nicht beseitigt[3].

(8) Untergeordnete Bedeutung

Literatur: *Leingärtner*, Zur Frage, ob ein Grundstück dann keine wesentliche Betriebsgrundlage als Voraussetzung der sachlichen Verflechtung bei der Betriebsaufspaltung ist, wenn es für die Betriebsgesellschaft von geringer wirtschaftlicher Bedeutung ist, RWP-Blattei, SG 1–3 S. 1617.

Ein bebautes Grundstück ist keine wesentliche Betriebsgrundlage, wenn es im Verhältnis zu anderen in gleicher Weise vom Betriebsunternehmen genutzten bebauten Grundstücken nur eine untergeordnete Bedeutung hat[4];

---

1 BFH-Urteile vom 23.1.1991 X R 47/87, BFHE 163, 460, BStBl II 1991, 405; vom 5.9.1991 IV R 113/90, BFHE 165, 420, BStBl II 1992, 349; vom 26.11.1992 IV R 15/91, BFHE 171, 490, BStBl II 1993, 876; vom 27.8.1998 III R 96/96, BFH/NV 1999, 758, 759 rechte Spalte.
2 BFH-Urteile vom 7.8.1990 VIII R 110/87, BFHE 165, 420, BStBl II 1991, 336; vom 5.9.1991 IV R 113/90, BFHE 165, 420, BStBl II 1992, 349.
3 BFH-Urteile vom 5.9.1991 IV R 113/90, BFHE 165, 420, BStBl II 1992, 349; vom 26.3.1992 IV R 50/91, BFHE 168, 96, BStBl II 1992, 830; vom 28.1.1993 IV R 39/92, BFH/NV 1993, 528; vom 27.8.1998 III R 96/96, BFH/NV 1998, 758, 759 rechte Spalte.
4 BFH-Urteile vom 4.11.1992 XI R 1/92, BFHE 169, 452, BStBl II 1993, 245 m. w. N.; vom 26.5.1993 X R 78/81, BFHE 171, 476, BStBl II 1993, 718; vom 31.8.1995 VIII B 21/93, BFHE 178, 379, BStBl II 1995, 890; vom 13.2.1996 VIII R 39/92, BFHE 180, 278, BStBl II 1996, 409; vom 27.8.1998 III R 96/96, BFH/NV 1999, 758; Vfg. OFD München vom 21.12.1994, DB 1995, 188; OFD Cottbus vom 30.1.1995, FR 1995, 288.

denn in einem solchen Fall können die Besitzgesellschafter auf das Betriebsunternehmen keinen beherrschenden Einfluss durch die Grundstücksvermietung ausüben[1].

Die Voraussetzung „untergeordnete Bedeutung" ist z. B. dann erfüllt, wenn das Grundstück im Verhältnis zu in gleicher Weise genutzten Grundstücken nur eine geringe Größe hat[2]. Nach dem BFH-Urteil vom 4.11.1992[3] ist ein Grundstück in einer Größe von 22 v.H. im Verhältnis zu den anderen in gleicher Weise genutzten Grundstücken nicht mehr von nur untergeordneter Bedeutung. Aus dem in dem Urteil enthaltenen Hinweis auf das BFH-Urteil vom 28.3.1985[4] kann geschlossen werden, dass bei 12 v.H. ein Grundstück nur von geringer Größe ist.

Grundstücke eines Betriebsunternehmens, die in gleicher Weise genutzt werden, sind z. B. alle mit Fabrikationsanlagen bebauten Grundstücke oder alle Grundstücke die für Lagerzwecke verwendet werden oder alle Verwaltungszwecken dienende Grundstücke.

Bei unterschiedlicher Art der Grundstücksnutzung, z. B. Nutzung zu Fabrikationszwecken, Lager- oder Verwaltungszwecken wird auch die Art der Benutzung zu berücksichtigen sein. So kommt z. B. bei einem Fabrikationsbetrieb den zu Fabrikationszwecken genutzten Grundstücken im Einzelfall möglicherweise eine größere Bedeutung zu als Grundstücken, die nur zu Lager- oder Verwaltungszwecken genutzt werden[5]. In dem BFH-Urteil vom 4.11.1992[6] wird hierzu u. a. ausgeführt:

„Bei ungleicher Nutzung sind – neben der Grundstücksgröße im Vergleich zu den sonstigen Grundstücken der Betriebsgesellschaft – die Art der Nutzung (...), nach Ansicht des erkennenden Senats (BFH/NV 1992, 312) zusätzlich die Lage, der Grundriss und Zuschnitt sowie die Funktion des Grundstücks für den hierauf unterhaltenen Betrieb zu berücksichtigen und einer Gesamtwürdigung zu unterziehen (...). Dies kann zur Folge haben, dass ein verhältnismäßig kleines Grundstück für die Betriebsgesellschaft von besonderem Gewicht ist, umgekehrt aber auch, dass einem flächenmäßig großen Grundstück, das an das

---

1 BFH-Urteil vom 4.11.1992 XI R 1/92, BFHE 169, 452, BStBl II 1993, 245 m. w. N.
2 BFH-Urteile vom 12.11.1985 VIII R 342/82, BFHE 145, 396, BStBl II 1986, 299; vom 26.3.1992 IV R 50/91, BFHE 168, 96, BStBl II 1992, 830; vom 4.11.1992 XI R 1/92, BFHE 169, 452, BStBl II 1993, 245.
3 XI R 1/92, BFHE 169, 452, BStBl II 1993, 245.
4 IV R 88/81, BFHE 143, 559, BStBl II 1985, 508.
5 BFH-Urteil vom 12.11.1985 VIII R 342/82, BFHE 145, 396, BStBl II 1986, 299.
6 XI R 1/92, BFHE 169, 452, BStBl II 1993, 245.

II. Sachliche Verflechtung

Betriebsunternehmen von dem Besitzunternehmen vermietet worden ist, angesichts der betrieblichen Nutzung und Funktionsart für das Betriebsunternehmen nur geringe Bedeutung zukommt."

(9) Austauschbarkeits-Rechtsprechung

Nach der früheren Rechtsprechung[1] war ein bebautes Grundstück keine wesentliche Betriebsgrundlage, wenn es jederzeit austauschbar (ersetzbar) war. Das war der Fall, wenn das Betriebsunternehmen in der Lage war, jederzeit am Markt ein für seine Belange gleichwertiges bebautes Grundstück anzumieten oder zu kaufen, so dass bei einer Kündigung des Mietverhältnisses durch das Besitzunternehmen der Betrieb des Betriebsunternehmens ohne auch nur vorübergehende Stilllegung und sonstige Beeinträchtigung fortgeführt werden konnte[2].

Der BFH hat mit Urteil vom 26.5.1993[3] m.E. zu Unrecht diese Rechtsprechung aufgegeben, weil die Austauschbarkeit keinen sachlichen Grund habe, nichts über die allein beachtliche wirtschaftliche Bedeutung des konkret genutzten Grundstücks für das Betriebsunternehmen aussage und weil ein Betriebsunternehmen auch dann auf ein genutztes Grundstück angewiesen sein könne und auf dieses aus betrieblichen Gründen nicht verzichten könne, wenn die betriebliche Tätigkeit auf einem anderen Grundstück fortgeführt werden könne.

Meines Erachtens verkennt diese von manchen als verschärfend angesehene Rechtsprechungs-Änderung die Bedeutung des Merkmals „einer wesentlichen Betriebsgrundlage" im Rahmen der Betriebsaufspaltung. Es dient, wie in dem BFH-Urteil vom 4.11.1992[4], der Feststellung, ob die das Besitzunternehmen beherrschende Person oder Personengruppe auch über die Vermietung oder Verpachtung eines Wirtschaftsguts an das Betriebsunternehmen auf dieses einen beherrschenden Einfluss ausüben kann. Ein solcher beherrschender Einfluss, der die Rechtfertigung für die Voraussetzung der sachlichen Verflechtung ist, ist bei der Vermietung oder

---

1   BFH-Urteile vom 20.9.1973 IV R 41/69, BFHE 110, 368, BStBl II 1973, 869; vom 12.11.1985 VIII R 342/82, BFHE 145, 396, BStBl II 1986, 299; vom 7.8.1990 VIII 110/87, BStBl II 1991, 336.
2   BFH-Urteile vom 29.10.1991 VIII R 77/87, BFHE 166, 82, BStBl II 1992, 334; vom 26.3.1992 IV R 50/91, BFHE 168, 96, BStBl II 1992, 830.
3   X R 78/91, BFHE 171, 467, BStBl II 1993, 718; vgl. auch vom 27.8.1998 III R 96/96, BFH/NV 1999, 758, 759 rechte Spalte; BFH-Beschluss vom 2.3.2000 IV B 34/99, BFH/NV 2000, 1084, 1085 linke Spalte.
4   XI R 1/92, BFHE 169, 452, BStBl II 1993, 245, 246.

Verpachtung eines Wirtschaftsguts, das jederzeit ausgetauscht werden kann, nicht gegeben[1]; denn wenn das Betriebsunternehmen in der Lage ist, seinen Betrieb jederzeit mit einem anderen gleichartigen Wirtschaftsgut fortzuführen, dann kann über die Vermietung oder Verpachtung kein beherrschender Einfluss ausgeübt werden. Diese Überlegung fehlt in dem Urteil vom 26.5.1993 vollkommen. Hätte der BFH diese Überlegungen angestellt, dann hätte er auch darin eine sachliche Rechtfertigung für das Merkmal der Austauschbarkeit erkennen müssen.

Der BFH hat in dem Urteil vom 26.5.1993 auch verkannt, dass es sich bei dem Merkmal der Austauschbarkeit nicht um ein eigenständiges Merkmal zur Annahme einer wesentlichen Betriebsgrundlage handelt, sondern das damit lediglich die Voraussetzungen der besonderen Herrichtung konkretisiert werden sollen. Denn ein Wirtschaftsgut, das jederzeit am Markt gemietet oder gekauft werden kann, ist nicht für den Betrieb des Betriebsunternehmens besonders hergerichtet.

Rechtsirrig ist schließlich auch die Argumentation des BFH, ein Betriebsunternehmen könne auch dann auf ein genutztes Grundstück angewiesen sein, wenn es seine betriebliche Tätigkeit in einem anderen Grundstück fortführen könne. Der BFH verkennt, dass es bei der bisherigen Austauschbarkeits-Rechtsprechung nicht auf die Möglichkeit der Fortführung des Betriebs in einem anderen Grundstück ankam, sondern allein darauf, ob das Betriebsunternehmen sich ein solches Grundstück am Markt jederzeit durch Anmieten oder Ankauf beschaffen könnte. Wenn aber die Möglichkeit der Beschaffung besteht, dann ist nach den Gesetzen der Logik das Betriebsunternehmen nicht mehr auf das bisher genutzte Grundstück angewiesen.

Die zur Rechtfertigung der Rechtsprechungs-Änderung angeführten Gründe sind also in keinem Punkt überzeugend.

(10) Zusammenfassung

Aus der Rechtsprechung des BFH kann also zusammenfassend entnommen werden, dass ein Grundstück für das Betriebsunternehmen keine wesentliche Betriebsgrundlage ist,

---

[1] Vgl. BFH-Urteil vom 12.11.1985 VIII R 342/82, BFHE 145, 396, BStBl II 1986, 299.

II. Sachliche Verflechtung

- wenn es nicht für die Bedürfnisse des Betriebsunternehmens besonders hergerichtet worden oder nach seiner Lage nicht in besonderem Maße für das Betriebsunternehmen geeignet ist oder
- wenn es keinen deutlichen Unterschied macht, ob das Grundstück im Eigentum des Betriebsunternehmens bzw. des Besitzunternehmens oder eines Dritten steht oder
- wenn es im Verhältnis zu den in gleicher Weise von dem Betriebsunternehmen genutzten Grundstücken nur eine geringe Größe hat, wobei mit Sicherheit eine Grenze von 12 v.H. in Betracht kommt[1].

Meines Erachtens ist diese Rechtsprechung des BFH dahin zu verstehen, dass bei der Prüfung der Frage, ob ein Grundstück eine wesentliche Betriebsgrundlage ist, zunächst untersucht werden muss, ob der an das Betriebsunternehmen vermietete Grundbesitz für dessen Bedürfnisse besonders ausgestaltet wurde bzw. ob er für die Zwecke des Betriebsunternehmens nach seiner Lage besonders geeignet ist. Wird die Frage verneint, kommt eine Betriebsaufspaltung nicht in Betracht.

Wird die Frage bejaht, muss weiter geprüft werden, ob es einen deutlichen Unterschied machen würde, wenn der gemietete oder gepachtete Grundbesitz einem Fremden gehören würde. Macht es keinen deutlichen Unterschied, ist das Grundstück also jederzeit austauschbar, kommt ebenfalls keine Betriebsaufspaltung in Betracht.

Ist das Grundstück besonders hergerichtet oder nach seiner Lage für die Zwecke des Betriebsunternehmens besonders geeignet, so kommt auch dann eine sachliche Verflechtung nicht in Betracht, wenn das Betriebsunternehmen anderen gleichartig genutzten Grundbesitz hat, der im Verhältnis zu dem von dem Besitzunternehmen angemieteten Grundbesitz die Grenze von 90 v.H. (75 v.H.) nicht übersteigt.

Die Finanzverwaltung wendet das Urteil des BFH vom 12.11.1985[2] nicht an[3]. Sie vertritt die Ansicht, entgegen diesem Urteil könne ein Grundstück auch dann eine wesentliche Betriebsgrundlage sein, wenn es für die Bedürfnisse des Betriebsunternehmens nicht besonders gestaltet sei. Auch die Grundstücksgröße oder die Art der Nutzung des Grundstücks sei für seine Einstufung als wesentliche Betriebsgrundlage nicht allein ausschlaggebend.

---

1 BFH-Urteil vom 7.8.1990 VIII R 110/87, BStBl II 1991, 336.
2 VIII R 342/82, BFHE 145, 396, BStBl II 1986, 299.
3 Abschn. 137 Abs. 5 Nr. 1 Sätze 6 f. EStR 1987.

Dieser Auffassung kann, soweit es sich nicht um Grundstücke handelt, die nach ihrer Lage für die Zwecke des Betriebsunternehmens besonders geeignet sind oder die vom Betriebsunternehmen mit für seine Bedürfnisse hergerichteten Gebäuden bebaut worden sind, nicht zugestimmt werden. Solange die dargestellte Rechtsprechung besteht, muss daher gegen Verwaltungsakte, die mit ihr nicht vereinbar sind, ein Rechtsmittel eingelegt werden.

(11) Einzelfälle

Der BFH hat in seiner Rechtsprechung in folgenden Fällen Grundbesitz als eine wesentliche Betriebsgrundlage des Betriebsunternehmens angesehen:

(11.1) Hotels, Restaurants, Cafés, Einzelhandelsunternehmen, Kaufhäuser

Literatur: *Bordewin*, Anm. zum BFH-Urteil vom 5.9.1991 – IV R 113/90, BStBl II 1992, 349, RWP SG 1.3 S. 3836.

Nach den vorstehend dargestellten Grundsätzen sind regelmäßig Hotelgrundstücke[1], Restaurants[2] und Cafés[3] sowie Einzelhandelsgeschäfte[4] und Kaufhausgrundstücke[5] für das Betriebsunternehmen eine wesentliche Be-

---

1 BFH-Urteile vom 25.7.1968 IV R 261/66, BFHE 93, 82, BStBl II 1968, 677; vom 30.10.1974 I R 40/72, BFHE 114, 85, BStBl II 1975, 232; vom 5.9.1991 IV R 113/90, BFHE 165, 420, BStBl II 1992, 349; vom 12.9.1991 IV R 8/90, BFHE 166, 55, BStBl II 1992, 347; vom 27.8.1992 IV R 13/91, BFHE 169, 231, BStBl II 1993, 134; vom 4.11.1992 XI R 1/92, BFHE 169, 452, BStBl II 1993, 245.
2 BFH-Urteile vom 12.9.1991 IV R 8/90, BFHE 166, 55, BStBl II 1992, 347; vom 4.11.1992 XI R 1/92, BFHE 169, 452, BStBl II 1993, 245.
3 BFH-Urteil vom 5.9.1991 IV R 113/90, BFHE 165, 420, BStBl II 1992, 349.
4 BFH-Urteile vom 25.7.1968 IV R 261/66, BFHE 93, 82, BStBl II 1968, 677; vom 24.6.1969 I 201/64, BFHE 97, 125, BStBl II 1970, 17; vom 12.12.1969 III R 198/64, BFHE 98, 450, BStBl II 1970, 395; vom 21.5.1974 VIII R 57/70, BFHE 112, 391, BStBl II 1974, 613; vom 24.11.1978 III R 121/76, BFHE 127, 214, BStBl II 1979, 366; vom 24.8.1989 IV R 135/86, BFHE 158, 245, BStBl II 1989, 1014; vom 5.9.1991 IV R 113/90, BFHE 165, 420, BStBl II 1992, 349; vom 12.9.1991 IV R 8/90, BFHE 166, 55, BStBl II 1992, 347; vom 12.2.1992 XI R 18/90, BFHE 167, 499, BStBl II 1992, 723; vom 4.11.1992 XI R 1/92, BFHE 169, 452, BStBl II 1993, 245; vgl. auch Vfg. OFD Cottbus vom 30.1.1995, FR 1995, 288; OFD München vom 21.12.1994, DB 1995, 118 ff.
5 BFH-Urteile vom 24.6.1969 I 201/64, BFHE 97, 125, BStBl II 1970, 17; vom 12.12.1969 III R 198/64, BFHE 98, 450, BStBl II 1970, 395; vom 24.11.1978 III R 121/76, BFHE 127, 214, BStBl II 1979, 366.

II. Sachliche Verflechtung

triebsgrundlage, weil hier die Grundstücke nach ihrer Lage für den Betrieb besonders geeignet sind[1].

Das FG Nürnberg[2] hat auch das Geschäftslokal eines alteingesessenen **Reisebüros** als wesentliche Betriebsgrundlage angesehen.

Wesentliche Betriebsgrundlagen werden nach dem BFH-Urteil vom 10.4.1997[3] auch in folgendem Fall zur Nutzung überlassen: Ein mit einer **Hotelanlage** bebautes Grundstück ist nach dem WEG in einzelne Hotelappartements aufgeteilt worden. Die Eigentümer der Appartementwohnungen haben als Eigentümergemeinschaft (§ 10 WEG) aufgrund einer Gebrauchsregelung (§ 15 WEG) einer aus ihnen bestehenden Betriebs-GmbH ihr Gemeinschaftseigentum (Hotelrezeption, Büro- und Wirtschaftsräume, Liegewiese, Tiefgarage, Aufenthalts- und Leseräume, Hotelhalle und Hotelbar) zur Nutzung zu überlassen. Ihre als Sonderbetriebsvermögen bei der Eigentümergemeinschaft zu behandelnden Appartementwohnungen haben die Wohnungseigentümer aufgrund der sich aus der Gebrauchsregelung ergebenden Verpflichtung an die Betriebs-GmbH vermietet.

Nach dem BFH-Urteil vom 12.2.1992[4] ist nach diesen Grundsätzen selbst das Geschäftslokal einer **Getränkeeinzelhandels-GmbH** eine wesentliche Betriebsgrundlage, weil ein Geschäft dieser Art nicht ohne Verkaufs- und Lagerraum geführt werden kann und das Geschäftslokal auch die Eigenart dieses Betriebs prägt.

(11.2) Verbrauchermarkt und Kurheimbetrieb

Nach dem BFH-Urteil vom 23.7.1981[5] sind auch für besondere Zwecke eines **Verbrauchermarktes** errichtete Gebäude eine wesentliche Betriebsgrundlage. Das Gleiche gilt für den Grundbesitz und das Heimgebäude eines **Kurheimbetriebs**[6].

In dem Urteil vom 4.11.1992[7] hat der BFH ausgeführt, dass das für einen **Lebensmittelsupermarkt** errichtete Gebäude eine wesentliche Betriebsgrundlage sei, weil es nach Ausgestaltung, Größe und Grundriss

---

1 BFH-Urteile vom 24.8.1989 IV R 135/86, BFHE 158, 245, BStBl II 1989, 1014; vom 5.9.1991 IV R 113/90, BFHE 165, 420, BStBl II 1992, 349.
2 Urteil vom 12.11.1997, EFG 1999, 330.
3 IV R 73/94, BFHE 183, 127, BStBl II 1997, 569.
4 XI R 18/90, BFHE 167, 499, BStBl II 1992, 723.
5 IV R 103/78, BFHE 134, 126, BStBl II 1982, 60.
6 BFH-Urteil vom 18.6.1980 I R 77/77, BFHE 131, 388, BStBl II 1981, 39.
7 XI R 1/92, BFHE 169, 452, BStBl II 1993, 245.

(Verkaufs-, Kühl-, Lager- und Personalräume, das Vorhandensein des Kundenparkplatzes) auf die besonderen Bedürfnisse des Betriebsunternehmens zugeschnitten sei.

(11.3) Fabrikgrundstücke

Literatur: *Söffing, Günter*, Fabrikgrundstück als wesentliche Betriebsgrundlage bei Betriebsaufspaltung, FR 1992, 170; *ders.*, Anm. zum BFH-Urteil vom 26.3.1992 – IV R 50/91, BStBl II 1992, 830, FR 1992, 592.

Fabrikgrundstücke sind regelmäßig für das Betriebsunternehmen eine wesentliche Betriebsgrundlage[1]; denn bei ihnen sind die Gebäude durch ihre Gliederung oder sonstige Bauart in der Regel dauernd für den Betrieb eingerichtet oder nach Lage, Größe und Grundriss auf den Betrieb des Betriebsunternehmens zugeschnitten[2]. An der in dem Urteil vom 5.9.1991[3] vertretenen Ansicht, dass ein Fabrikgebäude in allen Fällen eine wesentliche Betriebsgrundlage sei, hat der IV. Senat in späteren Entscheidungen nicht mehr festgehalten[4].

Bei einem Fabrikgrundstück, das in unmittelbarem zeitlichen Zusammenhang mit seiner Vermietung an das Betriebsunternehmen errichtet worden ist[5] oder das ursprünglich für die Zwecke eines anderen Betriebs errichtet wurde, später vom Besitzunternehmen erworben und unmittelbar danach an das Betriebsunternehmen vermietet wird[6], wird vermutet, dass es eine wesentliche Betriebsgrundlage ist[7].

Die für Fabrikgrundstücke geltenden Grundsätze finden auch auf eine **Halle**, die sowohl der Lagerung von Handelswaren als auch der Produktion als auch der Reparatur dient, Anwendung[8].

---

1 BFH-Entscheidungen vom 12.3.1970 I R 108/66, BFHE 98, 441, BStBl II 1970, 439; vom 8.11.1971 GrS 2/71, BFHE 103, 440, BStBl II 1972, 63; vom 2.8.1972 IV 87/65, BFHE 106, 325, BStBl II 1972, 796; vom 11.12.1974 I R 260/72, BFHE 114, 433, BStBl II 1975, 266; vom 15.5.1975 IV R 89/73, BFHE 116, 277, BStBl II 1975, 781; vom 26.6.1975 IV R 59/73, BFHE 116, 160, BStBl II 1975, 700; vom 24.2.1981 VIII R 159/78, BFHE 132, 472, BStBl II 1981, 379; vom 12.9.1991 IV R 8/90, BFHE 166, 55, BStBl II 1992, 347.
2 BFH-Urteil vom 26.3.1992 IV R 50/91, BFHE 168, 96, BStBl II 1992, 830.
3 IV R 113/90, BFHE 165, 420, BStBl II 1992, 349.
4 BFH-Urteile vom 12.9.1991 IV R 8/90, BFHE 166, 55, BStBl II 1992, 347; vom 26.3.1992 IV R 50/91, BFHE 168, 96, BStBl II 1992, 830.
5 BFH-Urteile vom 5.9.1991 IV R 113/90, BFHE 165, 420, BStBl II 1992, 349; vom 28.1.1993 IV R 39/92, BFH/NV 1993, 528.
6 BFH-Urteil vom 26.3.1992 IV R 50/91, BFHE 168, 96, BStBl II 1992, 830.
7 BFH-Urteil vom 12.9.1991 IV R 8/90, BFHE 166, 55, BStBl II 1992, 347; vgl. auch Vfg. OFD Cottbus vom 30.1.1995, FR 1995, 288; OFD München 21.12.1994, DB 1995, 118 ff.
8 BFH-Urteil vom 28.1.1993 IV R 39/92, BFH/NV 1993, 528.

II. Sachliche Verflechtung

Der Beurteilung einer Fabrikhalle als wesentliche Betriebsgrundlage steht nicht entgegen, wenn es sich bei dem aufstehenden Gebäude um eine **Systemhalle**, d. h. um eine Halle handelt, die infolge von Umbaumöglichkeiten vielseitig verwendbar ist[1].

Zusammenfassend kann man sagen, dass ein zu Fabrikationszwecken genutztes Grundstück keine wesentliche Betriebsgrundlage ist, wenn das aufstehende Gebäude nicht für Fabrikationszwecke errichtet worden ist oder es im Verhältnis zu anderen in gleicher Weise genutzten Grundstücken des Betriebsunternehmens nur eine untergeordnete Bedeutung hat.

Ein Beispiel für den Fall, dass ein Gebäude überhaupt nicht für gewerbliche Fertigungszwecke errichtet worden ist, ist durch das BFH-Urteil vom 25.10.1988[2] entschieden worden. In dem Urteilsfall handelt es sich um die Vermietung eines ehemaligen **Schulgebäudes**, das baulich nicht verändert worden ist. Das FG Brandenburg hat in seinem Urteil vom 15.3.2000[3] in folgendem Fall ein Grundstück nicht als eine wesentliche Betriebsgrundlage angesehen: Eine Betriebs-GmbH, die ein Bauunternehmen betreibt, nutzt ein Grundstück, das mit **Büroräumen, Garagen, Lagerhallen** und einer **Klempnerwerkstatt** bebaut ist, welche 50 Jahre vor der Anmietung durch die GmbH für den Betrieb eines Kolonialwarenhandels umgebaut worden sind. Das Grundstück war weder aufgrund seiner Lage noch aufgrund seines individuellen Zuschnitts für die besonderen Bedürfnisse der GmbH von Bedeutung.

(11.4) Reparaturwerkstatt

Nach dem BFH-Urteil vom 24.8.1989[4] sind bei einer Kfz-Reparaturwerkstatt die Hallen für die Werkstatteinrichtungen und für die Bevorratung mit Kfz-Teilen, die Räume für den Aufenthalt von Kunden, Personal und für Verwaltungsarbeiten, Freiflächen für die An- und Abfahrt sowie Abstellplätze für neue und reparierte Fahrzeuge wesentliche Betriebsgrundlagen für das Betriebsunternehmen.

Ähnlich auch das BFH-Urteil vom 26.11.1992[5], nach dem für einen Kfz-Handel mit Reparaturbetrieb Werkstatt, Ausstellungsraum, Büro- und

---
1 BFH-Urteil vom 5.9.1991 IV R 113/90, BFHE 165, 420, BStBl II 1992, 349; vom 28.1.1993 IV R 39/92, BFH/NV 1993, 528 m. w. N.
2 VIII R 339/82, BFHE 154, 539; *Söffing, G.* in FR 1989, 74, 75.
3 EFG 2000, 549.
4 IV R 135/86, BFHE 158, 245, BStBl II 1989, 1014.
5 IV R 15/91, BFHE 171, 490, BStBl II 1993, 876.

Sozialraum, Tankanlage und Abstellflächen jedenfalls dann, wenn sie auf zusammenhängenden Grundstücken errichtet sind, eine wesentliche Betriebsgrundlage bilden.

(11.5) Bürogebäude, Verlagsgebäude und Lagerhallen

Literatur: *Fischer, P.*, Sachliche Verflechtung durch Vermietung eines Bürogebäudes; *Kempermann*, Bürogebäude als wesentliche Betriebsgrundlage, DStR 1997, 1441; *Märkle*, Die Betriebsaufspaltung an der Schwelle zu einem neuen Jahrtausend, VII. Bürogebäude als wesentliche Betriebsgrundlage, BB 2000 Beilage 7, 9 ff.; *Richter/Stangel*, Die sachliche Verflechtung bei Bürogebäuden im Spiegel der jüngsten Rechtsprechung – eine kritische Bestandsaufnahme, BB 2000, 1166; *Valentin*, Das Bürogebäude als wesentliche Betriebsgrundlage, DStR 1996, 241.

Bürogebäude wie z. B. ein Verlagsgebäude, sind regelmäßig keine wesentlichen Betriebsgrundlagen im Rahmen der Betriebsaufspaltung[1]. Die Begründung dafür besteht darin, dass eine büromäßige Nutzung keine besonderen Einrichtungen erfordert und deshalb ein Bürogebäude auch nicht für die Zwecke der Büronutzung besonders hergerichtet werden muss und eine büromäßige Nutzung eines Gebäudes es auch nicht erforderlich macht, dass das Gebäude eine besondere Lage, Größe oder einen bestimmten Grundriss haben muss. Dementsprechend hat das FG Rheinland-Pfalz[2] entschieden, dass ein Bürogebäude keine wesentliche Betriebsgrundlage ist, wenn es für Büro- und Verwaltungstätigkeiten jeder Art geeignet ist. Hiervon ausgehend kann der im Anschluss an das BFH-Urteil vom 26.5.1993[3] z.T. vertretenen Ansicht[4] nicht zugestimmt werden, nach Aufgabe der Austauschbarkeitsrechtsprechung[5] seien auch Bürogebäude als wesentliche Betriebsgrundlage anzusehen. Auch die Finanzverwaltung lehnt diese Ansicht ab[6]. Allerdings ist die Finanzverwaltung der Ansicht, dass in besonders gelagerten Einzelfällen geprüft werden müsse, ob Bürogebäude aufgrund von Art und Umfang der Geschäftstätigkeit des Betriebsunternehmens oder der

---

1 BFH-Urteile vom 11.11.1970 I R 101/69, BFHE 100, 411, BStBl II 1971, 61; vom 12.11.1985 VIII R 342/82, BFHE 145, 396, BStBl II 1986, 299; vom 24.8.1989 IV R 135/86, BFHE 158, 245, BStBl II 1989, 1014; Vfg. OFD Cottbus vom 30.1.1995, FR 1995, 288; OFD München vom 21.12.1994, DB 1995, 118 ff.
2 Urteil vom 25.11.1998, EFG 1999, 389.
3 X R 78/91, BFHE 171, 467, BStBl II 1993, 718.
4 Vgl. hierzu auch BFH-Urteil vom 2.4.1997 X R 21/93, BFHE 183, 100, BStBl II 1997, 565 unter 2.b.
5 Vgl. oben unter D.II.3.c) (9).
6 Vgl. Vfg. OFD Cottbus vom 30.1.1995, FR 1995, 288; OFD München vom 21.12.1994, DB 1995, 118 ff.

II. Sachliche Verflechtung

besonderen Lage und/oder des baulichen Zuschnitts des Gebäudes eine wesentliche Betriebsgrundlage sind[1]. Auf der gleichen Ebene dürfte das Urteil des FG Düsseldorf vom 25.10.1996[2] liegen, in dem entschieden worden ist, dass ein Verwaltungs- und Bürogebäude, in dem die hauptsächliche Tätigkeit einer mit der Beratung, Planung und Organisation von Apotheken und Arztpraxen befassten Betriebs-GmbH, insbesondere die erforderlichen Planungs- und Zeichnungsarbeiten, ausgeführt wird, eine wesentliche Betriebsgrundlage im Rahmen der Betriebsaufspaltung sein könne.

Es hat den Anschein, als habe der X. Senat des BFH an der dargestellten Rechtsprechung, wonach Bürogebäude keine wesentliche Betriebsgrundlage sind, nicht mehr festhalten wollen. Das ergibt sich aus dem Urteil dieses Senats vom 2.4.1997[3]. Dort ist ausgeführt:

„Der I. Senat des BFH hat auf Anfrage mitgeteilt, ein Rechtssatz des Inhalts, dass auch die Vermietung eines Bürogebäudes zur bloßen büro- und verwaltungsmäßigen Nutzung eine sachliche Verflechtung begründe, weiche von seinem Urteil in BFHE 100, 411, BStBl II 1971, 61 ab und dass er einer solchen Abweichung nicht zustimme. Der IV. Senat hat auf Anfrage ausgeführt, dass eine Auffangklausel, aufgrund derer jedwedes betrieblich genutzte Grundstück als wesentliche Betriebsgrundlage anzusehen sei, durch die Zustimmung des Senats zum Urteil des X. Senats in BFHE 171, 476, BStBl II 1993, 718 nicht gedeckt sei; ...".

Daraufhin hat der X. Senat in seinem Urteil vom 2.4.1997 völlig überflüssig und in einer die Rechtssicherheit beeinträchtigenden Weise in Form eines obiter dictum ausgeführt, er lasse die Frage unerörtert, ob er der Unterscheidung zwischen „reinen", zur ausschließlich büro- oder verwaltungsmäßigen Nutzung vermieteten/verpachteten Bürogebäuden und sonstigen Gebäuden folgen könnte. Im Streitfall komme es darauf nicht an, weil es sich hier um ein zum Zwecke der büro- und verwaltungsmäßigen Nutzung durch das Betriebsunternehmen neu errichtetes Bürogebäude handele, dessen baulicher Zuschnitt für die besonderen Bedürfnisse des Betriebsunternehmens gestaltet worden sei. Nach den in dem Urteil des X. Senats wiedergegebenen Feststellungen des FG war bei der Errichtung des Bauwerks auf die besondere Eigenart des Betriebsunternehmens (Werbeagentur) und auf die geplanten Betriebsabläufe Rücksicht genommen worden und nicht nur ein

---

1 Vfg. OFD Cottbus vom 30.1.1995, FR 1995, 288; OFD München vom 21.12.1994, DB 1995, 118 ff.
2 EFG 1997, 530 (NZB eingelegt, Az BFH: IV B 46/97).
3 X R 21/93, BFHE 183, 100, BStBl II 1997, 565.

allgemein verwendbarer Zweckbau errichtet worden. Das Gebäude habe nach seiner äußeren und inneren Gestaltung – Außenanlagen, Fassadengestaltung – Mitarbeitern und Dritten „das Besondere der Werbeagentur" vermitteln sollen. Nach dem eigenen Selbstverständnis verlange der Unternehmenszweck als „Denkfabrik" Ideenreichtum und Kreativität. Das äußere Erscheinungsbild des Gebäudes solle die Aufmerksamkeit der Kunden wecken. Auch das Innere des Gebäudes weise auf seine besondere Verwendung hin.

Zutreffend ist m.E. die vom FG Köln[1] vertretene Ansicht, wonach ein Gebäude, das nur für Büro- oder Verwaltungszwecke dient, dann keine wesentliche Betriebsgrundlage ist, wenn es nicht für die Zwecke des Betriebsunternehmens hergerichtet oder gestaltet wird und auch durch seine Lage und Ausstattung nur nebensächliche Bezüge zum Gegenstand des Betriebsunternehmens aufweist.

In dem BFH-Beschluss vom 2.3.2000 IV B 34/99[2] wird in einem obiter dictum die Ansicht vertreten, die Frage, ob und unter welchen Voraussetzungen Gebäude, die ausschließlich büromäßig genutzt werden, als wesentliche Betriebsgrundlage anzusehen seien, sei noch nicht abschließend entschieden. Es besteht insofern also Rechtsunsicherheit[3].

Eine ähnliche steuerverschärfende Tendenz wie das Urteil des X. Senats vom 2.4.1997[4] weist das Urteil des VIII. Senats vom 23.5.2000 VIII R 11/99[5] auf, in dem entschieden worden ist, dass ein Büro- und Verwaltungsgebäude jedenfalls dann eine wesentliche Betriebsgrundlage ist, wenn es die räumliche und funktionale Grundlage für die Geschäftstätigkeit der Betriebsgesellschaft bildet. Zur Begründung wird in dem Urteil ausgeführt: Ein Grundstück sei eine wesentliche Betriebsgrundlage, wenn es für die Betriebsgesellschaft wirtschaftlich von nicht nur geringer Bedeutung sei. Eine hinreichende wirtschaftliche Bedeutung sei anzunehmen, wenn der Betrieb auf das Grundstück angewiesen sei, weil er ohne ein Grundstück dieser Art nicht fortgeführt werden könne. Ob dies auch für „reine" Büro- und Verwaltungsgebäude gelte, sei strittig. Übereinstimmung bestehe jedoch in der Rechtsprechung des BFH insoweit, dass Gebäude jedenfalls dann eine wesentliche Betriebsgrundlage seien, wenn ein neu errichtetes

---

1 Urteil vom 30.9.1998, EFG 1999, 304.
2 BFH/NV 2000, 1084.
3 Siehe auch *Richter/Stangel*, BB 2000, 1166.
4 X R 21/93, BFHE 183, 100, BStBl II 1997, 565.
5 DB 2000, 2354.

II. Sachliche Verflechtung

Gebäude zum Zwecke der büro- und verwaltungsmäßigen Nutzung an die Betriebsgesellschaft vermietet werde, für deren Zwecke es hergerichtet oder gestaltet worden sei. Denn auch Bürogebäude könnten eine besondere wirtschaftliche Bedeutung für das Betriebsunternehmen haben. Entsprechend diesen Grundsätzen hat der VIII. Senat in dem zu entscheidenden Fall ein Bürogebäude als wesentliche Betriebsgrundlage angesehen, weil die Betriebs-GmbH das Gebäude für ihr Ingenieur- und Planungsbüro benötigte, das Gebäude für diese Zwecke geeignet und für die Betriebsführung der Betriebs-GmbH von besonderem Gewicht sei. Letztere Voraussetzung sei erfüllt, da die Betriebs-GmbH – unabhängig vom baulichen Zuschnitt des Bürogebäudes und seiner örtlichen Lage – ohne das Gebäude nur bei einschneidender Änderung ihrer Organisationsform hätte fortgeführt werden können. Unerheblich sei, dass die betrieblichen Anforderungen auch von einem anderen Gebäude hätten erfüllt werden können. Diese Ansicht ist nicht frei von Bedenken. Denn wenn eine Betriebs-GmbH ihre Tätigkeit auch in einem anderen Gebäude ohne Änderung ihrer Organisationsform und ohne Beeinträchtigung ihrer betrieblichen Tätigkeit fortsetzen kann und ein solches anderes Gebäude jederzeit am Markt anmieten oder kaufen kann, dann kann es sich bei dem angemieteten Gebäude nicht um ein solches handeln, was für die Betriebsführung von einigem Gewicht ist.

Auch reine **Lagerhallen** sind nach Ansicht der Finanzverwaltung[1] regelmäßig keine wesentlichen Betriebsgrundlagen i. S. der Betriebsaufspaltungs-Rechtsprechung.

Wohl gegenüber dieser Rechtsauffassung verschärfend hat der III. Senat des BFH[2] entschieden, dass eine **Betriebshalle mit Büroanlagen** eine wesentliche Betriebsgrundlage sei, weil das Hallengrundstück in der gegebenen Größe für die Zwecke des Betriebsunternehmens eingerichtet und geeignet war und sich aus der Art seines Einsatzes für das Betriebsunternehmen ergab, dass die Halle zur Erreichung des Betriebszwecks des Betriebsunternehmens erforderlich war. Letzteres hat der III. Senat des BFH daraus geschlossen, dass mit Ausnahme der von dem Betriebsunternehmen durchgeführten Bauarbeiten alle betrieblichen Tätigkeiten einschließlich der Verwaltung und Geschäftsführung auf diesem Grundstück abgewickelt wurden und sich auf dem Grundstück sämtliche für den Betrieb erforderlichen Büro- und Sozialräume, Lagerflächen und Parkplätze befanden.

---

1 Vfg. OFD Cottbus vom 30.1.1995, FR 1995, 288; OFD München vom 21.12.1994, DB 1995, 118 ff.
2 BFH-Urteil vom 27.8.1998 III R 96/96, BFH/NV 1999, 758.

(11.6) Gemischt genutzte Gebäude

Ein von einer Betriebs-GmbH genutztes Gebäude, das Lager- Betriebs- und Verwaltungsräume umfasst, ist regelmäßig als wesentliche Betriebsgrundlage anzusehen[1]. Das gilt insbesondere dann, wenn es in einem zeitlichen Zusammenhang mit seiner Vermietung an das Betriebsunternehmen errichtet worden ist. Siehe auch oben unter D.II c) (5) (Gesamtbildbetrachtung).

d) Unbebaute Grundstücke

Literatur: *Märkle,* Die Betriebsaufspaltung an der Schwelle zu einem neuen Jahrtausend, X.1.b. Unbebaute Grundstücke als wesentliche Betriebsgrundlage, BB 2000 Beilage 7, 14; *o. V.,* Betriebsaufspaltung: Reservegelände und Besitzpersonenunternehmen, DB 1975, 326; *o. V.,* Betriebsaufspaltung: Sachliche Verflechtung auch durch Überlassung unbebauter Grundstücke möglich, Stbg 1990, 449.

Die vorstehend dargestellten Grundsätze über bebaute Grundstücke als wesentliche Betriebsgrundlage gelten grundsätzlich auch für unbebaute Grundstücke[2], nur mit dem im tatsächlichen Bereich liegenden Unterschied, dass unbebaute Grundstücke viel seltener für die besonderen Bedürfnisse des Betriebsunternehmens hergerichtet bzw. nach Lage und Größe für die Zwecke des Betriebsunternehmens geeignet sind. So ist z. B. ein unbebautes Grundstück, dass 35 km von der Betriebsstätte des Betriebsunternehmens entfernt liegt und überwiegend als Lager für Produktionsabfälle genutzt wird, keine wesentliche Betriebsgrundlage für das Betriebsunternehmen[3].

Wird ein unbebautes Grundstück vom Besitzunternehmer an das Betriebsunternehmen vermietet und ist dieses unbebaute Grundstück für sich gesehen keine wesentliche Betriebsgrundlage, so wird es zur wesentlichen Betriebsgrundlage, wenn es mit Zustimmung des Besitzunternehmens vom Betriebsunternehmen mit einem **Gebäude bebaut** wird, das auf die Bedürfnisse des Betriebsunternehmens zugeschnitten, bzw. für die Zwecke des Betriebsunternehmens nach Lage, Größe oder Grundriss besonders geeignet ist[4].

Das Gleiche gilt für den Fall, dass das Besitzunternehmen dem Betriebsunternehmen ein im Rohbau fertig gestelltes Gebäude zur Nutzung überlässt,

---

1 BFH-Beschluss vom 2.3.2000 IV B 34/99, BFH/NV 2000, 1084.
2 BFH-Urteil vom 24.2.2000 IV R 62/98, BFHE 191, 295, BStBl II 2000, 417.
3 FG Münster, Urteil vom 25.7.1996, EFG 1997, 203 (Revision eingelegt, Az BFH: X R 143/96).
4 BFH-Urteile vom 24.8.1989 IV R 135/86, BFHE 158, 245, BStBl II 1989, 1014; vom 23.1.1991 X R 47/87, BFHE 163, 460, BStBl II 1991, 405.

II. Sachliche Verflechtung

in dem das Betriebsunternehmen die für seine Bedürfnisse noch fehlenden Vorrichtungen einbaut[1]. Und in dem Urteil vom 5.9.1991[2] hat der BFH ganz allgemein ausgesprochen, dass es unerheblich sei, ob die besondere Gestaltung des Grundstücks für die Zwecke des mietenden Betriebsunternehmens teilweise vom Besitz- und teilweise vom Betriebsunternehmen vorgenommen worden sei.

In allen vorbeschriebenen Fällen spielt es keine Rolle, ob die aus den Baumaßnahmen des Betriebsunternehmens hervorgehenden Bauten oder Gebäudeteile in das Eigentum des Besitzunternehmens übergehen; denn die Umqualifizierung des unbebauten Grundstücks zu einer wesentlichen Betriebsgrundlage erfolgt allein schon durch die Gestaltung der Baumaßnahmen durch das Besitzunternehmen[3].

e) Bewegliche Wirtschaftsgüter

Literatur: *Schallmoser*, Flugzeuge, Betriebsaufspaltung und Liebhaberei, DStR 1997, 49.

Auch bewegliche Wirtschaftsgüter des Anlagevermögens können eine wesentliche Betriebsgrundlage darstellen[4]. Das dürfte in der Regel zwar nicht für einzelne Wirtschaftsgüter wohl aber für eine ganze maschinelle Einrichtung oder für das ganze Anlagevermögen zutreffen[5].

f) Immaterielle Wirtschaftsgüter

Literatur: *Brandenberg*, Betriebsaufspaltung und Behandlung des Firmenwerts, JbFSt 1990, 235; *Hoffmann, Fritz*, Anm. zum BFH-Urteil IV R 16/69 vom 9.7.1970, GmbH-R 1972, 95; *Irmler*, Erfindervergütungen im Falle der Betriebsaufspaltung, BB 1976, 1266; *ders.*, Zur einkommen- und gewerbesteuerlichen Behandlung von Erfindervergütungen bei Betriebsaufspaltung, BB 1978, 397; *ders.*, Erfindervergütungen bei Betriebsaufspaltung, BB 1980, 1468; *Kreß, Brigitte*, Betriebsaufspaltung und andere steuerliche Probleme bei Erfindern, DB 1978, 610; *Rosenau*, Kann ein Fabrikantenerfinder, der seine Erfindungen in der aus einer Betriebsaufspaltung hervorgegangenen Betriebs-GmbH verwertet, die Tarifvergünstigungen der Erfinderverordnung in Anspruch nehmen?, DB 1971, 1933; *Zinken*, Erfindervergünstigung trotz Betriebsaufspaltung?, BB 1972, 1226; *o. V.*, Betriebsaufspaltung:

---

1 BFH-Urteil vom 23.1.1991 X R 47/87, BFHE 163, 460, BStBl II 1991, 405.
2 IV R 113/90, BFHE 165, 420, BSBl II 1992, 349.
3 BFH-Urteil vom 23.1.1991 X R 47/87, BFHE 163, 460, BStBl II 1991, 405.
4 BFH-Urteil vom 2.2.2000 XI R 8/99, BFH/NV 2000, 1135 rechte Spalte.
5 Kölner Handbuch: Betriebsaufspaltung und Betriebsverpachtung, RdNr. 260.

Übergang vom Besitzunternehmen zur Betriebsaufspaltung, DB 1970 S. 276; *o. V.,* Zur Nichterfassung von Besitzunternehmen, DB 1970, 904; *o. V.,* Verwertung von Erfindungen und Betriebsaufspaltung, DB 1973, 550; *o. V.,* Erfindervergünstigung: Es bedeutet keine Auswertung im fremden Betrieb, wenn der Erfinder die Erfindung gegen Lizenz in seiner durch Betriebsaufspaltung entstandenen GmbH auswertet, DB 1974, 265.

(1) Geschützte Erfindungen

Auch immaterielle Wirtschaftsgüter können eine wesentliche Betriebsgrundlage sein[1], sofern die Umsätze des Betriebsunternehmens in erheblichem Umfang auf diesen Wirtschaftsgütern beruhen. So z. B. **Schutzrechte**, zu denen insbesondere **Patente** gehören[2]. Den von *Ahmann*[3] hiergegen geäußerten Bedenken hat sich der BFH nicht angeschlossen[4].

Beispiel:
A betreibt eine Fabrik zur Herstellung von Rohren in der Rechtsform einer GmbH. Daneben ist A in einem von ihm betriebenen freiberuflichen Unternehmen tätig. Er macht im Rahmen dieses Unternehmens eine bahnbrechende Erfindung zur Herstellung von Rohren. Die Erfindung wird patentiert. A überlässt seiner GmbH die alleinige Verwertung der Erfindung gegen Entgelt.

Lösung:
Die der Betriebs-GmbH zur Nutzung überlassene patentierte Erfindung ist für die GmbH eine wesentliche Betriebsgrundlage, zumindest dann, wenn die Umsätze der Betriebs-GmbH in erheblichem Umfang auf der Ausnutzung der **Erfindung** beruhen[5].

Ob die überlassenen Schutzrechte eine wesentliche Betriebsgrundlage sind oder nicht, richtet sich nach den Umsätzen, die das Betriebsunternehmen

---

1 BFH-Urteil vom 2.2.2000 XI R 8/99, BFH/NV 2000, 1135 rechte Spalte.
2 BFH-Entscheidungen vom 1.6.1978 IV R 152/73, BFHE 125, 280, BStBl II 1978, 545; vom 22.1.1988 III B 9/87, BFHE 152, 539, BStBl II 1988, 537; vom 26.1.1989 IV R 151/86, BFHE 156, 138, BStBl II 1989, 455; vom 24.8.1989 IV R 135/86, BFHE 158, 245, BStBl II 1989, 1014; vom 6.11.1991 XI R 12/87, BFHE 166, 206, BStBl II 1992, 415; vom 23.9.1998 XI R 72/97, BFHE 187, 36, BStBl II 1999, 281, 282 linke Spalte.
3 DStR 1988, 595.
4 BFH-Urteil vom 26.1.1989 IV R 151/86, BFHE 156, 138, BStBl II 1989, 455.
5 BFH-Urteile vom 20.9.1973 IV R 41/69, BFHE 110, 368, BStBl II 1973, 869; vom 1.6.1978 IV R 152/73, BFHE 125, 280, BStBl II 1978, 545; vom 26.1.1989 IV R 151/86, BFHE 156, 138, BStBl II 1989, 455; vom 11.7.1989 VIII R 151/85, BFH/NV 1990, 99; vom 14.9.1989 IV R 142/88, BFH/NV 1990, 522; vom 6.11.1991 XI R 12/87, BFHE 166, 206, BStBl II 1992, 415.

II. Sachliche Verflechtung

aufgrund der überlassenen Schutzrechte erzielt. Für die Annahme einer wesentlichen Betriebsgrundlage wird in der Rechtsprechung[1] ein Umsatzanteil von 25 v.H. als ausreichend angesehen.

Für die Beantwortung der Frage, ob ein überlassenes Patent eine wesentliche Betriebsgrundlage ist, spielt es keine Rolle, ob das Betriebsunternehmen auf der Grundlage der Erfindung selbst produziert oder ob es sich auf die weitere Verwertung der Erfindung beschränkt[2].

(2) Ungeschützte Erfindungen

Literatur: *Pietsch*, Nutzung eines ungeschützten Erfinderrechts im Rahmen der Betriebsaufspaltung, StSem 1995, 116.

Die Frage, ob auch nicht patentierte Erfindungen als wesentliche Betriebsgrundlagen im Rahmen der Betriebsaufspaltung in Betracht kommen können, wird vom BFH nicht einheitlich beantwortet. Nach dem BFH-Urteil vom 25.10.1988[3] ist eine nicht geschützte Erfindung keine wesentliche Betriebsgrundlage, weil sie von jedermann ausgenutzt werden darf. Das Betriebsunternehmen kann also auch bei Kündigung des zwischen ihm und dem Besitzunternehmen bestehenden Lizenzvertrags die ihm durch diesen Vertrag überlassene Erfindung weiter für sich nutzen.

Der XI. Senat des BFH hingegen hat mit Urteil vom 6.11.1991[4] unter Hinweis auf das BFH-Urteil vom 1.6.1978[5] entschieden, dass nicht patentierte Erfindungen eine wesentliche Betriebsgrundlage sein könnten, jedenfalls dann, wenn der Nutzungswillige auf den Abschluss eines Lizenzvertrags mit dem Besitzunternehmen angewiesen sei.

In den Urteilen des BFH vom 21.10.1988[6] und vom 26.8.1993[7] wird auf die Unterscheidung zwischen geschützter und nicht geschützter Erfindung nicht eingegangen und werden demzufolge begründungslos auch ungeschützte Erfindungen als wesentliche Betriebsgrundlage behandelt. Im Übrigen ist zu beachten, dass die Zugehörigkeit einer ungeschützten Erfindung zu einem Betriebsvermögen in dem Urteil vom 26.8.1993 nicht mit

---

1 BFH-Urteile vom 20.9.1973 IV R 41/69, BFHE 110, 368, BStBl II 1973, 869; vom 23.9.1998 XI R 72/97, BFHE 187, 36, BStBl II 1999, 281, 282 linke Spalte.
2 BFH-Urteil vom 6.11.1991 XI R 12/87, BFHE 166, 206, BStBl II 1992, 415.
3 VIII R 339/82, BFHE 154, 539.
4 XI R 12/87, BFHE 166, 206, BStBl II 1992, 415.
5 IV R 152/73, BFHE 125, 280, BStBl II 1978, 545.
6 III R 258/84, BFH/NV 1989, 321.
7 I R 86/92, BFHE 172, 341, BStBl II 1994, 168.

der Gewerblichkeit des Besitzunternehmens aufgrund der Betriebsaufspaltungs-Rechtsprechung, sondern damit begründet worden ist, dass das „Besitzunternehmen" von sich aus schon eine gewerbliche Tätigkeit ausübe[1].

(3) Urheberrechte und sonstige Schutzrechte

Auch Urheberrechte und sonstige Schutzrechte (vgl. z. B. den Fall des BFH-Urteils vom 1.6.1994[2]) können wesentliche Betriebsgrundlage im Rahmen einer Betriebsaufspaltung sein.

(4) Kundenstammrecht, Handelsvertretervertrag, Firmenwert, Konzessionen

Als wesentliche Betriebsgrundlage können auch andere immaterielle Wirtschaftsgüter wie ein **Kundenstammrecht** oder **Handelsvertreterverträge** in Betracht kommen. Auch ein verpachteter **Firmenwert** kann eine wesentliche Betriebsgrundlage sein.

Hingegen soll nach einem Urteil des FG Münster[3] die entgeltliche Überlassung der Ausnutzung von **Handelsvertreterrechten** unter Zurückbehaltung des Kundenstammes und des Ausgleichsanspruchs nach § 89 b HGB keine sachliche Verflechtung im Rahmen einer Betriebsaufspaltung begründen können, weil das Handelsvertreterrecht für sich allein nicht übertragbar sei.

Auch Konzessionen zur Betreibung des gewerblichen Kraftdroschkenverkehrs (**Taxikonzessionen**) sind eine wesentliche Betriebsgrundlage einer Betriebs-GmbH, deren Gegenstand u. a. der Betrieb von gewerblichem Kraftdroschkenverkehr ist[4].

(5) Warenzeichen, Rezepte, Know-how

Literatur: *Sauer*, zur steuerlichen Behandlung von Know-how-Vergütungen bei Betriebsaufspaltung, StBp 1976, 5.

---

1 Vgl. II.3. der Entscheidung.
2 X R 81/90, BFH/NV 1995, 154.
3 Urteil vom 26.10.1994, EFG 1995, 360.
4 FG Münster, Urteil vom 11.5.1995, EFG 1996, 434.

II. Sachliche Verflechtung

Nach dem BFH-Urteil vom 20.9.1973[1] können selbst Warenzeichen, Rezepte und Know-how als wesentliche Betriebsgrundlage in Betracht kommen.

g) Umlaufvermögen

Umlaufvermögen stellt keine wesentliche Betriebsgrundlage dar, denn es ist jederzeit austauschbar.

4. Überlassen von Wirtschaftsgütern

a) Abgrenzung der Nutzungsüberlassung zur Veräußerung

Da nur die Überlassung zur Nutzung nicht aber auch die Veräußerung von Wirtschaftsgütern eine sachliche Verflechtung begründet, müssen beide Sachverhalte voneinander abgegrenzt werden.

Schwierigkeiten können hier insbesondere bei der Abgrenzung der Überlassung zur Nutzung oder Veräußerung von immateriellen Wirtschaftsgütern auftreten. Maßgebend für diese Abgrenzung ist allein, ob nach den vertraglichen Vereinbarungen[2] wirtschaftlich gesehen Rechte zeitlich begrenzt überlassen oder aber endgültig übertragen werden sollen[3]. Unerheblich hingegen ist, ob schuldrechtliche oder dingliche Nutzungsrechte vereinbart worden sind[4].

Auch die Übertragung eines Patents selbst beseitigt nicht den Charakter einer Nutzungsüberlassung, sofern die Patentübertragung nicht endgültig erfolgen soll[5]. Ist ungewiss, ob und wann eine Rechtsübertragung enden wird, so ist ebenfalls nur eine zeitlich begrenzte Rechtsübertragung anzunehmen. Andererseits liegt keine zeitlich begrenzte Rechtsübertragung vor, wenn ein Rückfall der übertragenen Rechte nicht in Betracht kommt[6].

---

1 IV R 41/69, BFHE 110, 368, BStBl II 1973, 869; vgl. auch BFH-Urteil vom 1.6.1978 IV R 152/73, BFHE 125, 280, BStBl II 1978, 545.
2 BFH-Urteil vom 7.12.1977 I R 54/75, BFHE 124, 175, BStBl II 1978, 355.
3 BFH-Beschluss vom 22.1.1988 III B 9/87, BFHE 152, 539, BStBl II 1988, 537.
4 BFH-Entscheidungen vom 7.12.1977 I R 54/75, BFHE 124, 175, BStBl II 1978, 355; vom 22.1.1988 III B 9/87, BFHE 152, 539, BStBl II 1988, 537.
5 BFH-Beschluss vom 22.1.1988 III B 9/87, BFHE 152, 539, BStBl II 1988, 537.
6 BFH-Entscheidungen vom 23.5.1979 I R 163/77, BFHE 128, 213, BStBl II 1979, 757; vom 22.1.1988 III B 9/87, BFHE 152, 539, BStBl 1988, 537; FG Münster, Urteil vom 4.5.1999, EFG 1999, 1282, 1283 linke Spalte.

In dem BFH-Beschluss vom 22.1.1988[1] hat der BFH eine zeitliche Begrenzung angenommen, weil nach den getroffenen Vereinbarungen im Verzugsfall, bei Eröffnung des Vergleichsverfahrens oder des Konkurs- bzw. Insolvenzverfahrens das übertragene Recht ersatzlos an das Besitzunternehmen zurückfallen sollte.

Das FG Münster hat in seinem Urteil vom 4.5.1999[2] eine nur zeitlich begrenzte Überlassung eines gewerblichen Schutzrechts auch für den Fall angenommen, dass der Überlassende auf den Rückfall des Rechts keinen Einfluss nehmen kann und die Übertragung lediglich für den Fall der Vertragsverletzung vereinbart worden ist.

Keine Überlassung zur Nutzung liegt vor, wenn es sich bei der Erfindung um eine sog. **Diensterfindung** i.S. des § 4 Abs. 2 ArbNehmErfG handelt, weil in einem solchen Fall das Betriebsunternehmen die Erfindung gem. § 6 ArbNehmErfG in Anspruch nehmen kann und demzufolge alle Rechte an der Diensterfindung nach § 7 Abs. 1 ArbNehmErfG auf das Betriebsunternehmen übergehen[3].

b) Nutzungsüberlassung eines fremden Wirtschaftsguts

Nicht erforderlich ist, dass die überlassene wesentliche Betriebsgrundlage dem Betriebsunternehmen gehört. Die Voraussetzung „überlassen einer wesentlichen Betriebsgrundlage" kann vielmehr auch dann erfüllt sein, wenn das Besitzunternehmen dem Betriebsunternehmen Wirtschaftsgüter zur Nutzung überlässt, die ihm selbst von Dritten zur Nutzung überlassen worden sind[4]. In einem solchen Fall gehört allerdings nicht das überlassene Wirtschaftsgut, sondern nur das Nutzungsrecht an dem überlassenen Wirtschaftsgut zum Betriebsvermögen des Besitzunternehmens.

Auch Wirtschaftsgüter, die zum **Sonderbetriebsvermögen** eines Gesellschafters des Besitzunternehmens gehören und die dem Betriebsunternehmen zur Nutzung überlassen worden sind, können eine wesentliche Betriebsgrundlage sein[5]. Dabei spielt es bei bestehender Betriebsaufspaltung

---

1 III B 9/87, BFHE 152, 539, BStBl II 1988, 537.
2 EFG 1999, 1282.
3 BFH-Urteil vom 26.1.1989 IV R 151/86, BFHE 156, 138, BStBl II 1989, 455.
4 BFH-Urteile vom 11.8.1966 IV R 219/64, BFHE 86, 621, BStBl III 1966, 601; vom 17.3.1987 VIII R 36/84, BFHE 150, 356, BStBl II 1987, 858; vom 12.10.1988 X R 5/86, BFHE 154, 566, BStBl II 1989, 152; vom 24.8.1989 IV R 135/86, BFHE 158, 245, BStBl II 1989, 1014.
5 BFH-Urteile vom 15.5.1975 IV R 100/71, BFHE 116, 90, BStBl II 1975, 791; vom 10.4.1997 IV R 73/94, BFHE 183, 127, BStBl II 1997, 569.

II. Sachliche Verflechtung

keine Rolle, ob das dem Gesellschafter der Besitzgesellschaft gehörende Wirtschaftsgut dem Betriebsunternehmen von der Besitzgesellschaft oder unmittelbar von dem Besitzgesellschafter zur Nutzung überlassen wird[1]. In dem dem Urteil des FG Münster vom 5.12.1995 zugrunde liegenden Fall hatte der Gesellschafter einer Besitzgesellschaft durch einen unmittelbar mit der Betriebs-GmbH abgeschlossenen Lizenzvertrag dieser ein Erfinderrecht zur Nutzung überlassen.

c) Art der Nutzungsüberlassung

Literatur: *Fichtelmann,* Betriebsaufspaltung bei unentgeltlicher Nutzungsüberlassung durch das Besitzunternehmen – Anm. zu dem BFH-Urteil vom 24.4.1991 – X R 84/88, GmbHR 1991, 442; *Lersch/Schaaf,* Kann auch die unentgeltliche Überlassung von Wirtschaftsgütern an eine Betriebs-GmbH zur Annahme eines Besitzunternehmens i. S. der Betriebsaufspaltung führen?, FR 1972, 440; *Märkle,* Die Betriebsaufspaltung an der Schwelle zu einem neuen Jahrtausend, X.1.a. Unentgeltlichkeit der Überlassung kein Betriebsaufspaltungshindernis, BB 2000 Beilage 7, 13 f.; *Schmidt, Karsten,* Nutzungsüberlassung, Eigenkapitalersatz und materielle Unterkapitalisierung, ZIP 1993, 161.

Eine wesentliche Betriebsgrundlage wird überlassen, wenn sie vom Besitzunternehmen an das Betriebsunternehmen **vermietet, verpachtet** oder **verliehen** wird[2].

Es reicht also auch die **unengeltliche Überlassung** aus[3]. In diesem Fall erzielt das Besitzunternehmen zwar keine Einnahmen aus Vermietung und Verpachtung. Trotzdem aber ist bei ihm das für die Annahme eines Gewerbebetriebs erforderliche Merkmal der **Gewinnerzielungsabsicht** erfüllt, weil bei einer Betriebsaufspaltung regelmäßig die Beteiligung der beherrschenden Person oder Personengruppe am Betriebsunternehmen zum Betriebsvermögen des Besitzunternehmens gehört und demzufolge – bezogen auf die beherrschende Person oder Personengruppe – Ausschüttungen aus dem Betriebsunternehmen und Nutzungsentgelte des Betriebsunternehmens an das Besitzunternehmen weitgehend austauschbar sind. Wird kein Nutzungsentgelt gezahlt, ist der zur Ausschüttung zur Verfügung stehende Betrag entsprechend größer.

Demzufolge ist im Rahmen einer Betriebsaufspaltung beim Besitzunternehmen eine Gewinnerzielungsabsicht nur dann zu verneinen, wenn die

---

1 FG Münster, Urteil vom 5.12.1995, EFG 1996, 272.
2 BFH-Urteil vom 24.4.1991 X R 84/88, BFHE 164, 385, BStBl II 1991, 713.
3 A.A. *Schulze zur Wiesche,* BB 1997, 1229, 1230 linke Spalte.

beherrschende Person oder Personengruppe mit den vereinbarten Nutzungsentgelten und den tatsächlichen und möglichen Ausschüttungen auf Dauer gesehen keine Kostendeckung erwarten kann[1]. Sind Nur-Betriebs-Gesellschafter vorhanden, dürfen in diesem Zusammenhang die an diese möglichen Gewinnausschüttungen nicht mitberücksichtigt werden[2]. Für die Auffassung, dass eine Betriebsaufspaltung auch in den Fällen einer unentgeltlichen Überlassung von Wirtschaftsgütern vorliegt, spricht folgende Überlegung: Würde man eine Betriebsaufspaltung verneinen, würden die stillen Reserven der an das Betriebsunternehmen verliehenen Wirtschaftsgüter nicht der Einkommensteuer unterliegen. Das wäre mit dem Sinn und Zweck der Betriebsaufspaltung nicht vereinbar. Denn dieser besteht nicht nur darin, die mit den überlassenen Wirtschaftsgütern erwirtschafteten Gewinne der Gewerbesteuer zu unterwerfen, sondern auch die stillen Reserven der überlassenen Wirtschaftsgüter einkommensteuerrechtlich zu erfassen.

Allerdings passt die vom BFH für die Annahme einer Gewinnerzielungsabsicht im Falle einer unentgeltlichen Überlassung gegebene Begründung nicht für die Fälle, in denen am Besitzunternehmen auch **Nur-Besitz-Gesellschafter** beteiligt sind; denn ein Nur-Besitz-Gesellschafter ist nicht auch am Betriebsunternehmen beteiligt und erhält mithin auch keine Gewinnausschüttungen aus der Betriebsgesellschaft. Er kann also kein Mitunternehmer des Besitzunternehmens sein, wenn die Überlassung von Wirtschaftsgütern an das Betriebsunternehmen unentgeltlich erfolgt[3].

Die Überlassung wesentlicher Betriebsgrundlagen kann auch aufgrund einer **Gebrauchsregelung** nach § 15 WEG erfolgen. Das ist z. B. der Fall, wenn sich die Teilhaber einer Wohnungseigentümergemeinschaft in einer solchen Gebrauchsregelung verpflichten, an Stelle individueller Vermietungen nur die einheitliche Vermietung an einen bestimmten Mieter vorzunehmen[4].

d) Erbbaurecht und Nießbrauch

Literatur: *Fichtelmann,* Das Erbbaurecht als wesentliche Betriebsgrundlage bei der Betriebsaufspaltung, DStZ 1991, 131; *Märkle,* Die Betriebsaufspaltung an der Schwelle zu einem neuen Jahrtausend, VI. Erbbaurecht als wesentliche

---

1 BFH-Urteile vom 24.4.1991 X R 84/88, BFHE 164, 385, BStBl II 1991, 713; vom 14.1.1998 X R 57/93, BFHE 185, 230, BB 1998, 1245.
2 BFH-Urteil vom 14.1.1998 X R 57/93, BFHE 185, 230, BB 1998, 1245.
3 Vgl. BFH-Beschluss vom 25.6.1984 GrS 4/82, BFHE 141, 405, BStBl II 1984, 751.
4 BFH-Urteil vom 10.4.1997 IV R 73/94, BFHE 183, 127, BStBl II 1997, 569.

II. Sachliche Verflechtung

Betriebsgrundlage, BB 2000 Beilage 7, 9; *o. V.,* Besitzpersonenunternehmen und Erbbaurechtsbestellung, DB 1974, 1048.

Eine bisher noch nicht geklärte Frage ist die, ob eine Überlassung i. S. der Betriebsaufspaltung auch dann vorliegt, wenn das Besitzunternehmen dem Betriebsunternehmen an einer wesentlichen Betriebsgrundlage ein **Erbbaurecht** bestellt. Geht man vom Zivilrecht aus, so erwirbt das Betriebsunternehmen mit dem Erbbaurecht ein eigenes dingliches Recht, kraft dessen es das Wirtschaftsgut nutzt, an dem das Erbbaurecht bestellt ist. Von diesem Standpunkt aus kann man nicht von einem „Überlassen zur Nutzung" durch das Besitzunternehmen sprechen. Abweichend von dieser Zivilrechtslage wird im Steuerrecht eine Erbbaurechtsbestellung aber lediglich als Überlassung eines Grundstücks auf Zeit, vergleichbar einem Miet- oder Pachtverhältnis angesehen[1]. Hiervon ausgehend wird man wohl auch im Rahmen der Betriebsaufspaltung zu dem Ergebnis gelangen müssen, dass es sich bei einer Erbbaurechtsbestellung um eine „Überlassung" von Wirtschaftsgütern seitens des Besitzunternehmens an das Betriebsunternehmen handelt. So auch das Urteil des FG Baden-Württemberg vom 1.2.1999[2], gegen das Revision eingelegt worden ist[3].

Gleiches gilt für die Fälle, in denen ein Besitzunternehmen dem Betriebsunternehmen an einer wesentlichen Betriebsgrundlage ein **Nießbrauchsrecht** bestellt; denn steuerrechtlich wird auch die Nießbrauchsbestellung als Nutzungsüberlassung behandelt[4].

e) Zwischenvermietung

Literatur: *Märkle,* Die Betriebsaufspaltung an der Schwelle zu einem neuen Jahrtausend, VIII. Gestaltungsmissbrauch bei Zwischenvermietung aus Haftungsgründen, BB 2000 Beilage 7, 11 f.

Wird ein Wirtschaftsgut, das für das Betriebsunternehmen eine wesentliche Betriebsgrundlage ist, vom Besitzunternehmen an einen Dritten zur Nutzung überlassen, und überlässt der Dritte seinerseits das Wirtschaftsgut dem Betriebsunternehmen, so liegt keine Überlassung im Sinne der Betriebsaufspaltung vor, wenn die Weitervermietung durch den Dritten erfolgt ist, ohne dass das Besitzunternehmen den Dritten dazu veranlasst hat.

---

1 U. a. BFH-Urteil vom 17.4.1985 I R 132/81, BFHE 144, 213, BStBl II 1985, 617.
2 EFG 1999, 387.
3 Az. BFH: III 12/99.
4 BFH-Urteil vom 27. 6. 1978 VIII R 54/74, BFHE 125, 535, BStBl II 1979, 332.

Hat jedoch das Besitzunternehmen den Dritten zur Weitervermietung veranlasst, hatte also der Dritte nicht die Wahl, auch an einen Fremden weiterzuvermieten, dann kommt es darauf an, ob die Voraussetzungen des § 42 AO vorliegen oder nicht. Sie liegen nicht vor, wenn für die Wahl der Zwischenvermietung ein sachlicher Grund vorliegt. Ist hingegen kein sachlicher Grund vorhanden, dürfte es sich um einen Anwendungsfall des § 42 AO handeln mit der Folge, dass steuerrechtlich die Zwischenvermietung in eine Direktvermietung an das Betriebsunternehmen umgedeutet wird.

5. Schlussbemerkung

Während in der Rechtsprechung des BFH in den 80er Jahren, insbesondere in dem Urteil des VIII. Senats vom 12.11.1985[1] eine eher restriktive Auslegung des Merkmals der sachlichen Verflechtung erkennbar war[2], ist seit Beginn der 90er Jahre ein entgegengesetzter Trend der Rechtsprechung des BFH zu beobachten[3].

III. Personelle Verflechtung

Literatur: *Felix,* Gewerbesteuerpflichtiges Besitzunternehmen bei Vermietung wesentlicher Betriebsgrundlagen durch GmbH-Gesellschafter, die nicht Mitunternehmer sind, an die GmbH und Co.?, GmbHR 1971, 147; *Fichtelmann,* Die Bedeutung von Stimmrechtsvereinbarungen für die personelle Verflechtung bei der Betriebsaufspaltung, DStZ 1990, 371; *Fischer, P.,* Personelle Verflechtung und vereinbarte Einstimmigkeit, NWB F. 3, 9995; *Gosch,* Beherrschungsidentität bei der Betriebsaufspaltung, StBp 1994, 197; *Grieger,* Keine vollkommene Personenidentität bei der Betriebsaufspaltung – Beschluss des Großen Senats des BFH vom 8.11.1971 – GrS. 2/71, RWP-Blattei 14 Steuer-R D Betriebsaufspaltung II B 3 a Einzelfragen; *Heidemann,* Die Nutzungsüberlassung an die GmbH durch ihren Gesellschafter, INF 1990, 409; *ders.,* Nutzungsüberlassung an die GmbH, INF 1992, 562; *Heidner,* Stimmrechtsvereinbarungen bei der Betriebs-GmbH als Indiz für eine personelle Verflechtung im Rahmen einer Betriebsaufspaltung, DB 1990, 73; *Henninger,* Beteiligungsverhältnisse und Besitzunternehmen – Zugleich eine Besprechung des BFH-Urteils I 231/63 vom 3.12.1969, FR 1970, 369; *Jüsgen,* Die Beteiligungsidentität bei der Betriebsaufspaltung – Bemerkungen zum BFH-Urteil IV R 16/1969 vom 9.7.1970, FR 1971, 147; *Laule,* Voraussetzungen für die personelle Verflechtung, KFR F. 5 GewStG § 2, 1/93, S. 109; *Schulze zur Wiesche,* Betriebsaufspaltung

---

1 VIII R 342/82, BFHE 145, 396, BStBl II 1986, 299.
2 Vgl. auch *Schmidt*, FR 1986, 189.
3 Vgl. insbesondere BFH-Urteil vom 23.1.1991 X R 47/87, BFHE 163, 460, BStBl II 1991, 405.

III. Personelle Verflechtung

und Minderheitsgesellschafter, BB 1987, 1301; *ders.*, Grenze für das Vorliegen einer Betriebsaufspaltung enger gesteckt, bilanz & buchhaltung 1989, 335; *Söffing, Günter,* Personelle Verflechtung bei der Betriebsaufspaltung – BFH-Urteil vom 10.12.1991 – VIII R 71/87, NWB Fach 3, 8331; *ders.,* Personelle Verflechtung bei Betriebsaufspaltung (§ 15 Abs. 2 EStG), FR 1994, 470; *o. V.,* Minderbeteiligungen und Besitzpersonenunternehmen, DB 1972, 1848.

1. Begriff

Eine personelle Verflechtung zwischen Besitzunternehmen und Betriebsunternehmen liegt vor, wenn hinter den beiden rechtlich selbständigen Unternehmen eine Person oder Personengruppe steht, die in Bezug auf beide Unternehmen einen „**einheitlichen geschäftlichen Betätigungswillen**" hat und in der Lage ist, diesen in beiden Unternehmen durchzusetzen[1]. An diese Voraussetzung sind nach Auffassung des GrS des BFH strenge Anforderungen zu stellen[2], was in der Rechtsprechung des BFH nicht immer beachtet wird.

Kann eine Person oder Personengruppe ihren einheitlichen geschäftlichen Betätigungswillen sowohl im Betriebsunternehmen als auch im Besitzunternehmen durchsetzen, dann spricht man auch von **Beherrschungsidentität**[3].

---

1 BFH-Entscheidungen vom 8.11.1971 GrS 2/71, BFHE 103, 440, BStBl II 1972, 63; vom 14.1.1982 IV R 77/79, BFHE 135, 325, BStBl II 1982, 476; vom 16.6.1982 I R 118/80, BFHE 136, 287, BStBl II 1982, 662; vom 11.11.1982 IV R 117/80, BFHE 137, 357, BStBl II 1983, 299; vom 9.11.1983 I R 174/79, BFHE 140, 90, BStBl II 1984, 212; vom 25.4.1985 IV R 36/82, BFHE 144, 20, BStBl II 1985, 622; vom 30.7.1985 VIII R 263/81, BFHE 145, 129, BStBl II 1986, 359; vom 26.1.1989 IV R 151/86, BFHE 156, 138, BStBl II 1989, 455; vom 18.2.1986 VIII R 125/85, BFHE 146, 246, BStBl II 1986, 611; vom 1.12.1989 III R 77/87, BFHE 159, 480, BStBl II 1990, 500; vom 27.2.1991 XI R 25/88, BFH/NV 1991, 454, 455 mittlere Spalte; vom 10.12.1991 VIII R 71/87, BFH/NV 1992, 551; vom 27.8.1992 IV R 13/91, BFHE 169, 231, BStBl II 1993, 134; vom 26.11.1992 IV R 15/91, BFHE 171, 490, BStBl II 1993, 876; vom 28.1.1993 IV R 39/92, BFH/NV 1993, 528; vom 18.3.1993 IV R 96/92, BFH/NV 1994, 15, 16 mittlere Spalte; vom 24.2.1994 IV R 8–9/93, BFHE 174, 80, BStBl II 1994, 466; vom 21.8.1996 X R 25/93, BFHE 181, 284, BStBl II 1997, 44; vom 29.1.1997 XI R 23/96 BFHE 182, 216, BStBl II 1997, 437; vom 15.10.1998 IV R 20/98, BFHE 187, 26, BStBl II 1999, 445; vom 7.12.1999 VIII R 50, 51/96, BFH/NV 2000, 601, 602 mittlere Spalte; vom 24.2.2000 IV R 62/98, BFHE 191, 295, BStBl II 2000, 417; vgl. auch BFH-Urteil vom 13.12.1984 VIII R 19/81, BFHE 143, 106, BStBl II 1985, 601.
2 BFH-Entscheidungen vom 8.11.1971 GrS 2/71, BFHE 103, 440, BStBl II 1972, 63; vom 21.8.1996 X R 25/93, BFHE 181, 284, BStBl II 1997, 44.
3 BFH-Entscheidungen vom 8.11.1971 GrS 2/71, BFHE 103, 440, BStBl II 1972, 63; vom 24.2.2000 IV R 62/98, BFHE 191, 295, BStBl II 2000, 417.

2. Der einheitliche geschäftliche Betätigungswille

Literatur: *Grieger,* Anm. zum BFH-Urteil vom 2.8.1972, IV 87/65, DStZ/A 1972, 389; *Leingärtner,* Der einheitliche geschäftliche Betätigungswille als Kriterium der Betriebsaufspaltung, FR 1972, 449; *Reuss,* Betriebsaufspaltung im Steuerrecht – Neue Probleme bei der Beherrschungsfrage zwischen Besitzunternehmen und Betriebsgesellschaft, BB 1972, 1131; *Söffing, Günter,* Der Beherrschungswille bei der Betriebsaufspaltung, BB 1998, 397; *Sonnenschein,* Der einheitliche geschäftliche Betätigungswille bei der steuerrechtlichen Betriebsaufspaltung und das Gesellschaftsrecht, in: Festschrift für Stimpel, S. 533.

a) Allgemeines

Es ist bisher noch nicht abschließend geklärt, auf was sich der einheitliche geschäftliche Betätigungswille beziehen muss. Selbstverständlich ist ein einheitlicher geschäftlicher Betätigungswille gegeben, wenn der Besitzunternehmer in der Lage ist, jede einzelne Maßnahme der Geschäftsführung bei dem Betriebsunternehmen unmittelbar durch seine Willensentscheidung zu bestimmen. Das ist stets der Fall, wenn eine **Einmann-Betriebsaufspaltung**[1] oder eine **Einheits-Betriebsaufspaltung**[2] vorliegt.

Anders kann es sich jedoch bei der **Mehrpersonen-Betriebsaufspaltung**[3] verhalten, nämlich dann, wenn innerhalb des Betriebsunternehmens oder des Besitzunternehmens unterschiedliche Stimmrechtsverhältnisse für verschiedene Geschäfte vereinbart worden sind.

Nach dem BFH-Urteil vom 28.1.1982[4] erfordert in derartigen Fällen der „einheitliche Betätigungswille" nicht, dass **jede einzelne Maßnahme der Geschäftsführung** bei dem Betriebsunternehmen unmittelbar durch eine Willensentscheidung der das Besitzunternehmen beherrschenden Person oder Personengruppe bestimmt ist. Es genügt, wenn sich aufgrund der Befugnis, die Mitglieder der geschäftsführenden Organe der Betriebsgesellschaft bestimmen und abberufen zu können, auf Dauer nur ein geschäftlicher Betätigungswille entfalten kann, der vom Vertrauen der das Besitzunternehmen beherrschenden Personen getragen ist und demgemäß mit deren geschäftlichen Betätigungswillen grundsätzlich übereinstimmt. Demzufolge kann auch zwischen einem Besitzunternehmen und einer **Betriebs-AG**, jedenfalls soweit diese nicht den Vorschriften des Mitbestimmungsgesetzes,

---

1 Vgl. unten unter D.III.3.a).
2 Vgl. unten unter D.III.3.b).
3 Vgl. unten unter D.III.3.c).
4 BFH-Urteil vom 28.1.1982 IV R 100/78, BFHE 135, 330, BStBl II 1982, 479.

III. Personelle Verflechtung

sondern nur den Bestimmungen des § 76 BetrVerfG 1952 unterliegt, eine personelle Verflechtung bestehen[1].

Nach dem BFH-Urteil vom 28.1.1982 besteht aufgrund der vorstehenden Überlegungen auch ein einheitlicher geschäftlicher Betätigungswille zwischen einer **GmbH**, deren Geschäftsanteile in vollem Umfang von einer **AG** gehalten werden, und dem Mehrheitsaktionär dieser AG, der unmittelbar oder durch eine GbR, die er beherrscht, der GmbH wesentliche Betriebsgrundlagen überlässt[2].

Bedenken gegen diese Folgerungen bestehen m.E. insofern, weil sie mit der vom GrS des BFH geforderten strengen Anforderung an die Voraussetzung der personellen Verflechtung, wohl nicht vereinbar sind.

b) Geschäfte des täglichen Lebens

Erstmals in dem BFH-Urteil vom 12.11.1985[3] ist ausgesprochen worden, dass es für eine Beherrschung im Sinne der Betriebsaufspaltung auf das für die Geschäfte des täglichen Lebens maßgebende Stimmrechtsverhältnis ankommt. Auch in späteren Urteilen[4] des BFH wird diese Ansicht vertreten. Dabei weist der IV. Senat in seinem Urteil vom 27.8.1992[5] darauf hin, dass die dargestellte Meinung nur dahin gehend zu verstehen sei, dass dort, wo das Mehrheitsprinzip für die Geschäfte des täglichen Lebens gilt, die Mehrheit der Stimmen auch dann zur Beherrschung ausreicht, wenn in besonderen Fällen Einstimmigkeit oder eine qualifizierte Mehrheit vereinbart worden ist. In Übereinstimmung mit dieser Ansicht hat der IV. Senat des BFH in seinem Urteil vom 10.4.1997[6] entschieden, dass der Mehrheitsherrschaft in einer **Wohnungseigentümergemeinschaft** Grenzen gesetzt sind, etwa in der Art, dass für bauliche Veränderungen und Aufwendungen, die über die ordnungsgemäße Instandhaltung oder Instandsetzung des gemeinschaftlichen Eigentums hinausgehen, gem. § 22 Abs. 1 WEG Einstimmigkeit erforderlich ist. Maßgeblich ist vielmehr, dass zur

---

1 BFH-Urteil vom 28.1.1982 IV R 100/78, BFHE 135, 330, BStBl II 1982, 479.
2 Anm. zu dem Urteil vom 28.1.1982 IV R 100/78, a.a.O.: *Fichtelmann* in StRK-Anm., GewStG § 2 Abs. 1 R.348 sowie *o. V.* in StBp 1982, 179; und *Le* in RWP, Akt. Rspr Nr. 70/82.
3 VIII R 240/81, BFHE 145, 401, BStBl II 1986, 296.
4 BFH-Urteile vom 27.8.1992 IV R 13/91, BFHE 169, 231, BStBl II 1993, 134; vom 21.8.1996 X R 25/93, BFHE 181, 284, BStBl II 1997, 44 m. w. N.; vom 10.4.1997 IV R 73/94, BFHE 183, 127, BStBl II 1997, 569.
5 IV R 13/91, BFHE 169, 231, BStBl II 1993, 134; ebenso BFH-Urteil vom 24.2.2000 IV R 62/98, BFHE 191, 295, BStBl II 2000, 417.
6 IV R 73/94, BFHE 183, 127, BStBl II 1997, 569.

ordnungsgemäßen Verwaltung (§ 21 Abs. 3 WEG) und der Regelung eines ordnungsgemäßen Gebrauchs (§ 15 Abs. 2 WEG) Mehrheitsentscheidungen genügen.

c) Das Überlassungsverhältnis

In einem gewissen Widerspruch zu der vorstehend unter b) dargestellten Rechtsprechung steht die Meinung des IV. Senats des BFH in dem Urteil vom 27.8.1992[1]. Dort ist ausgeführt:

> „Das Erfordernis, dass hinter dem Besitz- wie auch hinter dem Betriebsunternehmen eine Person oder Personengruppe stehen muss, die in Bezug auf beide Unternehmen einen einheitlichen geschäftlichen Betätigungswillen durchsetzen kann, bezieht sich insbesondere auf das hinsichtlich der wesentlichen Betriebsgrundlagen bestehende Pachtverhältnis (sachliche Verflechtung). Dieses Pachtverhältnis soll nicht gegen den Willen der Person oder der Personengruppe, die das Besitzunternehmen beherrscht, aufgelöst werden können. Gerade aber die Auflösung dieses Pachtverhältnisses gehört zu den Geschäften, die über den gewöhnlichen Betrieb eines Handelsgeschäfts hinausgehen."

Meines Erachtens ist diese Auffassung des IV. Senats mit der Rechtsprechung über die Maßgeblichkeit des für Geschäfte des täglichen Lebens geltenden Stimmrechtsverhältnisses nur dann vereinbar, wenn man folgende Ansicht vertritt: Das für diese Geschäfte des täglichen Lebens vereinbarte (oder mangels einer solchen Vereinbarung gesetzlich geltende) Stimmrechtsverhältnis ist auch hinsichtlich der Durchsetzung eines einheitlichen Betätigungswillens maßgebend, wenn das gleiche Stimmrechtsverhältnis auch hinsichtlich des Rechtsverhältnisses gilt, das die Überlassung einer wesentlichen Betriebsgrundlage zum Gegenstand hat. Dem steht nicht entgegen, wenn für andere Angelegenheiten, z. B. die Auflösung der Gesellschaft oder besondere Geschäfte Einstimmigkeit oder eine qualifizierte Mehrheit vereinbart worden ist. Allerdings darf sich diese Einstimmigkeit oder qualifizierte Mehrheit nicht auf das Überlassungsverhältnis beziehen. Ist hingegen für die Geschäfte des täglichen Lebens das einfache Mehrheitsprinzip vereinbart, hingegen für die Begründung, Änderung und Beendigung des Überlassungsverhältnisses Einstimmigkeit erforderlich, dann muss es für die Entscheidung der Frage, ob eine personelle Verflechtung vorliegt, auf die Einstimmigkeit ankommen, weil ansonsten hinsichtlich

---

1 IV R 13/91, BFHE 169, 231, BStBl 1993, 134; ebenso BFH-Urteil vom 24.2.2000 IV R 62/98, BFHE 191, 295, BStBl II 2000, 417.

III. Personelle Verflechtung 89

des nach der Ansicht des IV. Senats maßgebenden Überlassungsverhältnisses keine Beherrschung denkbar ist. Außerdem kann die Person oder Personengruppe, die das Besitzunternehmen beherrscht, nur so auch über die Überlassung einer wesentlichen Betriebsgrundlage[1] einen Einfluss auf das Betriebsunternehmen ausüben.

Allerdings ist diese Folgerung aus der BFH-Rechsprechung nicht mit dem Ergebnis des Urteils des X. Senats des BFH vom 21.8.1996[2] vereinbar. Zwar wird in diesem Urteil auch davon ausgegangen, dass es für die Annahme einer Beherrschungsidentität auf das für die Geschäfte des täglichen Lebens maßgebende Stimmrechtsverhältnis ankommt und dass sich der Beherrschungswille – also die Stimmrechtsmacht – auf das Nutzungsverhältnis der wesentlichen Betriebsgrundlage beziehen muss. Unverständlicherweise kommt der X. Senat anschließend jedoch zu dem Ergebnis, dass eine Einstimmigkeitsvereinbarung für Gesellschafterbeschlüsse, die die Überlassung der wesentlichen Betriebsgrundlagen betreffen, unbeachtlich sein soll, wenn für die „Geschäfte des täglichen Lebens" nur das Mehrheitsprinzip maßgebend ist.

Ob es hingegen ausreicht, wenn der Besitzunternehmer nur hinsichtlich des Überlassungsverhältnisses auch in der Betriebsgesellschaft seinen Willen durchsetzen kann, ist zweifelhaft. Hiergegen bestehen insofern Bedenken, weil in einem solchen Fall durch andere Maßnahmen in der Betriebsgesellschaft, auf die der Besitzunternehmer keinen Einfluss hat, das Betriebsunternehmen in einer Weise umgestaltet werden kann, dass die Überlassung der wesentlichen Betriebsgrundlage seitens des Betriebsunternehmens überflüssig wird.

d) Testamentsvollstrecker

Literatur: *Felix,* Anm. zum BFH-Urteil vom 13.12.1984 – VIII R 237/81, BFHE 143, 138, BStBl II 1985, 657, StRK R 3 GewStG 1978 § 2 Abs. 1 BetrAufsp; *Leingärtner,* Zur Frage, ob der für die Annahme einer Betriebsaufspaltung erforderliche einheitliche Betätigungswille der hinter beiden Unternehmen (Betriebsgesellschaft und Besitzunternehmen) stehenden Personen durch einen Testamentsvollstrecker ersetzt werden kann, RWP-Blattei – SG 1–3 S. 1308; *Söffing, Günter,* Keine personelle Verflechtung durch Testamentsvollstreckung bei Betriebsaufspaltung – BFH-Urteil vom 13.12.1984 – VIII R 237/81, BStBl II 1985, 394, NWB Fach 18,

---

1 Vgl. oben unter D.II.2.
2 X R 25/93, BFHE 181, 284, BStBl II 1997, 44.

2761; *o. V.,* Testamentsvollstreckung und Besitz-Personenunternehmen, DB 1973, 28.

Der einheitliche Betätigungswille der hinter beiden Unternehmen stehenden Person oder Personengruppe kann nach dem BFH-Urteil vom 13.12.1984[1] nicht durch einen Testamentsvollstrecker ersetzt werden; denn ein Testamentsvollstrecker ist nicht in der Lage, hinsichtlich der Erbengemeinschaft, zu der ein Betriebsunternehmen und ein Besitzunternehmen gehört, einen einheitlichen geschäftlichen Betätigungswillen zu entwickeln, weil er nur die Stellung eines Treuhänders hat. Seine Stellung ist in gewisser Beziehung der eines gesetzlichen Vertreters angenähert. Der Herr des Nachlasses ist der Erbe. Der Testamentsvollstrecker ist nur sein Verwalter. Er verfolgt keine eigenen Interessen. Er muss widerstreitende Interessen des Erben berücksichtigen. Dem BFH-Urteil vom 13.12.1984 lag folgender Sachverhalt zugrunde:

Frau M und ihr Bruder M waren Erben nach ihrer Mutter. Frau M hatte allein die Betriebs-GmbH geerbt. Das Besitzunternehmen gehörte in ungeteilter Erbengemeinschaft Frau M und M je zur Hälfte. Es waren bis zur Auseinandersetzung der Erbengemeinschaft zwei Testamentsvollstrecker eingesetzt worden.

e) Zwangsverwaltung, gerichtlicher Vergleich, Konkurs

Auch in den Fällen einer Zangsverwaltung, eines gerichtlichen Vergleichs oder eines Konkurses kann nicht von einem einheitlichen geschäftlichen Betätigungswillen durch den Zwangsverwalter, Vergleichsverwalter oder Konkursverwalter ausgegangen werden, wenn der Verpächter einer wesentlichen Betriebsgrundlage mit dem pachtenden Betriebsunternehmen nichts zu tun hat, sondern für beide Bereiche, Pächter und Verpächter, lediglich zufällig dieselbe Person als Verwalter eingesetzt wird.

3. Durchsetzung des einheitlichen geschäftlichen Betätigungswillens

Literatur: *Birkholz,* Anm. zum BFH-Urteil I R 184/70 vom 18. 10. 1972, FR 1972, 539; *Lange,* Anm. zum Beschluss des Großen Senats des BFH vom 8.11.1971, BB

---

[1] BFH-Urteil vom 13.12.1984 VIII R 19/81, BFHE 143, 106, BStBl II 1985, 601; Anm. zu dem Urteil: *Le* in RWP, Akt. Inf. Steuerrecht SG 1.3; *Felix,* StRK-Anm., GewStG 1978 § 2 Abs. 1 Betriebsaufspaltung R.3; *o. V.,* HFR 1985, 322.

III. Personelle Verflechtung

1972, 31; *o. V.*, Beteiligungsverhältnisse sowie Beginn und Ende von Besitzunternehmen, DB 1970, 1350; *o. V.*, Durchsetzung des geschäftlichen Betätigungswillens bei Betriebsaufspaltung, GmbHR 1998, 1029.

a) Die Einmann-Betriebsaufspaltung

Die Durchsetzbarkeit eines einheitlichen geschäftlichen Betätigungswillens (Beherrschung) ist in den Fällen, in denen das Besitzunternehmen ein **Einzelunternehmen** ist, gegeben, wenn der Besitzunternehmer auch alleiniger Inhaber der Betriebs-GmbH ist. Der Inhaber des Einzelunternehmens kann hier seinen einheitlichen geschäftlichen Betätigungswillen ungehindert sowohl im Besitzunternehmen als auch im Betriebsunternehmen durchsetzen. Man spricht hier von **Einmann-Betriebsaufspaltung**.

b) Einheits-Betriebsaufspaltung

Problemlos ist die Durchsetzung des einheitlichen geschäftlichen Betätigungswillens auch in den Fällen der sog. Einheits-Betriebsaufspaltung, also in den Fällen, in denen die Anteile an der Betriebsgesellschaft zum Gesellschaftsvermögen des Besitzunternehmens gehören[1]. Hier setzt die Person oder Personengruppe, die Besitzunternehmer ist, ihren einheitlichen geschäftlichen Betätigungswillen über das Besitzunternehmen in dem Betriebsunternehmen durch. Hier besteht also – wie bei einer Organschaft – ein Über- und Unterordnungsverhältnis. Das Besitzunternehmen hat die Stellung einer Muttergesellschaft. Das Betriebsunternehmen hat die Stellung einer Tochtergesellschaft.

In anderen Betriebsaufspaltungsfällen als denen der Einheits-Betriebsaufspaltung besteht zwischen Besitz- und Betriebsunternehmen kein Über- und Unterordnungsverhältnis, sondern ein **Gleichordnungsverhältnis**. Die Beteiligung am Betriebsunternehmen gehört nicht zum Gesellschaftsvermögen des Besitzunternehmens, sondern sie gehört der Person (den Personen) die das Besitzunternehmen beherrscht (beherrschen). Beide Unternehmen, Besitzunternehmen und Betriebsunternehmen werden von einer übergeordneten Person oder Personengruppe beherrscht. *Woerner*[2] spricht insofern von einer **Dreieckskonstruktion**.

---

1 Siehe oben unter C.VIII.
2 DB 1985, 1609, 1613.

c) Die Mehrpersonen-Betriebsaufspaltung

Literatur: *Neumann*, Anm. zum BFH-Beschluss GrS 2/71 vom 8.11.1971, FR 1972, 160.

(1) Überblick

Bei der Mehrpersonen-Betriebsaufspaltung gehören die Anteile am Betriebsunternehmen und/oder am Besitzunternehmen mehreren Personen. Die Mehrpersonen-Betriebsaufspaltung kann in drei verschiedenen Formen auftreten:

- auf der Seite des Besitzunternehmens ist nur eine Person beteiligt, während auf der Seite des Betriebsunternehmens mehrere Personen beteiligt sind,
- auf der Seite des Besitzunternehmens sind mehrere Personen beteiligt, während auf der Seite des Betriebsunternehmens nur eine Person beteiligt ist, und
- sowohl auf der Seite des Besitzunternehmens als auch auf der Seite des Betriebsunternehmens sind mehrere Personen beteiligt.

Die Beteiligung mehrerer Personen kann auf der Seite des Besitzunternehmens in der Form einer Personengesellschaft oder einer Gemeinschaft (nach Ansicht des BFH und der Finanzverwaltung auch in der Form einer Kapitalgesellschaft[1]) erfolgen. Die Beteiligung auf der Seite des Betriebsunternehmens ist in der Form einer Kapitalgesellschaft oder einer Personengesellschaft möglich[2].

(2) Das Stimmrechtsverhältnis

Literatur: *Centrale-Gutachtendienst,* Vermeidung einer Betriebsaufspaltung trotz Stimmrechtsbeteiligung abweichender Gewinnbezugsrechte; *o. V.,* Beteiligungsverhältnisse bei Betriebsaufspaltung, GmbHR 1994, 608; *o. V.,* Abweichende Gewinnverteilung im Rahmen einer Betriebsaufspaltung, GmbHR 1995, 650.

(2.1) Allgemeines

Sind am Besitzunternehmen oder am Betriebsunternehmen mehrere Personen beteiligt, so kommt es für die Beantwortung der Frage, ob eine

---

[1] Siehe hierzu unten unter E.
[2] Siehe unten unter F.

III. Personelle Verflechtung

Beherrschung im Sinne der Durchsetzbarkeit eines einheitlichen Betätigungswillens vorliegt, grundsätzlich auf das Stimmrechtsverhältnis[1] und darauf an, ob für die maßgebenden Gesellschafterbeschlüsse eine einfache Mehrheit, eine qualifizierte Mehrheit oder Einstimmigkeit erforderlich ist. Dem steht bei einer **Betriebs-GmbH** nicht entgegen, dass hier die Geschäftsführung nicht den Gesellschaftern, sondern dem **Geschäftsführer** obliegt; denn in einer GmbH können – was für die Durchsetzung eines einheitlichen geschäftlichen Betätigungswillen ausreicht – die Gesellschafter den Geschäftsführer jederzeit durch einen anderen ersetzen und damit die Geschäftsführung beeinflussen.

(2.2) Das Stimmrecht

Während der Wille einer natürlichen Person durch den Willensentschluss dieser Person gebildet wird, kann der Wille einer Gesellschaft oder einer Gemeinschaft nur durch einen Beschluss der Gesellschafter oder Teilhaber der Gemeinschaft zustande kommen. Das Recht der einzelnen Gesellschafter oder Teilhaber an dem Zustandekommen eines solchen Beschlusses (**Gesellschafterbeschluss**) mitzuwirken, ist das **Stimmrecht** des einzelnen Gesellschafters (Teilhabers). Der Umfang des Stimmrechts eines Gesellschafters (Gemeinschafters) ergibt sich aus dem Gesellschaftsvertrag (der Vereinbarung der Teilhaber) oder – wenn gesellschaftsrechtliche Vereinbarungen über das Stimmrecht nicht vorhanden sind – aus dem Gesetz[2].

Gehören Grundstücke oder andere Wirtschaftsgüter zum **Gesamtgut** von Ehegatten, die in **Gütergemeinschaft** (§ 1416 BGB) leben, so sind beide **Ehegatten** je zu 1/2 an dem Wirtschaftsgut beteiligt[3]. Zum Gesamtgut gehören auch Gesellschaftsanteile an einer Kapitalgesellschaft, wenn die in Gütergemeinschaft lebenden Ehegatten eine GmbH gründen. Das mit solchen GmbH-Anteilen verbundene Stimmrecht übt derjenige Ehegatte aus, dem die Verwaltung des Gesamtguts zusteht. Er muss dabei auch die Interessen des anderen Ehegatten berücksichtigen, dem die Mitwirkungsrechte nach §§ 1423 bis 1425 BGB und das sich aus § 1435 Satz 2 BGB ergebende Informationsrecht zustehen.

---

1 BFH-Urteile vom 1.12.1989 III R 94/87, BFHE 159, 480, BStBl II 1990, 500; vom 1.2.1990 IV R 91/89, BFH/NV 1990, 562; vom 26.11.1992 IV R 15/91, BFHE 171, 490, BStBl II 1993, 876; vom 29.1.1997 XI R 23/96, BFHE 182, 216, BStBl II 1997, 437; vom 15.10.1998 IV R 20/98, BFHE 187, 26, BStBl II 1999, 445.
2 Siehe unten unter D.III.3.c) (2.4.4).
3 BFH-Urteil vom 26.11.1992 IV R 15/91, BFHE 171, 490, BStBl II 1993, 876.

Weichen **das Stimmerechtsverhältnis** und **das Verhältnis der Vermögensbeteiligung** voneinander ab, so kommt es auf den Umfang des Stimmrechts an[1]. Das Verhältnis des Stimmrechts ist auch dann maßgebend, wenn die **Gewinnverteilungsabrede** abweichend vom Stimmrechtsverhältnis und vom Verhältnis der Vermögensbeteiligung geregelt ist.

Streitig ist, wem das Stimmrecht für den Fall zusteht, dass ein **Nießbrauchsrecht** an einem Gesellschaftsanteil der Betriebs- oder Besitzgesellschaft bestellt ist. Wegen der zivilrechtlichen Streitfrage, inwieweit die Nießbrauchsbestellung an einem Gesellschaftsanteil auf die Ausübung des Stimmrechts Einfluss hat, wird auf die Ausführungen von *Karsten Schmidt*[2] verwiesen. Die in dem Urteil des VIII. Senats vom 1.10.1996[3] als obiter dictum vertretene Ansicht, das Nießbrauchsrecht stehe der Annahme einer Betriebsaufspaltung nicht entgegen, ist in dieser Allgemeinheit nicht zutreffend. Es kommt vielmehr darauf an, wie das Nießbrauchsrecht ausgestaltet ist und tatsächlich gehandhabt wird. Steht dem Nießbraucher aufgrund besonderer Vereinbarungen auch das Stimmrecht zu – was allerdings bei einer GmbH wegen des Verbots der Stimmrechtsabspaltung nicht möglich ist –, so kann die Stimmrechtsmacht nicht zur Annahme einer personellen Verflechtung dem Gesellschafter zugerechnet werden, der seinen Anteil mit einem Nießbrauchsrecht belastet hat.

Hat der Eigentümer eines **GmbH-Anteils** diesen unter „Vorbehalt der Stimmrechte und sonstiger Verwaltungsrechte" auf einen Dritten übertragen, so führt dies nicht dazu, dass dem Veräußerer des Anteils die Stimmrechte bei der Beantwortung der Frage, ob eine personelle Verflechtung besteht, weiterhin zuzurechnen sind; denn der Vorbehalt widerspricht dem gesellschaftsrechtlichen Verbot der isolierten Abspaltung von Stimmrechten[4].

(2.3) Einfache Mehrheit

(2.3.1) Personenmehrheit beim Besitz- oder Betriebsunternehmen

Soweit für Gesellschafterbeschlüsse die einfache Mehrheit ausreicht, ist eine **Beherrschung** eines Unternehmens grundsätzlich bei einer Beteili-

---

1 *Streck* in Kölner Handbuch, RdNr. 213.
2 Gesellschaftsrecht, 3. Aufl., § 61 II. 3., S. 1825.
3 VIII R 44/95, BFHE 182, 327, BStBl II 1997, 530.
4 BFH-Urteil vom 1.10.1996 VIII R 44/95, BFHE 182, 327, BStBl II 1997, 530.

III. Personelle Verflechtung

gung von **mehr als 50 v.H.** gegeben[1]. Die früher vom I. Senat des BFH vertretene Meinung, dass eine Beteiligung von **75 v.H.** erforderlich sei, ist aufgegeben worden[2].

Maßgebend für die Frage, ob eine Beteiligung von mehr als 50 v.H. vorliegt, ist sowohl beim Besitzunternehmen als auch beim Betriebsunternehmen das **Stimmrechtsverhältnis**[3].

Beispiel:

	BesitzU		BetrU
A	100 v.H.	über	50 v.H.
B	0 v.H.	unter	50 v.H.
	100 v.H.		100 v.H.

Lösung:
Es liegt Betriebsaufspaltung vor, wenn in dem Betriebsunternehmen die Gesellschafterbeschlüsse mit einfacher Mehrheit gefasst werden; denn A beherrscht dann das Betriebsunternehmen und kann im Besitzunternehmen seinen geschäftlichen Betätigungswillen durchsetzen, weil er hier über 100 v.H. Stimmrechtsmacht verfügt.

Beispiel:

	BesitzU		BetrU
A	über 50 v.H.		100 v.H.
B	unter 50 v.H.		0 v.H.
	100 v.H.		100 v.H.

Auch hier liegt eine personelle Verflechtung vor; denn A kann sowohl im Betriebsunternehmen als auch im Besitzunternehmen seinen einheitlichen geschäftlichen Willen durchsetzen.

Keine Betriebsaufspaltung liegt hingegen in dem folgenden Fall vor:

---

1 Siehe u. a. BFH-Urteile vom 2.8.1972 IV R 87/65, BFHE 106, 325, BStBl II 1972, 796; vom 23.11.1972 IV R 63/71, BFHE 108, 44, BStBl II 1973, 247; vom 20.9.1973 IV R 41/69, BFHE 110, 368, BStBl II 1973, 869; vom 11.12.1974 I R 260/72, BFHE 114, 433, BStBl II 1975, 266; vom 28.11.1979 I R 141/75, BFHE 129, 279, BStBl II 1980, 162; vom 1.4.1981 I R 160/80, BFHE 133, 561, BStBl II 1981, 738; vom 14.1.1982 IV R 77/79, BFHE 135, 325, BStBl II 1982, 476; vom 16.6.1982 I R 118/80, BFHE 136, 287, BStBl II 1982, 662; vom 26.7.1984 IV R 11/81, BFHE 141, 536, BStBl II 1984, 714; vom 13.12.1984 VIII R 19/81, BFHE 143, 106, BStBl II 1985, 601; vom 27.11.1985 I R 115/85, BFHE 145, 221, BStBl II 1986, 362; vom 18.2.1986 VIII R 125/85, BFHE 146, 266, BStBl II 1986, 611.
2 BFH-Urteile vom 28.11.1979 I R 141/75, BFHE 129, 279, BStBl II 1980, 162; vom 16.6.1982 I R 118/80, BFHE 136, 287, BStBl II 1982, 662; vom 27.11.1985 I R 115/85, BFHE 145, 221, BStBl II 1986, 362.
3 Vgl. oben unter D.III.3.c) (2.1). und D.III.3.c) (2.2).

Beispiel:

	BesitzU	BetrU
A	100 v.H.	50 v.H.
B	0 v.H.	50 v.H.
	100 v.H.	100 v.H.

Zwar beherrscht hier A das Besitzunternehmen, er kann im Betriebsunternehmen aber seinen geschäftlichen Betätigungswillen nicht durchsetzen; denn er kann mit seinen 50 v.H. Stimmenanteilen den Gesellschafter B nicht überstimmen[1]. Dies gilt selbst dann, wenn sowohl der Alleingesellschafter der Betriebs-GmbH als auch der nicht an der Betriebs-GmbH beteiligte Besitzgesellschafter Geschäftsführer der Betriebs-GmbH ist[2].

(2.3.2) Personenmehrheit bei beiden Unternehmen

(2.3.2.1) Die Personengruppentheorie

Es ist bereits erwähnt worden, dass es für die Beherrschung von Besitzunternehmen und Betriebsunternehmen ausreicht, wenn an beiden Unternehmen mehrere Personen beteiligt sind, die infolge ihrer Einheit und ihrer Doppelstellung auch ohne entsprechende vertragliche Bindungen in der Lage sind, beide Unternehmen nach Maßgabe ihrer Gesamtbeteiligung zu beherrschen (**Personengruppentheorie**[3]).

Beispiel:

		BesitzU		BetrU
A		20 v.H.		–
B		10 v.H.		10 v.H.
C	→ PersGruppe ←	30 v.H.	→ 80 v.H. ←	30 v.H.
D		40 v.H.		40 v.H.
E		0 v.H.		20 v.H.

Betriebsaufspaltung ist nach der Personengruppentheorie gegeben, weil die Personengruppe B, C und D an beiden Unternehmen mit 80 v.H. beteiligt ist.

---

1 BFH-Urteile vom 13.12.1984 VIII R 19/81, BFHE 143, 221, BStBl II 1985, 601; vom 27.2.1991 XI R 25/88, BFH/NV 1991, 454, 455 mittlere Spalte.
2 FG Rheinland-Pfalz, Urteil vom 13.2.1996, EFG 1997, 681 (Revision eingelegt, Az BFH: VIII R 50/96).
3 BFH-Entscheidungen vom 2.8.1972 IV 87/65, BFHE 106, 325, BStBl II 1972, 796; vom 28.5.1991 IV B 28/90, BFHE 164, 543, BStBl II 1991, 801; vom 21.1.1999 IV R 96/96, BFHE 187, 570; vom 24.2.2000 IV R 62/98, BFHE 191, 295, BStBl II 2000, 417.

III. Personelle Verflechtung

Der Personengruppentheorie steht die zur Anerkennung eines Arbeitsverhältnisses zwischen Ehegatten ergangene Entscheidung des BVerfG vom 7.11.1995[1] nicht entgegen. Das BVerfG hat es in diesem Beschluss für unzulässig erklärt, einen bereits als erwiesen erachteten Sachverhalt der Besteuerung nur deshalb nicht zugrunde zu legen, weil eines von mehreren, für den Nachweis des Sachverhalts in Betracht kommenden Indizien nicht gegeben ist. Ein Indiz darf nach dieser Entscheidung nicht in der Weise zu einem Tatbestandsmerkmal verselbständigt werden, dass das Fehlen dieses Merkmals den an sich als erfüllt angesehenen Tatbestand entfallen lässt. Mit anderen Worten, wird ein Tatbestandsmerkmal als erfüllt angesehen, kommt es nicht mehr darauf an, ob auch das fragliche Indizmerkmal gegeben ist. Die Anteilsmehrheit der Sowohl-als-auch-Gesellschafter ist bei der Betriebsaufspaltung das entscheidende Tatbestandsmerkmal für die Annahme einer personellen Verflechtung. Deshalb ist es hier grundsätzlich unerheblich, ob der einheitliche geschäftliche Betätigungswille auch aus anderen Umständen abgeleitet werden könnte. Solche Umstände sind deshalb nicht geeignet, die aufgrund der Beteiligungsverhältnisse angenommene personelle Verflechtung „entfallen" zu lassen[2].

(2.3.2.2) Beteiligungsidentität und unterschiedliche Beteiligungsverhältnisse

Literatur: *Märkle,* Die Betriebsaufspaltung an der Schwelle zu einem neuen Jahrtausend, Personelle Verflechtung bei Gesellschafteridentität, aber ungleicher Beteiligung an Besitz- und Betriebsgesellschaft, BB 2000 Beilage 7, 7.

Der einheitliche geschäftliche Betätigungswille tritt am klarsten zutage, wenn – wie in dem vorstehenden Beispiel – an beiden Unternehmen **dieselben Personen** im **gleichen Verhältnis beteiligt** sind[3]. Erforderlich ist dies für die Annahme einer personellen Verflechtung aber nicht; denn es können auch andere Umstände zu einem „einheitlichen geschäftlichen Betätigungswillen" hinsichtlich der beiden Unternehmen führen[4]. Demzufolge ist ein einheitlicher geschäftlicher Betätigungswille nicht nur dann vorhanden, wenn an beiden Unternehmen dieselben Personen im gleichen

---

1 2 BvR 802/90, BStBl II 1996, 34; *Pezzer,* StbJb 1996/97, 25, 42.
2 BFH-Urteil vom 24.2.2000 IV R 62/98, BFHE 191, 295, BStBl II 2000, 417.
3 BFH-Entscheidungen vom 8.11.1971 GrS 2/71, BFHE 103, 440, BStBl II 1972, 63; vom 16.6.1982 I R 118/80, BFHE 136, 287, BStBl II 1982, 662; vom 5.9.1991 IV R 113/90, BFHE 165, 420, BStBl II 1992, 349; vom 15.10.1998 IV R 20/98, BFHE 187, 26, BStBl II 1999, 445; vom 24.2.2000 IV R 62/98, BFHE 191, 295, BStBl II 2000, 417.
4 BFH-Urteil vom 16.6.1982 I R 118/80, BFHE 136, 287, BStBl II 1982, 662.

Verhältnis beteiligt sind, sondern auch dann, wenn die an den beiden Unternehmen beteiligten Personen an diesen mit **unterschiedlichen Quoten beteiligt** sind[1]. Erforderlich ist nur, dass die „Person oder Personengruppe[2], die das Besitzunternehmen tatsächlich beherrscht, in der Lage sind, auch in der Betriebsgesellschaft ihren Willen durchzusetzen"[3]. Ob diese Voraussetzungen, an die **strenge Anforderungen** zu stellen sind, vorliegen, ist nach den Verhältnissen des einzelnen Falls zu entscheiden[4].

Beispiel:
An dem Besitzunternehmen ist A mit 30 v.H. beteiligt, B mit 40 v.H., C mit 20 v.H. und D mit 10 v.H. Am Betriebsunternehmen sind A mit 30 v.H., B mit 30 v.H., D mit 10 v.H. und E mit 30 v.H. beteiligt.

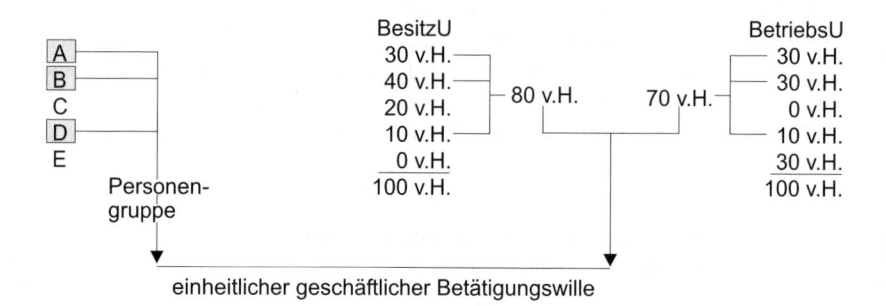

	BesitzU			BetriebsU
A	30 v.H.			30 v.H.
B	40 v.H.			30 v.H.
C	20 v.H.	80 v.H.	70 v.H.	0 v.H.
D	10 v.H.			10 v.H.
E	0 v.H.			30 v.H.
Personengruppe	100 v.H.			100 v.H.

einheitlicher geschäftlicher Betätigungswille

Es liegt in diesem Fall eine personelle Verflechtung vor; denn die Personengruppe A, B und D bilden nach der Rechtsprechung des BFH[5] eine „durch gleichgerichtete Interessen geschlossene Personengruppe" und diese ist mit über 50 v.H. sowohl am Betriebsunternehmen als auch am Besitzunternehmen beteiligt.

---

1 BFH-Urteile vom 2.8.1972 IV 87/65, BFHE 106, 325, BStBl II 1972, 796; vom 11.12.1974 I R 260/72, BFHE 114, 433, BStBl II 1975, 266; vom 28.1.1993 IV R 39/92, BFH/NV 1993, 528; vom 18.3.1993 IV R 96/92, BFH/NV 1994, 15, 16 mittlere Spalte; vom 24.2.1994 IV R 8–9/93, BFHE 174, 80, BStBl II 1994, 466; vom 21.8.1996 X R 25/93, BFHE 181, 284, BStBl II 1997, 44; vom 15.10.1998 IV R 20/98, BFHE 187, 26, BStBl II 1999, 445.
2 Siehe hierzu auch unten unter D.III.3.
3 BFH-Urteile vom 28.1.1982 IV R 100/78, BFHE 135, 330, BStBl II 1982, 479; vom 16.6.1982 I R 118/80, BFHE 136, 287, BStBl II 1982, 662; vom 9.11.1983 I R 174/79, BFHE 140, 90, BStBl II 1984, 212; vom 24.2.2000 IV R 62/98, BFHE 191, 295, BStBl II 2000, 417.
4 BFH-Entscheidungen vom 8.11.1971 GrS 2/71, BFHE 103, 440, BStBl II 1972, 63; vom 30.7.1985 VIII R 263/81, BFHE 145, 129, BStBl II 1986, 359.
5 BFH-Urteil vom 16.6.1982 I R 118/80, BFHE 136, 287, BStBl II 1982, 662.

III. Personelle Verflechtung

Eine personelle Verflechtung liegt nach dem BFH-Urteil vom 15.5.1975[1] auch in dem folgenden Beispiel vor:

Beispiel:

		BesitzU	BetrU
A ——	Personen-	80 v.H.	50 v.H.
B ——	gruppe	20 v.H.	50 v.H.
		100 v.H.	100 v.H.

Auf der gleichen Ebene liegt das BFH-Urteil vom 24.2.2000[2], dem folgende Beteiligungsverhältnisse zugrunde lagen:

	BesitzU	BetrU
M	40 v.H.	60 v.H.
F	60 v.H.	40 v.H.
	100 v.H.	100 v.H.

Der BFH hat hier entschieden, dass ein einheitlicher geschäftlicher Betätigungswille regelmäßig auch dann anzunehmen sei, wenn die einzigen Gesellschafter des Besitz- und Betriebsunternehmens in der Weise an beiden Unternehmen beteiligt sind, dass der eine Gesellschafter über die Mehrheit der Anteile am Besitzunternehmen verfügt, der andere dagegen über die Mehrheit der Anteile am Betriebsunternehmen.

Keine Betriebsaufspaltung hingegen ist in folgendem Fall gegeben:

Beispiel:

	BesitzU	BetrU
A	50 v.H.	–
B	–	50 v.H.
C	50 v.H.	–
D	–	50 v.H.
	100 v.H.	100 v.H.

Betriebsaufspaltung ist hier nicht gegeben, weil weder eine Person noch eine Personengruppe an beiden Unternehmen mit mehr als 50 v.H. beteiligt ist.

---

1 IV R 89/73 BFHE 116, 277, BStBl II 1975, 781.
2 BFH-Urteil vom 24.2.2000 IV R 62/98, BFHE 191, 295, BStBl 2000, 417.

(2.3.2.3) Rechtfertigung der Personengruppentheorie

Literatur: *Grieger*, Anm. zum BFH-Urteil vom 2.8.1972, IV 87/65, DStZ/A 1972, 389.

Die Personengruppentheorie beruht auf der **Vermutung**, dass mehrere Personen, die sowohl an dem Besitzunternehmen als auch am Betriebsunternehmen beteiligt sind, **gleichgerichtete** Interessen haben und deshalb ihre Rechte auch gleichgerichtet ausüben. Diese Vermutung wird von den folgenden Überlegungen getragen:

- Nur bei der Verfolgung gleichgerichteter Interessen können die Sowohl-als-auch-Gesellschafter ihren Willen in beiden Unternehmen (dem Besitz- und dem Betriebsunternehmen) durchsetzen[1].

- Ohne das Vorhandensein eines gleichgerichteten Betätigungswillens kann die Aufspaltung eines Unternehmens in eine Betriebsgesellschaft und ein Besitzunternehmen nicht vorgenommnen werden[2].

- Die Gesellschafter des Betriebsunternehmens sind nicht zufällig zusammengekommen, sondern sie haben sich auch beim Besitzunternehmen zur Verfolgung eines bestimmten wirtschaftlichen Zwecks zusammengefunden, so dass ihr Handeln durch gleichgerichtete Interessen bestimmt wird[3].

- Die Missachtung der Interessen eines Sowohl-als-auch-Gesellschafters, der an einem der beiden Unternehmen nur geringfügig beteiligt ist, würde zur Blockierung der Willensbildung in dem anderen Unternehmen und damit zum Zerbrechen der ganzen Doppelgesellschaft führen[4].

Es kommt nicht darauf an, welchen Einfluss jeder einzelne Person oder Personengruppe innerhalb des „aufgespaltenen Unternehmens" zukommt. Deshalb ist es auch nicht erforderlich, dass die einzelnen Personen der Personengruppe am Besitzunternehmen und Betriebsunternehmen im **gleichen Verhältnis** beteiligt sind. Ausschlaggebend ist, dass die Gruppe in sich durch die Gleichrichtung ihrer Interessen einen geschlossenen Block bildet und auf diese Weise in der „Doppelgesellschaft" ihren Willen tatsächlich durchsetzen kann[5]. Durch die Gleichrichtung der Interessen

---

1   BFH-Urteil vom 24.2.2000 IV R 62/98, BFHE 191, 295, BStBl II 2000, 417.
2   FG Baden-Württemberg, Urteil vom 14.11.1996, EFG 1997, 532.
3   BFH-Entscheidungen vom 28.5.1991 IV B 28/90, BFHE 164, 543, BStBl II 1991, 801; vom 24.2.2000 IV R 62/98, BFHE 191, 295, BStBl II 2000, 417.
4   BFH-Urteil vom 24.2.2000 IV R 62/2000, BFHE 191, 295, BStBl II 2000, 417.
5   BFH-Urteile vom 16.6.1982 I R 118/80, BFHE 136/287, BStBl II 1982, 662; vom 26.11.1992 IV R 15/91, BFHE 171, 490, BStBl II 1993, 876.

III. Personelle Verflechtung

wird die Personengruppe also als eine Einheit bei der Willensbildung angesehen. Abgesehen von den Fällen einer extrem konträren Beteiligung der Sowohl-als-auch-Gesellschafter[1] lässt sich – nach Ansicht des BFH[2] – aus einer unterschiedlichen Beteiligung ein Interessengegensatz auch deshalb nicht herleiten, weil die an beiden Unternehmen beteiligten Personen nicht zufällig zusammengekommen seien, sondern sich zur Verfolgung eines bestimmten betrieblichen Zwecks auch beim Besitzunternehmen zusammengefunden hätten und deshalb eine zwischen den Gesellschaftern abgestimmte Willensbildung erforderlich sei, solange die – bewusst gebildete – Doppelgesellschaft Bestand haben solle.

In den Fällen, in denen eine Personengruppe aus Ehegatten oder Eltern und Kindern besteht, steht der Beschluss des BVerfG vom 12.3.1985[3] der Anwendung der Personengruppentheorie nicht entgegen.

(2.3.2.4) Widerlegung der Vermutung gleichgerichteter Interessen

Literatur: *Fichtelmann*, Anm. zum BFH-Urteil vom 15.5.1975, IV R 89/73, StRK-Anm. R 323 zu § 2 Abs. 1 GewStG.

Die Vermutung, dass die sowohl an dem Besitzunternehmen als auch am Betriebsunternehmen beteiligten Personen gleichgerichtete Interessen haben, kann **widerlegt** werden, wenn ständige **Interessengegensätze**, die verschiedene Ursachen haben können (z. B. Ausgestaltung der Gesellschaftsrechte, unterschiedliche Stimmrechte, wirtschaftliche oder familiäre Gegensätze), nicht nur möglich, sondern **konkret nachweisbar** sind[4]. Der früher vom I. Senat vertretene Standpunkt, wonach die Möglichkeit von Interessengegensätzen ausreichend sein sollte, ist aufgegeben worden[5].

Der Nachweis einer konkreten Interessenkollision ist z. B. möglich

- durch Rechtsstreitigkeiten zwischen den zu der Personengruppe gehörenden Personen,

---

1 Vgl. hierzu unten unter D.III.3.c) (2.3.2.5).
2 BFH-Urteile vom 2.8.1972 IV R 87/65, BFHE 106, 325, BStBl II 1972, 796; vom 18.3.1993 IV R 96/92, BFH/NV 1994, 15, 16 mittlere Spalte.
3 1 BvR 571/81, BVerfGE 69, 188, BStBl II 1985, 475.
4 BFH-Urteile vom 15.5.1975 IV R 89/73, BFHE 116, 277, BStBl II 1975, 781; vom 16.6.1982 I R 118/80, BFHE 136, 287, BStBl II 1982, 662; vom 5.9.1991 IV R 113/90, BFHE 165, 420, BStBl II 1992, 349; vom 28.1.1993 IV R 39/92, BFH/NV 1993, 528; vom 10.4.1997 IV R 73/94, BFHE 183, 127, BStBl II 1997, 569.
5 BFH-Urteil vom 16.6.1982 I R 118/80, BFHE 136, 287, BStBl II 1982, 662.

- durch ein bestimmtes Verhalten eines Gesellschafters in der Gesellschafterversammlung oder
- durch Streitigkeiten bei der Geschäftsführung.

Aus **Meinungsverschiedenheiten** und Interessengegensätzen in **untergeordneten Fragen** zwischen den Gesellschaftern kann nicht auf das Fehlen eines einheitlichen geschäftlichen Betätigungswillens geschlossen werden[1], denn derartige Meinungsverschiedenheiten ändern nichts an der Tatsache, dass die an beiden Unternehmen beteiligten Personen durch ihre gleichgerichteten Interessen schon der Natur der Sache nach eine geschlossene Personengruppe und damit eine Einheit darstellen, deren einheitliches Handeln wirtschaftlich gesehen keines Nachweises bedarf[2]. Das gilt nicht nur bei **Beteiligungsidentität**, sondern auch bei unterschiedlicher Beteiligung am Besitz- und Betriebsunternehmen[3].

Bei einem Gesellschaftsverhältnis zwischen einem verwitweten Elternteil und den Kindern genügt die Wiederverheiratung des Elternteils allein nicht, um das Vorhandensein von Interessengegensätzen nachzuweisen[4]. Es genügt auch nicht, wenn die Beteiligten auf eine Bestimmung in der Satzung der GmbH verweisen, derzufolge deren Geschäftsführer für bestimmte Geschäfte der **Zustimmung der (personengleichen) Gesellschafter** bedürfen[5]. Auch gelegentliche Meinungsverschiedenheiten innerhalb einer **Eigentümergemeinschaft** über Jahresabrechnungen und Entlastung des Verwalters genügen nicht.

Die Vermutung gleichgerichteter Interessen wird auch nicht dadurch widerlegt, dass bei einer jeweils zweigliedrigen Besitz- und Betriebsgesellschaft der eine Gesellschafter beim Besitzunternehmen und der andere beim Betriebsunternehmen **Geschäftsführer** ist.

Entscheidend ist, dass der für das Betriebsunternehmen und das Besitzunternehmen wirtschaftlich an sich erforderliche Betätigungswille, ohne dessen Annahme eine Betriebsaufspaltung nicht vorgenommen werden würde, in allen wesentlichen Fragen durch die Geltendmachung einseitiger, der Interessengemeinschaft zuwiderlaufender Interessen einzelner nachweisbar

---

1 BFH-Urteile vom 11.12.1974 I R 260/72, BFHE 114, 433, BStBl II 1975, 266; vom 24.2.2000 IV R 62/98, BFHE 191, 295, BStBl II 2000, 417.
2 Vom 24.2.2000 IV R 62/98, BFHE 191, 295, BStBl II 2000, 417.
3 Vom 24.2.2000 IV R 62/98, BFHE 191, 295, BStBl II 2000, 417.
4 BFH-Urteil vom 16.6.1982 I R 118/80, BFHE 136, 287, BStBl II 1982, 662.
5 BFH-Urteil vom 5.9.1991 IV R 113/90, BFHE 165, 420, BStBl II 1992, 349.

III. Personelle Verflechtung 103

nicht verwirklicht werden kann[1]. Die an der Betriebsgesellschaft beteiligten Gesellschafter des Besitzunternehmens müssen sich bei der Willensbildung gegenseitig blockieren und damit die Geschlossenheit ihrer „Gruppe" aufheben[2].

(2.3.2.5) Extrem konträre Beteiligungsverhältnisse

Literatur: *Grieger,* Anm. zum BFH-Urteil vom 2.8.1972, IV 87/65, DStZ/A 1972, 389; *Labus,* Anm. zum BFH-Urteil vom 23.11.1972, IV R 63/71, BB 1973, 375.

Ein einheitlicher geschäftlicher Betätigungswille liegt außerdem auch denn nicht vor, wenn die **Beteiligungen** bei der Besitzgesellschaft und der Betriebsgesellschaft der Höhe nach in **extrem konträrer Weise** voneinander abweichen. In einem solchen Fall ist die Zusammenfassung der Gesellschafter zu einer beherrschenden Gruppe ausgeschlossen[3], weil sich in einem solchen Fall Interessenslagen herausstellen können, die im Ergebnis wirtschaftlich einer Fremdverpachtung des Besitzunternehmens entsprechen würden[4].

Beispiel:

	BesitzU	BetrU
A	90 v.H.	10 v.H.
B	10 v.H.	90 v.H.
	100 v.H.	100 v.H.

Hingegen bestehen keine konträren Beteiligungsverhältnisse, wenn z. B. die beiden Gesellschafter an der Besitzgesellschaft im Verhältnis 50 : 50, an der Betriebs-GmbH dagegen im Verhältnis 88 : 12 beteiligt sind[5]. Ein weiteres Beispiel für das Nichtvorliegen von der Höhe nach in extremer Weise entgegengesetzten Beteiligungen enthält das BFH-Urteil vom 20.9.1973[6], in welchem eine personelle Verflechtung in einem Fall angenommen worden ist, in dem innerhalb einer Personengruppe eine engere Gruppe in der Besitzgesellschaft die einfache Mehrheit

---

1 BFH-Urteil vom 28.1.1993 IV R 39/92, BFH/NV 1993, 528.
2 BFH-Urteil vom 10.4.1997 IV R 73/94, BFHE 183, 127, BStBl II 1997, 569.
3 BFH-Urteile vom 2.8.1972 IV 87/65, BFHE 106, 325, BStBl II 1972, 796; vom 23.11.1972 IV R 63/71, BFHE 108, 44, BStBl II 1973, 247; vom 11.12.1974 I R 260/72, BFHE 114, 433, BStBl II 1975, 266.
4 FG Baden-Württemberg, Urteil vom 14.11.1996, EFG 1997, 532.
5 BFH-Urteil vom 11.12.1974 I R 260/72, BFHE 114, 433, BStBl II 1975, 266.
6 IV R 41/69, BFHE 110, 236, BStBl II 1973, 869.

(60 v.H.) und in der Betriebs-Kapitalgesellschaft eine qualifizierte Mehrheit (99,27 v.H.) besaß. Das FG Baden-Württemberg[1] hat in einem Fall, in dem an der Betriebs-GmbH A mit 55 v.H. und B mit 45 v.H. und an dem Besitzunternehmen A mit 45 v.H. und B mit 55 v.H. beteiligt waren, keine konträre Beteiligung angenommen. Aus dem BFH-Urteil vom 24.2.1994[2] ist zu entnehmen, dass bei einer Beteiligung von zwei Gesellschaftern am Besitzunternehmen im Verhältnis 50 : 50 ein extrem konträres Beteiligungsverhältnis selbst dann abzulehnen ist, wenn einer der Gesellschafter am Betriebsunternehmen nur ganz geringfügig (unter 1 v.H.) beteiligt ist. Auch bei einem Beteiligungsverhältnis von 60 : 40 am Besitzunternehmen und von 40 : 60 am Betriebsunternehmen liegt keine extrem unterschiedliche Beteiligung vor[3].

(2.3.2.6) Erbengemeinschaften

Die Personengruppentheorie gilt nach dem BFH-Urteil vom 28.1.1993[4] auch in den Fällen, in denen die Sowohl-als-auch-Gesellschafter ihre Beteiligungen durch **Erbfolge** erworben haben, also eine **Erbengemeinschaft** bilden. Zur Rechtfertigung der Personengruppentheorie[5] wird für die Fälle von Erbengemeinschaften in dem BFH-Urteil vom 28.1.1993[6] darauf hingewiesen, dass hier die Miterben nicht „zufällig" zusammengekommen seien, sondern bereits der Erblasser die Entscheidung getroffen habe, die wesentlichen Betriebsgrundlagen des Betriebsunternehmens von einem ihm gehörenden Besitzunternehmen zu mieten. Diese Entscheidung sei – so der BFH weiter – für die Erben maßgeblich.

(2.4) Qualifizierte Mehrheit und Einstimmigkeit

Literatur: *Fischer, P.*, Personelle Verflechtung und vereinbarte Einstimmigkeit, NWB Fach 3, 9995; *Märkle*, Die Betriebsaufspaltung an der Schwelle zu einem neuen Jahrtausend, Kann das Einstimmigkeitserfordernis der persönlichen Verflechtung entgegenstehen? – Trotz neuer Rechtsprechung weiterhin Rechtsunsicherheit, BB 2000 Beilage 7, 4 ff.; *Meier,* Nur-Besitzgesellschafter und Einstimmigkeitsprinzip bei Prüfung der personellen Verflechtung im Rahmen der Betriebsaufspaltung –

---

1 Urteil vom 14.11.1996, EFG 1997, 532.
2 IV R 8–9/93, BFHE 174, 80, BStBl II 1994, 466.
3 BFH-Urteil vom 24.2.2000 IV R 62/98, BFHE 191, 295, BStBl II 2000, 417.
4 IV R 39/92, BFH/NV 1993, 528.
5 Vgl. oben unter D.III.3.c) (2.3.2.3).
6 IV R 39/92, BFH/NV 1993, 528.

III. Personelle Verflechtung 105

Auswirkungen des Meinungsstreits zwischen BFH-Rechtsprechung und der Auffassung der Finanzverwaltung, FR 1992, 676; *Schmidt, Ludwig,* Anm. zum BFH-Urteil vom 9.11.1983 – I R 174/79, FR 1984, 122; *Söffing, Günter,* Betriebsaufspaltung und Einstimmigkeit – BFH vom 29.10.1987 – VIII R 5/87, BStBl II 1989, 9, NWB Fach 18, 2935.

(2.4.1) Allgemeines

Es ist bereits darauf hingewiesen worden, dass eine Betriebsaufspaltung nur dann angenommen werden kann, wenn sowohl das Betriebsunternehmen als auch das Besitzunternehmen von einer Person oder Personengruppe beherrscht wird, und dass eine solche Beherrschung grundsätzlich eine stimmrechtmäßige Beteiligung von mehr als 50 v.H. (einfache Mehrheit) voraussetzt. Eine solche Mehrheit reicht jedoch nicht aus, wenn aufgrund einer gesellschaftsrechtlichen Vereinbarung oder aufgrund des Gesetzes für Gesellschafterbeschlüsse eine einfache Mehrheit nicht ausreicht, sondern eine qualifizierte Mehrheit oder gar Einstimmigkeit erforderlich ist.

(2.4.2) Das BFH-Urteil vom 9.11.1983

Hiervon ausgehend hat der I. Senat des BFH in seinem Urteil vom 9.11.1983[1] zutreffend entschieden, dass keine personelle Verflechtung im Sinn einer Betriebsaufspaltung vorliege, wenn die das Betriebsunternehmen beherrschende Person oder Personengruppe an einer Besitz-GbR zwar mit 2/3 beteiligt ist, aber nach dem Gesellschaftsvertrag die Gesellschafterbeschlüsse einstimmig gefasst werden müssen; denn in einem solchen Fall reicht die **Stimmrechtsmacht** der betreffenden Person oder Personengruppe, die das Betriebsunternehmen beherrscht, nicht aus, um im Besitzunternehmen ihren Willen durchsetzen zu können.

Diesem Ergebnis kann nicht entgegengehalten werden, dass der Besitzgesellschafter, der nicht an dem Betriebsunternehmen beteiligt ist (**Nur-Besitzgesellschafter**)[2] möglicherweise im Interesse der beherrschenden Personengruppe – der **Sowohl-als-auch-Gesellschafter**[3] gehandelt haben

---

[1] I R 174/79, BFHE 140, 90, BStBl II 1984, 212; Anm.: Le in RWP, Akt. Inf. Steuerrecht S 1.3; *o. V.,* INF 1984, 211; *o. V.,* KÖSDI 1984, 5391; *L. Schmidt,* FR 1984, 122 und *Felix* in StRK-Anm., GewStG 1978 § 2 Abs. 1 Betriebsaufspaltung R.1.
[2] Siehe unten unter D.III.3.c) (2.4.8).
[3] Siehe unten unter D.III.3.c) (2.4.8).

könnte[1]. Denn die Vermutung „gleichgerichteter Interessen" bezieht sich nur auf die Sowohl-als-auch-Gesellschafter[2].

(2.4.3) Folgerungen aus dem BFH-Urteil vom 9.11.1983

Die Überlegungen, auf denen das Urteil vom 9.11.1983[3] beruht, zwingen dazu, eine personelle Verflechtung auch in anderen Fällen zu verneinen, in denen Betriebsgesellschafter trotz einer stimmrechtsmäßigen Beteiligung von über 50 v.H. an dem Besitzunternehmen in diesem ihren geschäftlichen Betätigungswillen nicht durchsetzen können. Das ist z. B. der Fall, wenn die das Betriebsunternehmen beherrschenden Gesellschafter an der Besitzgesellschaft zwar mit 60 v.H. beteiligt sind, hier aber ihren geschäftlichen Betätigungswillen deshalb nicht durchsetzen können, weil für Gesellschafterbeschlüsse **eine qualifizierte Mehrheit** von 66 2/3 v.H. erforderlich ist.

Die Durchsetzbarkeit eines einheitlichen geschäftlichen Betätigungswillens ist also immer nur dann möglich, wenn die hinter beiden Unternehmen stehende Person oder Personengruppe über so viele Stimmen verfügt, wie bei **Gesellschafterbeschlüssen** zur Durchsetzbarkeit des einheitlichen Betätigungswillens erforderlich sind.

Keine personelle Verflechtung i. S. der Betriebsaufspaltung liegt demzufolge vor, wenn die das Betriebsunternehmen beherrschende Person oder Personengruppe an einer Besitz-GbR zwar mehrheitlich beteiligt ist, aber nach dem handelsrechtlich maßgebenden Stimmrechtsverhältnis die Gesellschafterbeschlüsse **einstimmig** gefasst werden müssen; denn in einem solchen Fall reicht die Stimmrechtsmacht der an beiden Unternehmen beteiligten Person oder Personengruppe nicht aus, um im Besitzunternehmen ihren einheitlichen geschäftlichen Betätigungswillen durchzusetzen[4]. Das gilt selbst dann, wenn ein nicht an beiden Unternehmen beteiligter Gesellschafter möglicherweise gleichgerichtete Interessen wie die beherrschende

---

1 FG Baden-Württemberg, Urteil vom 4.2.1998, EFG 1998, 943, 944 rechte Spalte.
2 Siehe oben unter D.III.3.c) (2.3.2.3).
3 I R 174/79, BFHE 140, 90, BStBl II 1984, 212; Anm.: *Le* in RWP, Akt. Inf. Steuerrecht S 1.3; *o. V.,* INF 1984, 211; *o. V., KÖSDI* 1984, 5391; *L. Schmidt,* FR 1984, 122 und *Felix* in StRK-Anm., GewStG 1978 § 2 Abs. 1 Betriebsaufspaltung R.1.
4 BFH-Urteile vom 9.11.1983 I R 174/79, BFHE 140, 90, BStBl II 1984, 212; vom 29.10.1987 VIII R 5/87, BFHE 151, 457, BStBl II 1989, 96; vom 10.12.1991 VIII R 71/87, BFH/NV 1992, 551; vom 21.1.1999 IV R 96/96, BFH/NV 1999, 1033; vom 11.5.1999 VIII R 72/96, BFHE 188, 397, BFH/NV 1999, 1422; vom 7.12.1999 VIII R 50, 51/96, BFH/NV 2000, 601, 602 mittlere Spalte; vom 15.3.2000 Viii R 82/98, zur Veröffentlichung bestimmt.

III. Personelle Verflechtung

Personengruppe hat. Ein solcher Gesellschafter hat im eigenen Interesse gehandelt, wobei sein Interesse lediglich mit dem der beherrschenden Personengruppe in der Vergangenheit möglicherweise übereingestimmt hat[1]. Ist im Gesellschaftsvertrag einer GbR vereinbart worden, dass für Geschäfte, die der gewöhnliche Betrieb des Gewerbes der Gesellschaft mit sich bringt, eine **Einzelgeschäftsführungs- und Einzelvertretungsbefugnis** jedes Gesellschafters besteht, so soll nach dem Urteil des FG München vom 24.4.1996[2] eine daneben vereinbarte Einstimmigkeitsabrede der Annahme einer personellen Verflechtung nicht entgegenstehen. Das FG begründet seine Ansicht damit, dass zu den Geschäften des täglichen Lebens auch das An- und Vermieten von Wirtschaftsgütern gehöre und damit jeder Gesellschafter kraft seiner Einzelgeschäftsführungsbefugnis in diesem Bereich seinen einheitlichen geschäftlichen Betätigungswillen trotz der bestehenden Einstimmigkeitsvereinbarung durchsetzen könne. Dieser Auffassung kann nicht zugestimmt werden. Sie verkennt, dass es nach der Rechtsprechung des BFH für die Annahme einer personellen Verflechtung auf die Stimmrechtsmacht und nicht auf die Geschäftsführungsbefugnis ankommt. Dass die Ansicht des BFH richtig ist, ergibt sich aus der Tatsache, dass durch Gesellschafterbeschluss jedes Geschäft des täglichen Lebens verhindert werden kann, welches der Geschäftsführer einer Gesellschaft aufgrund seiner Geschäftsführungsbefugnis ausüben kann[3].

(2.4.4) Auswirkungen des Urteils vom 9.11.1983 auf andere Besitz-Personengesellschaften

Das Urteil vom 9.11.1983[4] ist zwar nur für den Fall ergangen, dass das Besitzunternehmen eine **GbR** ist. Es gilt aber auch für die Fälle, in denen das Besitzunternehmen eine **OHG** oder **KG** ist.

Das Urteil gilt darüber hinaus auch dann, wenn bei einer Besitz-Personengesellschaft **keine Vereinbarungen über Stimmrechtsmehrheiten** vorliegen; denn in einem solchen Fall gelten für Gesellschafterbeschlüsse die gesetzlichen Vorschriften, und die verlangen sowohl bei der **GbR** (§ 709 BGB) als auch bei der **OHG** (§ 119 Abs. 1 HGB) als auch bei der **KG** (§ 161 Abs. 2 i.V.m. § 119 Abs. 1 HGB) **Einstimmigkeit**.

---

1 BFH-Urteil vom 10.12.1991 VIII R 71/87, BFH/NV 1992, 551.
2 EFG 1996, 748.
3 Vgl. auch FG Düsseldorf, Urteil vom 12.4.1996, EFG 1996, 704.
4 I R 174/79, BFHE 140, 90, BStBl II 1984, 212.

(2.4.5) Auswirkungen des Urteils vom 9.11.1983 auf Betriebsgesellschaften

Die eben dargestellten Grundsätze gelten auch für die **Betriebsgesellschaft**, wenn dort für Gesellschafterbeschlüsse Einstimmigkeit oder eine qualifizierte Mehrheit erforderlich ist[1].

Allerdings ist hier zu beachten, dass dann, wenn die Betriebsgesellschaft die Rechtsform einer GmbH hat – was meist der Fall ist –, hier nach § 47 Abs. 1 GmbHG für Gesellschafterbeschlüsse nur die einfache Stimmenmehrheit erforderlich ist, soweit keine anderen gesellschaftsrechtlichen Vereinbarungen vorliegen.

(2.4.6) Das BMF-Schreiben vom 29.3.1985

Die Finanzverwaltung vertritt in Bezug auf das BFH-Urteil vom 9.11.1983[2] in dem BMF-Schreiben vom 29.3.1985[3] die Auffassung, aus dem Urteil könne nicht gefolgert werden, dass die Voraussetzung der Einstimmigkeit für Gesellschafterbeschlüsse stets der Annahme einer Betriebsaufspaltung entgegenstehe. Das BMF meint, dass dies dann nicht der Fall sei, wenn es der Person oder Personengruppe, die die Betriebsgesellschaft beherrsche und an der Besitzgesellschaft mit weniger als 100 v.H. beteiligt sei, trotz der erforderlichen Einstimmigkeit bei Gesellschafterbeschlüssen in der Besitzgesellschaft möglich sei, ihren unternehmerischen Willen tatsächlich zu verwirklichen.

Das BMF versucht also das Urteil vom 9.11.1983 mit Hilfe der **faktischen Beherrschung** aus den Angeln zu heben. Das ist aber nicht möglich, weil eine faktische Beherrschung – wie unten unter III.7. dargelegt – nach der neuen Rechtsprechung des BFH und der Aufgabe der Vermutungs-Rechtsprechung[4] – wenn überhaupt – nur noch in ganz extremen Ausnahmefällen zur Anwendung kommen kann.

(2.4.7) Auswirkungen auf Gemeinschaften

Literatur: *Felix,* Anm. zum BFH-Urteil vom 12.11.1985 – VIII R 240/81, BStBl II 1986, 296, StRK-Anm. EStG 1975 § 15 Abs. 1 Nr. 2 BetrAufsp. R 8; *Höhmann,*

---

1 BFH-Urteil vom 7.12.1999 VIII 50, 51/96, BFH/NV 2000, 601, 602 mittlere Spalte.
2 I R 174/79, BFHE 140, 90, BStBl II 1984, 212.
3 BStBl I 1985, 121.
4 Siehe unten unter III.5.

III. Personelle Verflechtung

Betriebsaufspaltung bei Wohnungseigentümergemeinschaften, NWB Blickpunkt Steuern 10/97, 3758.

Auch auf Gemeinschaften hat das Urteil vom 9.11.1983[1] Auswirkungen.

(2.4.7.1) Bruchteilsgemeinschaft

Ist das Besitzunternehmen eine Bruchteilsgemeinschaft, so gelten die Vorschriften der §§ 744, 745 BGB. Nach § 744 Abs. 1 BGB steht zwar die Verwaltung des gemeinsamen Gegenstandes den Teilhabern gemeinschaftlich zu. Das bedeutet **Einstimmigkeit**. Von diesem Grundsatz enthält jedoch § 745 Abs. 1 BGB eine Ausnahme. Danach kann eine der Beschaffenheit des gemeinschaftlichen Gegenstandes entsprechende ordnungsmäßige Verwaltung und Benutzung mit **Stimmenmehrheit** beschlossen werden. Zu einer wesentlichen Veränderung des gemeinschaftlichen Gegenstandes hingegen ist wiederum **Einstimmigkeit** erforderlich[2]. Der VIII. Senat des BFH hat sich in dem Urteil vom 12.11.1985[3] der Meinung des IV. Senats[4] angeschlossen und ausgesprochen, dass für die Beantwortung der Frage, ob eine personelle Verflechtung zwischen einer Bruchteilsgemeinschaft als Besitzunternehmen und einem Betriebsunternehmen vorliegt, davon auszugehen sei, dass die Vermietung eines Wirtschaftsguts von einer Bruchteilsgemeinschaft an ein Betriebsunternehmen mit einfacher Mehrheit der Teilhaber beschlossen werden kann.

Daraus folgt: Ist eine Person oder eine Personengruppe, die die Betriebsgesellschaft beherrscht, mit mehr als 50 v.H. an dem in der Rechtsform einer Bruchteilsgemeinschaft betriebenen Besitzunternehmen beteiligt, so ist eine personelle Verflechtung zu bejahen, wenn keine Vereinbarung zwischen den Teilhabern darüber getroffen worden ist, dass die Vermietung der gemeinsamen Wirtschaftsgüter nur einstimmig (mit qualifizierter Mehrheit, die die betreffende Person oder Personengruppe nicht erreicht) erfolgen darf.

Ist hingegen eine solche **Einstimmigkeitsvereinbarung** getroffen worden, dann kann eine personelle Verflechtung nicht angenommen werden, wenn an dem Besitzunternehmen ein Teilhaber beteiligt ist, der nicht gleichzeitig auch am Betriebsunternehmen beteiligt ist. Es besteht insoweit also de facto ein **Wahlrecht**; vgl. BFH-Urteil vom 29.10.1987[5], in dem unter Hinweis

---
1 I R 174/79, BFHE 140, 90, BStBl II 1984, 212.
2 § 745 Abs. 3 Satz 1 BGB.
3 VIII R 240/81, BFHE 145, 401, BStBl II 1986, 296.
4 BFH-Urteil vom 2.8.1972 IV 87/65, BFHE 106, 325, BStBl II 1972, 796.
5 VIII R 5/87, BFHE 151, 457, BStBl II 1989, 96.

auf das BFH-Urteil vom 9.11.1983[1] entschieden worden ist, dass keine personelle Verflechtung gegeben ist, wenn der Alleingesellschafter der Betriebs-GmbH an dem Besitzunternehmen, das die Rechtsform einer Bruchteilsgemeinschaft hat, mit 2/3 beteiligt ist und in der Gemeinschaft in Bezug auf die Rechtsgeschäfte mit der GmbH Einstimmigkeit vereinbart ist.

Mit BMF-Schreiben vom 23.1.1989[2] sind die Finanzämter angewiesen worden, diese Rechtsprechung nicht zu beachten, weil in ihr die Frage der **faktischen Beherrschung** nicht erörtert worden sei. Das war jedoch nicht erforderlich, weil eine faktische Beherrschung – wenn überhaupt – nur noch in ganz extremen Ausnahmefällen zur Anwendung kommt[3]. Es muss daher, falls die Finanzämter den vorstehend erwähnten Nichtanwendungserlass beachten, der Rechtsmittelweg beschritten werden.

(2.4.7.2) Erbengemeinschaft

Bei der Erbengemeinschaft besteht nach § 2038 BGB die gleiche Rechtslage wie bei der Bruchteilsgemeinschaft[4].

(2.4.7.3) Gütergemeinschaft

Bei der Gütergemeinschaft hingegen ist kraft Gesetzes immer Einstimmigkeit erforderlich, wenn beide Ehegatten das Gesamtgut gemeinschaftlich verwalten. Ist in einem solchen Fall nur ein Ehegatte an der Betriebsgesellschaft beteiligt, liegt keine Betriebsaufspaltung vor, es sei denn, es seien besondere Beweisanzeichen[5] vorhanden, die ausnahmsweise eine Zusammenrechnung der Ehegattenanteile in dem Betriebsunternehmen rechtfertigen würden.

(2.4.8) Bedeutung des Urteils vom 9.11.1983

Die Bedeutung des BFH-Urteils vom 9.11.1983[6] besteht darin, dass die Beteiligten durch die Gestaltung der Stimmrechtsverhältnisse in den Fällen,

---

1 I R 174/79, BFHE 140, 90, BStBl II 1984, 212.
2 BStBl I 1989, 39.
3 Siehe unten unter III.7.
4 BFH-Urteil vom 13.12.1983 VIII R 90/81, BFHE 140, 526, BStBl II 1984, 474.
5 Vgl. unten unter D.III.5.c).
6 I R 174/79, BFHE 140, 90, BStBl II 1984, 212.

III. Personelle Verflechtung

in denen am Besitzunternehmen auch Nur-Besitz-Gesellschafter bzw. am Betriebsunternehmen auch Nur-Betriebs-Gesellschafter beteiligt sind, de facto ein **Wahlrecht** haben, ob sie eine Betriebsaufspaltung herbeiführen wollen oder nicht.

Dabei ist unter **Nur-Besitz-Gesellschafter** eine an der Besitzgesellschaft beteiligte Person zu verstehen, die an der Betriebsgesellschaft nicht beteiligt ist. Auf der Seite des Betriebsunternehmens entspricht dem Nur-Besitz-Gesellschafter **der Nur-Betriebs-Gesellschafter**. Er ist nur am Betriebsunternehmen, nicht auch am Besitzunternehmen beteiligt. Im Gegensatz zu dem Nur-Besitz-Gesellschafter und dem Nur-Betriebs-Gesellschafter steht der **Sowohl-als-auch-Gesellschafter**, also der Gesellschafter, der sowohl am Betriebsunternehmen als auch am Besitzunternehmen beteiligt ist.

Ist das Besitzunternehmen eine **Personengesellschaft** an der auch Nur-Besitz-Gesellschafter beteiligt sind[1], dann wird eine Betriebsaufspaltung vermieden, wenn keine Vereinbarungen über das Stimmrechtsverhältnis getroffen werden bzw. wenn in Übereinstimmung mit den gesetzlichen Regelungen Einstimmigkeit vereinbart wird; denn in einem solchen Fall können die Sowohl-als-auch-Gesellschafter im Besitzunternehmen ihren einheitlichen geschäftlichen Betätigungswillen nicht durchsetzen. Das „Besitzunternehmen" hat Einkünfte aus Vermietung und Verpachtung. Zur Frage, ob in einem solchen Fall ein **Gestaltungsmissbrauch nach § 42 AO** vorliegen kann, siehe das BFH-Urteil vom 7.12.1999 VIII R 50, 51/96[2]. Wird im Besitzunternehmen hingegen eine **Stimmrechtsvereinbarung** getroffen, die es den Sowohl-als-auch-Gesellschaftern ermöglicht, bei Gesellschafterbeschlüssen ihren Willen durchzusetzen, dann liegt eine Betriebsaufspaltung vor und das Besitzunternehmen hat gewerbliche Einkünfte. Eine solche Stimmrechtsvereinbarung liegt noch nicht vor, wenn die Nur-Besitz-Gesellschafter die Ausübung ihres Stimmrechts mit der beherrschenden Personengruppe abgestimmt oder in anderer Weise ihre Gesellschafterstellung im Intereresse der beherrschenden Gesellschafter wahrgenommen haben[3].

Ist das Besitzunternehmen eine **Bruchteilsgemeinschaft** oder eine **Erbengemeinschaft** und sind ein oder einige Teilhaber nicht am Betriebsunter-

---
1 Vgl. zur Einstimmigkeit bei Vorhandensein eines Nur-Besitz-Gesellschafters auch *Herzig/ Kessler*, DB 1986, 2402.
2 BFH/NV 2000, 601, 603 mittlere Spalte.
3 BFH-Urteil vom 10.11.1991 VIII R 71/87, BFH/NV 1992, 551.

nehmen beteiligt (**Nur-Besitz-Teilhaber**), so besteht ebenfalls de facto ein **Wahlrecht**. Wird keine Vereinbarung getroffen oder wird einfache Stimmenmehrheit vereinbart, die die Sowohl-als-auch-Gesellschafter erreichen, dann liegt eine Betriebsaufspaltung vor. Wird Einstimmigkeit oder wird eine solche Mehrheit vereinbart, die die Sowohl-als-auch-Gesellschafter nicht erreichen, dann liegt keine Betriebsaufspaltung vor.

Für das **Betriebsunternehmen** gilt m.E. Entsprechendes, wobei zu beachten ist, dass ein Betriebsunternehmen meist in der Rechtsform einer GmbH geführt wird und dass nach dem Gesetz (§ 47 Abs. 1 GmbHG) bei einer GmbH die Gesellschafterbeschlüsse mit einfacher Mehrheit gefasst werden. Einstimmigkeit kann hier also nur durch gesellschaftsrechtliche Vereinbarungen erreicht werden[1].

4. Mittelbare Beherrschung

Literatur: *O. V.*, Betriebsaufspaltung bei Zwischenschaltung einer Stiftung, Anm. zum BFH-Urteil v. 16.6.1982 – I R 118/80, StBp 1983, 21.

a) Einführung

Es gibt Fälle, in denen die beherrschende Person oder Personengruppe nicht unmittelbar am Betriebsunternehmen oder Besitzunternehmen beteiligt ist, sondern nur mittelbar dadurch, dass zwischen sie und das Betriebsunternehmen bzw. das Besitzunternehmen eine andere Kapitalgesellschaft oder Personengesellschaft zwischengeschaltet ist.

Beispiel:
A ist alleiniger Anteilseigner der X-GmbH. Diese ist mit 99 v.H. an einer Betriebs-Kapitalgesellschaft beteiligt. A ist ferner alleiniger Anteilseigner der Y-GmbH. Diese ist mit 99 v.H. an einer Besitz-Personengesellschaft beteiligt, die ein Fabrikgrundstück an die Betriebs-Kapitalgesellschaft vermietet hat.

Es fragt sich, ob auch in diesen Fällen eine Beherrschung durch A möglich ist, so dass eine personelle Verflechtung vorliegt.

---

[1] BFH-Urteil vom 27.2.1991 XI R 25/88, BFH/NV 1991, 454, 455 mittlere Spalte.

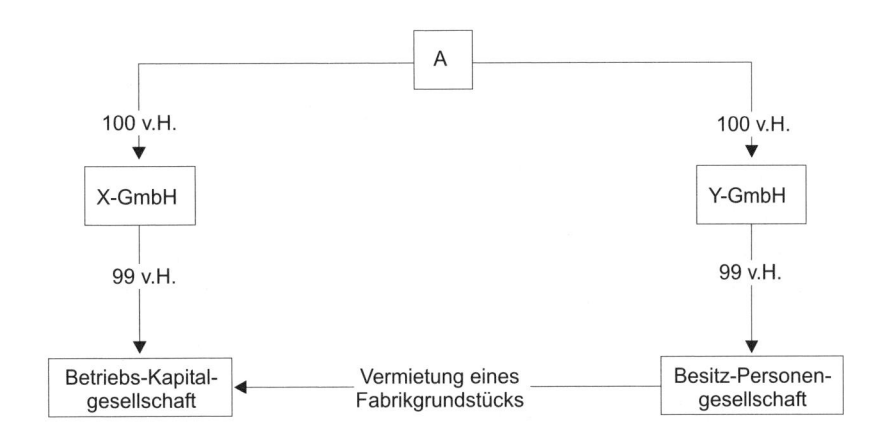

III. Personelle Verflechtung

```
                              ┌─────┐
                              │  A  │
                              └─────┘
        100 v.H.                          100 v.H.
           ▼                                 ▼
       ┌────────┐                        ┌────────┐
       │ X-GmbH │                        │ Y-GmbH │
       └────────┘                        └────────┘
        99 v.H.                           99 v.H.
           ▼                                 ▼
   ┌──────────────────┐  Vermietung eines  ┌──────────────────┐
   │ Betriebs-Kapital-│◄───────────────────│ Besitz-Personen- │
   │  gesellschaft    │  Fabrikgrundstücks │  gesellschaft    │
   └──────────────────┘                    └──────────────────┘
```

b) Mittelbare Beherrschung auf der Seite des Betriebsunternehmens

Literatur: *Schaaf*, Betriebsaufspaltung bei mittelbarer Beteiligung der Gesellschafter des Besitzunternehmens an der Betriebsgesellschaft, RWP-Blattei 1974, 14 Steuer-R D Betriebsaufspaltung II B 5, Einzelfragen, Mittelbare Beteiligung der Gesellschafter.

Auf der Seite des Betriebsunternehmens reicht eine mittelbare Beherrschung aus, wenn die das Besitzunternehmen beherrschende Person oder Personengruppe in dem zwischengeschalteten Unternehmen ihren einheitlichen geschäftlichen Betätigungswillen aufgrund ihrer Stimmrechtsmacht durchsetzen kann und das zwischengeschaltete Unternehmen seinerseits aufgrund seiner Stimmrechtsmacht in dem Betriebsunternehmen in der Lage ist, diesen Betätigungswillen auch im Betriebsunternehmen zu verwirklichen. Das gilt jedenfalls dann, wenn die Beherrschung durch eine Kapitalgesellschaft vermittelt wird[1].

	BesitzU	zwgeschaltete KapGes	BetrU
A	100 %	100 %	0 %
zwgeschaltete KapGes	0 %	0 %	99 %
B	0 %	0 %	1 %

---

[1] BFH-Urteil vom 27.8.1992 IV R 13/91, BFHE 169, 231, BStBl II 1993, 134 m. w. N.

Der BFH hat in diesem Fall Betriebsaufspaltung angenommen[1]. Es ist grundsätzlich gleichgültig, ob es sich bei der zwischengeschalteten Kapitalgesellschaft um eine GmbH oder eine AG handelt[2]. Nach dem BFH-Urteil vom 16.6.1982[3] sind die vorstehend dargestellten Grundsätze auch bei der Zwischenschaltung einer **Stiftung** anzuwenden.

Auch bei Zwischenschaltung einer **Personengesellschaft** ist auf der Seite des Betriebsunternehmens eine mittelbare Beherrschung möglich, wenn die das Betriebsunternehmen beherrschende Person oder Personengruppe in der zwischengeschalteten Personengesellschaft ihren einheitlichen geschäftlichen Betätigungswillen durchsetzen kann und die Personengesellschaft ihrerseits in der Lage ist, diesen Willen auch in dem Betriebsunternehmen aufgrund ihrer Stimmrechtsmacht zu verwirklichen.

c) Mittelbare Beherrschung auf der Seite des Besitzunternehmens

(1) Das BFH-Urteil vom 27.8.1992

Auf der Seite des Besitzunternehmens hat der BFH in seinem Urteil vom 27.8.1992[4] eine nur mittelbare Beherrschung durch eine GmbH für nicht ausreichend angesehen, weil die das Betriebsunternehmen beherrschende Person nicht Gesellschafter des Besitzunternehmens war und ein Durchgriff durch die zwischen diese Person und das Besitzunternehmen zwischengeschaltete GmbH nicht möglich gewesen sei.

Beispiel:
A ist Alleinanteilseigner einer Betriebs-GmbH und einer weiteren GmbH, der X-GmbH. Diese ist mit 90 v.H. an der C-GbR beteiligt. Weiterer Gesellschafter der C-GbR mit 10 v.H. ist C. Die C-GbR hat an die Betriebs-GmbH eine wesentliche Betriebsgrundlage vermietet.

---

1 Urteil vom 14.8.1974 I R 136/70, BFHE 114, 98, BStBl II 1975, 112.
2 BFH-Urteile vom 1.4.1981 I R 160/80, BFHE 133, 561, BStBl II 1981, 738; vom 28.1.1982 IV R 100/78, BFHE 135, 330, BStBl II 1982, 479.
3 I R 118/80, BFHE 136, 287, BStBl II 1982, 662.
4 IV R 13/91, BFHE 169, 231, BStBl II 1993, 134.

III. Personelle Verflechtung 115

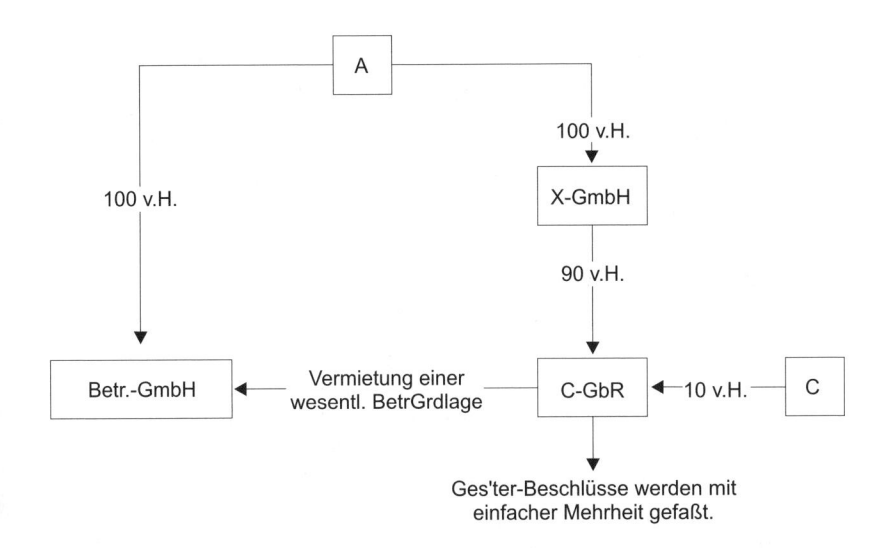

```
                    ┌─────┐
          ┌─────────│  A  │─────────┐
          │         └─────┘         │
          │                    100 v.H.
          │                         │
   100 v.H.                    ┌────────┐
          │                    │ X-GmbH │
          │                    └────────┘
          │                         │
          │                     90 v.H.
          │                         │
          ▼                         ▼
  ┌───────────┐  Vermietung einer  ┌───────┐         ┌───┐
  │ Betr.-GmbH│◄── wesentl. ───────│ C-GbR │◄─10 v.H.│ C │
  └───────────┘   BetrGrdlage      └───────┘         └───┘
                                       │
                                       ▼
                         Ges'ter-Beschlüsse werden mit
                           einfacher Mehrheit gefaßt.
```

Lösung:
Nach dem BFH-Urteil vom 27.8.1992 liegt keine Betriebsaufspaltung vor, weil A nicht Gesellschafter der C-GbR ist und ein Durchgriff durch die X-GbR nicht möglich sei.

(2) Kritik

Meines Erachtens bestehen gegen diese Ansicht des BFH Bedenken; denn die Begründung, warum auf der Seite des Betriebsunternehmens eine mittelbare Beherrschung ausreicht, rechtfertigt wohl auch die Annahme einer mittelbaren Beherrschung auf der Seite des Besitzunternehmens. Hinzu kommt, dass die Frage der mittelbaren Beherrschung einer Untergesellschaft mit der Frage des Durchgriffs durch eine Kapitalgesellschaft oder eine mitunternehmrische Personengesellschaft nicht das geringste zu tun hat.

(3) Folgerungen aus dem Urteil vom 27.8.1992

(3.1) Zwischenschaltung einer mitunternehmerischen Personengesellschaft

Das Urteil vom 27.8.1992 muss m.E. auch für den Fall der Zwischenschaltung einer mitunternehmerischen Personengesellschaft gelten, weil nach dem Beschluss des GrS vom 25.2.1991[1] eine mitunternehmerische Personengesellschaft ebenso wie eine Kapitalgesellschaft eine – wenn auch nur eingeschränkte – Steuersubjektivität besitzt und mithin ein „Durchgriff" durch sie nicht möglich ist. Wenn man bei einer GmbH fälschlicherweise auf das Durchgriffsverbot abstellt, muss man dies auch folgerichtig bei einer mitunternehmerischen Personengesellschaft tun.

(3.2) Sonderbetriebsvermögen II

Bei einer unmittelbaren Betriebsaufspaltung sind die dem Besitzunternehmer gehörenden Anteile an der Betriebs-Kapitalgesellschaft notwendiges Betriebsvermögen im Besitzunternehmen. Handelt es sich bei dem Besitzunternehmen um eine Personengesellschaft oder eine Gemeinschaft, sind die Anteile der Gesellschafter (Teilhaber) an der Betriebs-Kapitalgesellschaft deren notwendiges Sonderbetriebsvermögen II bei dem Besitzunternehmen[2].

Diese Rechtsfolge kann nach dem Urteil vom 27.8.1992[3] vermieden werden, wenn zwischen die das Betriebsunternehmen beherrschende Person oder Personengruppe und das eine wesentliche Betriebsgrundlage vermietende Besitzunternehmen eine Kapitalgesellschaft oder eine mitunternehmerische Personengesellschaft zwischengeschaltet wird. Denn durch diese Zwischenschaltung verliert die Person oder Personengruppe, die ohne die Zwischenschaltung Besitzunternehmer wäre, ihre Stellung als Mitunternehmer des Besitzunternehmens. Die Folge ist, die Person oder Personengruppe kann im Besitzunternehmen kein Sonderbetriebsvermögen mehr haben.

(3.3) Der Nur-Besitz-Gesellschafter

Mit dem Urteil vom 27.8.1992[4] kann auch das Problem des sog. Nur-Besitz-Gesellschafters[5] gelöst werden. Nach der sog. Mitgegangen-Mitgefangen-Rechtsprechung des BFH[6] ist auch ein solcher Nur-Besitz-Gesellschafter Mitunternehmer der Besitz-Personengesellschaft, obwohl er mit dem Betriebsunternehmen nicht personell verbunden ist.

---

1 GrS 7/89, BFHE 163, 1, BStBl II 1991, 691.
2 Vgl. die Ausführungen unter G.III.2.c) (2).
3 IV R 13/91, BFHE 169, 231, BStBl II 1993, 134.
4 IV R 13/91, BFHE 169, 231, BStBl II 1993, 134.
5 Vgl. unten unter G.III.2.b).
6 Vgl. unten unter G.III.2.b) (1).

III. Personelle Verflechtung

Diese Eigenschaft verliert der Nur-Besitz-Gesellschafter jedoch sofort, wenn zwischen die Sowohl-als-auch-Gesellschafter, also zwischen die Gesellschafter, die sowohl am Besitzunternehmen als auch am Betriebsunternehmen beteiligt sind, und das Besitzunternehmen eine Kapitalgesellschaft oder eine mitunternehmerische Personengesellschaft zwischengeschaltet wird. Durch diese Zwischenschaltung wird die Betriebsaufspaltungslage zerstört. Der Nur-Besitz-Gesellschafter hat durch die Vermietung einer wesentlichen Betriebsgrundlage an das Betriebsunternehmen keine Einkünfte aus Gewerbebetrieb mehr, sondern nur noch solche aus Vermietung und Verpachtung. Der Nur-Besitz-Gesellschafter hat auch kein Betriebsvermögen mehr; denn das Besitzunternehmen ist kein Gewerbebetrieb mehr, sondern hat nur eine vermögensverwaltende Tätigkeit zum Gegenstand. Für die Sowohl-als-auch-Gesellschafter verwandelt sich diese vermögensverwaltende Tätigkeit erst auf der Ebene der zwischengeschalteten Kapitalgesellschaft oder der zwischengeschalteten mitunternehmerischen Personengesellschaft zu einer gewerblichen. Das Besitzunternehmen ist hier also eine sog. Zebragesellschaft.

(3.4) Wichtiger Hinweis für die Praxis

Bedacht werden muss bei der Zwischenschaltung einer Kapitalgesellschaft bzw. einer mitunternehmerischen Personengesellschaft zwischen die das Betriebsunternehmen beherrschende Person oder Personengruppe und das Besitzunternehmen jedoch, dass eine solche Maßnahme zur Gewinnrealisierung der stillen Reserven bei dem Besitzunternehmen führt, wenn die Zwischenschaltung zu Beginn einer echten Betriebsaufspaltung oder während des Bestehens einer Betriebsaufspaltung erfolgt. Denn durch das Zwischenschalten verliert das Besitzunternehmen seine Eigenschaft als Gewerbebetrieb.

Keine Gewinnrealisierung hingegen tritt ein, wenn bei der Entstehung einer unechten Betriebsaufspaltung eine Kapitalgesellschaft zwischengeschaltet wird, weil in einem solchen Fall vor der Entstehung der Betriebsaufspaltung kein Unternehmen mit stillen Reserven vorhanden ist.

5. Zusammenrechnung von Angehörigenanteilen

Literatur: *Buchbinder,* Die „enge Wirtschaftsgemeinschaft" als neues Tatbestandsmerkmal der Betriebsaufspaltung (BFH-Urteil vom 24.7.1986 – IV R 98–99/85, BStBl 1986 II S. 913), SteuerStud 1987, 202; *Dehmer,* Betriebsaufspaltung –

Zusammenrechnung von Ehegattenanteilen – /Zusammenrechnung trotz Stimmrechtsausschlusses, KFR F. 3 EStG § 15, 7/89, S. 255; *ders.*, Betriebsaufspaltung – Zusammenrechnung von Ehegattenanteilen – Beweisanzeichen für gleichgerichtete Interessen, KFR F. 3 EStG § 15, 8/89, S. 289; *Kuhfuß*, Betriebsaufspaltung im Familien-Verbund, GmbHR 1990, 401; *Pollmann, Erika*, Personelle Verflechtung bei Familien-Betriebsaufspaltung, KFR F. 3 EStG § 15, 15/91, S. 351; *Theisen*, Ehe und Betriebsaufspaltung, GmbHR 1981, 216; *o. V.*, Keine Betriebsaufspaltung, wenn Personen, die das Betriebsunternehmen beherrschen, die Ehegatten der Personen sind, die das Besitzunternehmen beherrschen – Gewerbesteuerpflichtige Betriebsverpachtung bei Beibehaltung des Unternehmerrisikos durch die Verpächter, DB 1982, 881; *o. V.*, Beteiligung von Angehörigen des Besitzunternehmers an Betriebs-GmbH, GmbHR 1991, R 85; *o. V.;* Angehörigenbeteiligung bei Betriebsaufspaltung, GmbHR 1998, 1077.

a) Die Rechtslage bis März 1985

Bei der Beantwortung der Frage, ob eine Person oder Personengruppe am Besitzunternehmen und am Betriebsunternehmen mit mehr als 50 v.H. stimmrechtsmäßig beteiligt ist, wurden nach der bis März 1985 herrschenden Rechtsprechung des BFH[1] die Beteiligungen von **Ehegatten** sowie von **Eltern** und **minderjährigen Kindern** zusammengerechnet, weil nach der Lebenserfahrung widerlegbar **vermutet** wurde, dass ein Ehegatte die Rechte des anderen Ehegatten und seiner minderjährigen, wirtschaftlich von ihm abhängigen Kinder, die ebenfalls an der Besitz- und Betriebsgesellschaft beteiligt waren, in Gleichrichtung mit seinen eigenen Interessen wahrnehme[2].

Beispiel für die Zusammenrechnung von Ehegattenanteilen:
An der Betriebs-GmbH sind A mit 49 v.H. und B mit 51 v.H. beteiligt. An der Besitzgesellschaft ist B nur mit 40 v.H. und seine Ehefrau mit 60 v.H. beteiligt.

Werden die Anteile der **Ehegatten** nicht zusammengerechnet, so kann B in der Besitzgesellschaft seinen geschäftlichen Betätigungswillen nicht durchsetzen. Es liegt keine Betriebsaufspaltung vor. Anders hingegen, wenn die Anteile des B und seiner Ehefrau zusammengerechnet werden.

Beispiel für die Zusammenrechnung von Eltern- und Kinderanteilen:

---

1 Vgl. u. a. BFH-Urteile vom 18.10.1972 I R 184/70, BFHE 107, 142, BStBl II 1973, 27; vom 1.4.1981 I R 160/80, BFHE 133, 561, BStBl II 1981, 738.
2 BFH-Urteil vom 1.4.1981 I R 160/80, BFHE 133, 561, BStBl II 1981, 738.

III. Personelle Verflechtung

Am Besitzunternehmen waren A mit 40 v.H. seine Ehefrau mit 20 v.H., sowie B mit 40 v.H. beteiligt. Die Beteiligung an der Betriebs-GmbH betrug: A 40 v.H., Kind A 20 v.H. und C 40 v.H.

Lösung:
Die Beteiligung von Frau A am Besitzunternehmen wurde dem A ebenso zugerechnet wie die Beteiligung des Kindes A an der Betriebs-GmbH, so dass A an beiden Unternehmen mit 60 v.H. beteiligt war und somit eine personelle Verflechtung bestand.

Bei der Beteiligung **volljähriger Kinder, anderer Verwandter** und **Verschwägerter** des Unternehmers galt die Vermutung der Interessengleichrichtung nicht[1].

b) Die Rechtslage ab März 1985

Die **Vermutungs-Rechtsprechung** des BFH hat das BVerfG durch seinen Beschluss vom 12.3.1985[2] hinsichtlich der Zusammenrechnung von Ehegattenanteilen für verfassungswidrig erklärt. Es sei, so hat das BVerfG ausgeführt, mit Art. 3 Abs. 1 i.V.m. Art. 6 Abs. 1 GG unvereinbar, wenn bei der Beurteilung der personellen Verflechtung zwischen Besitz- und Betriebsunternehmen als Voraussetzung für die Annahme einer Betriebsaufspaltung von der Vermutung ausgegangen werde, Ehegatten würden gleichgerichtete Interessen verfolgen; weil diese Vermutung zu einer Schlechterstellung von Ehegatten gegenüber Ledigen führte, was nicht zulässig sei[3].

Eine Zusammenrechnung von Ehegattenanteilen ist heute demzufolge nur noch möglich, wenn die Ehegatten eine Personengruppe[4] bilden oder wenn besondere Beweisanzeichen für eine zusätzlich zur Ehe bestehende Wirtschaftsgemeinschaft zwischen den Ehegatten gegeben sind[5].

c) Zusätzliche Beweisanzeichen

Literatur: *Tillmann*, Die Suche nach Beweisanzeichen, Folgen aus den Beschlüssen des BVerfG zur Ehegatten-Betriebsaufspaltung, GmbHR 1985, 83; *Unverricht*,

---

1 BFH-Urteil vom 18.10.1972 I R 184/70, BFHE 107, 142, BStBl II 1973, 27.
2 1 BvR 571/81, BVerfGE 69, 188, BStBl II 1985, 475; vom 15.10.1998 IV R 20/98, BFHE 187, 26, BStBl II 1999, 445.
3 Vgl. auch BFH-Urteile vom 27.11.1985 I R 115/85, BFHE 145, 221, BStBl II 1986, 362; vom 18.2.1986 VIII R 125/85, BFHE 146, 266, BStBl II 1986, 611.
4 Siehe oben unter D.III.3.c) (2.3.2).
5 BFH-Urteile vom 27.2.1991 XI R 25/88, BFH/NV 1991, 454, 455 mittlere Spalte; vom 15.10.1998 IV R 20/98, BFHE 187, 26, BStBl II 1999, 445; vom 24.2.2000 IV R 62/98, BFHE 191, 295, BStBl II 2000, 417; siehe auch nachfolgende Urteile unter D.III.5.c).

Beweisanzeichen für die Annahme einer personellen Verflechtung bei Eheleuten als Voraussetzung einer Betriebsaufspaltung, DB 1989, 995.

(1) Allgemeines

Das BVerfG hat am Ende seines Beschlusses ausgeführt, dass die Tatsache des Bestehens einer Ehe bei der Feststellung des Vorliegens einer personellen Verflechtung nicht völlig außer Betracht zu lassen sei. „Wenn" – so der Beschluss wörtlich – „aber zusätzlich zur ehelichen Lebensgemeinschaft Beweisanzeichen vorliegen, die für die Annahme einer personellen Verflechtung durch gleichgerichtete wirtschaftliche Interessen sprechen, wäre der Einwand unbegründet, Verheiratete seien gegenüber Ledigen schlechter gestellt". Eine Zusammenrechnung von Ehegattenanteilen ist danach nur noch dann möglich, wenn zusätzlich zur Ehe Beweisanzeichen (konkrete Umstände) vorliegen, die für die Annahme einer personellen Verflechtung durch gleichgerichtete wirtschaftliche Interessen sprechen[1].

Das BVerfG hat nicht gesagt, was es unter „zusätzlichen Beweisanzeichen" versteht.

(2) Die BFH-Urteile vom 27.11.1985 und vom 18.2.1986

Der I. Senat des BFH hat zu der Frage, wann zusätzliche Beweisanzeichen vorliegen bereits kurze Zeit nach dem Ergehen des BVerfG-Beschlusses Stellung genommen[2].

Danach sind die folgenden Umstände keine besonderen Beweisanzeichen:

- Jahrelanges **konfliktfreies Zusammenwirken** der Eheleute innerhalb der Betriebsgesellschaft und der Besitzgesellschaft;
- die Ehefrau hat die Mittel, mit denen sie sich an der Betriebsgesellschaft ihres Mannes beteiligt, von diesem **schenkweise** erhalten. Der BFH begründet die Irrelevanz der Herkunft der Mittel damit, dass auch in den Fällen, in denen die Ehefrau die Mittel für ihre Beteiligung von ihrem Ehemann im Wege einer Schenkung erhalten hat, ihre Beteiligung ein eigenes Gewicht habe, was durch die Zuschreibung von Gewinnen und Verlusten auf dem Kapitalkonto oder einem ähnlichen Konto zum

---

[1] BFH-Urteile vom 30.7.1985 VIII R 263/81, BFHE 145, 129, BStBl II 1986, 359; vom 18.2.1986 VIII R 125/85, BFHE 146, 266, BStBl II 1986, 611.
[2] BFH-Urteil vom 27.11.1985 I R 115/85, BFHE 145, 221, BStBl II 1986, 362.

III. Personelle Verflechtung

Ausdruck komme. Im Laufe der Zeit trete die Tatsache, dass die Mittel für die Beteiligung aus einer Schenkung des Ehemannes stammten, immer mehr in den Hintergrund;

Für eine Beteiligung der Ehefrau am Besitzunternehmen dürfte nichts anderes gelten;

- der Ehemann führt die Geschäfte der Betriebsgesellschaft und verfügt über die **erforderliche Fachkenntnis** dazu, wodurch er der Betriebsgesellschaft das Gepräge gibt. Nach Ansicht des I. Senats spielen Fachkenntnisse deshalb keine ausschlaggebende Rolle, weil es auch unter Fremden üblich ist, dass sich jemand, wenn er die Möglichkeit dazu erhält, an einem Unternehmen beteiligt, dessen Inhaber ein erfolgversprechender Fachmann auf seinem Gebiet ist. Damit dürfte der I. Senat auch zum Ausdruck bringen wollen, dass er die Entscheidung des IV. Senats vom 29.7.1976[1] zur faktischen Beherrschung[2] nach dem Ergehen des BVerfG-Beschlusses vom 12.3.1985 nicht mehr für zutreffend hält;
- die Ehefrau ist als **Alleinerbin** des Ehemannes eingesetzt;
- die Ehegatten leben im Güterstand der **Zugewinngemeinschaft**;
- der Ehemann hat die Beteiligung seiner Frau in der Absicht begründet, ihr dadurch eine **Alterssicherung zu geben.**

Für die drei letztgenannten Fälle hat der BFH als Begründung angeführt, dass diese Umstände nicht notwendigerweise eine volle Übereinstimmung der Interessen der Ehefrau mit denen ihres Mannes bedingen oder die Ehefrau in wirtschaftlichen Dingen stets der Meinung ihres Mannes ist.

Selbstverständlich gelten diese Grundsätze auch, wenn an die Stelle der Ehefrau der Ehemann tritt.

Sind neben den an einer Betriebsgesellschaft oder einer Besitzgesellschaft beteiligten Eltern auch noch volljährige Kinder beteiligt und kann nicht ausgeschlossen werden, dass die Kinder zusammen mit einem Elternteil in der Lage sind, ihren eigenen Willen durchzusetzen, so kann in einem solchen Fall von einem Interessengleichklang zwischen den Ehegatten um so weniger gesprochen werden[3].

---

1 IV R 145/72, BFHE 119, 462, BStBl II 1976, 750.
2 Vgl. unten unter D.III.7.a).
3 BFH-Urteil vom 27.11.1985 I R 115/85, BFHE 145, 221, BStBl II 1986, 362.

Der VIII. Senat des BFH hat sich in dem Urteil vom 18.2.1986[1] ausdrücklich der vorerwähnten Rechtsprechung des I. Senats angeschlossen und zusätzlich ausgeführt, dass die in einem Gesellschaftsvertrag getroffene Vereinbarung, wonach ein Mietverhältnis nur bei gemeinsamem Handeln beider Ehegatten gekündigt werden kann, nicht zu dem Schluss zwingt, dass die Eheleute auch in anderen Geschäften des täglichen Lebens nur gemeinsam handeln.

Aus den BFH-Urteilen vom 27.11.1985[2] und vom 18.2.1986[3] kann m.E. entnommen werden, dass eine zusätzlich zur Ehe bestehende, eine Zusammenrechnung von Ehegattenanteilen rechtfertigende Wirtschaftsgemeinschaft zwischen Ehegatten nur in Ausnahmefällen vorliegt, z. B. dann,

- wenn die Ehegatten vereinbart haben, dass der nur am Besitzunternehmen beteiligte Ehegatte immer im gleichen Sinne stimmen muss wie der andere Ehegatte (**Stimmrechtsbindung**) oder
- wenn der Nur-Besitz-Gesellschafter-Ehegatte dem anderen Ehegatten eine **unwiderrufliche Vollmacht** zur Stimmrechtsausübung erteilt hat[4].

Eine **jederzeit widerrufliche Vollmacht** hingegen dürfte kein besonderes Beweisanzeichen i. S. des BVerfG-Beschlusses vom 12.3.1985[5] sein. *Felix*[6] meint, ein Beweisanzeichen für zusätzlich zur Ehe gleichlaufende Interessen sei auch, wenn Mieten nicht oder nicht rechtzeitig gezahlt oder die Einkünfte aus dem Vermietungsvermögen und aus der Betriebsgesellschaft zwischen den Ehegatten vermischt würden. Hiergegen bestehen – jedenfalls bei der Betriebsaufspaltung – Bedenken. Insbesondere aus dem Vermischen von Ehegatteneinkünften darf nicht der Schluss gezogen werden, dass auch im Bereich der Einkünfteerzielung ein Interessengleichklang zwischen den Ehegatten besteht.

(3) Das Urteil des IV. Senats vom 24.7.1986

Der IV. Senat[7] hat als besonderes Beweisanzeichen angesehen, wenn die Ehegatten die wirtschaftlichen Verhältnisse mehrerer Unternehmen planmäßig gemeinsam gestalten. Im Gegensatz zum I. und VIII. Senat hat der

---

1 VIII R 125/85, BFHE 146, 266, BStBl II 1986, 611.
2 I R 115/85, BFHE 145, 221, BStBl II 1986, 362.
3 VIII R 125/85, BFHE 146, 266, BStBl II 1986, 611.
4 Vgl. hierzu auch *Woerner*, DStR 1986, 735, 740.
5 1 BvR 571/81, BVerfGE 69, 188, BStBl II 1985, 475.
6 KÖSDI 1985, 5976, 5978.
7 BFH-Urteil vom 24.7.1986 IV R 98–99/85, BFHE 147, 256, BStBl II 1986, 913.

III. Personelle Verflechtung

IV. Senat damit versucht, den Begriff der „besonderen Beweisanzeichen" in profiskalischer Richtung auszudehnen.

Dem Urteil lag – vereinfacht dargestellt – folgender Sachverhalt zugrunde:

A und Frau A sind verheiratet. Sie waren bis Ende 1966 an der X-GmbH (Kfz-Reparatur und -Handel) beteiligt, und zwar A mit 80 v.H. und Frau A mit 20 v.H. Außerdem waren sie an der Z-GmbH (Kfz-Handel) beteiligt. Ende 1966 übertrug A seinen Anteil an der X-GmbH auf seine Frau A. Diese übertrug gleichzeitig ihren Anteil an der X-GmbH an A. Von 1967 an waren mithin A zu 100 v.H. an der X-GmbH und Frau A zu 100 v.H. an der Z-GmbH beteiligt. A war außerdem alleiniger Anteilseigner der B-GmbH, der C-GmbH und der D-GmbH. Die C-GmbH übernahm 1970

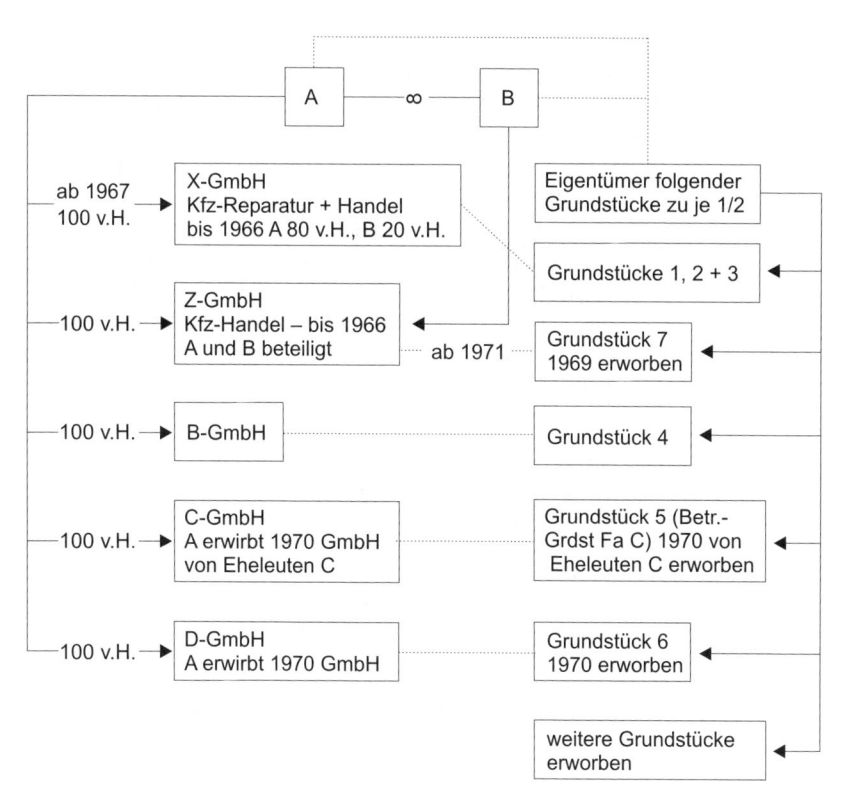

```
                    ┌─────── A ──∞── B ───────┐
                    │                          │
    ab 1967    X-GmbH                    Eigentümer folgender
    100 v.H.   Kfz-Reparatur + Handel    Grundstücke zu je 1/2
               bis 1966 A 80 v.H., B 20 v.H.
                                              Grundstücke 1, 2 + 3
    100 v.H.   Z-GmbH
               Kfz-Handel – bis 1966           Grundstück 7
               A und B beteiligt    ab 1971    1969 erworben

    100 v.H.   B-GmbH                          Grundstück 4

    100 v.H.   C-GmbH                          Grundstück 5 (Betr.-
               A erwirbt 1970 GmbH             Grdst Fa C) 1970 von
               von Eheleuten C                 Eheleuten C erworben

    100 v.H.   D-GmbH                          Grundstück 6
               A erwirbt 1970 GmbH             1970 erworben

                                               weitere Grundstücke
                                               erworben
```

die vor dem Konkurs stehende Fa. C. Die D-GmbH übernahm 1970 den Betrieb der Fa. D. A und Frau A waren je zu 1/2 Eigentümer der Grundstücke 1, 2 und 3. Diese waren mit Werkshallen und Bürogebäuden bebaut und an die X-GmbH vermietet. Ein Grundstück 4 wurde von A und Frau A 1968 je zu 1/2 erworben und an die B-GmbH vermietet. Das Betriebsgrundstück der aufgekauften Fa. C (Grundstück 5) erwarben A und Frau A 1970 je zur Hälfte von den ehemaligen Inhabern der Fa. C und vermieteten es an die C-GmbH. Ein Grundstück 6 erwarben die Eheleute 1970 ebenfalls zu je 1/2. Sie vermieteten es an die D-GmbH. Ein 1969 von den Eheleuten je zur Hälfte erworbenes Grundstück wurde 1971 an die Z-GmbH vermietet. A und B erwarben noch weitere Grundstücke je zu 1/2.

Der IV. Senat hat in diesem Fall aufgrund folgender Überlegungen das Vorliegen eines „besonderen Beweisanzeichens" bejaht und die Anteile der Ehegatten an den Besitzgemeinschaften zusammengerechnet: Das Vorgehen der Eheleute bei der A-GmbH und beim Erwerb der weiteren Firmen und der dazugehörigen Grundstücke zeige ein planmäßiges, gemeinsames Handeln, das für die Annahme gleichgerichteter wirtschaftlicher Interessen spräche. Der Umschichtung der Beteiligungsverhältnisse bei den Betriebsunternehmen X-GmbH und Z-GmbH sei keine entsprechende Umschichtung der Beteiligungsverhältnisse bei den Besitzunternehmen gefolgt. Dieses planmäßige Handeln sei nur möglich gewesen, weil die Ehegatten über die Gemeinschaft der Ehe hinaus bewusst eine zusätzliche enge **Zweck- und Wirtschaftsgemeinschaft** hätten eingehen wollen und eingegangen seien. Wörtlich heißt es in dem Urteil:

> „Die sachliche Grundlage ihrer gleichgerichteten wirtschaftlichen Interessen waren die zahlreichen in ihrem gemeinsamen Miteigentum befindlichen bzw. hinzuerworbenen Grundstücke, die teils den Betriebs-GmbHs des Klägers, teils der Betriebs-GmbH der Klägerin und teils anderen Zwecken dienen. Diese nach dem Willen beider Ehegatten geschaffene und weiter verfolgte gemeinschaftliche sachliche Grundlage und deren Funktion als wesentliche Betriebsgrundlage der genannten Betriebsgesellschaften würde auch bei Nichtehegatten eine enge Wirtschaftsgemeinschaft mit gleichgerichteten Interessen begründen."

Der IV. Senat konstruiert also allein daraus, dass zwei Personen, die Alleinanteilseigner verschiedener GmbHs sind, gemeinsam Grundstücke erwerben, die sie an diese oder jene ihnen gehörende Betriebs-GmbH vermieten, einen Rechtsbindungswillen dieser Personen, der auf die Gründung einer die Gesamttätigkeit dieser Personen umfassende GbR gerichtet ist.

III. Personelle Verflechtung 125

Dabei spielt es nach Auffassung des IV. Senats keine Rolle, ob die beiden Beteiligten verheiratet sind oder nicht.

Meines Erachtens zeigt das Urteil des IV. Senats vom 24.7.1986[1] eine überschießende Tendenz[2], was schon an der Verwendung der Bezeichnung Zweck- und Wirtschaftsgemeinschaft zum Ausdruck kommt, ohne dass klar umrissen wird, was unter einer solchen Gemeinschaft zu verstehen ist. Soll eine solche Gemeinschaft eine GbR sein, die aufgrund des Verhaltens der Eheleute zustande kommt und zu deren Gesellschaftsvermögen alle GmbH-Anteile und alle Grundstücksbeteiligungen der Eheleute gehören? Darüber hinaus bestehen m.E. auch Zweifel, ob – wie der IV. Senat meint – der dem Urteil zugrunde liegende Sachverhalt wirklich auch bei Nichtehegatten eine „enge Wirtschaftsgemeinschaft mit gleichgerichteten Interessen" begründet. Und schließlich ist noch darauf hinzuweisen, dass es zumindest sehr zweifelhaft ist, ob die Entscheidung des IV. Senats mit dem vom GrS in dessen Beschluss vom 8.11.1971[3] aufgestellten Grundsatz vereinbar ist, wonach an die Voraussetzungen der personellen Verflechtung strenge Anforderungen zu stellen sind.

(4) Das Urteil des VIII. Senats vom 17.3.1987

Es ist zu begrüßen, dass der VIII. Senat mit seinem Urteil vom 17.3.1987[4] einer ausufernden Rechtsprechung hinsichtlich des Merkmals eines zusätzlichen Beweisanzeichens einen Riegel vorgeschoben hat. Dem Urteil des VIII. Senats lag folgender – vereinfacht dargestellter – Sachverhalt zugrunde:

A und Frau A sind verheiratet. A betrieb bis 1970 einen Kfz-Einzelhandel. Ende 1970 gründete er zusammen mit seiner Frau eine GmbH. A war mit 90 v.H., Frau A mit 10 v.H. beteiligt.

A und seine Frau hatten verschiedene Grundstücke als Miteigentümer je zu 1/2 erworben. Die Mittel für die Grundstückskäufe brachten die Eheleute aus ihrem gemeinschaftlichen Vermögen auf. Alle Grundstücke wurden von A und seiner Frau für Zwecke der GmbH bebaut und an diese ab 1971 vermietet. Zur Durchführung der Bebauung nahmen A und seine Frau als Gesamtschuldner einen Kredit auf. Ende 1971 verkaufte Frau A

---

1 IV R 98-99/85, BFHE 147, 256, BStBl II 1986, 913.
2 Ähnlich auch Anm. *o. V.* in KÖSDI 1986, 6539; a.A. *Woerner*, DStR 1986, 735, 741.
3 GrS 2/71, BFHE 103, 440, BStBl II 1972, 63.
4 VIII R 36/84, BFHE 150, 356, BStBl II 1987, 858.

ihren GmbH-Anteil für 5.000 DM an ihren Mann. Gleichzeitig schenkte dieser seiner Frau je 1/100 Miteigentumsanteil an allen Grundstücken.

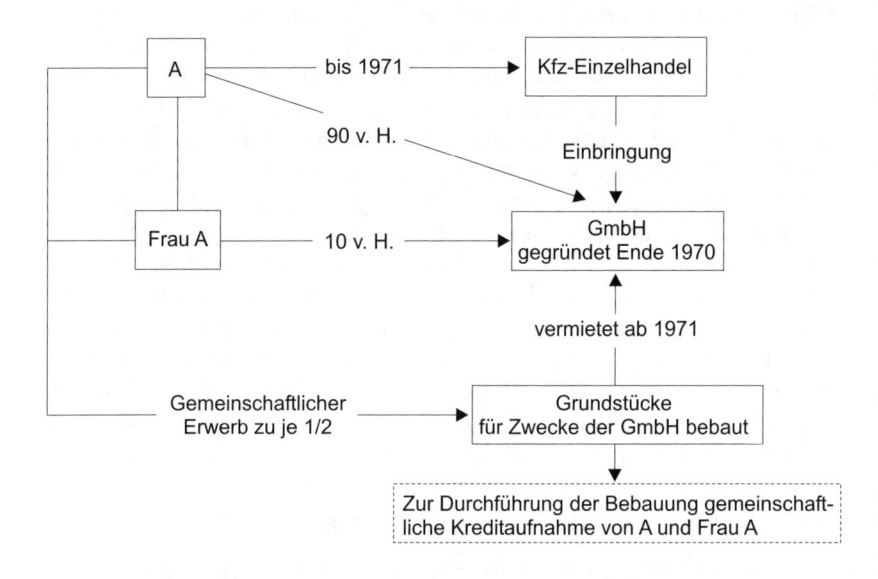

```
┌─────────┐                    ┌──────────────────┐
│    A    │──── bis 1971 ────▶│ Kfz-Einzelhandel │
└─────────┘                    └──────────────────┘
                                        │
            90 v. H.                  Einbringung
                   ╲                    │
                    ╲                   ▼
┌─────────┐                    ┌──────────────────┐
│ Frau A  │──── 10 v. H. ────▶│      GmbH        │
└─────────┘                    │ gegründet Ende 1970│
                               └──────────────────┘
                                        ▲
                                 vermietet ab 1971
                                        │
  Gemeinschaftlicher            ┌──────────────────┐
  Erwerb zu je 1/2     ───────▶ │   Grundstücke    │
                                │für Zwecke der GmbH bebaut│
                                └──────────────────┘
                                        │
                                        ▼
                    ┌─────────────────────────────────────┐
                    │ Zur Durchführung der Bebauung gemeinschaft-│
                    │ liche Kreditaufnahme von A und Frau A     │
                    └─────────────────────────────────────┘
```

Der VIII. Senat hat ab 1972, also für die Zeit, in der A allein an der Betriebs-GmbH beteiligt war, wegen des Fehlens einer personellen Verflechtung keine Betriebsaufspaltung angenommen. Eine personelle Verflechtung liegt nicht vor, weil nach Auffassung des VIII. Senats keine besonderen Beweisanzeichen vorhanden sind, die eine Zusammenrechnung der Ehegattenanteile A und Frau A an dem Besitzunternehmen rechtfertigen.

Im Streitfall lägen – so der VIII. Senat – keine dem Urteil des IV. Senats vom 24.7.1986[1] vergleichbaren „besonderen Umstände" vor. Vielmehr handele es sich bei dem zu beurteilenden Sachverhalt

- zum Teil um Tatsachen, die nach den beiden Grundsatzentscheidungen des I. und VIII. Senats vom 27.11.1985[2] und vom 18.2.1986[3] keine besonderen Umstände seien, und

---

1 IV R 98–99/85, BFHE 147, 256, BStBl II 1986, 913.
2 I R 115/85, BFHE 145, 221, BStBl II 1986, 362.
3 VIII R 125/85, BFHE 146, 266, BStBl II 1986, 611.

III. Personelle Verflechtung

- zum Teil um solche, aus denen kein Schluss auf das Vorliegen gleichgerichteter Interessen möglich sei.

Gegen das Bestehen **einer Zweck- und Wirtschaftsgemeinschaft** im Sinne des Urteils des IV. Senats führt der VIII. Senat folgende Argumente an:

- Durch den Zusammenhang des Verkaufs der GmbH-Anteile von Frau A an A für 5.000 DM und der schenkweisen Übertragung von 1/100 Miteigentumsanteilen an den Grundstücken ergäbe sich, dass beide Geschäfte zusammen als ein einheitlicher entgeltlicher Vorgang zu bewerten seien.

- Die Tatsache, dass der IV. Senat sein Ergebnis auf die Häufung besonderer Umstände gestützt habe, würde es verbieten, gleichgerichtete Interessen bereits dann anzunehmen, wenn Ehegatten, wie es anders gar nicht möglich sei, die zur Spaltung eines Unternehmens erforderlichen Verträge „planmäßig und gemeinsam" abschließen.

(5) Zusammenfassung

Die Entscheidung des IV. Senats vom 24.7.1986[1] ist nicht unbedenklich; denn im Kern war in dem zugrunde liegenden Sachverhalt weiter nichts geschehen, als dass dem Ehemann im Wesentlichen alle Betriebsgesellschaften gehörten und der diesen dienende Grundbesitz von Mann und Frau gemeinsam erworben worden war. Man hätte hier m.E. genauso zu einem anderen Ergebnis kommen können.

Meines Erachtens kommen als besondere Beweisanzeichen nur außerhalb der Ehe liegende Umstände in Betracht, die auch bei Nichtverheirateten auf das Vorliegen gleichgerichteter Interessen schließen lassen. Ein solches besonderes Beweisanzeichen ist z.B. gegeben, wenn die Ehegatten vereinbart haben, dass der nur am Besitzunternehmen beteiligte Ehegatte immer im gleichen Sinne stimmen muss wie der andere Ehegatte (**Stimmrechtsbindung**). Nach dem BFH-Urteil vom 1.12.1989[2] können nur besondere Umstände ausnahmsweise eine Zusammenfassung von Ehegattenanteilen rechtfertigen.

---

1 IV R 98-99/85, BFHE 147, 256, BStBl II 1986, 913.
2 III R 94/87, BFHE 159, 480, BStBl II 1990, 500.

d) Feststellungslast

Während unter der Herrschaft der Vermutungs-Rechtsprechung der Steuerpflichtige zur Vermeidung der Zusammenrechnung von Angehörigenanteilen im Rahmen der Betriebsaufspaltung nachweisen musste, dass zwischen den betreffenden Angehörigen entgegen der Vermutung kein Interessengleichklang bestand (Widerlegung der Vermutung), muss seit dem BVerfG-Beschluss vom 12.3.1985[1] nach dem im Steuerrecht geltenden Grundsatz der **objektiven Beweislast** (Feststellungslast) das Vorliegen zusätzlicher Beweisanzeichen im vorstehenden Sinn von demjenigen dargelegt und nachgewiesen werden, der sich auf das Bestehen einer Betriebsaufspaltung beruft. Das dürfte in der Regel die Finanzverwaltung sein.

e) Anwendung auf Anteile minderjähriger Kinder

Die vorstehend unter b) und c) dargestellten Grundsätze gelten nicht nur für die Zusammenrechnung von Ehegattenanteilen, sondern auch für die Zusammenrechnung von Anteilen eines Elternteils mit Anteilen minderjähriger Kinder.

f) Folgen der Rechtsprechungsänderung

Ist in einem Fall, in dem eine Betriebsaufspaltung bisher angenommen worden ist, aufgrund des Beschlusses des BVerfG vom 12.3.1985 keine Betriebsaufspaltung mehr anzunehmen, so sind dadurch alle stillen Reserven im Besitzunternehmen rückwirkend frei geworden; denn aufgrund der Rechtsprechungsänderung ist das Besitzunternehmen niemals ein Betrieb gewesen. Seine Wirtschaftsgüter waren niemals Betriebsvermögen.

Eine weitere Konsequenz des Wegfalls der Vermutungs-Rechtsprechung besteht darin, dass – weil nur dadurch eine Benachteiligung von Ehegatten vermieden wird – lediglich solche besonderen Beweisanzeichen zu einer Anteilszusammenrechnung wegen Interessengleichklangs führen können, die, wenn sie zwischen fremden Dritten vorliegen würden, auch bei ihnen zu einer Zusammenrechnung von Anteilen führen[2]. Anderer Ansicht *Woerner*[3], der meint, das BVerfG habe selbst zu erkennen gegeben, dass gerade die eheliche Wirtschaftsgemeinschaft eine steuerlich günstige Gestaltung der wirtschaftlichen Verhältnisse der Ehegatten ermögliche: das komme

---

[1] 1 BvR 571/81, BVerfGE 69, 188, BStBl II 185, 475.
[2] Vgl. BFH-Urteil vom 24.7.1986 IV R 98–99/85, BFHE 147, 256, BStBl II 1986, 913; ebenso wohl *Herzig/Kessler*, DB 1986, 2402, 2403.
[3] DStR 1986, 735, 739.

III. Personelle Verflechtung

durch die Formulierung „zusätzlich zur ehelichen Lebensgemeinschaft" zum Ausdruck. Meines Erachtens muss der Formulierung „zusätzlich zur ehelichen Lebensgemeinschaft" – wenn man die von *Woerner* gezogene Konsequenz für richtig hält – entgegengehalten werden, dass sie gegen den Schutz der Ehe verstößt, weil lediglich bedingt durch den Bestand der Ehe Umstände (nämlich zusätzliche Beweisanzeichen) zu einer Zusammenrechnung von Ehegattenanteilen und damit zu einer Schlechterstellung von Ehegatten führen, die bei Nichtehegatten – beim Vorliegen dieser Umstände – nicht erfolgen würde. Ein so inkonsequentes Ergebnis kann der erkennende Senat des BVerfG in seiner Mehrheit nicht gewollt haben.

Und schließlich folgt aus der Aufgabe der Vermutungs-Rechtsprechung auch noch, dass die Zusammenrechnung von Anteilen im Rahmen der Betriebsaufspaltung nicht nur auf Ehegatten beschränkt ist, sondern auch bei fremden Dritten möglich ist.

Beispiel:
A ist Alleinanteilseigner der Betriebs-GmbH. Diese hat von der AB-GbR eine wesentliche Betriebsgrundlage gepachtet. An der AB-GbR sind die beiden Freunde A und B je zu 1/2 beteiligt. B hat sich zugunsten des A verpflichtet, in der GbR stets so zu stimmen, wie A es verlangt.

6. Wiesbadener Modell

Literatur: *Dehmer,* Betriebsaufspaltung – Wiesbadener Modell – Faktische Beherrschung in Ausnahmefällen, KFR F. 3 EStG § 15, 2/89, S. 103; *Felix,* Keine Betriebsaufspaltung bei fehlender Ehegattenbeteiligung, GmbHR 1973, 184; *ders.,* Anm. zum BFH-Urteil vom 30.7.1985 – VIII R 263/81, BStBl II 1986, 359, StRK-Anm. GewStG 1978 § 2 Abs. 1 BetrAufsp. R.7; *Hanraths,* Ehegattengrundstücke und Betriebsaufspaltung – Stellungnahme zu den Ausführungen von Schulze zur Wiesche in DB 1982, 1689, DB 1982, 2267; *Leineweber,* Betriebsaufspaltung in der Form der sog. Null-Beteiligung zwischen Ehegatten, NWB Fach 18, 2671; *Schulze zur Wiesche,* Ehegattengrundstücke und Betriebsaufspaltung, DB 1982, 1689; *ders.,* Nochmals zur Betriebsaufspaltung bei Ehegattengrundstücken, DB 1983, 413; *ders.,* Betriebsaufspaltung und betrieblich genutztes Grundstück des anderen Ehegatten, BB 1984, 2184; *Söffing, Günter,* Keine Betriebsaufspaltung beim Wiesbadener Modell – BFH-Urteil vom 30.7.1985 – VIII R 263/81, BStBl II 1986, 359, NWB Fach 18, 2787; *Stahl,* Aufspaltung von Familienunternehmen nach dem „Wiesbadener Modell" – Steuerrecht – KÖSDI 1978, 2985.

Beim Wiesbadener Modell handelt es sich um Fälle, in denen ein Ehegatte in einem Betriebsunternehmen seinen geschäftlichen Betätigungswillen durchsetzen kann und dieses Betriebsunternehmen eine wesentliche Betriebsgrundlage von dem anderen Ehegatten gemietet hat.

Beispiel:
Der Ehemann A ist allein Anteilseigner einer Betriebs-GmbH. Die Ehefrau ist Alleineigentümerin eines Grundstücks, das sie an die GmbH vermietet hat und in dem die GmbH ihr Unternehmen betreibt.

Hier liegt keine Betriebsaufspaltung vor[1]. Dies ergab sich nicht schon aus der Aufgabe der Vermutungs-Rechtsprechung; denn beim Vorliegen „zusätzlicher Beweisanzeichen" ist eine Zusammenrechnung von Ehegattenanteilen auch noch nach Aufgabe dieser Rechtsprechung möglich. Selbst aber wenn besondere Beweisanzeichen vorliegen, kommt nach dem BFH-Urteil vom 30.7.1985[2] beim Wiesbadener Modell keine personelle Verflechtung in Betracht, weil eine solche stets voraussetzt, dass die Ehegatten nebeneinander an wenigstens einem Unternehmen, also entweder an dem Besitzunternehmen oder an dem Betriebsunternehmen beteiligt sind; denn zusammengerechnet werden können immer nur die Anteile an einem Unternehmen.

7. Faktische Beherrschung

Literatur: *Dehmer,* Betriebsaufspaltung – Wiesbadener Modell – Faktische Beherrschung in Ausnahmefällen, KFR F. 3 EStG § 15, 2/89, S. 103; *Fichtelmann,* Anm. zum Urteil des BFH IV R 145/72 vom 29.7.1976, BStBl 1976 II 750 in: StRK-Anm., GewStG § 2 Abs. 1 R. 332; *Pannen,* Entwicklungstendenzen bei der Betriebsaufspaltung – Das ungelöste Problem der faktischen Beherrschung des Besitzunternehmens, DB 1996, 1252; *Märkle,* Die Betriebsaufspaltung an der Schwelle zu einem neuen Jahrtausend, Lebt das „Institut" der faktischen Beherrschung noch?, BB 2000 Beilage 7, 7 ff.; *Söffing, Günter,* Die faktische Betriebsaufspaltung, DStZ 1983, 443; *ders.,* Anm. zum BFH-Urteil vom 26.7.1984 – IV R 11/81, FR 1985, 22; *Thoma,* Dauerthema Betriebsaufspaltung: Notizen zum Kriterium der „tatsächlichen Beherrschung", bilanz & buchhaltung 1987, 347; *Roschmann/Frey,* Betriebsaufspaltung und Stimmbindungsverträge.

a) Einleitung

Ein weiteres Problem im Rahmen der personellen Verflechtung ist das der sog. faktischen Beherrschung.

---

1 BFH-Urteile vom 30.7.1985 VIII R 263/81, BFHE 145, 129, BStBl II 1986, 359; vom 9.9.1986 VIII R 198/84, BFHE 147, 463, BStBl II 1987, 28.
2 VIII R 263/81, BFHE 145, 129, BStBl II 1986, 359.

III. Personelle Verflechtung

Grundsätzlich setzt die Annahme einer Betriebsaufspaltung voraus, dass die das Besitzunternehmen beherrschende Person oder Personengruppe an dem Besitzunternehmen und dem Betriebsunternehmen **stimmrechtsmäßig beteiligt** ist[1]. D.h. die Durchsetzbarkeit des einheitlichen geschäftlichen Betätigungswillens im Besitzunternehmen und im Betriebsunternehmen muss grundsätzlich aufgrund einer **rechtlichen Beteiligung** an diesen Unternehmen möglich sein.

In besonders gelagerten Ausnahmefällen jedoch soll nach der Rechtsprechung des BFH auch ohne ausreichenden **Anteilsbesitz** der Besitzgesellschafter an der Betriebsgesellschaft eine Betriebsaufspaltung gegeben sein, nämlich dann, wenn die Beherrschung der Betriebsgesellschaft durch die Besitzunternehmer infolge einer durch die Besonderheit des Einzelfalles bedingten **tatsächlichen Machtstellung** der Besitzgesellschafter möglich sei[2] oder umgekehrt[3]. Solche Besonderheiten können nach der Rechtsprechung des BFH eine **Großgläubigerstellung** der das Besitzunternehmen beherrschenden Personen im Betriebsunternehmen[4] oder das Angewiesensein des Betriebsunternehmens auf die **Fachkenntnis** dieser Personen sein[5].

Beispiel:
Eine atypisch stille Gesellschaft, an der die Eheleute A und die Eheleute B beteiligt sind, wird in eine KG umgewandelt. A und B scheiden aus der KG aus. Als Abfindung erhalten sie das Anlagevermögen der KG, das sie in eine GbR einbringen. Die GbR verpachtet das Anlagevermögen an die Betriebs-KG. An dieser sind Frau A mit 60 v.H. und Frau B mit 40 v.H. beteiligt. An der GbR sind A mit 60 v.H. und B mit 40 v.H. beteiligt. A und B sind Angestellte der KG und haben Einzelprokura. Sie sind für die KG in gleicher Weise tätig wie vorher für die atypisch stille Gesellschaft. Die Ehefrauen sind infolge fehlender Sachkenntnis nicht in der Lage, den Betrieb der KG allein zu führen.

---

1 BFH-Urteile vom 26.7.1984 IV R 11/81, BFHE 141, 536, BStBl II 1984, 714; vom 9.9.1986 VIII R 198/84, BFHE 147, 463, BStBl II 1987, 28.
2 BFH-Urteile vom 29.7.1976 IV R 145/72, BFHE 119, 462, BStBl II 1976, 750; vom 24.2.1981 VIII R 159/78, BFHE 132, 42, BStBl II 1981, 379; vom 14.1.1982 IV R 77/79, BFHE 135, 325, BStBl II 1982, 476; vom 16.6.1982 I R 118/80, BFHE 136, 287, BStBl II 1982, 662; vom 26.7.1984 IV R 11/81, BFHE 141, 536, BStBl II 1984, 714 unter 3.; vom 27.11.1985 I R 115/85, BFHE 145, 221, BStBl II 1986, 362; vom 9.9.1986 VIII R 198/84, BFHE 147, 463, BStBl II 1987, 28; vom 1.12.1989 III R 94/87, BFHE 159, 480, BStBl II 1990, 500; vom 27.8.1992 IV R 13/91, BFHE 169, 231, BStBl II 1993, 134; vom 29.1.1997 XI R 23/96, BFHE 182, 216, BStBl II 1997, 437 m. w. N.; vom 15.3.2000 VIII R 82/98, zur Veröffentlichung bestimmt.
3 BFH-Urteil vom 7.12.1999 VIII R 50, 51/96, BFH/NV 2000, 601, 603 linke Spalte.
4 BFH-Urteil vom 27.8.1992 IV R 13/91, BFHE 169, 231, BStBl II 1993, 134.
5 Vgl. auch BFH-Urteil vom 30.7.1985 VIII R 263/81, BFHE 145, 129, BStBl II 1986, 359.

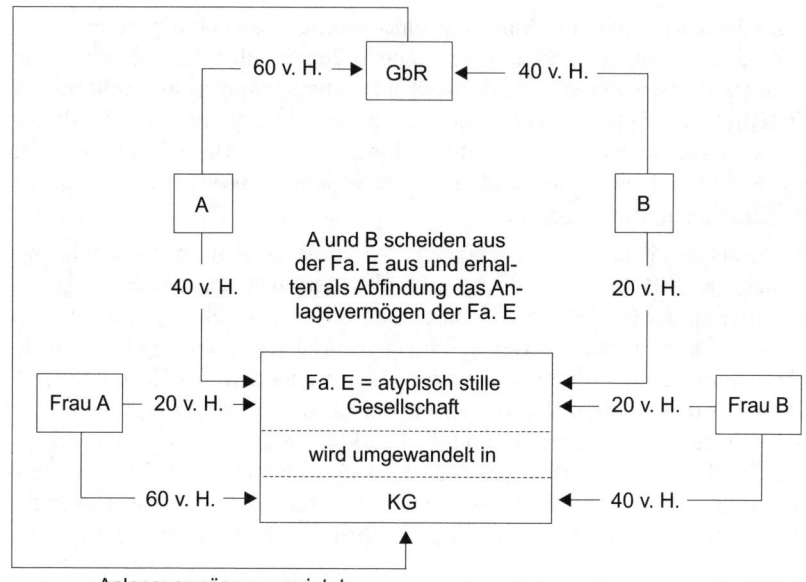

132 D. Voraussetzungen der Betriebsaufspaltung

```
          ┌─ 60 v. H. → [GbR] ← 40 v. H. ─┐
          │                                │
         [A]                              [B]
          │     A und B scheiden aus       │
       40 v. H. der Fa. E aus und erhal-  20 v. H.
          │     ten als Abfindung das An- │
          │     lagevermögen der Fa. E     │
          │                                │
 [Frau A]─ 20 v. H. → Fa. E = atypisch stille ← 20 v. H. ─[Frau B]
          │           Gesellschaft                         │
          │           ----------------------               │
          │           wird umgewandelt in                  │
          └─ 60 v. H. →    KG           ← 40 v. H. ────────┘
                           ↑
              Anlagevermögen vermietet
```

Lösung:
Obwohl A und B an der Betriebs-KG nicht beteiligt sind, also in der KG keine **Stimmrechte** haben, hat der IV. Senat[1] in diesem Fall Betriebsaufspaltung angenommen, weil die Ehemänner aus fachlichen Gründen eine eindeutige Vorrangstellung in der Betriebs-KG hätten, die es den Gesellschafterinnen der Betriebs-KG, also den Ehefrauen „im eigenen wohlverstandenen wirtschaftlichen Interesse zwingend nahe legt, sich bei der Ausübung ihrer Rechte als Gesellschafter der Betriebsgesellschaft weitgehend den Vorstellungen der ihnen nahe stehenden Besitzgesellschafter unterzuordnen."

In dem Urteil vom 16.6.1982[2] hat der I. Senat des BFH eine Betriebsaufspaltung durch faktische Beherrschung in folgendem – hier vereinfacht dargestellten – Sachverhalt angenommen:

Beispiel:
An der Besitz-KG waren der Sohn AY (52 Stimmen) und die Töchter BY und CY (je 24 Stimmen) beteiligt. Betriebsgesellschaft war die X-KG.

---
1 BFH-Urteil vom 29.7.1976 IV R 145/72, BFHE 119, 462, BStBl II 1976, 750.
2 I R 118/80, BFHE 136, 287, BStBl II 1982, 662.

III. Personelle Verflechtung

Sie hatte ihr Anlagevermögen von der Besitz-KG gepachtet. An der X-KG waren mit 95 v.H. eine Stiftung und mit 5 v.H. eine die Geschäfte der X-KG führende Y-Verwaltungs-GmbH beteiligt. Geschäftsführer der Y-GmbH waren AY, BY und CY. Die Anteile an der Y-GmbH gehörten der Stiftung. Im Vorstand der Stiftung waren AY, Frau DY (die Mutter der Kinder AY, BY und CY) und ein Dritter. Im Aufsichtsrat der Stiftung waren AY, BY, CY und DY.

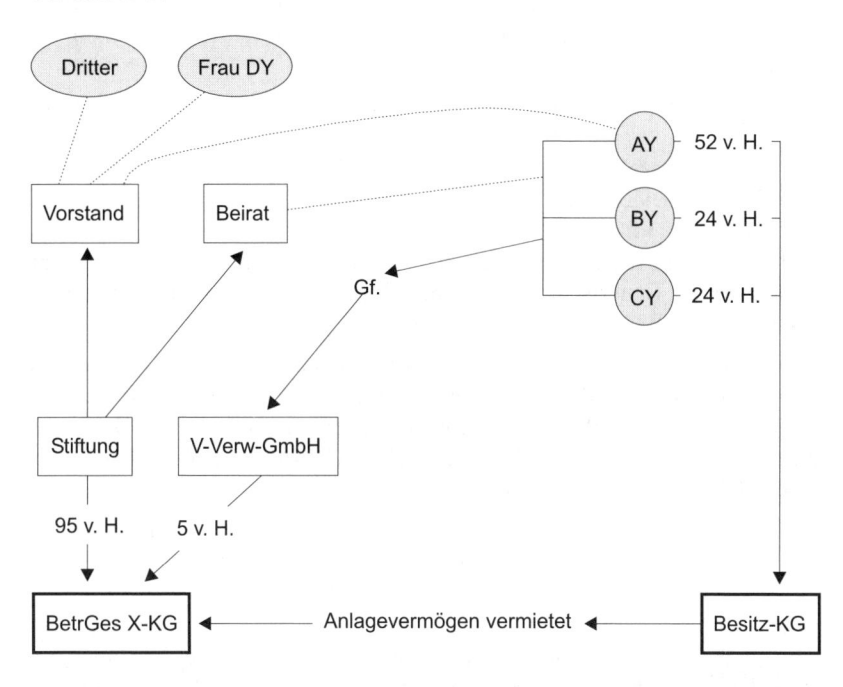

```
   Dritter       Frau DY
                                              AY  — 52 v. H.
   Vorstand     Beirat                         BY  — 24 v. H.
                           Gf.                 CY  — 24 v. H.

   Stiftung    V-Verw-GmbH
     95 v. H.    5 v. H.
   BetrGes X-KG  ←— Anlagevermögen vermietet ←— Besitz-KG
```

Wie aus den beiden vorbezeichneten BFH-Urteilen vom 29.7.1976 und vom 16.6.1982 zu entnehmen ist, sollte eine faktische Beherrschung zwar nur in Ausnahmefällen zur Annahme einer Betriebsaufspaltung führen. Andererseits aber befinden sich in dem Urteil vom 29.7.1976 auch die viel weiter gehenden Sätze:

> „Denn den geschäftlichen Betätigungswillen in der Betriebsgesellschaft durchzusetzen erfordert nicht notwendig und ausnahmslos einen bestimmten Anteilsbesitz an der Betriebsgesellschaft. Dies kann auch möglich sein aufgrund einer z.B durch die Position als Großgläubiger oder durch sonstige Umstände bedingte wirtschaftliche Machtstellung."

b) Bedenken gegen die faktische Beherrschungsthese

Gegen die faktische Beherrschungsthese bestehen erhebliche Bedenken, weil sie zur Annahme eines Gewerbebetriebs bei Personen führt, denen das Betriebsunternehmen rechtlich weder mittelbar noch unmittelbar gehört. Das geht weit über den Sinn und Zweck der Betriebsaufspaltung hinaus, mit der vermieden werden soll, dass derjenige, der sein Unternehmen in zwei selbständige ihm gehörende Unternehmen aufspaltet, keine Vorteile gegenüber Einzelunternehmen und Mitunternehmerschaften haben soll, die ihren Betrieb in einem Unternehmen führen.

Ferner spricht gegen die faktische Beherrschung folgende Überlegung: Nach der h.L. kann ein Einzelunternehmen kein Betriebsunternehmen i. S. einer Betriebsaufspaltung sein[1]. Folglich kann auch die tatsächliche Beherrschung eines Einzelunternehmens durch einen Dritten niemals zu einer Betriebsaufspaltung zwischen dem Einzelunternehmen und dem Dritten führen. Wenn dem aber so ist, dann ist nicht einsichtig, warum eine faktische Beherrschung bei einer Betriebs-Personengesellschaft oder einer Betriebs-Kapitalgesellschaft möglich sein soll.

Es ist auch zweifelhaft, ob die faktische Beherrschungsthese – wie ihre Anhänger immer wieder behaupten – wirklich auf den Beschluss des GrS des BFH vom 8.11.1971[2] gestützt werden kann; denn in diesem Beschluss werden zwar die Worte „tatsächlich beherrschen" verwendet, aber nur in dem folgenden Zusammenhang:

> „Nach Auffassung des Großen Senats genügt es aber auch, dass die Person oder die Personen, die das Besitzunternehmen tatsächlich beherrschen, in der Lage sind, auch in der Betriebsgesellschaft ihren Willen durchzusetzen."

In dieser Formulierung beziehen sich die Worte „tatsächlich beherrschen" nur auf das Besitzunternehmen und nicht auch auf das Betriebsunternehmen. Und im Übrigen ist es wegen des Fehlens jeder Begründung sehr zweifelhaft, ob mit der Formulierung die faktische Beherrschungstheorie bejaht werden sollte.

Und schließlich spricht gegen die faktische Beherrschungsthese auch der Umstand, dass sie zu einer erheblichen Rechtsunsicherheit führt[3]. Da der Begriff der faktischen Beherrschung ein unbestimmter Rechtsbegriff ist, wird die Entscheidung bei Streitigkeiten darüber, ob im Einzelfall eine

---

1 Siehe unten unter F.
2 GrS 2/71, BFHE 103, 440, BStBl II 1972, 63.
3 Vgl. auch *Streck*, FR 1980, 83, 86.

III. Personelle Verflechtung 135

solche vorliegt, erst nach vielen Jahren – durch ein BFH-Urteil – fallen. Stellt man hingegen für die Frage, ob eine personelle Verflechtung vorliegt, auf das Stimmrechtsverhältnis ab, dann kann die Frage nach dem Vorliegen einer Betriebsaufspaltung zweifelsfrei von jedem beantwortet werden.

c) Das BFH-Urteil vom 26.7.1984[1]

Stellt man die vorstehend genannten Bedenken in Rechnung, dann muss man zu dem Ergebnis kommen, dass das BFH-Urteil vom 29.7.1976[2] mit seinen barocken Formulierungen sehr weit, wenn nicht zu weit, geht. Wahrscheinlich hat der IV. Senat dies mittlerweile selbst gemerkt; denn er hat in dem folgenden Fall eine Betriebsaufspaltung abgelehnt:

Beispiel:
Der vom Vater als Einzelunternehmen geführte Betrieb wird von einer GmbH fortgeführt, deren Anteile den volljährigen Kindern gehören. Der Vater ist erster Geschäftsführer der GmbH und hat als solcher sehr weitgehende Rechte. Das unbewegliche und ein Teil des beweglichen Anlagevermögens des Einzelunternehmens ist an die GmbH verpachtet.

Lösung:
Der IV. Senat[3] hat keine Betriebsaufspaltung angenommen, weil es an einer Interessenidentität zwischen dem Vater und seinen volljährigen Kindern fehle und der Vater als Fremd-Geschäftsführer der GmbH nicht seine eigenen Interessen durchsetzen könne; denn einem **GmbH-Geschäftsführer** obliege gegenüber der GmbH eine **Treuepflicht**, die es ihm gebiete, fremde Interessen (nämlich die der Anteilseigner der GmbH) wahrzunehmen und diesen fremden Interessen ggf. eigene Interessen unterzuordnen.

d) Folgerungen aus dem BFH-Urteil vom 26.7.1984

Diese vorstehend wiedergegebenen, in dem Urteil vom 26.7.1984[4] enthaltenenen Ausführungen haben m.E. eine weit über den Bereich der Betriebsaufspaltung hinausgehende Bedeutung. Sie schließen praktisch eine faktische Beherrschung in den Fällen aus, in denen die Betriebsgesellschaft eine GmbH ist und der Besitzgesellschafter (die Besitzgesellschafter) keinen Einfluss auf Gesellschafterbeschlüsse ausüben kann (können).

---

1 IV R 11/81, BFHE 141, 536, BStBl II 1984, 714.
2 IV R 145/72, BFHE 119, 462, BStBl II 1976, 750.
3 BFH-Urteil vom 26.7.1984 IV R 11/81, BFHE 141, 536, BStBl II 1984, 714.
4 IV R 11/81, BFHE 141, 536, BStBl II 1984, 714.

Wichtig ist auch, dass in dem Urteil vom 26.7.1984[1] darauf hingewiesen wird, dass es für die Annahme einer Betriebsaufspaltung in dem Urteil vom 29.7.1976[2] wesentlich gewesen sei, dass die Ehefrauen A und B als alleinige Anteilseignerinnen der Betriebsgesellschaft offenbar außerstande gewesen seien, den Betrieb ohne ihre Ehemänner fortzuführen, und dass **eine Lebens- und Wirtschaftsgemeinschaft** zwischen den Besitz- und Betriebsgesellschaftern bestanden habe.

Entscheidungserheblich für den IV. Senat war in dem Urteil vom 29.7.1976 also auch die sich aus der Ehe ergebende **Vermutung** eines **Interessengleichklangs** zwischen **Ehegatten**. Eine solche Vermutung ist nach dem Beschluss des BVerfG vom 12.3.1985[3] mit dem Grundgesetz aber nicht vereinbar. Es fragt sich daher, ob das Urteil vom 29.7.1976 nach dem Ergehen des BVerfG-Beschlusses vom 12.3.1985 überhaupt noch anwendbar ist. Meines Erachtens muss die Frage verneint werden[4]. Dafür spricht auch der Hinweis in dem BFH-Urteil vom 27.11.1985[5], wonach kein besonderes Beweisanzeichen i. S. des BVerfG-Beschlusses vom 12.3.1985[6] vorliegt, wenn der Ehemann die Betriebsgesellschaft führt und über die erforderlichen Fachkenntnisse verfügt. *Woerner*[7] verdeutlicht diese Überlegungen noch dadurch, dass er auf den folgenden Fall hinweist, in dem wohl mit Sicherheit keine Betriebsaufspaltung angenommen werden kann: Die beherrschende Gesellschafterin einer GmbH ist eine „fachfremde" Witwe, die „im eigenen wohlverstandenen wirtschaftlichen Interesse" auf den Rat ihrer leitenden Angestellten hört, die zufälligerweise Vermieter oder Verpächter wesentlicher Betriebsgrundlagen an die GmbH sind.

e) Die weitere Entwicklung der Rechtsprechung

Die vorstehend vertretene Auffassung wird durch die neuere Rechtsprechung des BFH bestätigt.

---

1 IV R 11/81, BFHE 141, 536, BStBl II 1984, 714.
2 IV R 145/72, BFHE 119, 462, BStBl II 1976, 750.
3 1 BvR 571/81, BVerfGE 69, 188, BStBl II 1985, 475.
4 So auch *Woerner*, DStR 1986, 735, 738, 740.
5 I R 115/85, BFHE 145, 221, BStBl II 1986, 362.
6 1 BvR 571/81, BVerfGE 69, 188, BStBl II 1985, 475.
7 DStR 1986, 735, 738.

III. Personelle Verflechtung 137

(1) Das Urteil des VIII. Senats vom 9.9.1986

Der VIII. Senat hatte in seinem Urteil vom 9.9.1986[1] über folgenden Sachverhalt zu entscheiden:
A hatte ein Einzelunternehmen, das durch das Ausscheiden eines Gesellschafters aus einer KG entstanden war. Er verpachtete sein Anlagevermögen an die X-GmbH und verkaufte dieser sein Umlaufvermögen. Die X-GmbH übernahm alle Betriebsschulden und verpflichtete sich zur Zahlung von rd. 3 Mio DM. A gewährte der X-GmbH diesen Betrag als Darlehen. Als Pacht für das überlassene Anlagevermögen und als Zinsen für das Darlehen erhielt A 7,5 v.H. des Umsatzes der GmbH. Alleinige Gesellschafterin der GmbH war die Ehefrau des A. Geschäftsführer der GmbH waren zunächst die Eheleute A, später Frau A allein.

Der VIII. Senat hat in diesem Fall die Annahme einer faktischen Beherrschung aus folgenden Gründen abgelehnt: A habe in der X-GmbH keine „eindeutige Vormachtstellung auf dem Gebiet der in Frage stehenden geschäftlichen Betätigung" gehabt, die es seiner Ehefrau als Gesellschafterin der Betriebs-GmbH in ihrem „eigenen wohlverstandenen Interesse zwingend nahe gelegt habe, sich bei der Ausübung ihre Rechte als Gesellschafterin der Betriebsgesellschaft weithin den Vorstellungen" des ihr nahe stehenden Gesellschafters „der Besitzgesellschaft unterzuordnen"[2]. Denn Frau A sei hinsichtlich ihrer Betätigung in der X-GmbH nicht völlig fachunkundig gewesen.

Auch aus der Darlehnsgewährung und der Verpachtung des Anlagevermögens könne eine faktische Beherrschung nicht hergeleitet werden.

Soweit Frau A – solange A Mitgeschäftsführer gewesen sei – in Übereinstimmung mit ihrem Mann die Geschäfte geführt habe, könne daraus ebenfalls nicht auf eine faktische Beherrschung der GmbH durch A geschlossen werden; denn dieses übereinstimmende Handeln habe nicht darauf beruht, dass A seiner Frau seinen geschäftlichen Betätigungswillen als Besitzunternehmer aufgezwungen habe, sondern darauf, dass er als Geschäftsführer der GmbH einen Willen verwirklicht habe, der unter Zurückstellung seines geschäftlichen Betätigungswillens als Besitzunternehmer den von ihm wahrzunehmenden Interessen der GmbH entsprochen habe.

---

1 VIII R 198/84, BFHE 147, 463, BStBl II 1987, 28; Anm. zu dem Urteil *G. Söffing* in NWB Fach 18, 2841; *Woerner* in BB 1986, 2322; *o. V.* in HFR 1987, 76; *Leingärtner* in RWP, Akt. Inf. Steuerrecht SG 1.3.
2 Siehe BFH-Urteil vom 29.7.1976 IV R 145/72, BFHE 119, 462, BStBl II 1976, 750.

(2) Das Urteil des X. Senats vom 12.10.1988

Nach dem Urteil des X. Senats vom 12.10.1988[1] ist der extreme Ausnahmefall einer faktischen Beherrschung nur dann gegeben, wenn die gesellschaftsrechtlich Beteiligten darauf angewiesen sind, sich dem Willen eines anderen so unterzuordnen, dass sie keinen eigenen geschäftlichen Willen entfalten können.

Im Einzelnen hat der X. Senat in seiner Entscheidung hierzu ausgeführt: Aus der Bemerkung des GrS in seinem Beschluss vom 8.11.1971[2], es genüge, dass die Person oder Personengruppe, die das Besitzunternehmen tatsächlich beherrsche, in der Lage sei, auch in der Betriebsgesellschaft ihren Willen durchzusetzen, lasse sich die Tragweite der faktischen Beherrschung nicht entnehmen. Auf jeden Fall seien an die Voraussetzung einer faktischen Beherrschung strenge Anforderungen zu stellen. Im Hinblick auf die rechtliche und im Laufe der gesellschaftlichen Entwicklung weiter fortschreitenden tatsächlichen Gleichstellung der Frau (der Ehefrau), könne eine Lage, wie sie der IV. Senat in seinem Urteil vom 29.7.1976[3] beschrieben habe, nur in extrem gelagerten Ausnahmefällen angenommen werden. Wenn sich eine (Ehe-)Frau im Wirtschaftsleben betätige, sei davon auszugehen, dass sie selbständig und eigenverantwortlich tätig werde.

(3) Das Urteil des I. Senats vom 26.10.1988

Verpachtet ein Steuerpflichtiger die wesentlichen Grundlagen seines Einzelunternehmens an eine GmbH, deren alleinige Anteilseignerin seine Ehefrau ist, so rechtfertigt dies nach dem Urteil des I. Senats des BFH vom 26.10.1988[4] auch dann keine Annahme einer faktischen Beherrschung, wenn der Steuerpflichtige als Geschäftsführer der GmbH angestellt wird und ihr aufgrund seiner beruflichen Ausbildung und Erfahrung das Gepräge gibt.

Für die Durchsetzung eines einheitlichen geschäftlichen Betätigungswillens in dem Besitz- und Betriebsunternehmen sei – so der I. Senat zur Begründung des Urteils – in der Regel die Mehrheit der Stimmen erforderlich. In besonders gelagerten Fällen könne allerdings die Fähigkeit, den Willen in dem Betriebsunternehmen durchzusetzen, auch ohne Anteilsbesitz durch

---

1 X R 5/86, BFHE 154, 566, BStBl II 1989, 152.
2 GrS 2/71, BFHE 103, 440, BStBl II 1972, 63.
3 IV R 145/72, BFHE 119, 462, BStBl II 1976, 750.
4 I R 228/84, BFHE 155, 117, BStBl II 1989, 155.

III. Personelle Verflechtung

eine besondere tatsächliche Machtstellung vermittelt werden. Dazu reiche jedoch die bloße eheliche Beziehung zu dem Mehrheitsgesellschafter der Betriebsgesellschaft nicht aus. Art. 6 GG verbiete die Vermutung, Ehegatten verfolgten regelmäßig gleichgerichtete wirtschaftliche Interessen. Es müssten **zusätzlich** zur ehelichen Lebensgemeinschaft **Beweisanzeichen** für die Annahme einer personellen Verflechtung durch gleichgerichtete wirtschaftliche Interessen sprechen. Solche zusätzlichen Beweisanzeichen seien beim Vorliegen der folgenden Umstände **nicht** gegeben:

- Jahrelanges konfliktfreies Zusammenwirken der Eheleute innerhalb der Gesellschaft[1],
- Herkunft der Mittel für die Beteiligung der Ehefrau an der Betriebsgesellschaft vom Ehemann,
- „Gepräge" der Betriebsgesellschaft durch den Ehemann
- Erbeinsetzung der Ehefrau durch den Ehemann als Alleinerbin, gesetzlicher Güterstand der Zugewinngemeinschaft, beabsichtigte Alterssicherung.

Auch aus der Tatsache, dass im Streitfall der Steuerpflichtige Eigentümer des Betriebsvermögens sei, das der GmbH als wesentliche Grundlage ihres Betriebs diene, könne keine personelle Verflechtung hergeleitet werden, weil sich aus der Verpachtung keine über die Verpächterstellung hinausgehende Machtposition in Bezug auf die Durchsetzung eines geschäftlichen Betätigungswillens ergäbe. Das Gleiche gelte hinsichtlich der Stellung des Steuerpflichtigen als alleinvertretungsberechtigter **Geschäftsführer** der **GmbH**. Denn es komme für die personelle Verflechtung nicht auf den Aufgabenbereich als Geschäftsführer, sondern auf die Fähigkeit an, einen bestimmten Betätigungswillen als Gesellschafter durchzusetzen. Diese Fähigkeit werde in der Regel nur durch den **Anteilsbesitz** vermittelt, weshalb sich im Fall der faktischen Beherrschung die tatsächliche Machtstellung auf die Ausübung der Mehrheit der Gesellschafter beziehen müsse.

Aus der Tatsache, dass der Steuerpflichtige aufgrund seines erlernten Berufs und seiner langjährigen Tätigkeit der GmbH das „Gepräge" gegeben habe, könne keine personelle Verflechtung hergeleitet werden, weil dieser Umstand sich nicht auf die Ausübung von Gesellschaftsrechten beziehe.

---

1 Vgl. auch BFH-Urteil vom 10.12.1991 VIII R 71/87, BFH/NV 1992, 551.

(4) Das Urteil des III. Senats vom 1.12.1989

Dem Urteil des III. Senats vom 1.12.1989[1] lag – vereinfacht dargestellt – folgender Sachverhalt zugrunde:
A gründete zusammen mit seiner Ehefrau und seinen drei Kindern im Rahmen einer Aufspaltung seines bisherigen Einzelunternehmens eine GmbH. Gleichzeitig beteiligten sich A, seine Ehefrau und seine Kinder an der GmbH als stille Gesellschafter. Die Mittel, die die Ehefrau und die Kinder für ihre Beteiligung an der GmbH und als stille Gesellschafter benötigten, hatte ihnen A geschenkt. Sein bisheriges Umlaufvermögen (Buchwert 956.000 DM) übertrug A an die GmbH. Nach Abzug der Beträge für die Kapitaleinlagen (200.000 DM) und die stillen Beteiligungen (300.000 DM) mit denen er seine Ehefrau und seine Kinder an der GmbH beteiligt hatte, verblieb ein Restbetrag von 456.000 DM. Diesen stellte A der GmbH verzinslich als Darlehen zur Verfügung. Nach den Bestimmungen des Darlehensvertrags sollten jährlich mindestens 10 v.H. der Darlehenssumme getilgt werden. Außerdem war A berechtigt, „jederzeit Teilbeträge zurückzufordern sofern die GmbH dadurch nicht in finanzielle Schwierigkeiten geriet." In der GmbH waren A und seine Ehefrau jeweils alleinvertretungsberechtigte Geschäftsführer. Beide waren an die Beschlüsse und Weisungen der Gesellschafterversammlung gebunden. A bedurfte „für sämtliche Geschäfte" keiner besonderen Zustimmung der Gesellschafterversammlung.

Der III. Senat hat in diesem Fall eine faktische Beherrschung des Klägers aus folgenden Gründen verneint: Die Position eines **Großgläubigers** begründe nur dann eine faktische Machtstellung, wenn er die Geschäftsführung des Unternehmens vollständig übernehme. Nicht ausreichend sei, wenn neben ihm ein zweiter Geschäftsführer vorhanden sei. Das gelte auch dann, wenn der Ehegatte des Großgläubigers Gesellschafter und zweiter Geschäftsführer sei und seine geschäftsführende Tätigkeit auch ohne den anderen Geschäftsführer ausüben könne. Dass der zweite Geschäftsführer bei gewissen Geschäften an die „Beschlüsse und Weisungen" der Gesellschafterversammlung gebunden sei, sei unerheblich, wenn er die Mehrheit der Anteile besitze.

---

[1] III R 94/87, BFHE 159, 480, BStBl II 1990, 500.

III. Personelle Verflechtung 141

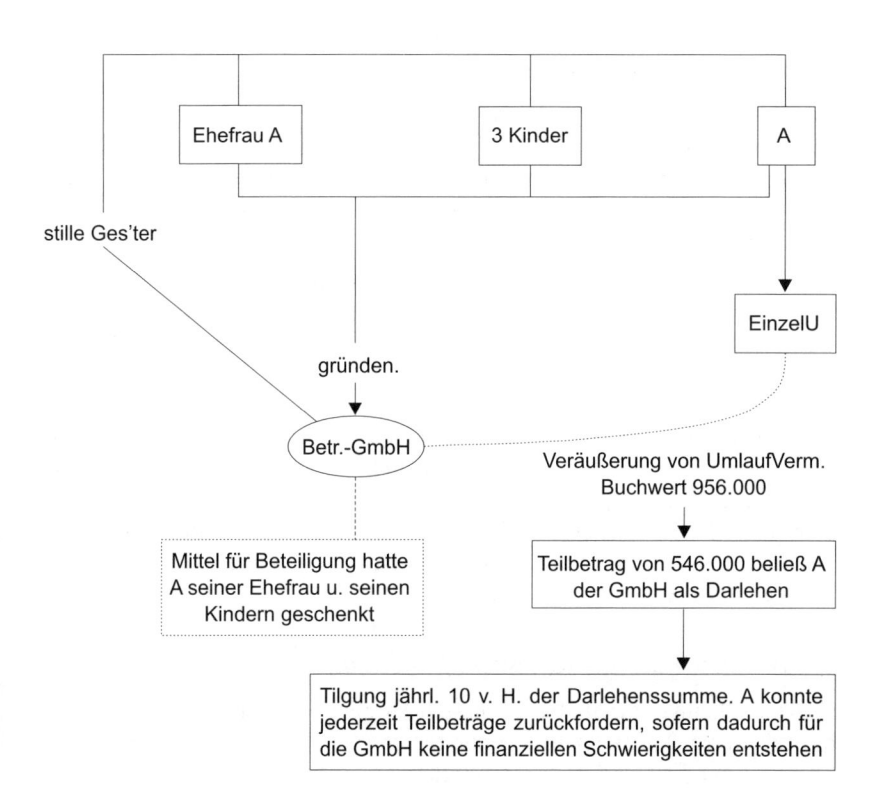

```
                    ┌─────────────┬─────────────┐
              ┌─────────────┐ ┌─────────────┐ ┌─────────────┐
              │  Ehefrau A  │ │  3 Kinder   │ │      A      │
              └─────────────┘ └─────────────┘ └─────────────┘
                                                     │
  stille Ges'ter                                     │
         ╲                                           ▼
          ╲                                    ┌─────────┐
           ╲                                   │ EinzelU │
            ╲       gründen.                   └─────────┘
             ╲                                      
              ▼                                     
           ╭──────────╮
           │Betr.-GmbH│·········  Veräußerung von UmlaufVerm.
           ╰──────────╯                   Buchwert 956.000
                │                                │
                │                                ▼
    ┌───────────────────────┐      ┌───────────────────────────┐
    │Mittel für Beteiligung │      │Teilbetrag von 546.000 beließ A│
    │hatte A seiner Ehefrau │      │   der GmbH als Darlehen   │
    │u. seinen Kindern      │      └───────────────────────────┘
    │geschenkt              │                    │
    └───────────────────────┘                    ▼
           ┌───────────────────────────────────────────────────┐
           │Tilgung jährl. 10 v. H. der Darlehenssumme. A konnte│
           │jederzeit Teilbeträge zurückfordern, sofern dadurch für│
           │die GmbH keine finanziellen Schwierigkeiten entstehen│
           └───────────────────────────────────────────────────┘
```

Für die Begründung einer faktischen Machtstellung reiche es auch nicht aus, wenn einem Großgläubiger die Möglichkeit eingeräumt werde, neben der Tilgung von jährlich mindestens 10 v.H. der Darlehenssumme jederzeit Teilbeträge zurückzufordern, sofern die GmbH dadurch nicht in finanzielle Schwierigkeiten gerate. Ferner sei für die Annahme einer faktischen Beherrschung nicht ausreichend, wenn der Großgläubiger aus fachlichen Gründen eine eindeutige Vorrangstellung auf dem Gebiet seiner geschäftlichen Betätigung einnehme, aber auch der zweite Gesellschafter-Geschäftsführer über ausreichende Kenntnisse verfüge.

Schließlich führe auch die Tatsache, dass der Kläger seiner Ehefrau und seinen Kindern die Mittel für deren Beteiligung an der GmbH und als stille Gesellschafter geschenkt habe, nicht zur Annahme einer faktischen Beherrschung.

(5) Das Urteil des BFH vom 27.2.1991

Dem Urteil des XI. Senats des BFH vom 27.2.1991 XI R 25/88[1] lag folgender – vereinfacht dargestellter Sachverhalt – zugrunde: A und B waren zu je 1/2 an einer Betriebs-GmbH beteiligt. A war Geschäftsführer der GmbH und hatte dieser ein Darlehen gewährt. B war Handlungsbevollmächtigter der GmbH.

Der BFH hat hier eine faktische Beherrschung des A mit folgender Begründung abgelehnt: Eine personelle Verflechtung kraft tatsächlicher Beherrschung sei nur in Ausnahmefällen zu bejahen. Eine solche Ausnahme wäre – was im Streitfall nicht vorliege – nur dann gegeben, wenn B von seiner gesellschaftsrechtlichen Einwirkungsmöglichkeit infolge der Einwirkungsmöglichkeiten des A keinen Gebrauch machen könnte. Die Darlehensgewährung des A rechtfertige nicht die Annahme einer faktischen Beherrschung. Eine solche ergäbe sich auch nicht daraus, dass nur A die fachlichen Kenntnisse für die Führung der Geschäfte der Betriebs-GmbH besessen habe. Denn dadurch sei B nicht an der Wahrnehmung seiner Rechte als Gesellschafter gehindert gewesen.

(6) Das Urteil des FG Rheinland-Pfalz vom 6.10.1995[2]

Das FG Rheinland Pfalz hat in diesem Urteil eine faktische Beherrschung bei folgendem Sachverhalt angenommen:
Die Ehefrau E war Alleinanteilseigenerin einer GmbH, die wesentliche Betriebsgrundlagen von E gepachtet hatte. E war Geschäftsführer der GmbH. Die Ehefrau E hatte dem E eine unwiderrufliche Option zum Erwerb der GmbH-Anteile eingeräumt.

Das FG hat in diesem Fall die Annahme einer faktischen Beherrschung durch E auf dessen Geschäftsführung und die unwiderrufliche Option zum Anteilserwerb gestützt. E habe als Geschäftsführer der GmbH deren Geschäfte bestimmen können. Wenn Frau E mit dieser Geschäftsführung nicht einverstanden gewesen sei, hätte sie zwar die Möglichkeit gehabt, E als Geschäftsführer abzuberufen. E seinerseits aber hätte dann von der unwiderruflichen Kaufoption betreffend die GmbH-Anteile Gebrauch machen und damit letztendlich Frau E aus ihrer Rechtsposition als Gesellschafterin hinausdrängen können.

---

1 BFH/NV 1991, 454.
2 EFG 1996, 330 (Revision eingelegt, Az BFH: X R 152/95).

III. Personelle Verflechtung

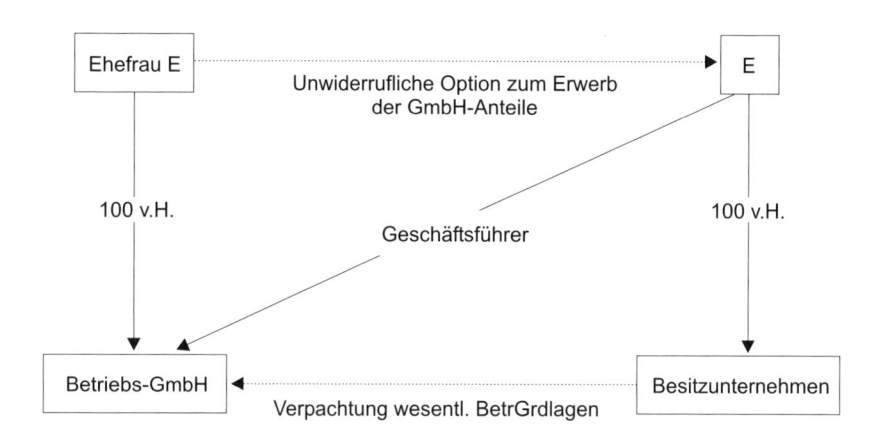

```
Ehefrau E ·········· Unwiderrufliche Option zum Erwerb ········▶  E
                     der GmbH-Anteile

100 v.H.                                                      100 v.H.
                         Geschäftsführer

   ▼                                                              ▼
┌──────────────┐ ◀············································ ┌──────────────────┐
│ Betriebs-GmbH│     Verpachtung wesentl. BetrGrdlagen         │ Besitzunternehmen│
└──────────────┘                                               └──────────────────┘
```

(7) Das Urteil des FG Düsseldorf vom 25.10.1996[1]

In dem folgenden Sachverhalt hat das FG Düsseldorf in diesem Urteil eine faktische Beherrschung angenommen:

1982 wurde eine GmbH, die die Beratung, Planung und Organisation von Apotheken und Arztpraxen zum Gegenstand hatte, gegründet. Anteilseigner der GmbH waren 1987 A, B, Frau C, Frau D, Frau E, Frau F und Frau G. A, B und die Ehemänner der GmbH-Gesellschafterinnen – die alle Angestellte der GmbH waren – gründeten 1987 eine Grundstücks-GbR, die auf dem Grundstück X ein Büro- und Verwaltungsgebäude errichtete, das sie an die GmbH vermietete. Im Gesellschaftsvertrag der GmbH war bestimmt, dass der Gesellschaftsanteil einer Gesellschafterin eingezogen werden konnte, wenn ihr Ehemann (es sei denn wegen Alters oder Krankheit) als Angestellter der GmbH ausschied oder die Ehe einer Gesellschafterin geschieden wurde.

Das FG hat eine faktische Beherrschung insbesondere deshalb angenommen, weil die Möglichkeit bestand, alle fünf nicht der GbR angehörigen Ehegatten jederzeit (wenn auch in einem mehr oder weniger umständlichen Verfahren) als Gesellschafterinnen aus der GmbH zu entfernen.

---

1 EFG 1997, 530 (NZB eingelegt, Az BFH: IV B 46/97).

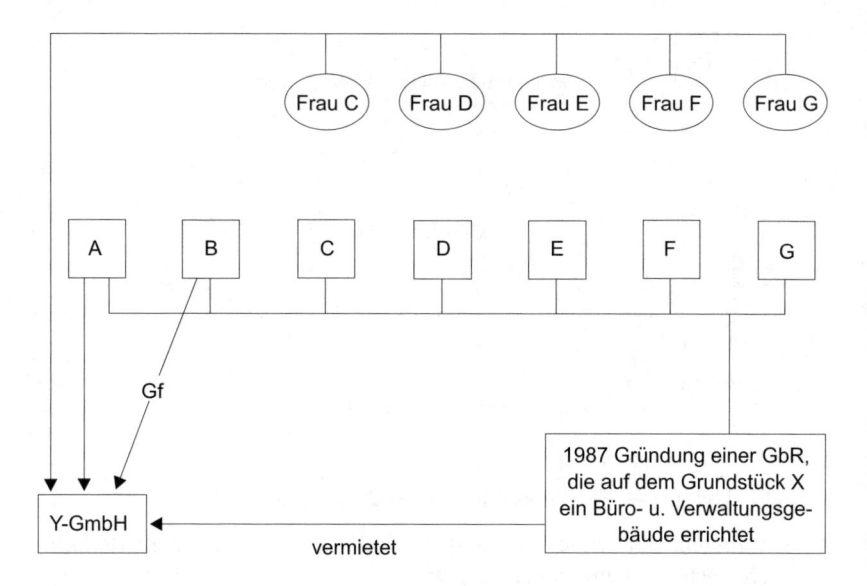

```
┌─────┬──────┬──────┬──────┬──────┬──────┐
│  ( Frau C ) ( Frau D ) ( Frau E ) ( Frau F ) ( Frau G )


[ A ]  [ B ]   [ C ]   [ D ]   [ E ]   [ F ]   [ G ]
        │
       Gf
        \
▼ ▼ ▼                              ┌──────────────────────────┐
┌────────┐                         │ 1987 Gründung einer GbR, │
│        │                         │ die auf dem Grundstück X │
│ Y-GmbH │ ◄───────────────────────│ ein Büro- u. Verwaltungs-│
│        │       vermietet         │ gebäude errichtet        │
└────────┘                         └──────────────────────────┘
```

(8) Das Urteil des XI. Senats vom 29.1.1997

Der XI. Senat des BFH hat in seinem Urteil vom 29.1.1997[1] in folgendem – vereinfacht wiedergegebenen Sachverhalt – eine faktische Beherrschung angenommen:
Der Kläger, ein Bauingenieur, und sein Vater waren mit je 49 v.H. an einer GmbH beteiligt, deren Unternehmensgegenstand u. a. der Tief-, Hoch- und Stahlbetonbau war. Alleinvertretungsberechtigter und von der Beschränkung des § 181 BGB befreiter Geschäftsführer der GmbH war der Kläger. Er war außerdem von seinem Vater bevollmächtigt worden, ihn in allen Angelegenheiten der GmbH zu vertreten, „alle Willenserklärungen abzugeben, Rechtsgeschäfte beliebigen Inhalts abzuschließen, insbesondere den Geschäftsanteil ganz oder teilweise zu veräußern und den Unterzeichneten in den Versammlungen der Gesellschaft zu vertreten und das Stimmrecht für ihn auszuüben". Die Vollmacht sollte über den Tod des Vaters hinaus gelten. 1984 verstarb der Vater des Klägers. Er wurde von seiner Ehefrau, der Mutter des Klägers beerbt. Diese beließ es bei der erteilten Vollmacht ihres verstorbenen Mannes. Sie übte allerdings in der Folgezeit im Rahmen der Gesellschafterbeschlüsse über den Jahresabschluss, die Ergebnisverwendung und die Entlastung des Geschäftsführers ihr Stimmrecht aus.

---

[1] XI R 23/96, BFHE 182, 216, BStBl II 1997, 437.

III. Personelle Verflechtung

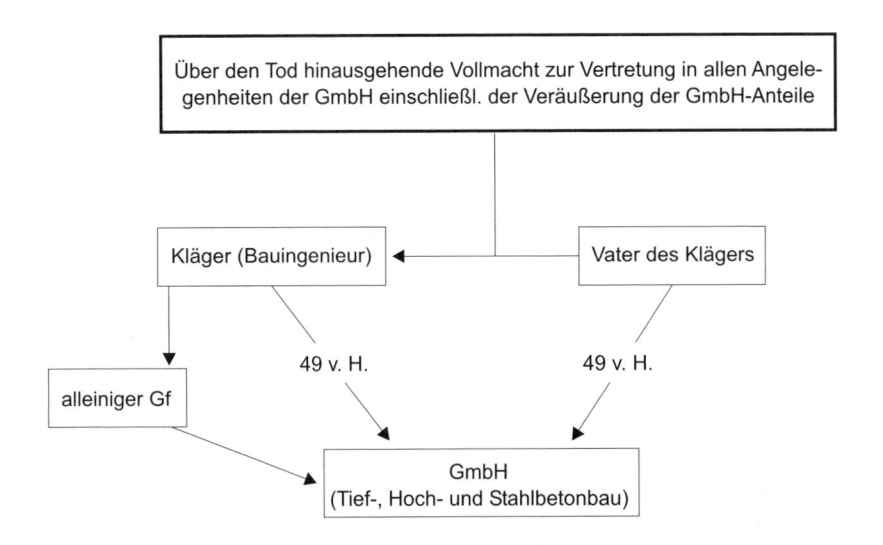

```
┌─────────────────────────────────────────────────────┐
│ Über den Tod hinausgehende Vollmacht zur Vertretung │
│ in allen Angelegenheiten der GmbH einschließl.      │
│ der Veräußerung der GmbH-Anteile                    │
└─────────────────────────────────────────────────────┘

    Kläger (Bauingenieur) ◄──────── Vater des Klägers

    alleiniger Gf     49 v. H.        49 v. H.

                ┌──────────────────────────┐
                │          GmbH            │
                │ (Tief-, Hoch- und        │
                │  Stahlbetonbau)          │
                └──────────────────────────┘
```

Nach Auffassung des XI. Senats reichen die Umstände, dass der Kläger alleiniger, von der Beschränkung des § 181 BGB befreiter Geschäftsführer der GmbH war und dass er die Sachkunde für die Führung der GmbH hatte, nicht zur Annahme einer faktischen Beherrschung aus. Eine solche hat der XI. Senat erst – in Verbindung mit weiteren Umständen – aufgrund der Tatsache angenommen, dass der Kläger jederzeit in der Lage war, die Stimmenmehrheit in der GmbH zu erlangen, indem er aufgrund der ihm erteilten Vollmacht ohne weiteres die Anteile seiner Mutter erwerben und damit seinen Geschäftsanteil auf 98 v.H. aufstocken konnte. Zwar sei – so der XI. Senat weiter – die Vollmacht widerruflich gewesen. Die im Streitjahr 78-jährige Mutter des Klägers habe von ihrem Widerrufsrecht jedoch keinen Gebrauch gemacht. Der Kläger habe den Geschäftsanteil seiner Mutter jederzeit ohne deren Mitwirkung ganz oder teilweise an sich selbst veräußern können. Er habe dazu weder die Zustimmung seiner Mutter gebraucht, noch habe er diese über eine solche Veräußerung informieren müssen, um ihr Gelegenheit zum Widerruf der Vollmacht zu geben. Da die Mutter die Vollmacht nicht widerrufen habe, sei davon auszugehen, dass sie sich in ihrem eigenen Interesse dem geschäftlichen Betätigungswillen des Kläger untergeordnet habe. Dagegen spreche nicht, dass sie ihr Stimmrecht in der Gesellschafterversammlung selbst wahrgenommen habe;

denn sie habe es offensichtlich den Vorstellungen des Klägers entsprechend ausgeübt.

Die Bedenken, die gegen das Urteil sprechen, lassen sich nur im Hinblick auf das hohe Alter der Mutter des Klägers zurückdrängen.

(9) Das Urteil des FG Baden-Württemberg vom 4.2.1998

In dem Urteil des FG Baden-Württemberg vom 4.2.1998[1] wird davon ausgegangen, dass nach der Rechtsprechung des BFH eine tatsächliche Beherrschung nur in seltenen Ausnahmefällen angenommen werden kann, nämlich dann, wenn ein Nur-Besitz-Gesellschafter von seinen gesellschaftsrechtlichen Einwirkungsmöglichkeiten keinen Gebrauch machen kann bzw. keinen Gebrauch macht. Keinesfalls reicht es nach Ansicht des FG für die Annahme einer faktischen Beherrschung aus, wenn ein harmonisches und konfliktfreies Zusammenarbeiten gewährleistet ist, weil nicht ausgeschlossen werden kann, dass irgendwann einmal im Verlaufe des Wirtschaftslebens unterschiedliche Auffassungen zwischen dem Nur-Besitzgesellschafter und den Sowohl-als-auch-Gesellschaftern entstehen können. In dem Urteil wird wörtlich weiter ausgeführt:

> „Es würde nicht nur zu einer Überforderung der Gerichte, sondern auch zu einer nicht hinnehmbaren Rechtsunsicherheit führen, würde in jedem Einzelfall geprüft werden müssen, ob bzw. seit wann eine konfliktfreie Verwaltung besteht bzw. was hierunter überhaupt zu verstehen ist und – vor allem – ob hiervon auch in Zukunft ausgegangen werden kann. Eine solche in die Zukunft gerichtete Prognose kann mit einer an rechtsstaatlichen Grundsätzen orientierten Sicherheit kaum gegeben werden."

(10) Das BFH-Urteil vom 15.10.1998

Nach dem BFH-Urteil vom 15.10.1998 IV R 20/98[2] ist eine faktische Beherrschung nur dann anzunehmen, wenn die Gesellschafter des Betriebsunternehmens von ihren gesellschaftsrechtlichen Einwirkungsmöglichkeiten infolge der Einwirkungsmöglichkeiten der hinter dem Besitzunternehmen stehenden Personen keinen Gebrauch machen können.

In dem Urteil heißt es weiter: Daraus, dass die Ehefrauen nicht die zum Betrieb der GmbH erforderlichen Kenntnisse besessen hätten, könne eine faktische Beherrschung nicht hergeleitet werden. Denn hierdurch

---

1 EFG 1998, 943, 944 rechte Spalte und 945 linke Spalte.
2 BFHE 187, 26, BStBl II 1999, 445.

III. Personelle Verflechtung

seien sie nicht an der Wahrnehmung ihrer Rechte als Gesellschafterinnen gehindert worden. Ein anderes Ergebnis lasse sich nicht aus dem BFH-Urteil vom 29.7.1976 IV R 145/72[1] herleiten. Dieses Urteil habe einen Fall betroffen, in dem die weiterhin über das Anlagevermögen verfügenden Ehemänner ihren Ehefrauen als Gesellschafterinnen einer KG das Unternehmen überlassen hätten, tatsächlich aber als Angestellte der KG den Betrieb fortgeführt hätten, was den Gedanken nahe gelegt hätte, dass die Ehefrauen treuhänderisch für ihre Ehemänner tätig gewesen seien.

In dem hier besprochenen Urteil hat der BFH es auch abgelehnt, eine faktische Beherrschung deshalb anzunehmen, weil die Ehemänner ihre Ehefrauen zwangsweise als Gesellschafter aus der Betriebs-GmbH hätten entfernen können, denn eine solche zwangsweise Entfernung sei privatrechtlich derart risikobehaftet, dass sie als Druckmittel auf die Ehefrauen nicht geeignet erscheine.

(11) Das BFH-Urteil vom 7.12.1999

Und in dem BFH-Urteil vom 7.12.1999 VIII R 50, 51/96[2] wird darauf hingewiesen, dass allein eheliche Beziehungen zwischen den Gesellschaftern des Betriebsunternehmens und des Besitzunternehmens nicht ausreichen, um eine tatsächliche Machtstellung zu begründen. Das Gleiche gelte – so heißt es in dem Urteil weiter –, wenn die das Betriebsunternehmen beherrschende Ehefrau ihrem Ehemann den größten Teil der von ihm zu erbringenden Einlage geschenkt habe.

(12) Das BFH-Urteil vom 15.3.2000[3]

Nach diesem Urteil ist Voraussetzung für die Annahme einer faktischen Beherrschung eines Besitzunternehmens, dass sich die ausschließlich an der Besitzpersonengesellschaft beteiligten Gesellschafter (Nur-Besitz-Gesellschafter) aus wirtschaftlichen oder anderen Gründen dem Druck der beherrschenden Gesellschafter unterordnen müssen. Das ist nach den weiteren Urteilsausführungen nur dann der Fall, wenn die Nur-Besitz-Gesellschafter von ihren Einwirkungsmöglichkeiten als Gesellschafter und Geschäftsführer auf die Entscheidung des Besitzunternehmens keinen Gebrauch mehr machen können, weil ihnen das Stimmrecht jederzeit

---
1 BFHE 119, 462, BStBl II 1976, 750.
2 BFH/NV 2000, 601, 603 mittlere Spalte.
3 Zur Veröffentlichung bestimmt.

entzogen werden kann, sie nach den tatsächlichen Verhältnissen in der Besitzgesellschaft von ihrem Stimmrecht ausgeschlossen sind oder wenn der Sowohl-als-auch-Gesellschafter den Nur-Besitz-Gesellschaftern seinen Willen derart aufzwingen kann, dass die Ausübung der Stimmrechte der Nur-Besitz-Gesellschafter nicht mehr auf ihrem eigenen geschäftlichen Willen beruht. Der mit der Überlassung wesentlicher Betriebsgrundlagen an das Betriebsunternehmen verbundene Druck auf die Geschäftsführung des Betriebsunternehmens rechtfertigt nicht die Annahme einer faktischen Beherrschung.

f) Ergebnis

Nach alledem ist der Schluss gerechtfertigt, dass eine faktische Beherrschung des Betriebsunternehmens – wenn überhaupt – heute nur noch in ganz extremen Ausnahmefällen angenommen werden kann, nämlich nur dann, wenn ein Nichtgesellschafter gegenüber der Person oder Personengruppe, die rechtlich sowohl das Besitz- als auch das Betriebsunternehmen beherrscht, eine solche faktische Machtstellung hat, dass die Gesellschafter gezwungen sind, den Willen des faktisch Herrschenden bei der Ausübung ihrer Gesellschaftsrechte, insbesondere bei der Ausübung ihres Stimmrechts, in der Betriebs-GmbH zu befolgen. Eine solche Annahme ist nur beim Vorliegen konkreter Umstände möglich. Ein wohlverstandenes Interesse reicht nicht aus.

Folgende Grundsätze sind zu beachten:

- Der Fremdgeschäftsführer einer GmbH (der an der GmbH nicht als Anteilseigner beteiligte Geschäftsführer) kann in der GmbH einen eigenen geschäftlichen Betätigungswillen nicht durchsetzen, weil er stets seine Interessen denen der Anteilseigner, die er treuhänderisch wahrzunehmen hat, hintenanstellen muss[1].
- Aus der Position als Großgläubiger heraus kann eine wirtschaftliche Machtstellung nur hergeleitet werden, wenn der Großgläubiger die Geschäftsführung in dem Unternehmen vollständig an sich zieht und im eigenen Interesse ausübt.
- Aus dem Interesse eines Verpächters oder Darlehensgläubigers am Wohlergehen des Betriebs des Pächters oder Schuldners kann keine Beherrschung dieses Betriebs hergeleitet werden.

---

[1] BFH-Urteil vom 26.7.1984 IV R 11/81, BFHE 141, 536, BStBl II 1984, 714.

III. Personelle Verflechtung

- Für eine faktische Beherrschung nicht ausreichend ist die Zurverfügungstellung von Erfahrungen und Geschäftsbeziehungen.
- Gestaltungen wie die in dem Urteil des XI. Senats vom 29.1.1997[1] sollten vermieden werden.

Bisher von der Rechtsprechung nicht behandelt ist das Problem der faktischen Beherrschung in Fällen, in denen das Betriebsunternehmen in der Rechtsform einer Personengesellschaft geführt wird. Das erklärt sich daraus, dass es solche Fälle (mitunternehmerische Betriebsaufspaltung) bis zum Ergehen des BFH-Urteils vom 23.4.1996[2] nur in der Form einer mittelbaren Betriebsaufspaltung, also nur ganz selten gab. Abgesehen davon, können m.E. die Überlegungen der Rechtsprechung des BFH zur faktischen Beherrschung einer Betriebs-GmbH nicht auf eine **Betriebs-Personengesellschaft** übertragen werden, weil hier eine faktische Beherrschung praktisch zum Verlust der Mitunternehmerinitiative der Personengesellschafter und damit zum Verlust der Miteigentümereigenschaft der betreffenden Gesellschafter führt. Aufgrund der gleichen Überlegungen können die von der Rechtsprechung entwickelten Grundsätze der faktischen Beherrschung einer Betriebs-GmbH auch nicht auf eine **Besitz-Personengesellschaft** oder Besitz-Gemeinschaft übertragen werden[3].

Ist das Besitzunternehmen ein **Einzelunternehmen**, so sind die vom BFH entwickelten Überlegungen zur faktischen Beherrschung deshalb nicht anwendbar, weil hier die faktische Machtstellung über die an das Betriebsunternehmen vermieteten Wirtschaftsgüter wohl nur dann angenommen werden kann, wenn **wirtschaftliches Eigentum** vorliegt.

8. Stimmrechtsausschluss

Literatur: *Bordewin,* Für die Frage der personellen Verflechtung im Rahmen einer Betriebsaufspaltung ist nicht ausschlaggebend, ob der beherrschende Gesellschafter der Betriebskapitalgesellschaft bei Beschlüssen über Geschäfte mit dem ihm zustehenden Besitzunternehmen vom Stimmrecht ausgeschlossen ist, RWP SG 1.3, S. 3022; *Dehmer,* Betriebsaufspaltung – Zusammenrechnung von Ehegattenanteilen – /Zusammenrechnung trotz Stimmrechtsausschlusses, KFR F. 3 EStG § 15, 7/89, S. 255; *Leingärtner,* Zur Frage, ob es an der personellen Verflechtung zwischen der Grundstücksgemeinschaft und der Betriebs-GmbH als Voraussetzung für die Annahme einer Betriebsaufspaltung fehlt, wenn derjenige, der zu 100% an der

---

1 XI R 23/96, BFHE 182, 216, BStBl II 1997, 437.
2 VIII R 13/95, BFHE 181, 1, BStBl II 1998, 325.
3 Vgl. zu dem Problem auch *Pannen,* DB 1996, 1252.

Betriebs-GmbH beteiligt ist, bei der Vornahme von Rechtsgeschäften der Grundstücksgemeinschaft mit der Kapitalgesellschaft von der Ausübung des Stimmrechts in der Gemeinschaft ausgeschlossen ist, RWP-Blattei SG 1–3, S. 1620; *Söffing, Günter,* Stimmrechtsausschluss nach § 47 Abs. 4 GmbHG und Betriebsaufspaltung, FR 1989, 448; *o. V.,* Betriebsaufspaltung: Personelle Verflechtung trotz Stimmrechtsausschluss bei Geschäften zwischen Gesellschaft und Gesellschafter, DStR 1989, 355.

Im Zusammenhang mit der personellen Verflechtung muss auch das Problem des Stimmrechtsausschlusses behandelt werden.

a) Das Zivilrecht

Nach § 34 BGB ist ein Mitglied eines **Vereins** nicht stimmberechtigt, wenn die Beschlussfassung die Vornahme eines Rechtsgeschäfts mit ihm betrifft. Das betreffende Mitglied darf also bei der Beschlussfassung über ein solches Rechtsgeschäft nicht mitstimmen. Es kann auf der Seite des Vereins hinsichtlich des Abschlusses, der Veränderung oder der Beendigung eines solchen Rechtsgeschäfts seinem Willen keine Geltung verschaffen.

Nach § 47 Abs. 4 Satz 2 GmbHG hat ein Gesellschafter einer **GmbH** kein Stimmrecht, wenn die Beschlussfassung die Vornahme eines Rechtsgeschäfts oder die Einleitung oder Erledigung eines Rechtsstreits gegenüber dem Gesellschafter betrifft. Hier gilt also das Gleiche wie beim Verein. Ähnliche Regelungen finden sich in § 43 Abs. 6 GenG.

Der BGH hat in seinem Urteil vom 29.3.1971[1] ausgeführt, die Rechtsprechung habe den Rechtsgedanken, der den vorerwähnten Vorschriften zugrunde liege, auf die **GbR** und die **OHG** angewendet[2] und auch hier in bestimmten Fällen des Interessenwiderstreits die Stimmenthaltung der Beteiligten gefordert. Auch für **Erbengemeinschaften** sei anerkannt, dass ein Interessenwiderstreit dazu führen könne, einem Miterben in bestimmten ihn betreffenden Angelegenheiten das Stimmrecht zu versagen.

§ 34 BGB, § 47 Abs. 4 GmbHG und § 43 Abs. 6 GenG würde zwar das Stimmrecht stets ausschließen, wenn das Vereinsmitglied, der Gesellschafter oder Genosse unmittelbar auf der Gegenseite am Vertrag beteiligt sei. Nicht ausgeschlossen hingegen sei das Stimmrecht, wenn Vertragspartner des Rechtsgeschäfts, über das beschlossen werde, eine juristische Person

---

1 III ZR 255/68, BGHZ 56, 47.
2 RG-Urteile vom 3.5.1932 II 438/31, RGZ 136, 236, 245; vom 20.12.1939 II 88/39, RGZ 162, 370, 373.

III. Personelle Verflechtung

sei, an der das Vereinsmitglied usw. beteiligt sei. Eine Ausnahme hiervon werde in der Literatur[1] zwar gemacht, wenn das Vereinsmitglied usw. mit der juristischen Person, die Vertragspartner werden solle, wirtschaftlich identisch sei, wie im Falle der Einmann-GmbH, oder wenn er sie beherrsche. Eine solche Gestaltung sei im Streitfall jedoch nicht gegeben.

b) Das Besitzunternehmen

Würde man entsprechend dieser zivilrechtlichen Rechtsprechung den in § 34 BGB und § 47 Abs. 4 Satz 2 GmbHG zum Ausdruck kommenden Rechtsgedanken auf die Fälle anwenden, in denen am Besitzunternehmen auch **Nur-Besitz-Gesellschafter** (Nur-Besitz-Teilhaber) beteiligt sind, dann wäre für diese Fälle das Institut der Betriebsaufspaltung gestorben; denn dann könnten die Sowohl-als-auch-Gesellschafter im Besitzunternehmen wegen ihres Stimmrechtsausschlusses ihren einheitlichen geschäftlichen Betätigungswillen nicht durchsetzen.

Der VIII. Senat des BFH glaubte diesen Weg nicht gehen zu können. In dem Urteil vom 12.11.1985[2] hat er deshalb unter Berufung auf einige dafür günstige Literaturstellen die Auffassung vertreten, man könne hinsichtlich der entsprechenden Anwendung des § 34 BGB auf **Bruchteilsgemeinschaften** und Personengesellschaften nicht von einer festgefügten zivilrechtlichen Auffassung sprechen, so dass es darauf ankomme, wie die Gesellschafter einer Personengesellschaft oder die Teilhaber einer Bruchteilsgemeinschaft die Frage des Stimmrechtsausschlusses tatsächlich handhaben.

Nach der Rechtsprechung[3] besteht also auch hier de facto ein **Wahlrecht** für die Fälle, in denen am Besitzunternehmen ein oder mehrere **Nur-Besitz-Gesellschafter** (Nur-Besitz-Teilhaber) beteiligt sind. Haben hier die Sowohl-als-auch-Gesellschafter bei der Vermietung oder Verpachtung an die Betriebsgesellschaft auf der Seite des Besitzunternehmens nicht mitgewirkt, dann kann keine Betriebsaufspaltung angenommen werden. Wirken hingegen die Sowohl-als-auch-Gesellschafter bei der Vermietung auf der Seite des Besitzunternehmens mit, dann ergibt sich aus dieser tatsächlichen Handhabung, dass sie vom Stimmrecht nicht ausgeschlossen waren. Eine personelle Verflechtung und damit eine Betriebsaufspaltung ist

---

[1] *Hachenburg*, GmbH-Gesetz, 6. Aufl., § 47 Anm. 19b; *Baumbach/Hueck*, GmbH-Gesetz, 13. Aufl., § 47 Anm. 5 C (16. Aufl., § 47 RN 65 ff.).
[2] VIII R 240/81, BFHE 145, 401, BStBl II 1986, 296.
[3] BFH-Urteil vom 12.11.1985 VIII R 240/81, BFHE 145, 401, BStBl II 1986, 296.

gegeben. Für bereits bestehende Betriebsaufspaltungen kommt es darauf an, ob von den Steuerpflichtigen dargelegt und nachgewiesen wird, ob die Sowohl-als-auch-Gesellschafter(-teilhaber) bei der Vermietung oder Verpachtung mitgewirkt haben oder nicht.

c) Das Betriebsunternehmen

(1) Allgemeines

Aufgrund der Ausführungen des VIII. Senats in dem Urteil vom 12.11.1985[1] sollte man eigentlich annehmen, dass bei einer Betriebs-GmbH, an der auch **Nur-Betriebs-Gesellschafter** beteiligt sind, die Sowohl-als-auch-Gesellschafter infolge des sich für sie aus § 47 Abs. 4 GmbHG **ergebenden Stimmrechtsausschlusses** einen einheitlichen geschäftlichen Betätigungswillen in der Betriebsgesellschaft nicht durchsetzen können und dass demzufolge in diesen Fällen keine personelle Verflechtung vorliegen kann. Denn infolge des Stimmrechtsausschlusses haben die Sowohl-als-auch-Gesellschafter auf der Seite der Betriebs-GmbH keine Möglichkeit durch Stimmrechtsabgabe in der Gesellschafterversammlung auf den Abschluss, die Veränderung oder die Beendigung eines Miet- oder Pachtvertrags mit dem Besitzunternehmen über eine wesentliche Betriebsgrundlage Einfluss zu nehmen. Sie können hier also ihren einheitlichen geschäftlichen Betätigungswillen nicht durchsetzen.

(2) Das Urteil des IV. Senats vom 26.1.1989

Anderer Meinung ist jedoch der IV. Senat des BFH, der in seinem Urteil vom 26.1.1989[2] entschieden hat, dass eine personelle Verflechtung nicht deshalb zu verneinen sei, weil der Sowohl-als-auch-Gesellschafter nach § 47 Abs. 4 Satz 2 GmbHG bei Gesellschafterbeschlüssen, die die Überlassung einer wesentlichen Betriebsgrundlage vom Besitzunternehmen an die Betriebs-GmbH betreffen, auf der Seite der Betriebs-GmbH nicht mitstimmen darf.

Der IV. Senat hat seine Ansicht, dass der Stimmrechtsausschluss der Annahme einer personellen Verflechtung nicht entgegenstehe, wie folgt

---

[1] VIII R 240/81, BFHE 145, 401, BStBl II 1986, 296.
[2] IV R 151/86, BFHE 156, 138, BStBl II 1989, 455; ebenso, aber ohne Begründung BFH-Urteil vom 21.8.1996 X R 25/93, BFHE 181, 284, BStBl II 1997, 44.

III. Personelle Verflechtung

begründet: Aufgrund seiner Mehrheitsbeteiligung an der Betriebs-GmbH könne der Sowohl-als-auch-Gesellschafter – trotz des Umstandes, dass er sich gem. § 47 Abs. 4 GmbHG nicht an Beschlüssen beteiligen dürfe, welche die Vornahme von Rechtsgeschäften zwischen ihm und der GmbH zum Gegenstand haben – in der Betriebs-GmbH mit Mitteln des Gesellschaftsrechts (§ 47 Abs. 1 GmbHG) seinen Willen durchsetzen. Da der Abschluss von Miet- oder Pachtverträgen zwischen einer Betriebs-GmbH und einem Besitzunternehmen zur laufenden Geschäftsführung der GmbH gehöre (§§ 35, 37 GmbHG), bestehe kein Anlass, hierüber einen Beschluss der Gesellschafterversammlung herbeizuführen. Es könne auch auf sich beruhen, wie im Streitfall die Geschäftsführerbefugnis der GmbH geregelt gewesen sei, insbesondere ob der Sowohl-als-auch-Gesellschafter als Geschäftsführer der GmbH dem Verbot des Selbstkontrahierens nach § 181 BGB unterlegen habe, was dem Abschluss von Miet- und Pachtverträgen zwischen ihm und der Betriebs-GmbH entgegengestanden haben würde. Für die personelle Verflechtung sei nur erforderlich, dass diejenigen Personen, die das Besitzunternehmen beherrschten, auch in der Betriebsgesellschaft ihren Willen durchsetzen könnten; auf welchem gesellschaftsrechtlichen Wege dies geschehe, sei unerheblich. Im Streitfall sei sichergestellt, dass sich in der GmbH auf Dauer nur ein geschäftlicher Betätigungswille habe entfalten können, der vom Vertrauen des Sowohl-als-auch-Gesellschafters getragen worden sei und damit auch seine Interessen als Besitzunternehmer berücksichtigt habe.

(3) Kritik an dem Urteil des IV. Senats vom 26.1.1989

Das Urteil ist nicht logisch. Denn ein Gesellschafter, der von seinem Stimmrecht ausgeschlossen ist, ist nicht in der Lage, mit gesellschaftsrechtlichen Mitteln seinen Willen in der Gesellschaft durchzusetzen, weil als gesellschaftsrechtliche Mittel in erster Linie die Stimmrechte in Betracht kommen. Dass auch der IV. Senat unter „gesellschaftsrechtlichen Mitteln" nur das Stimmrecht versteht, ergibt sich eindeutig aus dem Hinweis auf § 47 Abs. 1 GmbHG.

Der IV. Senat begründet die Durchsetzbarkeit eines einheitlichen geschäftlichen Betätigungswillens des Sowohl-als-auch-Gesellschafters auch nicht aus dessen Machtstellung als Geschäftsführer. Er erweckt mit einem Satz lediglich den Anschein als wolle er eine solche Möglichkeit bejahen. Anschließend gibt er durch den Hinweis, es könne dahingestellt bleiben, wie im Streitfall die Geschäftsführungsbefugnis geregelt gewesen sei, aber zu erkennen, dass er die Durchsetzbarkeit des Willens des Sowohl-als-auch-Gesellschafters auch nicht auf dessen Geschäftsführungsbefugnis stützt.

Das wäre auch gar nicht möglich, weil durch Gesellschafterbeschlüsse regelmäßig in die Geschäftsführung eingegriffen werden kann und ein Geschäftsführer einer GmbH nicht in seinem Interesse, sondern im Interesse der GmbH handeln muss.

Damit bleiben für eine Begründung nur noch die folgenden Ausführungen übrig: Es sei unerheblich, auf welchem gesellschaftsrechtlichen Wege die Personen, die das Besitzunternehmen beherrschen, ihren einheitlichen geschäftlichen Betätigungswillen in der Betriebs-GmbH durchsetzten. Im Streitfall sei sichergestellt,

> „dass sich in der GmbH auf Dauer nur ein geschäftlicher Betätigungswille entfalten konnte, der vom Vertrauen des Klägers getragen wurde und damit auch seine Interessen als Inhaber der Erfindungen und Gebrauchsmuster berücksichtigte".

Dem Urteil des IV. Senats fehlt somit eine überzeugende Begründung, warum § 47 Abs. 4 GmbHG im Rahmen der Betriebsaufspaltung nicht ausschlaggebend sein soll.

Eine Begründung hierfür lässt sich auch nicht aus der zivilrechtlich umstrittenen Auslegung des § 47 Abs. 4 GmbHG herleiten; denn der Auslegungsstreit bezieht sich nur auf Rechtsgeschäfte mit gesellschaftsrechtlichem Charakter (sog. Sozialakte) wie z. B. die Wahl zum Organmitglied[1]. Bei Rechtsgeschäften mit individualrechtlichem Charakter, also z. B. beim Abschluss eines Miet- oder Pachtvertrags zwischen Gesellschaft und einem Gesellschafter erfährt § 47 Abs. 4 GmbHG grundsätzlich keine Einschränkung[2].

Wegen weiterer Kritik an dem Urteil des IV. Senats vom 26.1.1989 s. FR 1989, 448.

---

[1] Vgl. *Zöllner*, Die Schranken mitgliedschaftlicher Stimmrechtsmacht bei den privatrechtlichen Personenverbänden, 1963, S. 225; *Schmidt, Karsten*, Gesellschaftsrecht, S. 820; *Hübner*, Interessenkonflikt und Vertretungsmacht, S. 265 ff.; *Immenga/Werner*, GmbHR 1976, 54; *Schilling* in Festschrift für Ballerstedt, S. 257; *Wilhelm*, JZ 1976, 674; *Zöllner*, a.a.O., S. 195 ff., 206 ff., 212 ff.

[2] U. a. *Zöllner*, a.a.O., S. 225 ff.

Berücksichtigt man diese Überlegungen, so ist das Urteil des IV. Senats vom 26.1.1989 nur unter dem Gesichtspunkt zu verstehen, dass der IV. Senat unter allen Umständen eine Einschränkung des Anwendungsbereichs der Betriebsaufspaltung vermeiden wollte. Eine solche Einschränkung würde nämlich eintreten, wenn der in § 47 Abs. 4 GmbHG verankerte Stimmrechtsausschluss bei der Durchsetzbarkeit eines einheitlichen geschäftlichen Betätigungswillens in der Betriebs-GmbH in allen Fällen, in denen Nur-Betriebs-Gesellschafter vorhanden sind, zu einer Verneinung einer personellen Verflechtung führen würde, wie dies nach rechtlichen Gesichtspunkten eigentlich geboten wäre.

9. Mehrere Besitzunternehmen

Literatur: *Fichtelmann,* Zur Zulässigkeit einer Betriebsaufspaltung mit mehreren Besitzunternehmen – Mehrfache Betriebsaufspaltung, FR 1983, 78; *ders.,* Betriebsaufspaltung mit mehreren Besitzunternehmen?, GmbHR 1996, 580; *o. V.,* Besitzunternehmen bei mehreren Mietverhältnissen, GmbHR 1971, 242; *o. V.,* Mehrfache Betriebsaufspaltung?, DB 1971, 738; *Hoffmann, Wolf-Dieter,* Die doppelte Betriebsaufspaltung, GmbH-StB 1998, 198.

Die Personen-Gruppen-Theorie beruht auf der widerlegbaren Vermutung, dass mehrere Personen, die sowohl an dem Besitzunternehmen als auch an dem Betriebsunternehmen beteiligt sind, gleichgerichtete Interessen haben und ihre Rechte auch gleichgerichtet ausüben.

Geht man hiervon aus, ergeben sich Schwierigkeiten beim Vorhandensein von zwei oder noch mehr Besitzunternehmen einen **einheitlichen geschäftlichen Betätigungswillen** zu konstruieren, wenn an den Besitzunternehmen verschiedene Personen beteiligt sind.

Beispiel:
An der X-GmbH sind A, B, C, D und E jeweils mit 20 v.H. beteiligt. Die X-GmbH betreibt eine Maschinenfabrik. 50 v.H. des von ihr genutzten Grundbesitzes hat sie von der Y-GbR und 50 v.H. von der Z-GbR gemietet. An der Y-GbR sind A, B und C jeweils mit 33 1/3 v.H. und an der Z-GbR C, D und E ebenfalls jeweils mit 33 1/3 beteiligt.

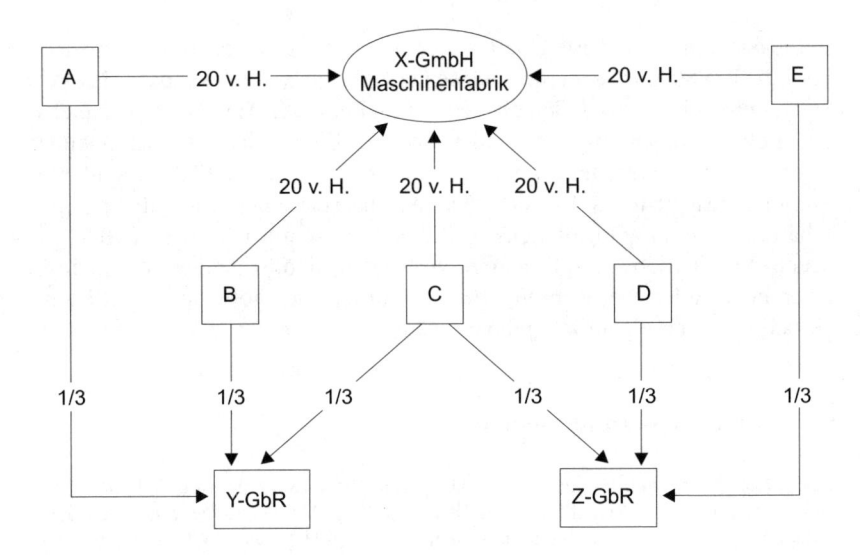

D. Voraussetzungen der Betriebsaufspaltung

[Diagramm: X-GmbH Maschinenfabrik mit Beteiligungen von A, B, C, D, E zu je 20 v. H.; A und E an Y-GbR bzw. Z-GbR mit 1/3; B, C, D an Y-GbR und Z-GbR mit je 1/3]

Um die Lösung dieses Falles zu finden, sollen zunächst einfachere Beispiele erörtert werden.

Wenn an einer Betriebs-GmbH A und B je zur Hälfte beteiligt sind, und A der GmbH eine wesentliche Betriebsgrundlage verpachtet, dann liegt keine Betriebsaufspaltung vor. A kann in der Betriebsgesellschaft seinen geschäftlichen Betätigungswillen nicht durchsetzen; denn er ist an der Betriebsgesellschaft nur mit 50 v.H. beteiligt.

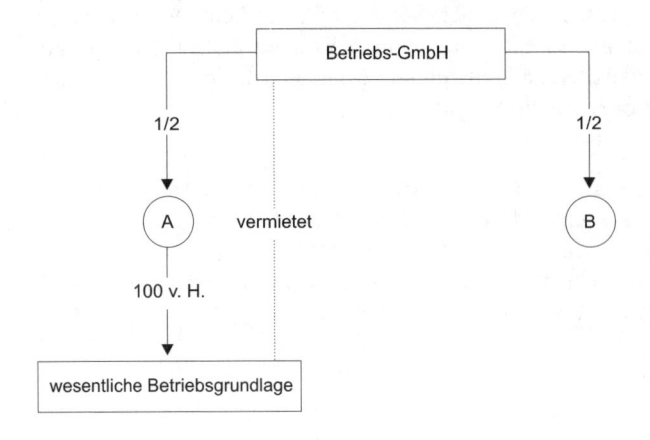

[Diagramm: Betriebs-GmbH mit A (1/2) und B (1/2); A vermietet zu 100 v. H. wesentliche Betriebsgrundlage]

III. Personelle Verflechtung 157

Der Fall ist nicht anders zu beurteilen, wenn zusätzlich auch B an die Betriebs-GmbH eine wesentliche Betriebsgrundlage verpachtet.

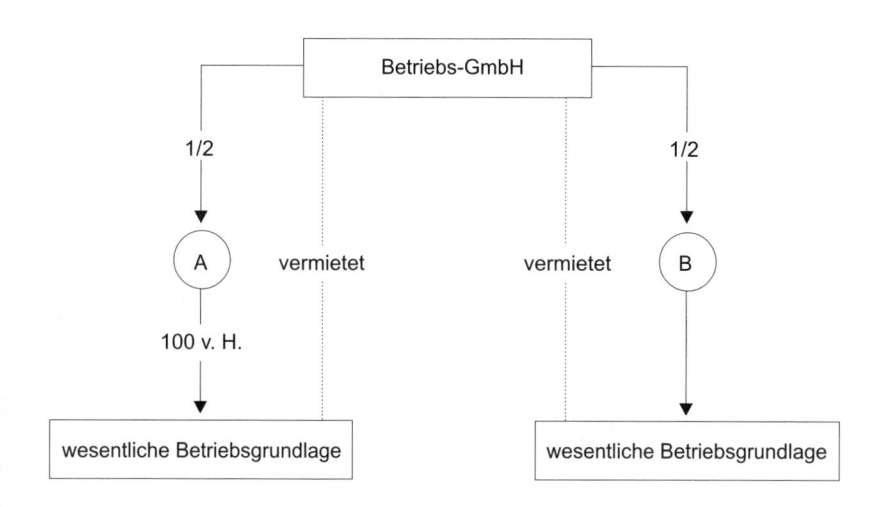

```
                    ┌─────────────────┐
                    │  Betriebs-GmbH  │
                    └─────────────────┘
              1/2                        1/2
               │                          │
               ▼                          ▼
             ( A )    vermietet    vermietet   ( B )
               │
            100 v. H.
               │
               ▼
    ┌──────────────────────────┐   ┌──────────────────────────┐
    │ wesentliche Betriebsgrundlage │   │ wesentliche Betriebsgrundlage │
    └──────────────────────────┘   └──────────────────────────┘
```

Beide, A und B sind an ihren „Besitzunternehmen" jeweils mit 100 v.H. beteiligt und können dort ihren Willen durchsetzen. Sie können dies aber nicht in der Betriebs-GmbH, weil jeder von ihnen hier nur über die Hälfte der Stimmrechte verfügt, was zur Durchsetzung eines einheitlichen geschäftlichen Betätigungswillens nicht ausreicht. Eine Zusammenrechnung der Stimmen von A und B in der Betriebs-GmbH ist nicht möglich, weil es kein Besitzunternehmen gibt, an dem A und B gemeinsam beteiligt sind.

Auch in dem folgenden Fall kann man nicht zu einem anderen Ergebnis kommen:

Beispiel:
A, B, C und D sind mit je 25 v.H. an der X-GmbH (Betriebsgesellschaft) beteiligt. An dem Besitzunternehmen I sind A und B mit je 50 v.H. und an dem Besitzunternehmen II sind C und D mit je 50 v.H. beteiligt.

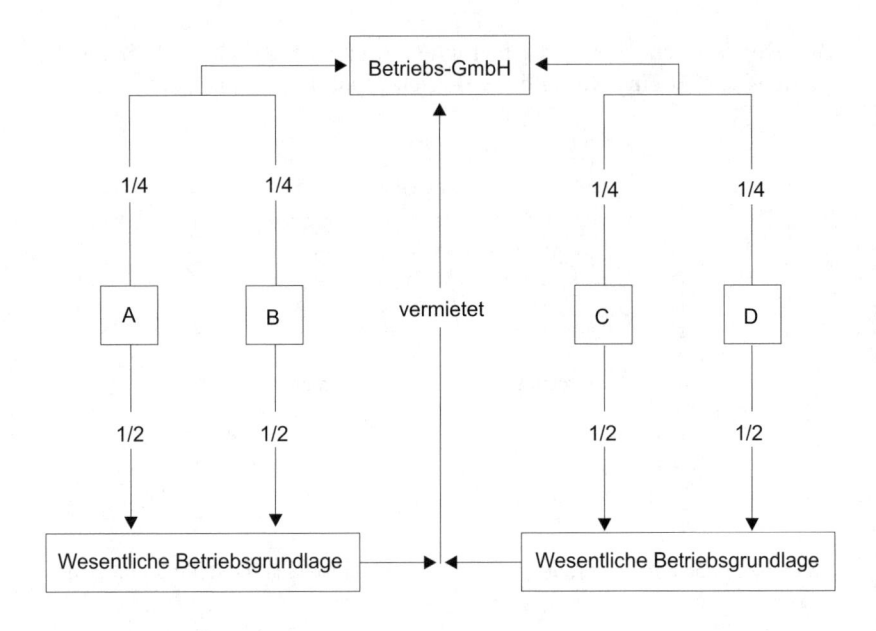

D. Voraussetzungen der Betriebsaufspaltung

```
                    ┌──────▶ Betriebs-GmbH ◀──────┐
                    │              ▲              │
                    │              │              │
     1/4     1/4    │              │       1/4    │    1/4
                    │              │              │
      ┌───┐   ┌───┐ │          vermietet        ┌───┐   ┌───┐
      │ A │   │ B │ │              │            │ C │   │ D │
      └───┘   └───┘ │              │            └───┘   └───┘
                                                            
     1/2     1/2                               1/2     1/2

  ┌──────────────────────────────┐   ┌──────────────────────────────┐
  │ Wesentliche Betriebsgrundlage│▶◀─│ Wesentliche Betriebsgrundlage│
  └──────────────────────────────┘   └──────────────────────────────┘
```

Es liegt keine Betriebsaufspaltung vor; denn weder die Personengruppe AB, noch die Personengruppe DE kann in der X-GmbH ihren geschäftlichen Betätigungswillen durchsetzen.

Meines Erachtens ist die Durchsetzbarkeit eines einheitlichen geschäftlichen Betätigungswillens auch dann nicht möglich, wenn wie im Hauptbeispiel, C zusätzlich an der Betriebsgesellschaft und an beiden Besitzunternehmen beteiligt ist. Beim Vorhandensein von zwei Besitzunternehmen (im Beispiel A/B/C einerseits und C/D/E andererseits) sind insgesamt drei Unternehmen vorhanden. In einem solchen Fall bildet die Betriebsgesellschaft jeweils mit einem anderen Besitzunternehmen zusammen eine „Doppelgesellschaft". Es bestehen im Hauptbeispiel also zwei Doppelgesellschaften (X-GmbH und A/B/C einerseits und X-GmbH und C/D/E andererseits) mit je „einem einheitlichen geschäftlichen Betätigungswillen", so dass mathematisch gesehen „zwei einheitliche Betätigungswillen" vorhanden sind.

Das reicht m.E. unter Berücksichtigung der vom GrS[1] für die Annahme einer personellen Verflechtung verlangten strengen Anforderungen nicht

---

1 Beschluss vom 8.11.1971 GrS 2/71, BFHE 103, 440, BStBl II 1972, 63.

III. Personelle Verflechtung

aus; denn „zweimal ein einheitlicher Betätigungswille" sind eben nicht „ein einheitlicher Betätigungswille", oder anders ausgedrückt, die Beteiligung des C an der Betriebsgesellschaft darf nicht berücksichtigt werden, weil nicht voraussehbar ist, welcher Personengruppe (A/B/C oder C/D/E) er im Konfliktfall seine Stimme geben wird. Man kann nichts vermuten.

Für dieses Ergebnis spricht m.E. auch die Entscheidung des IV. Senats vom 7.11.1985[1], der folgender Sachverhalt zugrunde lag:

Beispiel:
An einer Betriebs-GmbH (X-GmbH) waren B (40 v.H.) Frau B (25 v.H.), U (25 v.H.) und D (10 v.H.) beteiligt. Das Unternehmen der X-GmbH wurde in zwei Grundstücken betrieben. Eines davon gehörte B und U je zur Hälfte. Das andere Grundstück gehörte einer GbR, an der Frau B und U je zur Hälfte beteiligt waren.

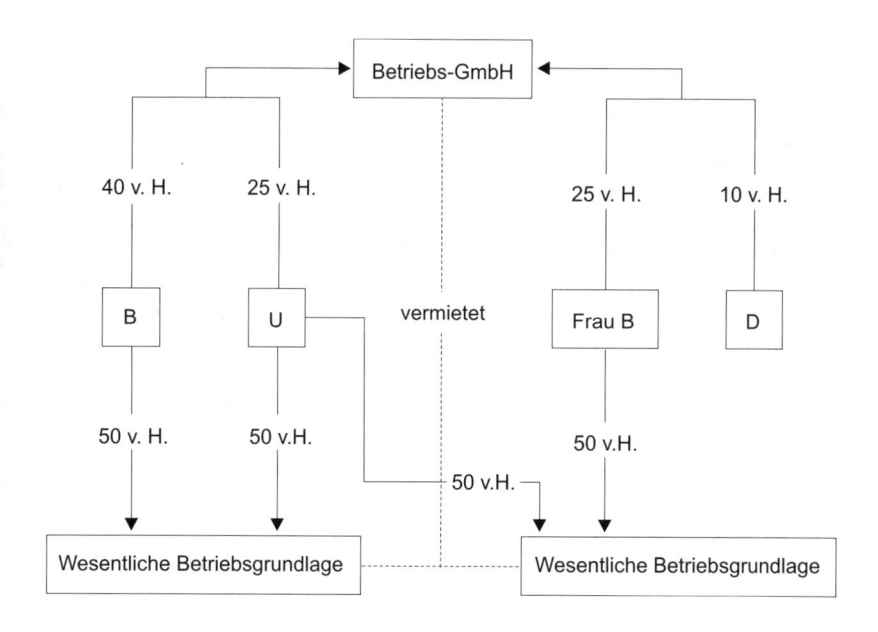

```
                    Betriebs-GmbH
         ┌──────┬──────┘ │ └──────┬──────┐
       40 v.H. 25 v.H.          25 v.H. 10 v.H.
         │      │                  │      │
        [B]    [U]── vermietet ──[Frau B] [D]
         │      │                  │
       50 v.H. 50 v.H.           50 v.H.
         │      │                  │
         ▼      └──── 50 v.H. ──┐  ▼
  Wesentliche Betriebsgrundlage ─ Wesentliche Betriebsgrundlage
```

---

1   IV R 65/83, BFHE 145, 392, BStBl II 1986, 364.

Der IV. Senat hat eine Betriebsaufspaltung zwischen der X-GmbH und der GbR verneint, weil die die GbR beherrschende Personengruppe Frau B und U in der X-GmbH einen einheitlichen geschäftlichen Betätigungswillen nicht durchsetzen können; denn Frau B und U sind an der GmbH zusammen nur mit 50 v.H. beteiligt. Dass U zusammen mit B mit 65 v.h. an der GmbH beteiligt ist, ist unerheblich, weil B nicht zu der die GbR beherrschenden Personengruppe Frau B/U gehört.

Ob Betriebsaufspaltung zwischen X-GmbH und B/U vorliegt, hatte der IV. Senat nicht zu entscheiden. Meines Erachtens bestehen gegen eine solche Annahme Bedenken, wenn man den vom Großen Senat[1] geforderten strengen Maßstab anlegt. Wegen der Beteiligung des U an der Personengruppe Frau B/U ist die Vermutung eines Interessengleichklangs zwischen Frau B und U nicht möglich. Es lässt sich nicht vermuten, nicht voraussehen, welcher Personengruppe U sich im Konfliktfall anschließen wird.

10. Mehrere Betriebsunternehmen

Literatur: *Fichtelmann*, Beendigung einer Betriebsaufspaltung bei mehreren Betriebsgesellschaften, StSem 1997, 115; *Hoffmann, Wolf-Dieter*, Die doppelte Betriebsaufspaltung, GmbH-StB 1998, 198.

Der IV. Senat des BFH hat in seinem Urteil vom 11.11.1982[2] ausgesprochen, eine Betriebsaufspaltung könne auch zwischen einem Besitzunternehmen und mehreren Betriebskapitalgesellschaften bestehen[3]. Diese Auffassung kann m.E. aber nur für solche Fälle gelten, in denen – wie in dem vom IV. Senat entschiedenen Fall – in beiden Betriebsgesellschaften und in der Besitzgesellschaft sich ein einheitlicher geschäftlicher Betätigungswille bilden kann.

---

[1] Beschluss vom 8.11.1971 GrS 2/71, BFHE 103, 440, BStBl III 1972, 63.
[2] IV R 117/80, BFHE 137, 357, BStBl II 1983, 299; siehe auch BFH-Urteile vom 25.8.1993 XI R 6/93, BFHE 172, 91, BStBl II 1994, 23; vom 27.1.1994 IV R 137/91, BFHE 173, 547, BStBl II 1994, 477.
[3] Ebenso BFH-Urteil vom 25.11.1997 VIII R 36/96, BFH/NV 1998, 691, in dem außerdem darauf hingewiesen wird, dass im Fall einer Betriebsaufspaltung zwischen einem Besitzunternehmen und mehreren Betriebsunternehmern ein Teilbetrieb gegeben sein könne, wenn an eine Betriebsgesellschaft räumlich abgrenzbare Grundstücksteile, die ausschließlich dieser Gesellschaft zuzuordnen sind, durch gesonderten Vertrag vermietet werden.

III. Personelle Verflechtung

Beispiel:
A ist Anteilseigner der X-GmbH und der Y-GmbH. Die Anteile an der X-GmbH gehören zu 100 v.H. A, die der Y GmbH zu 75 v.H. Die restlichen 25 v.H. Anteile an der Y-GmbH hält die X-GmbH. A hat ein ihm allein gehörendes Grundstück an die X-GmbH und an die Y-GmbH vermietet.

Meines Erachtens ist die Rechtserkenntnis des IV. Senats aber dann nicht anwendbar, wenn von einem einheitlichen Betätigungswillen in beiden Betriebsgesellschaften nicht mehr gesprochen werden kann.

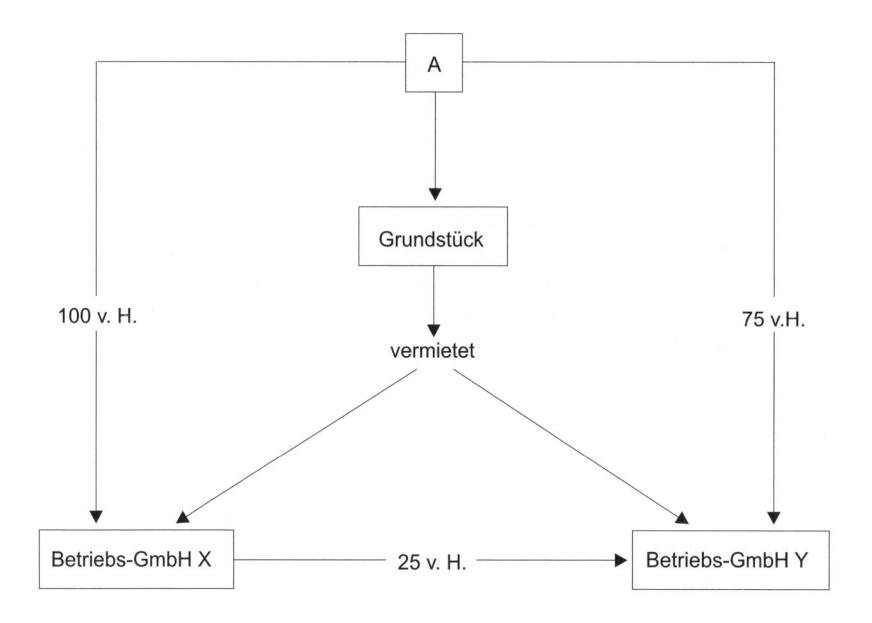

```
                        ┌─────┐
                        │  A  │
                        └──┬──┘
                           │
                           ▼
                      ┌─────────┐
                      │Grundstück│
                      └────┬────┘
  100 v. H.                │              75 v.H.
                       vermietet
         ┌─────────────────┼─────────────────┐
         ▼                                   ▼
  ┌──────────────┐                    ┌──────────────┐
  │Betriebs-GmbH X│──── 25 v. H. ────▶│Betriebs-GmbH Y│
  └──────────────┘                    └──────────────┘
```

Beispiel:
An einer Besitzbruchteilsgemeinschaft sind A, B, C, D und E je mit 1/5 beteiligt. Sie haben das der Gemeinschaft gehörende Grundstück an die Betriebs-GmbH X und die Betriebs-GmbH Y vermietet. An der X-GmbH sind A, B und C und an der Y-GmbH C, D und E jeweils mit 1/3 beteiligt.

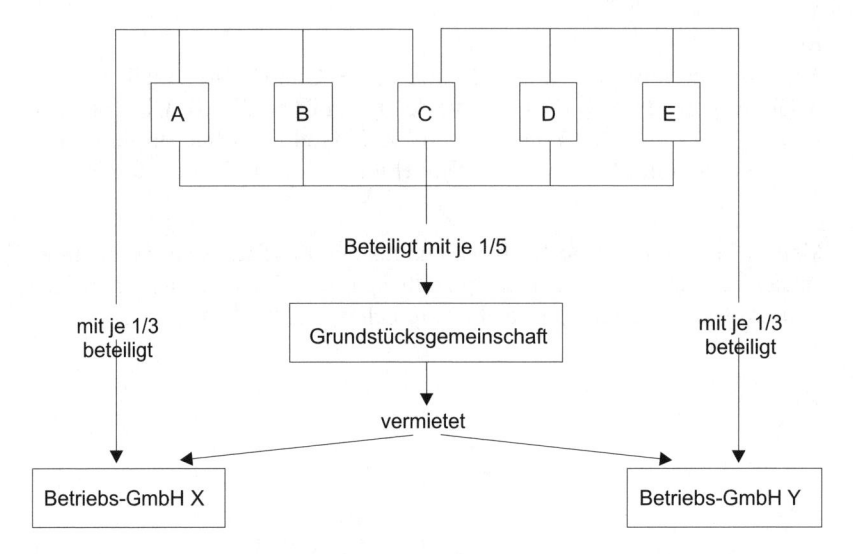

```
    ┌─────┬─────┬─────┬─────┬─────┐
    │  A  │  B  │  C  │  D  │  E  │
    └─────┴─────┴─────┴─────┴─────┘
              Beteiligt mit je 1/5
                      ↓
   mit je 1/3     ┌──────────────────────┐    mit je 1/3
   beteiligt     │ Grundstücksgemeinschaft│    beteiligt
                  └──────────────────────┘
                          ↓
                       vermietet
   ┌──────────────┐                    ┌──────────────┐
   │ Betriebs-GmbH X│                  │ Betriebs-GmbH Y│
   └──────────────┘                    └──────────────┘
```

Die Probleme sind hier die gleichen wie in den vorstehend unter 9. behandelten Fällen, in denen einer Betriebsgesellschaft mehrere Besitzunternehmen gegenüberstehen. Meines Erachtens kann insoweit auch bei mehreren Betriebsgesellschaften kein einheitlicher Betätigungswille angenommen werden.

11. Stille Beteiligung

Literatur: *Böttcher/Hennerkens,* Beteiligungsgleichheit bei Betriebsaufspaltung – Zugleich ein Beitrag zum BFH-Urteil I 231/63 vom 3.12.1969 – RWP-Blattei 14 Steuer – RD Betriebsaufspaltung II B 3 Einzelfragen; *Schulze zur Wiesche,* Betriebsaufspaltung und stille Beteiligung, DStR 1993, 1844.

Ob eine stille Beteiligung zu einer Betriebsaufspaltung führen kann, kann nicht allgemein beantwortet werden.

Beispiel:
Das Betriebsunternehmen ist eine GmbH. A ist an der GmbH als stiller Gesellschafter beteiligt. Seine Einlage als stiller Gesellschafter beträgt 510.000 DM. Das Stammkapital der GmbH, deren Alleinanteilseigner B ist, beträgt 490.000 DM. A hat ein ihm gehörendes Grundstück der GmbH & Still verpachtet.

III. Personelle Verflechtung 163

Lösung:
A hat keinerlei Stimmrechte und auch keine Geschäftsführungsbefugnis in der Betriebs-GmbH. Deshalb kann er in diesem Unternehmen keinen einheitlichen geschäftlichen Betätigungswillen durchsetzen. In einem solchen Fall liegt keine Betriebsaufspaltung vor.

Hingegen dürfte Betriebsaufspaltung anzunehmen sein, wenn A in der Betriebs-GmbH aufgrund besonderer Vereinbarungen Stimmrechte zustehen, die es ihm ermöglichen, seinen einheitlichen geschäftlichen Betätigungswillen durchzusetzen.

Betriebsaufspaltung aufgrund faktischer Beherrschung dürfte anzunehmen sein, wenn A zum Geschäftsführer der Betriebs-GmbH bestellt ist und als solcher – aufgrund seiner nicht unerheblichen Beteiligung als stiller Gesellschafter – nicht nur die Interessen des B zu vertreten hat, sondern auch seine eigenen vertreten kann.

12. Unterbeteiligung

Ebenfalls nicht allgemein kann die Frage beantwortet werden, ob eine Unterbeteiligung zur Annahme einer Betriebsaufspaltung führt. Auch hier kommt es auf die Gestaltung des Einzelfalls an.

Beispiel:
An der Betriebs-OHG sind A mit 90 v.H. und B mit 10 v.H. beteiligt. A hat an 2/3 seines Anteils dem C eine Unterbeteiligung eingeräumt. C hat an die Betriebs-OHG eine wesentliche Betriebsgrundlage vermietet.

Lösung:
Hat C in der Unterbeteiligungsgesellschaft eine solche Machtstellung, dass er bestimmenden Einfluss auf das Verhalten des A bei der Willensbildung in der Betriebs-OHG ausüben kann, dann kann C auf diesem Wege mit Hilfe der 90 %igen Beteiligung des A auch in der Betriebs-OHG seinen einheitlichen geschäftlichen Betätigungswillen durchsetzen. Es liegt Betriebsaufspaltung vor.

13. Gestaltungsmissbrauch

a) Allgemeines

Wann Gestaltungen zur Vermeidung einer personellen Verflechtung missbräuchlich i. S. des § 42 AO sind, lässt sich allgemein nicht sagen. Es kommt auf den Einzelfall an.

b) Das BFH-Urteil vom 13. 3. 1997

(1) Sachverhalt

Der BFH[1] hat bei folgendem – hier vereinfacht dargestellten Sachverhalt – Gestaltungsmissbrauch i. S. des § 42 AO angenommen:

Beispiel:
A betrieb zusammen mit seinen Eltern ein Einzelhandelsgeschäft in der Rechtsform einer KG. Das Grundstück, in dem dieses Geschäft betrieben wurde, hatten die Eltern 1973 im Wege der vorweggenommenen Erbfolge unter Nießbrauchsvorbehalt auf A übertragen. In Ausübung dieses Nießbrauchsrechts stellten die Eltern der KG die für das Einzelhandelsgeschäft erforderlichen Räume zur Verfügung. 1979 schieden die Eltern aus der KG aus. Zugleich wurde das Nießbrauchsrecht aufgehoben und durch eine Rente ersetzt. Mit Ablauf des Jahres 1979 wurde das Betriebsvermögen der KG in eine GmbH eingebracht. An dieser war A mit 99 v.H. beteiligt. Im Januar 1980 räumte A seinen Eltern eine beschränkt persönliche Dienstbarkeit an den dem Einzelhandelsgeschäft dienenden Räumen ein. In Ausübung dieses Rechts vermieteten die Eltern die betreffenden Räume an die GmbH. Die vereinbarte Rente wurde nicht geleistet.

Das FA hat die Einräumung der beschränkt persönlichen Dienstbarkeit und die Vermietung der entsprechend belasteten Räume seitens der Eltern an die GmbH als Gestaltungsmissbrauch angesehen. Die hiergegen gerichtete Klage hatte keinen Erfolg. Der BFH ist dem FA und dem FG mit im Wesentlichen folgender Begründung gefolgt.

(2) Entscheidungsgründe

Die gewählte Gestaltung habe lediglich der Steuerminderung dienen sollen, weil durch sie die nachteiligen steuerlichen Wirkungen der Betriebsauf-

---

1 Urteil vom 13.3.1997 III R 300/94, BFH/NV 1997, 659, 660 rechte Spalte f.

III. Personelle Verflechtung

spaltung hätten beseitigt werden sollen, die sich aufgrund der zuvor getroffenen Vereinbarungen ergeben hätten. Andere wirtschaftliche oder sonst beachtliche nichtsteuerliche Gründe seien nicht geltend gemacht worden und seien auch nicht erkennbar. Insbesondere sei die Einräumung der beschränkt persönlichen Dienstbarkeit im Hinblick auf die zuvor getroffene Rentenvereinbarung auch nicht zur Gewährleistung der Altersversorgung der Eltern erforderlich gewesen.

Die gewählte Gestaltung sei auch unangemessen, weil üblicherweise ein Grundstückseigentümer, der Räume eines Gebäudes für den Betrieb einer von ihm beherrschten GmbH benötige, nicht zunächst einem Dritten ein Nutzungsrecht einräume, um anschließend die benötigten Räume durch die GmbH zurückzumieten. Unangemessen sei auch, dass im Streitfall eine Rentenverpflichtung durch die Einräumung einer beschränkt persönlichen Dienstbarkeit ersetzt worden sei und damit die Versorgungsberechtigten es übernommen hätten, durch die Vermietung der betreffenden Räume nunmehr selbst die für ihre Altersversorgung notwendigen Einkünfte zu erzielen.

E. Besitzunternehmen

Literatur: *Brandmüller,* Betreibt ein Besitzunternehmen noch ein Handelsgewerbe?, BB 1976, 641; *Centrale Gutachtendienst,* Betriebsaufspaltung innerhalb einer GmbH & Co. KG, GmbHR 1997, 739; *Fichtelmann,* Das Besitzpersonenunternehmen in der Betriebsaufspaltung, StLex/II Nr. 3, S. 447; *Gaßner,* Die Genossenschaft als Pacht- und Besitzunternehmen, RPfleger 1980, 409; *Henninger,* Einzelfragen zum Besitzpersonenunternehmen bei Doppelgesellschaften, RWP-Blattei 14 St-R D Betriebsaufspaltung II B 1 Einzelfragen; *ders.,* Zum Beschluss des Großen Senats des BFH über Besitzpersonenunternehmen, RWP- Blattei 14 St-R D Betriebsaufspaltung II B 1 b Einzelfragen; *ders.,* Betriebsaufspaltung: Besteuerung von Besitzpersonenunternehmen, DB 1969, 637; *Schmidt, Karsten,* Zur Identität von KG und Besitzgesellschaft, DB 1971, 2345; *o. V.,* Unterbeteiligungen und Besitzunternehmen, DB 1970, 1105; *o. V.,* Besitzpersonenunternehmen und Personenstandsveränderungen, DB 1973, 1875; *o. V.,* Nochmals: Besitzpersonenunternehmen und Personenstandsveränderungen, DB 1974, 214.

I. Allgemeines

Ein Besitzunternehmen kann im Rahmen einer Betriebsaufspaltung die Rechtsform:

- eines **Einzelunternehmens**[1],
- einer **Personengesellschaft** [2],
- einer **Gemeinschaft**, die einer gewerblich tätigen Personengesellschaft wirtschaftlich vergleichbar ist[3], oder
- eines **Vereins**[4] haben.

Gemeinschaften die einer gewerblich tätigen Personengesellschaft vergleichbar sind, können **Bruchteilsgemeinschaften** (§§ 741 ff. BGB)[5], **Erbengemeinschaften**[6] und eheliche **Gütergemeinschaften**[7] sein.

---

1 Vgl. BFH-Urteile vom 1.4.1981 I R 160/80, BFHE 133, 561, BStBl II 1981, 738; vom 27.2.1991 XI R 25/88, BFH/NV 1991, 454, 455 linke Spalte.
2 BFH-Urteil vom 29.7.1976 IV R 145/72, BFHE 119, 285, BStBl II 1976, 750.
3 BFH-Urteil vom 14.1.1982 IV R 77/79, BFHE 135, 325, BStBl II 1982, 476.
4 BFH-Beschluss vom 5.6.1985 I S 2/85, I S 3/85, BFH/NV 1986, 433.
5 BFH-Urteil vom 15.12.1988 IV R 36/84, BFHE 155, 538, BStBl II 1989, 363.
6 BFH-Urteil vom 23.10.1986 IV R 214/84, BFHE 148, 65, BStBl II 1987, 120.
7 BFH-Urteil vom 26.11.1992 IV R 15/91, BFHE 171, 490, BStBl II 1993, 876.

I. Allgemeines

Eine **Eigentümergemeinschaft** i. S. des § 10 WEG kann Besitzunternehmen im Rahmen der Betriebsaufspaltung sein, wenn die einzelnen Wohnungen aufgrund einer Gebrauchsregelung (§ 15 WEG) an eine personenidentische Betriebs-GmbH vermietet werden. Dabei ist es steuerlich unerheblich, ob die Eigentümergemeinschaft mit der herrschenden Meinung zivilrechtlich als Bruchteilsgemeinschaft oder als vereinsähnliches Gebilde anzusehen ist[1]. Auf jeden Fall ist eine Eigentümergemeinschaft, deren Teilhaber ihre Wohnungen aufgrund einer Gebrauchsregelung im Sinne des § 15 WEG einer Betriebs-GmbH vermieten, wirtschaftlich mit einer Bruchteilsgemeinschaft zu vergleichen, deren Teilhaber ein gemeinschaftliches Grundstück gemeinsam der Betriebsgesellschaft zur Nutzung überlassen und weitere Grundstücke, die ihnen jeweils allein gehören, jeder für sich an die Betriebsgesellschaft vermieten[2].

Die Behandlung von Gemeinschaften als Besitzunternehmen wird vom BFH[3] damit gerechtfertigt, dass eine unterschiedliche Behandlung von Gesellschaften und Gemeinschaften schon deshalb nicht gerechtfertigt sei, weil das Halten und Verwalten eines Grundstücks gleichermaßen Aufgabe einer Grundstücksgemeinschaft und einer Grundstücksgesellschaft sein könne. Meines Erachtens ist diese Argumentation vordergründig, denn entscheidend ist, dass eine Gemeinschaft nur dann als gewerbliches Besitzunternehmen behandelt werden kann, wenn die Gemeinschaft gleichzeitig eine Mitunternehmerschaft ist. Da nach dem Wortlaut des § 15 Abs. 1 Satz 1 Nr. 2 Satz 1 EStG aber jede Mitunternehmerschaft eine Gesellschaft voraussetzt, kann eigentlich eine Gemeinschaft keine Mitunternehmerschaft und damit auch kein Besitzunternehmen i. S. der Betriebsaufspaltung sein. Um die von der Rechtsprechung erstrebte Gleichbehandlung von Gesellschaft und Gemeinschaft erreichen zu können, war es daher – wie durch den Beschluss des GrS des BFH vom 25.6.1984[4] geschehen – erforderlich, für bestimmte Fälle die Gemeinschaft einer Gesellschaft gleichzustellen, nämlich dann, wenn sie – wie im Rahmen der Betriebsaufspaltung – einer Personengesellschaft wirtschaftlich vergleichbar ist.

---

1 BFH-Urteil vom 10.4.1997 IV R 73/94, BFHE 183, 127, BStBl II 1997, 569.
2 BFH-Urteil vom 10.4.1997 IV R 73/94, BFHE 183, 127, BStBl II 1997, 569.
3 Urteil vom 13.12.1983 VIII R 90/81, BFHE 140, 526, BStBl II 1984, 474.
4 GrS 4/82, BFHE 141, 405, BStBl II 1984, 751.

II. Inländische Betriebsstätte

Literatur: *Becker/Günkel,* Betriebsaufspaltung über die Grenze, Festschrift für Ludwig Schmidt, S. 483; *Crezelius,* Die isolierende Betrachtungsweise, insbesondere die grenzüberschreitende Betriebsaufspaltung, StVj 1992, 322; *Gassner,* Betriebsaufspaltung über die Grenze, BB 1973, 1352 ff.; *Gebbers,* Zur Besteuerung der internationalen Betriebsaufspaltung, RIW 1984, 711; *Günkel/Kussel,* Betriebsaufspaltung mit ausländischer Besitzgesellschaft, FR 1980, 553; *Kaligin,* Betriebsaufspaltung über die Grenze, Wpg 1983, 457; *Piltz,* Betriebsaufspaltung über die Grenze?, DB 1981, 2044.

Das Besitzunternehmen muss stets eine inländische Betriebsstätte haben. Als Betriebsstätte eines Besitzunternehmens kommt nach § 12 AO insbesondere der Ort der Geschäftsleitung in Betracht. Die Betriebsstätte des Betriebsunternehmens kommt als Betriebsstätte des Besitzunternehmens nicht in Betracht[1]. Wird der Betrieb des Besitzunternehmens vom Wohnsitz seines Inhabers geführt, muss dieser seinen Wohnsitz (§ 8 AO) im Inland oder einen ständigen Vertreter i. S. v. § 49 Abs. 1 Nr. 2 Buchst. a EStG haben[2].

Darauf, ob der oder die Inhaber des Besitzunternehmens **Inländer** oder **Ausländer** sind, kommt es nicht an[3].

Hat ein inländisches Besitzunternehmen Wirtschaftsgüter an ein ausländisches Betriebsunternehmen vermietet oder verpachtet und liegt zwischen beiden Unternehmen eine sachliche und eine personelle Verflechtung vor, dann ist eine **Betriebsaufspaltung über die Grenze** gegeben[4]. Zu der Frage, ob eine solche Gestaltung möglich ist oder ob die Betriebsaufspaltung auch ein inländisches Betriebsunternehmen voraussetzt, s. unten unter F.VI.

Hat ein Besitzunternehmen keine inländische Betriebsstätte, so kommt das Richterrecht „Betriebsaufspaltung" m.E. nicht zur Anwendung. Dies hat zur Folge, dass die Mieteinnahmen, die ein ausländisches Besitzunternehmen bezieht, beschränkt steuerpflichtige Einkünfte aus Vermietung und Verpachtung i. S. von § 49 Abs. 1 Nr. 6 EStG sein können.

---

1 BFH-Urteil vom 28.7.1982 I R 196/79, BFHE 136, 547, BStBl II 1983, 77.
2 *L. Schmidt,* ESt-Kom., 16. Aufl., § 15 Rz 862.
3 BFH-Urteil vom 28.7.1982 I R 196/79, BFHE 136, 547, BStBl II 1982, 77.
4 *L. Schmidt,* ESt-Kom., 17. Aufl., § 15 Rz 862 m. w. N.; *Becker/Günkel,* Festschrift für Ludwig Schmidt, S. 483 ff. m. w. N.

III. Das Besitzunternehmen ist eine Kapitalgesellschaft

Literatur: *Ebeling,* Keine Betriebsaufspaltung bei Pachtverträgen zwischen Kapitalgesellschaften, in: A Raupach (Hrsg.): Ertragsbesteuerung, München 1993; *Klein/ Wienands,* Die Kapitalgesellschaft als Besitzgesellschaft im Rahmen der Betriebsaufspaltung zugleich eine Anmerkung zum BFH-Urteil vom 16.9.1994 – III R 45/92 –, GmbHR 1995, 499.

Eine **Kapitalgesellschaft** kann m.E. kein Besitzunternehmen im Rahmen einer Betriebsaufspaltung sein[1], weil jede Kapitalgesellschaft kraft Rechtsform stets einen Gewerbebetrieb zum Gegenstand hat[2]. Hier tritt die Rechtsfolge, dass das Besitzunternehmen ein Gewerbebetrieb ist, also nicht durch das Richterrecht Betriebsaufspaltung, sondern kraft Gesetzes ein. Und Gesetzesrecht geht unzweifelhaft Richterrecht vor.

Hiervon abweichend geht die Rspr. des BFH in den Urteilen vom 1.8.1979[3] und 22.10.1986[4] ohne Begründung davon aus, auch eine GmbH könne im Rahmen einer Betriebsaufspaltung Besitzunternehmen sein, wenn die Besitz-Kapitalgesellschaft an dem Betriebsunternehmen mit mehr als 50 v.H. unmittelbar beteiligt sei. Wenn eine solche unmittelbare Beteiligung nicht vorliegt, also wenn keine Einheitsbetriebsaufspaltung gegeben ist, sondern an beiden Kapitalgesellschaften nur dieselbe Person oder Personengruppe beteiligt ist, dann kommt eine Kapitalgesellschaft als Besitzunternehmen nicht in Betracht. Der Besitz-Kapitalgesellschaft könnten – so der BFH – „weder die von ihren Gesellschaftern gehaltenen Anteile an der Betriebs-GmbH noch die mit diesem Anteilsbesitz verbundene Beherrschungsfunktion zugerechnet werden". Eine solche Zurechnung sei ein unzulässiger Durchgriff auf die hinter der Besitz-Kapitalgesellschaft stehenden Personen[5].

Trotz der vorstehend geäußerten Ansicht, dass Gesetzesrecht einem Richterrecht vorgeht, hat der BFH[6] an der dargestellten Ansicht bisher festgehalten, dass im Rahmen einer Einheits-Betriebsaufspaltung auch eine Kapitalgesellschaft Besitzunternehmen sein könne. Der BFH begründet seine Ansicht damit, dass im Rahmen der Betriebsaufspaltung weitere Rechtsfolgen

---

1 A.A. *Lange,* StWa 1979, 74, 75; *Leingärtner,* RWP Ausgabe B 1980, 191; *Klempt,* DStR 1981, 188, 191; *Fichtelmann,* FR 1983, 78.
2 § 2 Abs. 2 GewStG.
3 I R 111/78, BFHE 129, 57, BStBl II 1980, 77.
4 I R 180/82, BFHE 148, 272, BStBl II 1987, 117.
5 A.A. *Bullinger,* BB 1985, 2171.
6 Urteil vom 16.9.1994 III R 45/92, BFHE 176, 98, BStBl II 1995, 75, 78 rechte Spalte.

möglich seien, die nicht eintreten würden, wenn man die Anerkennung der kapitalistischen Betriebsaufspaltung ablehne. Auch *L. Schmidt*[1] versteht das BFH-Urteil vom 16.9.1994[2] in diesem Sinn. Bei der normalen Betriebsaufspaltung, also in den Fällen, in denen das Besitzunternehmen nicht an dem Betriebsunternehmen beteiligt ist, sondern die Gesellschafter des Besitzunternehmens lediglich auch das Betriebsunternehmen beherrschen, kommt also eine Kapitalgesellschaft nicht als Besitzunternehmen in Betracht.

IV. Das Besitzunternehmen erfüllt die Voraussetzungen des § 15 Abs. 2 EStG

Ist das Besitzunternehmen ein Einzelunternehmen oder eine Personengesellschaft, das bzw. die auch ohne das Vorliegen einer sachlichen und personellen Verflechtung, also aufgrund ihrer Tätigkeit gem. § 15 Abs. 2 EStG ein Gewerbebetrieb ist, dann kommen die Rechtsfolgen der Betriebsaufspaltung ebenfalls nicht zum Zuge; denn auch hier ist für eine Umqualifizierung einer Vermietertätigkeit in eine gewerbliche Tätigkeit kein Raum, weil es nichts zum Umqualifizieren gibt. Das Gesetzesrecht, aufgrund dessen das Besitzunternehmen ein Gewerbebetrieb ist (§ 15 Abs. 2 EStG), geht dem Richterrecht vor. Anderer Ansicht aber wohl das BFH-Urteil vom 27.8.1992[3], wo – allerdings ohne Begründung – die Ansicht vertreten wird, auch eine Personenhandelsgesellschaft, also eine unter § 15 Abs. 1 Satz 1 Nr. 2 Satz 1 EStG fallende Personengesellschaft, könne Besitzunternehmen im Sinne der Betriebsaufspaltung sein.

V. Besonderheiten bei der Einheits-Betriebsaufspaltung

Literatur: *Henninger,* Betriebsaufspaltung und Organschaft, § 7 a KStG, RWP-Blattei 14 St-R D BetrAufspalt. II B 1 c; *Klempt,* Betriebsaufspaltung und Organschaft, DStZ 1981, 188; *Korn,* Erwünschte und unerwünschte Organschaft bei Betriebsaufspaltungen, Stbg 1996, 443; *Pache,* Der Tatbestand der wirtschaftlichen Eingliederung im Ertragsteuer- und im Umsatzsteuerrecht unter besonderer Berücksichtigung der Fallgruppe der Betriebsaufspaltung und der Holdinggesellschaften, GmbHR 1997, 926; *Ranft,* Betriebsaufspaltung und Organschaft (§ 7 a KStG), StRK-Anm. KStG § 6 Abs. 1 S. 1 Allg. R. 183; *o. V.,* Organschaftsverhältnis und

---

[1] ESt-Kom., 16. Aufl., § 15 Rz 863.
[2] III R 45/92, BFHE 176, 98, BStBl II 1995, 75.
[3] IV R 13/91, BFHE 169, 231, BStBl II 1993, 134.

V. Besonderheiten bei der Einheits-Betriebsaufspaltung 171

Betriebsaufspaltung, DB 1975, 2107; *o. V.,* GmbH als Organ einer KG – Sog. „umgekehrte Betriebsaufspaltung", DB 1976, 1038.

In diesem Zusammenhang müssen auch die Fälle der sog. Einheitsbetriebsaufspaltung[1] erwähnt werden. Es ist bereits darauf hingewiesen worden, dass bei der Einheitsbetriebsaufspaltung ebenso wie bei der **Organschaft** ein Über- und Unterordnungsverhältnis besteht. Das Besitzunternehmen ist dem Betriebsunternehmen übergeordnet. Es muss daher die Frage beantwortet werden, wie Einheits-Betriebsaufspaltung und Organschaft zueinander stehen.

Dazu ist von dem Begriff der **Holding** auszugehen. Die Tätigkeit einer Holding besteht im Halten von Beteiligungen, insbesondere an Kapitalgesellschaften, ggf. in Verbindung mit der Verwaltung des Vermögens und der Wahrnehmung der sich aus der Beteiligung ergebenden Möglichkeiten. Je nach Art der Holding wird **zwischen vermögensverwaltender und geschäftsführender Holding** unterschieden[2].

Eine verwaltende Holding beschränkt sich darauf, die Beteiligungen in der für Kapitalvermögen üblichen Art und Weise zu verwalten. Sie übt keine gewerbliche Tätigkeit aus, weil sie sich nicht am allgemeinen Wirtschaftsverkehr beteiligt.

Eine geschäftsleitende Holding übt über die reine verwaltende Tätigkeit hinaus konzernleitend auch Einfluss auf die Geschäftsführung der Beteiligungsgesellschaften aus. Sie kann daher eine gewerbliche Tätigkeit ausüben, weil sich die einheitliche Leitung eines Konzerns nach der Rechtsprechung des BFH als Teilnahme am allgemeinen wirtschaftlichen Verkehr darstellen kann. Das gilt jedoch nicht, wenn sich die konzernleitende Tätigkeit auf nur eine Beteiligungsgesellschaft beschränkt.

Aus diesen Erkenntnissen ergeben sich folgende Konsequenzen für die Einheits-Betriebsaufspaltung: Ist das Besitzunternehmen aufgrund seiner konzernleitenden Funktion eine gewerblich tätige Holding (die Konzernleitung erstreckt sich auf mehrere Beteiligungsgesellschaften) dann ist m.E. für eine Anwendung der Betriebsaufspaltungs-Grundsätze kein Raum. Denn in einem solchen Fall ist das Besitzunternehmen bereits aufgrund seiner Tätigkeit ein Gewerbebetrieb. Es kann daher nicht mehr durch die

---

1 Siehe oben unter D.III.1.
2 Vgl. auch FG München, Beschluss vom 12.9.2000, EFG 2001, 36.

Betriebsaufspaltung zu einem solchen umqualifiziert werden. Die Betriebsaufspaltung hat hier nur subsidiäre Bedeutung. Allerdings dürfte dieser Fall sehr selten vorkommen.

Ist das Besitzunternehmen hingegen nur eine verwaltende Holding, dann ist es aufgrund des Haltens von Beteiligungen noch kein Gewerbebetrieb. Liegen die Voraussetzungen der Betriebsaufspaltung vor, dann kommt das Rechtsinstitut der Betriebsaufspaltung zur Anwendung und das Besitzunternehmen wird aufgrund der Betriebsaufspaltung in einen Gewerbebetrieb umqualifiziert. Das Gleiche gilt für eine konzernleitende Holding, wenn sich ihre konzernleitende Funktion auf nur eine Beteiligungsgesellschaft erstreckt, weil in einem solchen Fall – wie dargestellt – die konzernleitende Tätigkeit keine gewerbliche ist.

Die praktische Bedeutung der herausgearbeiteten Unterscheidung besteht darin, dass in dem Fall, in dem das Besitzunternehmen eine geschäftsführende Holding ist, dieses Unternehmen auch ohne das Vorliegen einer sachlichen Verflechtung ein Gewerbebetrieb ist.

VI. Gemeinnützige Einrichtung

Literatur: *Streck/Mack/Schwerthelm*; Betriebsaufspaltungsprobleme bei Gemeinnützigkeit, AG 1998, 518.

Der den §§ 14, 64 und 65 AO zugrunde liegende Konkurrenzgedanke erfordert, dass die Grundsätze der Betriebsaufspaltung auch bei gemeinnützigen Einrichtungen Anwendung finden. Eine Tätigkeit, die sich äußerlich als Vermögensverwaltung darstellt, ist demnach gleichwohl als steuerpflichtige wirtschaftliche Betätigung anzusehen, wenn die eigentliche wirtschaftliche Tätigkeit im Wege einer Betriebsaufspaltung auf eine selbständige Kapitalgesellschaft ausgegliedert worden ist[1].

Etwas anderes gilt nur dann, wenn aus einer gemeinnützigen Einrichtung ein **Zweckbetrieb** ausgegliedert wird und sowohl das Besitzunternehmen als auch das Betriebsunternehmen gemeinnützig sind. Das Besitzunternehmen (Dachgesellschaft) ist nur dann gemeinnützig, wenn es nach der Ausgliederung weiterhin eine eigene gemeinnützige Tätigkeit entfaltet oder

---

1 Vfg. OFD Hannover vom 16.2.1995, FR 1995, 293.

die Betriebsunternehmen Hilfspersonen i. S. des § 57 Abs. 1 Satz 2 AO sind[1].

VII. Gewinnermittlung

Literatur: *Schoor,* Buchführungspflicht bei Betriebsaufspaltung, BBK Fach 4, 1799.

Die Art der Gewinnermittlung bei einem Besitzunternehmen richtet sich nach den allgemeinen Vorschriften. § 140 AO findet keine Anwendung, weil ein Betriebsunternehmen kein Handelsgewerbe, sondern nur eine Vermietungstätigkeit zum Gegenstand hat und mithin hier die Buchführungs- und Bilanzierungsvorschriften des HGB keine Anwendung finden. Mithin muss ein Besitzunternehmer nur dann Bücher führen und regelmäßig Abschlüsse machen, wenn er die Grenzen des § 141 Abs. 1 AO (500.000 DM Umsatz oder 48.000 DM Gewinn) überschreitet und vom FA zur Erfüllung der Buchführungspflicht nach § 141 AO aufgefordert worden ist. Fehlt es an einer dieser Voraussetzungen, hat der Besitzunternehmer ein Wahlrecht, ob er seinen Gewinn durch Überschussrechnung nach § 4 Abs. 3 EStG ermitteln oder ob er freiwillig Bücher führen und Abschlüsse machen will.

Wird fälschlicherweise keine Betriebsaufspaltung angenommen, so kann das FA bei einer späteren Korrektur der fehlerhaften Rechtsauffassung nach Auffassung des FG München[2] den Gewinn des Besitzunternehmens nach § 4 Abs. 3 EStG ermitteln, weil der Besitzunternehmer weder nach Handelsrecht Bücher führen und regelmäßig Abschlüsse machen muss, aber vom Finanzamt zur Führung von Büchern und zur Erstellung regelmäßiger Abschlüsse aufgefordert worden ist. Das dem Besitzunternehmer zustehende Wahlrecht soll er nach Auffassung des FG dadurch ausgeübt haben, dass er die Art der vom FA gewählten Gewinnermittlung akzeptiert und nicht beanstandet habe.

---

1 Vfg. OFD Hannover vom 16.2.1995, FR 1995, 293; OFD Münster vom 26.7.1995, DB 1995, 1785.
2 Urteil vom 28.6.2000, EFG 2000, 1190 – Revision eingelegt, Az. beim BFH: XI R 65/00.

F. Betriebsunternehmen

Literatur: *Centrale Gutachtendienst,* Betriebsaufspaltung innerhalb einer GmbH & Co. KG, GmbHR 1997, 739; *Dehmer,* Betriebsaufspaltung auch bei vermögensverwaltender Tätigkeit der Betriebskapitalgesellschaft, KFR F. 3 EStG § 15, 1/89, S. 41.

I. Kapitalgesellschaft als Betriebsunternehmen

Literatur: *Ebeling,* Keine Betriebsaufspaltung bei Pachtverträgen zwischen Kapitalgesellschaften, Festschrift für L. Schmidt, S. 471; *Schmidt, Ludwig,* Einzelfragen des Körperschaftsteuerrechts – Betriebsaufspaltung zwischen Kapitalgesellschaften, JbFSt 1982/83, 343.

Unabhängig davon, ob eine mittelbare oder eine unmittelbare Betriebsaufspaltung vorliegt[1], kann eine Kapitalgesellschaft Betriebsunternehmen sein. In den meisten Fällen ist das Betriebsunternehmen eine **GmbH**. Aber auch eine **AG** kann als Betriebsunternehmen in Betracht kommen[2].

II. Personengesellschaft als Betriebsunternehmen (mitunternehmerische Betriebsaufspaltung)

Literatur: *Berz/Müller,* Sonderbetriebsvermögen und mitunternehmerische Betriebsaufspaltung, DStR 1996, 1919; *Bock,* Sonderbetriebsvermögen II und Betriebsaufspaltung, DStZ 2000, 42; *Felix,* Mitunternehmerische Tochter-Betriebsaufspaltung: Nauheimer Modell, KÖSDI 1991, 8493; *Fichtelmann,* Anm. zum Urteil des BFH IV R 145/72 vom 29.7.1976, BStBl 1976 II S. 750 in: StRK-Anm., GewStG § 2 Abs. 1 R. 332; *ders.,* Betriebsaufspaltung zwischen zwei Personengesellschaften und der Grundsatz der Subsidiarität im Rahmen des § 15 Abs. 1 Nr. 2 EStG – Anm. zu dem BFH-Urteil vom 18.7.1979, I R 199/75, FR 1980, 138; *Gassner,* Betriebsaufspaltung verdrängt Sonderbetriebsvermögen, KFR F. 3 EStG § 15, 1/97, S. 5; *Gebhardt,* Mitunternehmerische Betriebsaufspaltung – Grenzen der neuen Rechtsprechung, NWB Fach 3, 10071; *ders.,* Aktuelle Entwicklungen bei der mitunternehmerischen Betriebsaufspaltung, GmbHR 1998, 1022; *Gosch,* Zur Bilanzierungskonkurrenz bei der mitunternehmerischen Betriebsaufspaltung, StBp 1996, 303; *Groh,* Sondervergütungen und Sonderbetriebsvermögen bei Leistungen zwischen Schwestergesellschaften, DStZ 1996, 673; *Hoffmann, Wolf Dieter,* Die Gewinnermittlungsabsicht als Steuergestaltungsinstrument bei der mitunternehmerischen Betriebsaufspaltung, GmbHR 1998, 824; *Janssen,* Mitunternehmerschaft und

---

1 Vgl. oben unter D.III.4.
2 BFH-Urteil vom 28.1.1982 IV R 100/78, BFHE 135, 330, BStBl II 1982, 479.

II. PersGes als BetrU (mitunternehmerische Betriebsaufspaltung)

Betriebsaufspaltung, BB 1995, 25; *Knobbe-Keuk,* Aktuelle Rechts- und Steuerprobleme des mittelständischen Unternehmens – IV. Die „mitunternehmerische Betriebsaufspaltung" –, StbJb 1983/84, 88; *Leingärtner,* Zur Frage, ob die Vorschriften des § 15 Abs. 1 Nr. 2 Halbsatz 2 EStG in dem Sinne Vorrang vor dem Rechtsinstitut der mitunternehmerischen Betriebsaufspaltung haben, dass die Rechtsfolgen einer Betriebsaufspaltung verdrängt werden, wenn wesentliche Betriebsgrundlagen unter den tatbestandlichen Voraussetzungen des § 15 Abs. 1 Nr. 2 Halbsatz 2 EStG zur Nutzung überlassen werden, RWP SG 1–3, S. 1427; *Neu,* Änderung der Rechtsprechung der mitunternehmerischen Betriebsaufspaltung – Urteilsanalyse und Beratungskonsequenzen zum BFH-Urteil VIII R 13/95 vom 23.4.1996, DStR 1996, 1757; *Neufang,* Vorrang der mitunternehmerischen Betriebsaufspaltung vor der Mitunternehmerschaft, INF 1996, 743; *Paus,* Zu den Voraussetzungen einer mitunternehmerischen Betriebsaufspaltung, FR 1982, 532; *ders.,* Neues bei der mitunternehmerischen Betriebsaufspaltung, FR 1997, 90; *Pott,* Mitunternehmerische Betriebsaufspaltung: Konsequenzen der Rechtsprechungsänderung auf Freibeträge, Staffelung der Gewerbesteuer-Messzahlen und Hebesätze, ZKF 1997, 247; *Pott/ Rasche* „Wiederauferstehung" der unmittelbaren mitunternehmerischen Betriebsaufspaltung? – Anmerkungen zum BFH-Urteil vom 10.2.1994 – IV R 37/92, DStR 1994, 933 und 1995, 46; *dies.,* Über die neue BFH-Rechtsprechung zum Verhältnis zwischen Sonderbetriebsvermögen und unmittelbarer mitunternehmerischer Betriebsaufspaltung, GmbHR 1997, 481; *dies.,* Über die neue BFH-Rechtsprechung zum Verhältnis zwischen Sonderbetriebsvermögen und unmittelbarer mitunternehmerischer Betriebsaufspaltung, DStZ 1999, 127; *Rautenberg/Gerbig,* Ergebnisverlagerungen ins Sonderbetriebsvermögen – Möglichkeiten einer neuartigen Betriebsaufspaltung zur Umgehung des § 15a EStG, BB 1982, 342; *Renz,* Nochmals: Die Betriebsaufspaltung zwischen Personengesellschaften, StBp 1983, 20; *Schmidt, Ludwig,* In den Grenzbereichen von Betriebsaufgabe, Betriebsverpachtung, Betriebsaufspaltung und Mitunternehmerschaft, DStR 1979, 671 und 699; *Schoor;* Mitunternehmerische Betriebsaufspaltung, Steuer-Seminar 1997, 13; *Schuhmann,* Die Betriebsaufspaltung zwischen Personengesellschaften, StBp 1982, 181; *ders.,* Die mitunternehmerische Betriebsaufspaltung in der Rechtsprechung des BFH, StBp 1983, 206; *Schulze zur Wiesche,* Betriebsaufspaltung und Mitunternehmerschaft im Ertragsteuerrecht, GmbHR 1982, 260; *ders.,* Die mitunternehmerische Betriebsaufspaltung, StBp 1984, 40; *ders.,* Die mitunternehmerische Betriebsaufspaltung, BB 1997, 1229; *ders.;* Die steuerliche Behandlung der Rechtsbeziehungen zwischen Schwestergesellschaften – Erlass vom 28.4.1998, StBp 1998, 314; *Seithel;* Betriebsaufspaltung zwischen Personengesellschaften oder Besteuerung der Mitunternehmer nach § 15 Abs. 1 Ziff. 2 EStG?, FR 1978, 157; *ders.;* Zur steuerlichen Liquidation der mitunternehmerischen Betriebsaufspaltung, DStR 1981, 158; *Söffing, Günter,* Mitunternehmerische Betriebsaufspaltung – Divergenz in der Rechtsprechung des BFH, FR 1998, 358; *ders.,* Mitunternehmerische Betriebsaufspaltung – Anmerkungen zum BFH-Urteil vom 24.11.1998 VIII R 61/97, DStR 2001, 158; *Störzinger,* Mitunternehmerische Betriebsaufspaltung und/oder Mitunternehmerschaft, FR 1981, 587; *Strahl,* Besteuerung der mitunternehmerischen Betriebsaufspaltung, KÖSDI

1998, 11533; *Wendt,* Mitunternehmerische Betriebsaufspaltung im Steuerrecht, GmbHR 1984, 19.

1. Die früher herrschende Rechtsprechung

Nach der bis zum Ergehen des BFH-Urteils vom 23.4.1996[1] herrschenden Rechtsprechung[2] hatte in den Fällen der **mitunternehmerischen Betriebsaufspaltung**, also in den Fällen, in denen das Betriebsunternehmen eine Personengesellschaft ist, das Institut der Betriebsaufspaltung gegenüber der Vorschrift des § 15 Abs. 1 Satz 1 Nr. 2 Satz 1 EStG nur subsidiäre Bedeutung. D.h. erfüllt ein Sachverhalt sowohl die Voraussetzungen der Betriebsaufspaltung als auch die des § 15 Abs. 1 Satz 1 Nr. 2 Satz 1 EStG, so kamen nicht die Rechtsfolgen der Betriebsaufspaltung, sondern die des § 15 Abs. 1 Satz 1 Nr. 2 Satz 1 EStG zur Anwendung.

Beispiel:
A ist zusammen mit T und S an der X-KG beteiligt. Der Anteil des A beträgt 60 v. H. Die X-KG betreibt ihren Betrieb in einem Gebäude, welches dem A gehört. A hat das Gebäude an die X-KG vermietet. Für Gesellschafterbeschlüsse in der KG genügt die einfache Mehrheit.

Lösung nach der früher herrschenden Rechtsprechung:
Obwohl die Voraussetzungen für eine Betriebsaufspaltung erfüllt sind, lag nach der früher herrschenden Rechtsprechung kein Fall der Betriebsaufspaltung vor, sondern ein Fall des § 15 Abs. 1 Satz 1 Nr. 2 Satz 1 EStG, weil die Betriebsaufspaltung nach der früher herrschenden Rechtsprechung gegenüber § 15 Abs. 1 Satz 1 Nr. 2 Satz 1 EStG nur subsidiäre Bedeutung hatte; d. h. die Betriebsaufspaltung kam nicht zur Anwendung, wenn gleichzeitig die Voraussetzungen des § 15 Abs. 1 Satz 1 Nr. 2 Satz 1 EStG erfüllt sind. Das vermietete Gebäude war also Sonderbetriebsvermögen des A bei der X-KG. Die Mietzahlungen waren für A Einkünfte aus Gewerbebetrieb in der Form von Sondervergütungen i. S. des § 15 Abs. 1 Satz 1 Nr. 2 Satz 1 Teilsatz 2 EStG.

Etwas anderes galt nur in den Fällen einer mittelbaren Betriebsaufspaltung, wenn zwischen die beherrschende Person oder Personengruppe und die

---

1 VIII R 13/95, BFHE 181, 1, BStBl II 1998, 325.
2 BFH-Urteile vom 29.7.1976 IV R 145/72, BFHE 119, 462, BStBl II 1976, 750; vom 25.4.1985 IV R 36/82, BFHE 144, 20, BStBl II 1985, 622; vom 3.2.1994 III R 23/89, BFHE 174, 372, BStBl II 1994, 709.

II. PersGes als BetrU (mitunternehmerische Betriebsaufspaltung)

Betriebs-Personengesellschaft eine Kapitalgesellschaft zwischengeschaltet war.

Beispiel:
A ist zu 51 v.H., B ist zu 49 v.H. an der AB-GmbH beteiligt. Zum Betriebsvermögen dieser GmbH gehört eine 60%ige Beteiligung an der D-GmbH & Co. KG, bei der die Gesellschafterbeschlüsse mit einfacher Mehrheit zu fassen sind. Die KG betreibt ihren Geschäftsbetrieb in einem Grundstück, das A an sie vermietet hat.

Lösung:
Es ist unstreitig, dass eine GmbH Gesellschafterin und Mitunternehmerin einer Personenhandelsgesellschaft sein kann. Folglich ist in dem vorstehenden Beispiel die AB-GmbH Mitunternehmerin der D-GmbH & Co. KG mit der Folge, dass zwischen A und der GmbH & Co. KG kein mitunternehmerisches Verhältnis besteht. Das Entgelt, das die D-GmbH & Co. KG an A für die Überlassung des Grundstücks zahlt, ist also keine Vergütung „die ein Gesellschafter von der Gesellschaft" erhält. § 15 Abs. 1 Satz 1 Nr. 2 Satz 1 EStG findet keine Anwendung. Folglich ist auch nach der früheren Rechtsprechung der Weg frei für die Prüfung der Frage, ob eine Betriebsaufspaltung vorliegt. Die Frage ist zu bejahen, weil A über die AB-GmbH die D-GmbH & Co. KG beherrscht.

Ist zwischen die das Besitzunternehmen beherrschende Person oder Personengruppe und das Betriebsunternehmen eine Personenhandelsgesellschaft zwischengeschaltet, so kam nach der früher herrschenden Rechtsprechung das Institut der Betriebsaufspaltung ebenfalls nicht in Betracht. Zwar ist auch eine Personenhandelsgesellschaft ein – wenn auch eingeschränktes – selbständiges Steuerrechtssubjekt, so dass ein Durchgriff durch sie nicht möglich ist. Es findet hier aber die Fiktion des § 15 Abs. 1 Satz 1 Nr. 2 Satz 2 EStG Anwendung, nach der bei doppelstöckigen Personengesellschaften der an der Untergesellschaft nicht beteiligte Gesellschafter der Obergesellschaft als Mitunternehmer der Untergesellschaft zu behandeln ist.

Beispiel:
A ist zu 51 v.H., B ist zu 49 v.H. an der AB-OHG beteiligt. Zum Betriebsvermögen dieser OHG gehört eine 60%ige Beteiligung an der D-GmbH & Co. KG. Diese betreibt ihren Geschäftsbetrieb in einem Grundstück, das A an sie vermietet hat.

Lösung:
Obgleich A nicht an der D-GmbH & Co. KG beteiligt ist, wird er nach § 15 Abs. 1 Satz 1 Nr. 2 Satz 2 EStG als Mitunternehmer dieser Personengesellschaft fingiert, so dass das Entgelt, das die D-GmbH & Co. KG an A für die Überlassung des Grundstücks zahlt, eine Vergütung ist, „die ein Gesellschafter von der Gesellschaft" erhält. § 15 Abs. 1 Satz 1 Nr. 2 Satz 1 EStG findet Anwendung. Folglich war nach der früheren Rechtsprechung die Anwendung der Betriebsaufspaltungs-Grundsätze ausgeschlossen. Eine Personengesellschaft kam auch bei dieser Gestaltung als Betriebsunternehmen nach der früher herrschenden Rechtsprechung nicht in Betracht.

Das Ergebnis der früher herrschenden Rechtsprechung war, dass eine Personengesellschaft im Rahmen der Betriebsaufspaltung nur dann als Betriebsunternehmen in Betracht kam, wenn zwischen die das Besitzunternehmen beherrschende Person oder Personengruppe und die Betriebs-Personengesellschaft eine Kapitalgesellschaft zwischengeschaltet war (mittelbare Betriebsaufspaltung).

In allen anderen Fällen wurde die Anwendung der Betriebsaufspaltung durch die Anwendung des § 15 Abs. 1 Satz 1 Nr. 2 Satz 1 EStG ausgeschlossen.

2. Die abweichende Rechtsprechung des VIII. Senats

a) Das BFH-Urteil vom 23.4.1996

Mit seinem Urteil vom 23.4.1996[1] ist der VIII. Senat des BFH von der bis zu seinem Ergehen herrschenden Rechtsprechung zur mitunternehmerischen Betriebsaufspaltung abgewichen. Der Rechtssatz dieses Urteils lautet:

> „Die Qualifikation des Vermögens als Gesellschaftsvermögen der Besitzgesellschaft und der Einkünfte aus der Verpachtung dieses Vermögens als Einkünfte der Gesellschafter der Besitzgesellschaft hat bei einer mitunternehmerischen Betriebsaufspaltung Vorrang vor der Qualifikation des Vermögens als Sonderbetriebsvermögen und der Einkünfte aus der Verpachtung als Sonderbetriebseinkünfte der Gesellschafter bei der Betriebsgesellschaft (Änderung der Rechtsprechung)."

---

1 VIII R 13/95, BFHE 181, 1, BStBl II 1998, 325.

b) Begründung des Urteils

Zur Begründung der abweichenden Rechtsprechung hat der VIII. Senat ausgeführt: § 15 Abs. 1 Satz 1 Nr. 2 Satz 1 EStG finde keine Anwendung, wenn eine Personenhandelsgesellschaft oder eine gewerblich geprägte Personengesellschaft Dienstleistungen an eine Schwestergesellschaft[1] erbringe oder ihr Wirtschaftsgüter zur Nutzung überlasse. Wie in diesen Fällen seien auch bei einer Besitzgesellschaft die von der Betriebsgesellschaft bezogenen Vergütungen Betriebseinnahmen bei einem Gewerbebetrieb, nämlich dem des Besitzunternehmens; denn die an sich vermögensverwaltende Tätigkeit des Besitzunternehmens werde infolge des Vorliegens der Voraussetzungen der Betriebsaufspaltung in eine gewerbliche Tätigkeit i. S. des § 15 EStG umqualifiziert. Diese Rechtsfolge werde nicht durch die Regelung des § 15 Abs. 1 Satz 1 Nr. 2 Teilsatz 2 EStG verdrängt. Vielmehr komme der Qualifikation des Vermögens als Gesellschaftsvermögen der Besitzgesellschaft und der Einkünfte aus der Verpachtung dieses Vermögens als gewerbliche Einkünfte der Gesellschafter der Besitzgesellschaft bei einer mitunternehmerischen Betriebsaufspaltung Vorrang vor der Qualifikation des Vermögens als Sonderbetriebsvermögen und der Einkünfte aus der Verpachtung als Sonderbetriebsvermögen der Gesellschafter bei der Betriebsgesellschaft zu. Deshalb würden für ein Besitzunternehmen die Gründe, die zu einem „Durchgriff" durch das Steuersubjekt „Personengesellschaft" bei nichtgewerblicher Tätigkeit geführt hätten, nicht zutreffen.

Nach dem Urteil des VIII. Senats des BFH ist eine mitunternehmerische Betriebsaufspaltung also in allen Fällen möglich, in denen zwischen dem Besitzunternehmen und der Betriebs-Personengesellschaft eine sachliche und personelle Verflechtung besteht; denn nach der abweichenden Rechtsprechung des VIII. Senats soll das Richterrecht Betriebsaufspaltung dem Gesetzesrecht § 15 Abs. 1 Nr. 2 EStG vorgehen.

3. Bedenken gegen die Rechtsprechungsänderung

Gegen die Rechtsprechungsänderung bestehen m.E. erhebliche Bedenken.

---

1 Schwestergesellschaften sind solche Personengesellschaften, bei denen die Gesellschafter ganz oder teilweise personenidentisch sind (BMF-Scheiben vom 28.4.1998, BStBl I 1998, 583 unter Nr. 1).

a) Kontinuität der Rechtsprechung

Zunächst ist darauf hinzuweisen, dass der GrS des BFH in seinem Beschluss vom 25.6.1984[1] ausgeführt hat, dass er der Kontinuität der Rechtsprechung große Bedeutung beimesse und demzufolge eine ständige Rechtsprechung nur aus einem wichtigen Grund, z. B. wegen Änderung der tatsächlichen Verhältnisse, Änderung der Gesetzeslage oder grundlegender Rechtsprechungsänderung, verlassen werden sollte. Ein solcher wichtiger Grund lag im hier besprochenen Fall nicht vor.

Ein wichtiger Grund kann insbesondere nicht darin gesehen werden, dass in dem BFH-Urteil vom 22.11.1994[2] entschieden worden ist, die Fiktion des § 15 Abs. 3 Nr. 2 EStG – durch die eine vermögensverwaltende Personengesellschaft in eine gewerblich geprägte Personengesellschaft umqualifiziert wird – habe Vorrang vor der Anwendung des § 15 Abs. 1 Nr. 2 EStG. Denn zum einen handelt es sich hier nicht um eine Rechtsprechungsänderung. Zum Zweiten ist darauf hinzuweisen, dass sich aus dem erwähnten Urteil vom 22.11.1994 kein zwingender Grund für eine Änderung der früher herrschenden Rechtsprechung über die steuerrechtliche Behandlung der mitunternehmerischen Betriebsaufspaltung herleiten lässt.

Für das Abweichen des VIII. Senats von der herrschenden Rechtsprechung gibt es auch deshalb keinen wichtigen Grund, weil dieser Senat in seinem Urteil auf die Gründe, die die früher herrschende Rechtsprechung, also den Vorrang des § 15 Abs. 1 Satz 1 Nr. 2 Satz 1 EStG vor dem Institut der Betriebsaufspaltung, rechtfertigen, überhaupt nicht eingeht. Diese Gründe bestehen in folgenden Überlegungen:

- Weder der Wortlaut des Gesetzes noch seine Zwecksetzung bieten Anhaltspunkte dafür, dass § 15 Abs. 1 Satz 1 Nr. 2 Satz 1 EStG nicht anzuwenden ist, wenn die Überlassung von Wirtschaftsgütern zugleich die Voraussetzungen der Betriebsaufspaltung erfüllt.
- Für die Subsidiarität der Betriebsaufspaltung gegenüber § 15 Abs. 1 Satz 1 Nr. 2 Satz 1 EStG spricht auch, dass diese Regelung nicht nur eine Qualifikationsnorm, sondern auch eine Zuordnungsnorm ist.
- Das Richterrecht „Betriebsaufspaltung" kann nicht Gesetzesrecht, nämlich die Regelung des § 15 Abs. 1 Satz 1 Nr. 2 Satz 1 EStG, brechen.

---

1   GrS 4/82, BFHE 141, 405, BStBl II 1984, 750, 764 linke Spalte unten.
2   VIII R 63/93, BFHE 177, 28, BStBl II 1996, 93.

II. PersGes als BetrU (mitunternehmerische Betriebsaufspaltung) 181

In dem BFH-Urteil vom 24.11.1998 VIII R 30/97[1] werden diese Überlegungen – nur so können die Urteilsausführungen verstanden werden – mit dem nicht überzeugenden Argument abgetan, die Betriebsaufspaltung sei kein Richterrecht. Die weiteren Ausführungen in dem Urteil, die den Vorrang der Betriebsaufspaltung vor § 15 Abs. 1 Satz 1 Nr. 2 Satz 1 EStG rechtfertigen sollen, beruhen auf dem im Folgenden dargestellten Zirkelschluss.

b) Zirkelschluss

Das Schlimmste an dem Urteil des VIII. Senats aber ist, dass es m.E. auf einem Zirkelschluss beruht. Der Kern des Urteils besteht in folgenden Sätzen:

„Wie bei dieser (gemeint ist die gewerblich geprägte KG) sind aber auch bei einer Besitzgesellschaft die ... von der Betriebsgesellschaft bezogenen Vergütungen als Einnahmen bei den Einkünften aus Gewerbebetrieb zu erfassen. Auch für sie treffen deshalb die Gründe, die zu einem „Durchgriff" durch das beschränkt rechtsfähige Steuersubjekt ‚Personengesellschaft' bei nichtgewerblicher Tätigkeit geführt haben, nicht zu."

In verständlichem Deutsch ausgedrückt heißt das: Weil die Vergütungen, die eine Betriebs-Personengesellschaft für die Überlassung von Wirtschaftsgütern an die Besitz-Personengesellschaft zahlt, bei dieser aufgrund der Betriebsaufspaltungs-Rechtsprechung Betriebseinnahmen sind, findet § 15 Abs. 1 Satz 1 Nr. 2 Satz 1 EStG keine Anwendung.

Diese Aussage aber ist ein Zirkelschluss; denn die Vergütungen, die das Besitzunternehmen erhält, sind bei ihm nur infolge der Anwendung des Richterrechts „Betriebsaufspaltung" Betriebseinnahmen. Der VIII. Senat rechtfertigt also die Vorrangstellung des Richterrechts „Betriebsaufspaltung" vor dem Gesetzesrecht „§ 15 Abs. 1 Satz 1 Nr. 2 Satz 1 EStG" mit einer durch die Anwendung der Betriebsaufspaltung eintretenden Rechtsfolge.

Anders ausgedrückt, es ist unzulässig, die Behandlung der Vergütungen als Betriebseinnahmen aufgrund des Richterrechts „Betriebsaufspaltung" zur Rechtfertigung einer Vorrangstellung des Richterrechts „Betriebsaufspaltung" gegenüber dem Gesetzesrecht „§ 15 Abs. 1 Satz 1 Nr. 2 Satz 1 EStG" zu verwenden. Eine andere Ansicht würde dazu führen, dass jedes Richterrecht, das in seiner Rechtsfolge weitergeht als das Gesetz, das auf denselben Sachverhalt anzuwenden ist, das Gesetzesrecht außer

---
[1] BFH/NV 1999, 771, 772 rechte Spalte.

Kraft setzen könnte. Das aber ist nach unserem, auf den Grundsätzen der Gewaltenteilung beruhenden, Rechtsstaat verfassungsrechtlich nicht zulässig.

Die Rechtslage ist hier anders als bei der – vom VIII. Senat als Vergleich herangezogenen – Konkurrenz zwischen § 15 Abs. 1 Satz 1 Nr. 2 Satz 1 EStG und § 15 Abs. 3 Nr. 2 EStG; denn in diesem Fall handelt es sich um die Konkurrenz zwischen zwei gesetzlichen Regelungen.

Die vorstehenden Ausführungen zwingen zu dem Schluss, dass man bei der Frage, ob bei einem Sachverhalt, der sowohl die Voraussetzungen des § 15 Abs. 1 Satz 1 Nr. 2 Satz 1 EStG als auch die der Betriebsaufspaltung erfüllt, das eine oder das andere Rechtsinstitut Vorrang hat, nicht berücksichtigt werden darf, dass die Vermietung von Wirtschaftsgütern seitens der das Betriebsunternehmen beherrschenden Person oder Personengruppe an das Betriebsunternehmen eine gewerbliche Tätigkeit ist. Es muss vielmehr davon ausgegangen werden, dass – ohne Anwendung des § 15 Abs. 1 Satz 1 Nr. 2 Satz 1 EStG und ohne Anwendung der Betriebsaufspaltung – die bloße Vermietung keine gewerbliche Tätigkeit ist und die Einkünfte aus dieser Tätigkeit solche aus Vermietung und Verpachtung wären, wenn es weder die Vorschrift des § 15 Abs. 1 Satz 1 Nr. 2 Satz 1 EStG noch das Richterrecht „Betriebsaufspaltung" gäbe. Geht man so vor, dann ist es zwangsläufig, dass das Gesetzesrecht „§ 15 Abs. 1 Satz 1 Nr. 2 Satz 1 EStG" Vorrang vor dem Richterrecht „Betriebsaufspaltung" hat.

Aus den vorstehenden Ausführungen folgt auch, dass aus den zu Schwestergesellschaften ergangenen BFH-Urteilen vom 16.6.1994[1] und vom 22.11.1996[2] – entgegen der wohl von *Groh*[3] vertretenen Ansicht – keine Rückschlüsse auf die Behandlung der mitunternehmerischen Betriebsaufspaltung gezogen werden können; denn in diesen Entscheidungen geht es nur um die Beziehungen zwischen gewerblich tätigen Personengesellschaften, nicht aber um die Frage, ob eine Personengesellschaft aufgrund von Richterrecht als gewerblich einzustufen ist, oder ob statt dessen Gesetzesrecht, nach dem die Personengesellschaft keine gewerblich tätige Personengesellschaft ist, vorgeht.

Als Ergebnis ist also festzuhalten, dass durch die neue Rechtsprechung zur mitunternehmerischen Betriebsaufspaltung der Anwendungsbereich des

---

1 IV R 48/93, BFHE 175, 109, BStBl II 1996, 82.
2 VIII R 63/93, BFHE 177, 28, BStBl II 1996, 93.
3 DStZ 1996, 673, 674.

§ 15 Abs. 1 Satz 1 Nr. 2 Satz 1 EStG in unzulässiger Weise eingeschränkt wird.

c) Nichtgewerbliche Personengesellschaft

Erheblichen Bedenken begegnet auch die in dem Urteil enthaltene Formulierung: „Durchgriff durch das beschränkt rechtsfähige Steuersubjekt ‚Personengesellschaft' bei nichtgewerblicher Tätigkeit".

Unter den Begriff „nichtgewerblich tätige Personengesellschaft" fallen neben Personengesellschaften, die eine land- und forstwirtschaftliche oder eine selbständige Tätigkeit zum Gegenstand haben, auch solche Personengesellschaften, die nur vermögensverwaltend tätig sind. Vermögensverwaltende Personengesellschaften aber sind nach der Rechtsprechung des BFH keine Steuersubjekte, auch keine nur beschränkt rechtsfähigen. Aus diesem Grunde ist bei einer solchen Personengesellschaft ein Durchgriff möglich. Auf eine solche Personengesellschaft findet § 15 Abs. 1 Satz 1 Nr. 2 Satz 1 EStG keine Anwendung. Sie ist keine Mitunternehmerschaft. Auf sie findet die sog. Einheitsbetrachtung keine Anwendung.

§ 15 Abs. 1 Satz 1 Nr. 2 Satz 1 EStG und damit auch die Einheitsbetrachtung finden nur auf mitunternehmerische, also auf solche Personengesellschaften Anwendung, die eine betriebliche Tätigkeit zum Gegenstand haben. Nur diese sind Steuerrechtssubjekte. Nur bei diesen gilt ein Durchgriffsverbot. Es ist daher nicht richtig, im Hinblick auf vermögensverwaltende Personengesellschaften von einem Steuersubjekt zu sprechen.

d) Divergenz zu dem BFH-Urteil vom 3. 2. 1994

Meines Erachtens bestehen erhebliche Bedenken, ob – wie bisher allgemein angenommen wird – sich durch das Urteil des VIII. Senats vom 23.4.1996[1] die Rechtsprechung des BFH tatsächlich geändert hat; denn die Entscheidung des VIII. Senats weicht von der Entscheidung des III. Senats vom 3.2.1994[2] ab, ohne dass der III. Senat einer solchen Abweichung zugestimmt hat.

Allerdings geht der VIII. Senat in seinem Urteil vom 23.4.1996 davon aus, dass eine Zustimmung des III. Senats nicht erforderlich sei, weil die abweichenden Ausführungen im Urteil des III. Senats vom 3.2.1994 nicht

---
1 VIII R 13/95, BFHE 181, 1, BStBl II 1998, 325.
2 III R 23/89, BFHE 174, 372, BStBl II 1994, 709.

zu den die Entscheidung tragenden Gründen gehörten. Gegen diese Ansicht bestehen jedoch erhebliche Bedenken.

Der III. Senat hat in dem bezeichneten Urteil entschieden:

> „Veräußert ein Einzelunternehmer das Anlage- und Umlaufvermögen seines Unternehmens an eine GmbH, deren alleiniger Anteilseigner er ist, und beteiligt er sich an deren Unternehmen als atypisch stiller Gesellschafter, so kann der dabei erzielte Veräußerungsgewinn auch dann gewerbesteuerfrei sein, wenn der bisherige Einzelunternehmer wesentliche Betriebsgrundlagen zurückbehält und diese der GmbH zur Nutzung überlässt, ohne die darin enthaltenen stillen Reserven aufzudecken."

Zur Begründung seiner Ansicht, dass der erzielte Veräußerungsgewinn nicht der Gewerbesteuer unterliege, hat der III. Senat u. a. ausgeführt:

> „Nicht entscheidend ist auch, dass – nach der Meinung des FA – die vom Kläger zurückbehaltenen Wirtschaftsgüter wesentliche Grundlage des mitunternehmerischen Betriebs darstellen. Dies vorausgesetzt, dürften zwar – isoliert betrachtet – im Streitfall die Voraussetzungen einer Betriebsaufspaltung gegeben sein, mit der Folge, dass der Kläger (als Besitzunternehmer) weiterhin auch persönlich gewerbesteuerpflichtig wäre. Sofern sich aber – wie hier – die Überlassung der Betriebsgrundlage zur Nutzung im Rahmen des § 15 Abs. 1 Satz 1 Nr. 2 Halbsatz 2 EStG vollzieht, haben die Vorschriften über die steuerliche Behandlung der Sondervergütungen des Mitunternehmers Vorrang gegenüber dem Rechtsinstitut der Betriebsaufspaltung. Bei der sog. mitunternehmerischen Betriebsaufspaltung werden die Rechtsfolgen der Betriebsaufspaltung verdrängt, wenn sich die Überlassung wesentlicher Betriebsgrundlagen im Anwendungsbereich des Vorrangigen § 15 Abs. 1 Satz 1 Nr. 2 Halbsatz 2 EStG vollzieht (...). Das bedeutet, dass der Kläger im Streitfall auch unter dem Gesichtspunkt der Betriebsaufspaltung nicht mehr persönlich gewerbesteuerpflichtig ist."

Dieser letzte Satz in dem Urteil des III. Senats kann im Zusammenhang mit den vorausgegangenen Ausführungen keinesfalls so verstanden werden, als komme eine persönliche Gewerbesteuerpflicht selbst bei Anwendung der Grundsätze der Betriebsaufspaltung nicht in Betracht. Sinnvollerweise muss der Satz wie folgt ergänzt werden:

> „Das bedeutet, dass der Kläger im Streitfall auch unter dem Gesichtspunkt der Betriebsaufspaltung nicht mehr persönlich gewerbesteuerpflichtig ist, weil die Grundsätze der Betriebsaufspaltung infolge ihrer Subsidiarität gegenüber § 15 Abs. 1 Satz 1 Nr. 2 Halbsatz 2 EStG keine Anwendung finden."

Aus den übrigen Ausführungen des III. Senats ergibt sich m.E. zweifelsfrei, dass bei Anwendung der Grundsätze der Betriebsaufspaltung sehr wohl eine persönliche Gewerbesteuerpflicht zu bejahen wäre.

Damit aber haben die Ausführungen des III. Senats über die Subsidiarität der Betriebsaufspaltungsgrundsätze gegenüber § 15 Abs. 1 Satz 1 Nr. 2 Satz 1 Teilsatz 2 EStG sehr wohl entscheidungserhebliche Bedeutung und sind nicht nur – wie der VIII. Senat meint – ein obiter dictum. Das aber bedeutet, dass zwischen den beiden hier bezeichneten Urteilen des BFH Divergenz besteht. Der VIII. Senat hätte aufgrund der Vorschriften in § 11 Abs. 2 und Abs. 3 FGO nicht – wie geschehen – entscheiden dürfen.

Da er es trotzdem getan hat, ergibt sich die Konsequenz, dass jede Entscheidung, die in Zukunft von einem Senat des BFH zur mitunternehmerischen Betriebsaufspaltung getroffen werden wird, eine Divergenzentscheidung ist und zwar entweder gegenüber dem Urteil des III. Senats oder gegenüber dem Urteil des VIII. Senats. Je nachdem von welcher Auffassung der in Zukunft entscheidende Senat abweichen will, muss also der III. Senat oder der VIII. Senat zustimmen. Erfolgt eine solche Zustimmung nicht, muss der in Zukunft entscheidende Senat zwangsläufig den GrS anrufen. Tut er dies nicht, ist sein Urteil mit einer Nichtigkeitsklage[1] anfechtbar, weil – infolge der Abweichung und der Regelung in § 11 FGO – nicht der gesetzliche Richter entschieden hat.

Eine fatale Situation, die durch eine Fehlinterpretation des Urteils des III. Senats des BFH vom 3.2.1994 durch den VIII. Senat des BFH entstanden ist. Sie führt zu einer großen Rechtsunsicherheit, die nur durch einen Nichtanwendungserlass der Finanzverwaltung beseitigt werden könnte.

Ein solcher Nichtanwendungserlass ist jedoch nicht ergangen. Vielmehr hat sich die FinVerw der Rechtsprechungsänderung angeschlossen[2]. Allerdings ist nach Ansicht der FinVerw im Falle einer unentgeltlichen Überlassung von Wirtschaftsgütern auch nach der neuen Rechtsprechung keine mitunternehmerische Betriebsaufspaltung anzunehmen, weil es in diesem Fall an einer Gewinnerzielungsabsicht und damit an einer eigenen gewerblichen Tätigkeit der Besitzpersonengesellschaft fehlt. Nicht betroffen von der neuen Rechtsprechung sind nach dem BMF-Schreiben vom 28.4.1998 auch die Fälle der **doppel- oder mehrstöckigen Personengesellschaften**, also derjenigen Fälle, in denen eine Personengesellschaft selbst unmittelbar oder mittelbar an einer anderen Personengesellschaft als Mitunternehmer beteiligt ist. In diesen Fällen verbleibt es bei der Anwendung der gesetzlichen

---

1 § 134 FGO i.V.m. § 578 Abs. 1 und § 579 Abs. 1 Nr. 1 ZPO.
2 BMF-Schreiben vom 28.4.1998, BStBl I 1998, 583 Tz. 1.

Regelung des § 15 Abs. 1 Satz 1 Nr. 2 Satz 2 EStG zur doppelstöckigen Personengesellschaft.
Der BFH hat die Rechtsprechungsänderung durch Folgeurteile bestätigt[1].

e) Das BFH-Urteil vom 24.11.1998

Der VIII. Senat hat mit seinem Urteil vom 24.11.1998 VIII R 61/97[2] seine neue Rechtsprechung endgültig bestätigt, allerdings wiederum ohne überzeugende Begründung.

(1) Die Urteilsbegründung

In dem Urteil wird im Wesentlichen ausgeführt: Die Rechtsfolge, dass die vermögensverwaltende Tätigkeit einer Besitz-GbR infolge der Betriebsaufspaltung als Gewerbebetrieb zu qualifizieren sei, werde nicht durch die Regelung des § 15 Abs. 1 Nr. 2 Teilsatz 2 EStG verdrängt. Dem Einwand der Kläger, § 15 Abs. 1 Satz 1 Nr. 2 Teilsatz 2 EStG erfasse auch die Nutzungsüberlassung durch eine Besitz-Personengesellschaft, könne der Senat nicht folgen. § 15 Abs. 1 Satz 1 Nr. 2 Teilsatz 2 EStG sei darauf gerichtet, Entgelte aufgrund unmittelbarer Leistungsbeziehungen zwischen dem Mitunternehmer und der Mitunternehmerschaft im Gesamtgewinn der Mitunternehmerschaft zu erfassen. Nach dem Zweck der Vorschrift würden ihr auch mittelbare Leistungen unterstehen, die ein Mitunternehmer über einen nicht gewerblich tätigen Personenzusammenschluss gegenüber der Mitunternehmerschaft erbringe. Wenn mithin der „Durchgriff" durch einen solchen ertragsteuerrechtlich beschränkt rechtsfähigen Personenzusammenschluss (Schwestergesellschaft) nicht unmittelbar dem Gesetz zu entnehmen sei, so müsse er andererseits dann ausgeschlossen sein, wenn die Einbindung mittelbarer Leistungen in den Regelungsbereich des § 15 Abs. 1 Satz 1 Nr. 2 EStG weder aus dem Wortlaut noch aus dem Sinn und Zweck dieser Vorschrift geboten sei. Deshalb sei die Selbständigkeit der Schwestergesellschaft als Gewinnerzielungssubjekt auch dann anzuerkennen, wenn es sich um eine Besitz-Personengesellschaft handele, die

---

1 BFH-Urteile vom 26.11.1996 VIII R 42/94, BFHE 182, 101, BStBl II 1998, 328; vom 3.7.1997 IV R 31/96, BFHE 183, 509, BStBl II 1997, 690; vom 13.11.1997 IV R 67/96, BFHE 184, 512, BStBl II 1998, 254; vom 16.12.1997 VIII R 11/95, BFHE 185, 205, BStBl II 1998, 379; vom 24.11.1998 VIII R 30/97, BFH/NV 1999, 771.
2 BFHE 187, 297, BStBl II 1999, 483; vgl. auch BFH-Urteil vom 24.11.1998 VIII R 30/97, BFH/NV 1999, 771.

II. PersGes als BetrU (mitunternehmerische Betriebsaufspaltung) 187

aufgrund der Betriebsaufspaltung gewerblich tätig sei. Mithin schließe die gewerbliche Tätigkeit des Besitzunternehmens die Anwendbarkeit der Hinzurechnungsvorschrift des § 15 Abs. 1 Satz 1 Nr. 2 EStG aus, so dass kein Konkurrenzverhältnis zweier einander widerstreitender Normenbefehle bestehe.

(2) Urteilskritik

(2.1) Zunächst ist zu dem Urteil anzumerken, dass sich aus ihm keine überzeugende Begründung dafür ergibt, warum der VIII. Senat dem Einwand der Kläger nicht folgen konnte, § 15 Abs. 1 Satz 1 Nr. 2 Teilsatz 2 EStG erfasse auch Nutzungsüberlassungen durch Besitz-Personengesellschaften. Zutreffend geht der VIII. Senat davon aus, dass eine (Besitz-)Personengesellschaft – ohne Anwendung der Betriebsaufspaltungsgrundsätze – nur vermögensverwaltend tätig ist. Eine vermögensverwaltende Personengesellschaft aber ist kein Gewinnermittlungssubjekt. Bei ihr ist daher ein Durchgriff geboten. Ohne Anwendung der Grundsätze der Betriebsaufspaltung wird ein einer Betriebs-Personengesellschaft zur Nutzung überlassenes Wirtschaftsgut mithin nicht von der Besitz-Personengesellschaft, sondern im Durchgriff durch diese von deren Gesellschaftern überlassen. Sind diese Gesellschafter – wie bei der Betriebsaufspaltung üblich – zugleich Mitunternehmer der Betriebs-Personengesellschaft, findet § 15 Abs. 1 Satz 1 Nr. 2 Teilsatz 2 EStG Anwendung. Die Vergütungen, die die Betriebs-Personengesellschaft für die Überlassung eines Wirtschaftsguts an ihre Mitunternehmer als Gesellschafter der vermögensverwaltenden (Besitz-)Personengesellschaft zahlt, sind Sondervergütungen. Die überlassenen Wirtschaftsgüter gehören (ggf. anteilig) als Sonderbetriebsvermögen der Mitunternehmer zum Betriebsvermögen der Betriebs-Personengesellschaft. Nur wenn diese, sich aus dem Gesetz ergebende, Rechtsfolge durch das Richterrecht „Betriebsaufspaltung" verdrängt würde, weil durch die Anwendung dieses Richterrechts die vermögensverwaltende (Besitz-)Personengesellschaft in einen Gewerbebetrieb, also in eine Mitunternehmerschaft umfunktioniert wird, kann man zu dem Ergebnis kommen, dass sich Besitz-Personengesellschaft und Betriebs-Personengesellschaft wie zwei gewerblich tätige Schwestergesellschaften gegenüberstehen.

Ein solches Ergebnis aber ist nur möglich, wenn – wie dargestellt – die Rechtsfolgen des § 15 Abs. 1 Satz 1 Nr. 2 Teilsatz 2 EStG durch das Richterrecht „Betriebsaufspaltung" verdrängt werden, also wenn man dem

Richterrecht „Betriebsaufspaltung" Vorrang vor dem in § 15 Abs. 1 Satz 1 Nr. 2 Teilsatz 2 EStG verankerten Gesetzesrecht einräumt. Dem Ergebnis des hier besprochenen BFH-Urteils, es bestehe zwischen § 15 Abs. 1 Satz 1 Nr. 2 Teilsatz 2 EStG und dem Richterrecht „Betriebsaufspaltung" keine Normenkonkurrenz, kann daher nicht zugestimmt werden.

(**2.2**) Nicht zugestimmt werden kann auch den Urteilsausführungen, nach denen der „Durchgriff" durch einen ertragsteuerlich beschränkt rechtsfähigen Personenzusammenschluss nicht unmittelbar dem Gesetzeswortlaut zu entnehmen, sondern das Ergebnis einer teleologischen Auslegung sei. Unter „ertragsteuerrechtlich beschränkt rechtsfähigen Personenzusammenschluss" kann hier wohl nur eine Mitunternehmerschaft verstanden werden, weil nur Mitunternehmerschaften ertragsteuerrechtlich eine beschränkte Rechtsfähigkeit als Gewinnerzielungs- und Gewinnermittlungssubjekt besitzen. Personengesellschaften, die nur vermögensverwaltend tätig sind, also keine Mitunternehmerschaften sind, haben diese Eigenschaften nicht. Bei ihnen ist ein Durchgriff möglich. Bei Mitunternehmerschaften hingegen ist – entgegen den vorstehend wiedergegebenen Urteilsausführungen – nach der Rechtsprechung des BFH[1] ein Durchgriff nicht zulässig.

(**2.3**) Möglicherweise um ein redaktionelles Versehen handelt es sich bei den beiden in dem Urteil enthaltenen Sätzen, die unter II. 1. des Urteils am Ende des fünften und am Anfang des sechsten Absatzes stehen. Diese Sätze lauten:

„Da der Zweck dieser Vorschrift darin besteht, ..., unterstehen der Vorschrift auch **mittelbare** Leistungen, die der Gesellschafter –

Ist mithin der „Durchgriff" durch einen solchen ertragsteuerrechtlich beschränkt rechtsfähigen Personenzusammenschluss (Schwestergesellschaft) nicht unmittelbar dem Gesetzeswortlaut zu entnehmen, ...".

Mit der im letzten Absatz des fünften Absatzes enthaltenen Formulierung „nicht gewerblich tätiger Personenzusammenschluss" können nur vermögensverwaltende Personengesellschaften gemeint sein, bei denen ein Durchgriff möglich ist. Durch die Verwendung der Worte „mithin" und „solche" in dem ersten Satz des sechsten Absatzes sollte man meinen, dass in diesem Folgesatz auch vermögensverwaltende Personengesellschaften angesprochen werden. Das aber ist nicht der Fall, denn in diesem Folgesatz

---

[1] BFH-Beschluss vom 25.2.1991 GrS 7/89, BFHE 163, 1, BStBl II 1991, 691.

II. PersGes als BetrU (mitunternehmerische Betriebsaufspaltung) 189

werden infolge der verwendeten Formulierung „ertragsteuerrechtlich beschränkt rechtsfähigen Personenzusammenschluss" Mitunternehmerschaften angesprochen. Demzufolge sind die hier erörterten beiden Sätze des Urteils wie folgt zu lesen:

> „§ 15 Abs. 1 Satz 1 Nr. 2 EStG erfasst auch mittelbare Leistungen, die ein Gesellschafter über eine nicht rechtsfähige vermögensverwaltende Personengesellschaft seiner Mitunternehmerschaft erbringt, weil durch eine nur vermögensverwaltende Personengesellschaft ein Durchgriff möglich ist. Ist mithin ein Durchgriff durch eine solche Mitunternehmerschaft, nicht unmittelbar dem Gesetzeswortlaut zu entnehmen ...".

Das ist in sich widersprüchlich.

(2.4) Gedanklich nicht nachvollziehbar ist auch die Schlussfolgerung, die in dem Urteil daraus gezogen wird, dass ein „Durchgriff" durch eine Mitunternehmerschaft nicht zulässig sei. „Demgemäß" – so wird in dem Urteil ausgeführt, also weil ein Durchgriff durch eine Mitunternehmerschaft nicht möglich sei, sei „die (ertragsteuerrechtliche) Selbständigkeit der Schwestergesellschaft ....auch dann anzuerkennen, wenn es sich um eine Besitzgesellschaft" handele, die während des Bestehens der Betriebsaufspaltung als Gewerbebetrieb anzusehen sei. Gedanklich nicht nachvollziehbar sind diese Urteilsausführungen, weil die Gewerblichkeit der Besitzgesellschaft sich nicht aus dem nicht zulässigen Durchgriff durch eine Mitunternehmerschaft ergibt, sondern allein aus dem Vorliegen der Voraussetzungen der Betriebsaufspaltung herzuleiten ist. Auch damit aber ist demzufolge – entgegen der Ansicht des VIII. Senats – die Konkurrenz zweier einander widerstreitender Normenbefehle, nämlich auf der einen Seite des Gesetzesrechts § 15 Abs. 1 Satz 1 Nr. 2 EStG und des Richterrechts „Betriebsaufspaltung" nicht beseitigt.

Die Bedenken gegen die hier erörterte Rechtsprechung des VIII. Senats bestehen mithin nach wie vor. Auch durch das Urteil vom 24.11.1999 sind weder diese Bedenken beseitigt noch die gegen diese Rechtsprechung vorgebrachten Argumente widerlegt worden.

4. Folgerungen aus der Rechtsprechungsänderung

Die Rechtsprechungsänderung hat sich z.T. steuerverschärfend ausgewirkt.

a) Der Nur-Besitz-Gesellschafter

Dies gilt insbesondere für die Fälle einer mitunternehmerischen Betriebsaufspaltung, in denen Nur-Besitz-Gesellschafter vorhanden sind[1].

Beispiel:
A und B betreiben in der Rechtsform einer OHG eine chemische Fabrik. Das Fabrikgrundstück gehört einer GbR, an der A, B und C je zu 1/3 beteiligt sind. In der GbR genügt für Gesellschafterbeschlüsse die einfache Mehrheit.

Lösung:
Bisher waren die Anteile von A und B an der Grundstücks-GbR Sonderbetriebsvermögen bei der OHG. Der Anteil des C gehörte zu seinem Privatvermögen. Er hatte Einkünfte aus Vermietung und Verpachtung, die nicht der Gewerbesteuer unterlagen. Wurde das vermietete Grundstück veräußert, unterlag der auf C entfallende Veräußerungsgewinn nicht der Einkommensteuer.

Nach der Rechtsprechungsänderung ist die GbR als Besitzunternehmen ein Gewerbebetrieb. Die Anteile von A und B an der GbR sind nicht mehr Sonderbetriebsvermögen. Der Gesellschaftsanteil des C gehört nicht mehr zu seinem Privatvermögen, sondern C ist als Mitunternehmer an der Besitz-Personengesellschaft beteiligt. Er hat Einkünfte aus Gewerbebetrieb, die der Gewerbesteuer unterliegen. Wird das vermietete Grundstück veräußert, so unterliegt auch der auf C entfallende Teil des Veräußerungsgewinns der Einkommensteuer.

b) Betriebsaufgabefälle

Eine weitere Verschärfung der Besteuerung ist durch die Änderung der Rechtsprechung in folgendem Fall eingetreten:

Beispiel:
A und B sind Gesellschafter einer vermögensverwaltenden GbR. Sie haben 1992 ein in Thüringen belegenes gemischt genutztes Gebäude mit 40 Wohnungen und einem Geschäftslokal erworben. Das Gebäude haben A und B in den Jahren 1994 vollständig saniert und modernisiert. Für den dadurch entstandenen Aufwand haben sie in den Jahren 1994, 1995 und 1996 je 10 v.H. Sonderabschreibungen nach dem FördG vorgenommen.

---

[1] Siehe BMF-Schreiben vom 28.4.1998 unter Tz. 2 Buchstabe a, BStBl I 1998, 583, 584 linke Spalte.

II. PersGes als BetrU (mitunternehmerische Betriebsaufspaltung) 191

In den Jahren 1997 und 1998 wollen sie jeweils weitere 10 v.H. Sonderabschreibungen vornehmen. A und B waren weiterhin Gesellschafter einer Schlosserei-OHG. Die Schlosserei haben sie bis Mitte 1995 in dem Geschäftslokal des erworbenen und sanierten Grundstücks betrieben. Ein entsprechender Mietvertrag war zwischen der OHG und der GbR abgeschlossen worden.

Lösung:
Nach der früheren Rechtsprechung ist das von der GbR an die Schlosserei-OHG vermietete Geschäftslokal bis Mitte 1995 (bis zur Beendigung des Mietverhältnisses) als Sonderbetriebsvermögen von A und B bei der Schlosserei-OHG behandelt worden.

Nach der Rechtsprechungsänderung, die wie jede Rechtsprechungsänderung in die Vergangenheit zurückwirkt, ist das vermietete Geschäftslokal jedoch kein Sonderbetriebsvermögen mehr, vielmehr haben A und B im Rahmen der jetzt – rückwirkend – bestehenden Betriebsaufspaltung ein gewerbliches Besitzunternehmen. Zum Betriebsvermögen dieses Besitzunternehmens gehört gem. § 15 Abs. 3 Nr. 1 EStG das gesamte 1994 erworbene und sanierte Gebäude. Das hat zur Folge, dass mit der Beendigung des Mietvertrags Mitte 1995 rückwirkend zu diesem Zeitpunkt das Grundstück aus dem Betriebsvermögen des Besitzunternehmens infolge Betriebsaufgabe ins Privatvermögen von A und B übergehen. Da dieser Übergang zum Teilwert erfolgt, werden dadurch die bereits in Anspruch genommenen Sonderabschreibungen automatisch rückgängig gemacht und künftige Sonderabschreibungen können nicht mehr vorgenommen werden, weil die bisherige Bemessungsgrundlage „nachträgliche Herstellungskosten" steuerlich nicht mehr existiert.

c) Abfärbevorschrift

(1) In § 15 Abs. 3 Nr. 1 EStG wird bestimmt, dass eine Personengesellschaft, die sowohl vermögensverwaltend als auch gewerblich tätig ist, in vollem Umfang als Gewerbebetrieb gilt. Dieser sog. Abfärbevorschrift kam, unter der Herrschaft der Vorrangstellung des § 15 Abs. 1 Satz 1 Nr. 2 Satz 1 Halbsatz 2 EStG vor den Betriebsaufspaltungsgrundsätzen bei der mitunternehmerischen Betriebsaufspaltung, keine Bedeutung zu.

Nachdem aber jetzt das Richterrecht Betriebsaufspaltung der gesetzlichen Regelung des § 15 Abs. 1 Satz 1 Nr. 2 Satz 1 Halbsatz 2 EStG vorgehen soll, erhält die Abfärbevorschrift des § 15 Abs. 3 Nr. 1 EStG auch im

Rahmen der mitunternehmerischen Betriebsaufspaltung erhebliche Bedeutung. Darauf wird unter Nr. 2.b. des BMF-Schreibens vom 28. 4. 1998 hingewiesen[2].

Beispiel:
A und B sind zu je 1/2 sowohl an der Z-Betriebs-KG als auch an einer GbR beteiligt, zu deren Gesellschaftsvermögen 10 Grundstücke gehören. Eines dieser Grundstücke ist an die Z-Betriebs-KG, die übrigen neun Grundstücke sind an fremde Dritte vermietet.

Lösung:
Die Anteile von A und B an dem Grundstück, das sie an die Z-Betriebs-KG vermietet haben, waren nach der bisher herrschenden Ansicht Sonderbetriebsvermögen bei der Z-Betriebs-KG. Die übrigen fremdvermieteten Grundstücke gehörten zu ihrem Betriebsvermögen. Die Mieteinnahmen aus diesen Grundstücken waren Einkünfte aus Vermietung und Verpachtung.

Nach der Rechtsprechungsänderung ist das anders. Die Grundstücks-GbR ist als gewerbliches Betriebsunternehmen anzusehen. Zum Betriebsvermögen dieses Gewerbebetriebs gehört nicht nur das an die Z-Betriebs-KG vermietete Grundstück, sondern, infolge der Abfärbevorschrift des § 15 Abs. 3 Nr. 1 EStG, auch alle neun fremdvermieteten Grundstücke.

(2) Andererseits aber kann die neue Rechtsansicht auch vorteilhaft sein, wie sich aus dem folgenden Beispiel ergibt:

Beispiel:
A und B sind mit 75 v.H. an der P-KG beteiligt. Die Gesellschafterbeschlüsse dieser Gesellschaft werden mit einfacher Mehrheit gefasst. A und B haben der P-KG zwei ihnen als Miteigentümern gehörende Grundstücke vermietet. Beide Grundstücke enthalten hohe stille Reserven. Eines der vermieteten Grundstücke wird von der P-KG nicht mehr gebraucht und soll deshalb fremdvermietet werden.

Lösung:
Nach der bisherigen Rechtsansicht waren beide Grundstücke Sonderbetriebsvermögen. Das hatte zur Folge, dass die Fremdvermietung – soweit nicht die Voraussetzungen für die Annahme von gewillkürtem Sonderbetriebsvermögen vorlagen – zu einer Entnahme des betreffenden Grundstücks und damit zu einer Realisierung der stillen Reserven führte. Nach der neueren Ansicht ist dies nicht mehr der Fall, denn die vermieteten

---

[2] BStBl I 1998, 583.

Grundstücke sind kein Sonderbetriebsvermögen mehr, sondern Betriebsvermögen eines eigenständigen Besitzunternehmens, dass sowohl A und B zuzurechnen ist. Ist dieses Besitzunternehmen eine Personengesellschaft, dann findet auf diese die Abfärberegelung des § 15 Abs. 3 Nr. 1 EStG Anwendung. Die Folge ist, dass die Fremdvermietung des einen Grundstücks nicht zu einer Entnahme führt, weil es infolge der Abfärberegelung weiterhin Betriebsvermögen des Besitzunternehmens bleibt.

d) Gewerbesteuerbefreiungen

Nach § 3 Nr. 20 GewStG sind unter bestimmten Voraussetzungen einige soziale Einrichtungen (z. B. Krankenhäuser und Altenheime) von der Gewerbesteuer befreit. Wird eine solche soziale Einrichtung von einer Personengesellschaft betrieben, und hatten deren Gesellschafter ihrer Gesellschaft Wirtschaftsgüter zur Nutzung überlassen, so waren diese Wirtschaftsgüter, nach der bisher herrschenden Meinung, Sonderbetriebsvermögen bei der gewerbesteuerfreien sozialen Einrichtung und wurden demzufolge von der Gewerbesteuerfreiheit miterfasst.

Nach der jetzt als maßgebend angesehenen, in dem Urteil des VIII. Senats vom 23. 4. 1996[1] vertretenen Auffassung, sind die zur Nutzung überlassenen Wirtschaftsgüter kein Sonderbetriebsvermögen mehr. Sie gehören vielmehr zum Betriebsvermögen einer eigenständigen Besitz-Personengesellschaft. Auf diese jedoch findet die Gewerbesteuerbefreiungsvorschrift des § 3 Nr. 20 GewStG keine Anwendung[2]. Auch insoweit ist also eine Steuerverschärfung eingetreten.

e) Gewerbesteuerliche Doppelbelastung bei Darlehensgewährung

Beispiel:
An der V-Betriebs-KG sind A und B je zu 1/2 beteiligt. Beide sind Eigentümer eines Grundstücks, das sie an die KG vermietet haben. Gleichzeit haben sie ihrer KG ein Darlehen von 100.000 DM gewährt.

Lösung:
Nach der bisherigen Rechtsauffassung gehörten sowohl das vermietete Grundstück als auch die Darlehensforderung von A und B zu ihren Sonderbetriebsvermögen bei der KG. Das hatte zur Folge, dass die Hälfte der

---

[1] VIII R 13/95, BFHE 181, 1, BStBl II 1998, 325.
[2] 2.c. des BMF-Schreibens vom 28.4.1998, BStBl I 1998, 583; BFH-Beschlüsse vom 30.9.1991 IV B 21/91, BFH/NV 1992, 333; vom 18.12.1997 X B 133/97, bisher nicht veröffentlicht.

Schuld von 100.000 DM bei der KG nicht als Dauerschuldzinsen hinzuzurechnen war, weil die Hinzurechnungsvorschrift des § 8 Nr. 1 GewStG auf Darlehensforderungen, die zum Sonderbetriebsvermögen gehören, keine Anwendung findet[1]. Nach der geänderten Auffassung des VIII. Senats[2] hingegen sind vermietetes Wirtschaftsgut und Darlehensforderung kein Sonderbetriebsvermögen mehr, sondern gehören zum Betriebsvermögen eines Besitzunternehmens. Die Hinzurechnungsvorschrift des § 8 Nr. 1 GewStG findet Anwendung[3].

f) Keine Saldierungsmöglichkeit

Bei der Ermittlung des Gewerbeertrags ist von dem Ergebnis der Gesamtbilanz der Personengesellschaft, also von dem Ergebnis auszugehen, dass sich aus den Sonderbilanzen der Gesellschafter und der nur das Gesellschaftsvermögen umfassenden Steuerbilanz der Personengesellschaft ergibt. Ein Verlust aus einem Sonderbetriebsvermögen ist demzufolge bei der Ermittlung des Gewerbeertrags einer Personengesellschaft mit Gewinnen aus dem Gesellschaftsvermögen auszugleichen.

Die Ausgliederung von Sonderbetriebsvermögen in eine eigenständige Besitzgesellschaft aufgrund der Vorrangstellung der Betriebsaufspaltungsgrundsätze vor der Gesetzesregelung des § 15 Abs. 1 Satz 1 Nr. 2 Satz 1 Halbsatz 2 EStG macht eine solche Verlust-/Gewinn-Saldierung unmöglich[4].

g) Sonderabschreibungen, Investitionszulagen

Sonderabschreibungen bei Wirtschaftsgütern, die bisher zum Sonderbetriebsvermögen einer Betriebs-Personengesellschaft gehörten, waren von dieser Gesellschaft vorzunehmen. Soweit diese Wirtschaftsgüter nach der neuen Ansicht nicht mehr Sonderbetriebsvermögen sind, sondern zum Betriebsvermögen einer eigenständigen Besitzgesellschaft gehören, ist diese abschreibungsberechtigt.

Entsprechendes gilt hinsichtlich des Antragsrechts bei der Investitionszulage.

---

1 Vgl. 2.d. des BMF-Schreibens vom 28.4.1998, BStBl I 1998, 583.
2 BFH-Urteil vom 23.4.1996 VIII R 13/95, BFHE 181, 1, BStBl II 1998, 325.
3 BMF-Schreiben vom 28.4.1998, BStBl I 1998, 583 unter 2.d.
4 Vgl. hierzu BMF-Schreiben vom 28.4.1998, BStBl I 1998, 583, 2.e.

Eine Verschärfung der Besteuerung tritt m.E. dadurch nicht ein, weil nach Ansicht der Finanzverwaltung in beiden Fällen Merkmale, die für die Inanspruchnahme von Sonderabschreibungen oder Investitionszulagen erforderlich sind und beim Betriebsunternehmen verwirklicht werden, jedenfalls dann dem Besitzunternehmen zuzurechnen sind, wenn beide Unternehmen betriebsvermögensmäßig verbunden sind[1].

h) Tarifbegünstigung bei Betriebsveräußerung

Eine für Steuerpflichtige günstige Auswirkung hat die Rechtsprechungsänderung in folgendem Fall:

Beispiel:
A ist mit 51 v.H. und B mit 49 v.H. an der H-OHG beteiligt. Gesellschafterbeschlüsse werden mit einfacher Mehrheit gefasst. A hat der OHG ein Grundstück vermietet, dass für die OHG eine wesentliche Betriebsgrundlage ist. A veräußert seinen Anteil an der H-OHG. Das vermietete Grundstück wird jedoch nicht mitveräußert. A überführt es vielmehr zum Buchwert in einen anderen ihm gehörenden Betrieb.

Lösung:
Nach bisheriger Auffassung konnte dem A für den durch die Veräußerung seines Mitunternehmeranteils erzielten Veräußerungsgewinn keine Tarifvergünstigung nach § 34 EStG gewährt werden, weil er nicht alle seinem Mitunternehmeranteil zuzurechnenden stillen Reserven realisiert hatte. Dies ist nach der neuen Rechtsprechung anders; denn das vermietete Grundstück hat danach nichts mehr mit dem veräußerten Mitunternehmeranteil zu tun. Es ist kein Sonderbetriebsvermögen bei der H-OHG, sondern Betriebsvermögen eines eigenständigen Besitzunternehmens. Folglich hat A mit der Veräußerung seines Mitunternehmeranteils alle stillen Reserven aufgelöst, so dass ihm die Tarifvergünstigung des § 34 EStG zusteht.

i) Umbuchung

Geht man davon aus, dass die Rechtsprechungsänderung rechtens ist, dann sind in den betroffenen Fällen – wegen der Rückwirkung einer Rechtsprechungsänderung in der Vergangenheit – Wirtschaftsgüter fälschlicherweise als Sonderbetriebsvermögen der Betriebs-Personengesellschaft behandelt worden. Demzufolge ist eine Bilanzberichtigung vorzunehmen.

---

1 BMF-Schreiben vom 28.4.1998, BStBl I 1998, 583, 2.f.

Die fälschlicherweise als Sonderbetriebsvermögen behandelten Wirtschaftsgüter sind zum Buchwert aus dem Sonderbetriebsvermögen bei der Betriebs-Personengesellschaft auszubuchen. Dadurch tritt für den betroffenen Gesellschafter eine erfolgsneutrale Minderung seines Kapitalkontos in seiner Sonderbilanz ein.

Gleichzeitig sind dieselben Wirtschaftsgüter mit ihren Buchwerten in die Bilanz der Besitzpersonengesellschaft einzubuchen. Dadurch entsteht für den betreffenden Gesellschafter der Besitz-Personengesellschaft erfolgsneutral ein entsprechend hohes Kapitalkonto.

j) AfA-Fortführung

Die Besitz-Personengesellschaft hat hinsichtlich der zu Buchwerten übertragenen Wirtschaftsgüter die weitere AfA nach der bisherigen Bemessungsgrundlage und dem bisherigen Absetzungsverfahren zu bemessen[1].

k) Sonderabschreibungen nach dem Fördergebietsgesetz

Die Besitz-Personengesellschaft darf hinsichtlich der zum Buchwert umgebuchten Wirtschaftsgüter Sonderabschreibungen nach dem FördG noch in Höhe und in dem Zeitraum vornehmen, wie es auch die Betriebs-Personengesellschaft noch hätte tun dürfen.

l) Behandlung der Nur-Besitz-Gesellschafter

Es ist bereits oben unter F.II.4.a) darauf hingewiesen worden, dass die neue Rechtsansicht des VIII. Senats des BFH, insbesondere für Nur-Besitz-Gesellschafter, eine erhebliche Steuerverschärfung bedeutet. Diese Wirkung wird durch die folgende Anordnung der Finanzverwaltung[2] noch verschärft:

> „Die o.g. Grundsätze zur Anwendung von R 14 Abs. 2 Satz 2 EStR gelten in diesen Fällen entsprechend mit der Maßgabe, dass es nicht beanstandet wird, wenn die Anteile an den Wirtschaftsgütern des ‚Nur-Besitz-Gesellschafters' ... mit ihren Restwerten angesetzt werden."

Das bedeutet, dass die Nur-Besitz-Gesellschafter auch alle vor der Rechtsprechungsänderung bei ihnen entstandenen stillen Reserven bei einer späteren Veräußerung oder Entnahme versteuern müssen.

---

[1] BMF-Schreiben vom 28.4.1998, BStBl I 1998, 583, Nr. 4. Abs. 3 Satz 3.
[2] BMF-Schreiben vom 28.4.1998, BStBl I 1998, 583, Nr. 4. Abs. 4.

II. PersGes als BetrU (mitunternehmerische Betriebsaufspaltung) 197

Beispiel:
A ist mit 51 v.H., B mit 49 v.H. an der G-KG beteiligt. Gesellschafterbeschlüsse werden mit einfacher Mehrheit gefasst. Die G-KG hat von einer C-GbR ein Grundstück gemietet. An der C-GbR sind A mit 52 v.H. und seine Ehefrau mit 48 v.H. beteiligt. Das vermietete Grundstück enthält am 1.1.1999 10 Mio DM stille Reserven.

Lösung:
Nach der bisherigen Rechtsansicht war der Anteil des A an dem Grundstück als Sonderbetriebsvermögen zu behandeln. Dadurch waren 52 v.H. der bei dem Grundstück vorhandenen stillen Reserven (= 520.000 DM) steuerlich verhaftet. Die auf die Ehefrau A entfallenden stillen Reserven von 480.000 DM waren steuerlich nicht verhaftet. Die Rechtsprechungsänderung hat infolge ihrer Rückwirkung zur Folge, dass auch die auf die Ehefrau entfallenden stillen Reserven von 480.000 DM, die unter der Herrschaft der früheren Rechtsauffassung entstanden sind, rückwirkend steuerlich verhaftet werden. D.h. bei einer späteren Veräußerung oder Entnahme muss Frau A diese stillen Reserven versteuern.

Meines Erachtens erscheint dieses Ergebnis unter Berücksichtigung der oben erwähnten Fragwürdigkeit der Rechtsprechungsänderung und der bestehenden Divergenz bedenklich. Zumindest wird sich auch deshalb eine Klärung der Richtigkeit der neuen Rechtsansicht des VIII. Senats durch den GrS kaum vermeiden lassen.

m) Antragsberechtigung bei der Investitionszulage

Die Betriebs-Personengesellschaft bleibt für die Inanspruchnahme der Investitionszulage von Wirtschaftsgütern, die die Besitz-Personengesellschaft vor der erstmaligen Anwendung der neuen Rechtsprechungsgrundsätze angeschafft oder hergestellt und der Betriebs-Personengesellschaft seit der Anschaffung oder Herstellung zur Nutzung überlassen hat, anspruchsberechtigt[1].

n) Verbleibens-, Zugehörigkeits- und Verwendungsvoraussetzungen

Nach Ansicht der Finanzverwaltung hat die Änderung der Rechtsprechung allein keine Auswirkungen auf die Zugehörigkeits-, Verbleibens- und Verwendungsvoraussetzungen nach dem InvZulG und dem FördG. Zur

---
1 BMF-Schreiben vom 28.4.1998, BStBl I 1998, 583, Nr. 4. Abs. 5.

Erläuterung dieser Ansicht werden in dem BMF-Schreiben vom 28. 4. 1998 zwei Beispiele angeführt, auf die verwiesen wird.

5. Übergangsregelungen

Das BMF-Schreiben vom 28. 4. 1998 enthält unter Nr. 4 Verwaltungsanweisungen über die erstmalige Anwendung der neuen Rechtsprechung zur mitunternehmerischen Betriebsaufspaltung.

Danach gilt der Grundsatz, dass diese neue Rechtsprechung erstmals für Wirtschaftsjahre anzuwenden ist, die nach dem 31. 12. 1998 beginnen. Damit soll den von der Rechtsprechungsänderung betroffenen Steuerpflichtigen Gelegenheit gegeben werden, ihre tatsächlichen Verhältnisse ggf. umzugestalten. Es sind also alle Steuerberater aufgerufen, die von ihnen betreuten Personengesellschaften mit Sonderbetriebsvermögen daraufhin zu überprüfen, ob sie von der Rechtsprechungsänderung betroffen werden. Das ist der Fall, wenn die Wirtschaftsgüter, die der Personengesellschaft zur Nutzung überlassen worden sind, für die Personengesellschaft eine wesentliche Betriebsgrundlage sind (sachliche Verflechtung) und die Gesellschafter, denen die überlassenen Wirtschaftsgüter zuzurechnen sind, aufgrund ihrer Stimmrechtsmacht in der Personengesellschaft, in dieser ihren einheitlichen geschäftlichen Betätigungswillen durchsetzen können (personelle Verflechtung).

Auf Antrag sind nach der Übergangsregelung die neuen Rechtsgrundsätze auch schon für vor dem 1. 1. 1999 beginnende Wirtschaftsjahre anzuwenden. Voraussetzung hierfür ist ein Antrag, der bis zum 31. 12. 1999 gestellt werden muss. Der Antrag kann nur

- einheitlich für alle vor dem 1. 1. 1999 beginnenden Wirtschaftsjahre,
- einheitlich für alle Steuerarten einschließlich der Investitionszulage und
- einheitlich für alle Beteiligten

gestellt werden.

Beispiel:
Wie vorstehend unter 4.h). Die Veräußerung des Mitunternehmeranteils hat 1994 stattgefunden. Das FA hat die Gewährung der Tarifvergünstigung verweigert. Die hiergegen gerichtete Klage vor dem FG ist noch anhängig.

II. PersGes als BetrU (mitunternehmerische Betriebsaufspaltung) 199

Lösung:
Die Beteiligten können beantragen, dass die neue Rechtsauffassung für 1994 bereits angewendet werden soll. Das hat zur Folge, dass das nicht mitveräußerte Grundstück bereits im Veranlagungszeitraum 1994 nicht mehr als Sonderbetriebsvermögen behandelt werden darf und damit die Voraussetzungen des § 34 EStG erfüllt sind.

6. Vermeidung der Folgen der Rechtsprechungsänderung

a) Empfehlungen der Finanzverwaltung

Das BMF-Schreiben vom 28. 4. 1998 enthält unter Nr. 5 selbst zwei Vorschläge, wie die Annahme einer mitunternehmerischen Betriebsaufspaltung in den Fällen vermieden werden kann, in denen bisher wegen der Vorrangstellung der gesetzlichen Regelung des § 15 Abs. 1 Satz 1 Nr. 2 Satz 1 Halbsatz 1 EStG keine Betriebsaufspaltung anzunehmen war.

(1) Erfolgsneutrale Überführung ins Gesellschaftsvermögen

Der erste Vorschlag der Finanzverwaltung geht dahin, die bisher als Sonderbetriebsvermögen behandelten Wirtschaftsgüter, die für die Betriebs-Personengesellschaft eine wesentliche Betriebsgrundlage sind, vor der erstmaligen Anwendung der neuen Rechtsprechungsansicht zum Buchwert, gegen Gewährung von Gesellschaftsrechten, ins Gesellschaftsvermögen der Betriebs-Personengesellschaft zu übertragen. Allerdings dürfen im Zusammenhang mit dieser Übertragung keine Verbindlichkeiten aus dem Sonderbetriebsvermögen ins Gesellschaftsvermögen mitübertragen werden, weil sich die Übernahme von Verbindlichkeiten als Entgelt darstellt und insoweit keine Buchwertübertragung mehr möglich ist.

(2) Einbringung nach § 24 UmwStG

Der zweite Vorschlag der Finanzverwaltung geht dahin, nach der erstmaligen Anwendung der neuen Rechtsprechungsauffassung die Anteile an der Besitz-Personengesellschaft nach § 24 UmwStG gegen Gewährung von Gesellschaftsrechten zu Buchwerten in die Betriebs-Personengesellschaft einzubringen.

Meines Erachtens bestehen gegen diesen Vorschlag jedenfalls dann Bedenken, wenn Nur-Besitz-Gesellschafter vorhanden sind, oder wenn durch die

Anwendung der Abfärbevorschrift des § 15 Abs. 3 Nr. 1 EStG zum Betriebsvermögen der Besitz-Personengesellschaft Wirtschaftsgüter gehören, die zuvor kein Sonderbetriebsvermögen waren.

b) Andere denkbare Vermeidungsmöglichkeiten

(1) Änderung der Stimmrechtsverhältnisse

Vermeidbar erscheint mir die Annahme einer mitunternehmerischen Betriebsaufspaltung, wenn vor dem Zeitpunkt, von dem an die neuen Rechtsprechungsgrundsätze anzuwenden sind, die Stimmrechtsverhältnisse in der Betriebs-Personengesellschaft und dem künftigen Besitzunternehmen so verändert werden, dass keine personelle Verflechtung mehr vorliegt.

Beispiel:
An der X-Familien-KG sind drei Kinder mit je 10 v.H., die Ehefrau mit 15 v.H. und der Vater mit 55 v.H. beteiligt. Der Vater hat ein ihm zu 51 und seiner Schwester zu 49 v.H. gehörendes Grundstück an die KG vermietet, das für die KG eine wesentliche Betriebsgrundlage ist. Die Beschlüsse in der KG werden mit einfacher Mehrheit gefasst.

Lösung:
Wird bei diesem Sachverhalt die neue Rechtsprechungsansicht angewendet, so liegt eine mitunternehmerische Betriebsaufspaltung vor. Die Schwester ist – entgegen der bisherigen Rechtsansicht – Mitunternehmerin der jetzt anzunehmenden Besitz-Personengesellschaft.

Vermeidbar ist dieses Ergebnis, wenn

- entweder in der X-Betriebs-Personengesellschaft, statt der für Gesellschafterbeschlüsse erforderlichen einfachen Mehrheit, eine Mehrheit von 60 v.H. vereinbart wird oder

- wenn der Vater mindestens 5 v.H. seiner Beteiligung an seine Kinder überträgt, so dass er nur noch mit 50 v.H. an der Betriebs-Personengesellschaft beteiligt ist oder

- wenn der Vater 2 v.H. seiner Beteiligung an dem Grundstück auf seine Schwester überträgt.

(2) Kein volles Entgelt

Da nach Auffassung der Finanzverwaltung[1] die neue Rechtsprechungsmeinung keine Anwendung findet, wenn infolge der Vereinbarung eines geringen Nutzungsentgelts bei der Besitz-Personengesellschaft keine Gewinnerzielungsabsicht vorliegt, kann auch durch die Vereinbarung eines entsprechend niedrigen Nutzungsentgelts die Annahme einer mitunternehmerischen Betriebsaufspaltung vermieden werden.

(3) Vermeidung der Anwendung der Abfärbevorschrift

Und schließlich ist noch darauf hinzuweisen, dass in den Fällen, in denen bei Anwendung der neuen Rechtsprechungsansicht eine mitunternehmerische Betriebsaufspaltung entsteht, die Anwendung der Abfärberegelung[2] dadurch vermieden werden kann, dass die vermietende Personengesellschaft in zwei personenidentische Personengesellschaften aufgespalten wird, von denen die eine den Zweck hat, Wirtschaftsgüter an die Betriebs-Personengesellschaft zu vermieten, währen der Zweck der anderen in der Fremdvermietung von Wirtschaftsgütern besteht.

7. Keine Anwendung der neuen Rechtsprechungsgrundsätze

a) Entgeltliche und teilentgeltliche Nutzungsüberlassung

Nach Ansicht der Finanzverwaltung soll die Vormachtstellung der Betriebsaufspaltung vor der gesetzlichen Regelung des § 15 Abs. 1 Satz 1 Nr. 2 Satz 1 Halbsatz 2 EStG dann nicht gelten, wenn das Besitzunternehmen dem Betriebsunternehmen eine oder mehrere wesentliche Betriebsgrundlagen unentgeltlich überlassen hat. Zur Begründung wird in dem BMF-Schreiben vom 28. 4. 1998[3] von der Finanzverwaltung angegeben, dass in diesen Fällen keine mitunternehmerische Betriebsaufspaltung vorliegen könne, weil es an einer Gewinnerzielungsabsicht und damit an einer eigenen gewerblichen Tätigkeit der Besitz-Personengesellschaft fehle. Das Gleiche gilt, wenn bei einer teilentgeltlichen Überlassung bei dem Besitzunternehmen keine Gewinnerzielungsabsicht vorliegt.

---

1 Siehe oben unter 2.
2 Siehe oben unter II.4.c).
3 BStBl I 1998, 583 unter Nr. 1.

Dieser Begründung steht das BFH-Urteil vom 24.4.1991[1] nicht entgegen. In diesem Urteil hat zwar der X. Senat des BFH entschieden, dass auch eine unentgeltliche Nutzungsüberlassung eine Betriebsaufspaltung begründen könne. Nach der Begründung dieses Urteils kann dies aber nur für die Fälle gelten, in denen das Betriebsunternehmen eine Kapitalgesellschaft ist, weil nur in diesen Fällen die Beteiligung der beherrschenden Person oder Personengruppe am Betriebsunternehmen zum Betriebsvermögen des Besitzunternehmens gehört und demzufolge – bezogen auf die beherrschende Person oder Personengruppe – Ausschüttungen aus dem Betriebsunternehmen und Nutzungsentgelte des Betriebsunternehmens an das Besitzunternehmen weitgehend austauschbar sind. Eine solche Austauschbarkeit ist nicht möglich, wenn das Betriebsunternehmen eine Personengesellschaft ist, weil die Anteile an einer Personengesellschaft grundsätzlich nicht Sonderbetriebsvermögen II einer anderen Personengesellschaft sein können.

b) Mehrstöckige Personengesellschaften

Keinen Vorrang haben die Betriebsaufspaltungsgrundsätze jedoch dann, wenn die beherrschende Personengruppe die Besitz-Personengesellschaft oder die Betriebs-Personengesellschaft nur mittelbar durch Zwischenschaltung einer anderen Personengesellschaft beherrscht.

Hier können zwei verschiedene Fälle vorkommen. In dem einen Fall besteht auf der Seite des Besitzunternehmens und im anderen Fall auf der Seite des Betriebsunternehmens eine mehrstöckige Personengesellschaft.

(1) Mehrstöckige Personengesellschaft auf der Seite des Besitzunternehmens

Beispiel:
A und B sind zu je 1/2 an der Betriebs-KG beteiligt. Gleichzeitig sind sie zu je 1/2 an der X-OHG beteiligt. Zum Gesellschaftsvermögen der X-OHG gehört eine Beteiligung von 90 v.H. an der ABC-GbR. Diese hat ein Grundstück an die Betriebs-KG vermietet, das für die Betriebs-KG eine wesentliche Betriebsgrundlage ist.

Lösung:
Nach Ansicht der Finanzverwaltung finden hier keine Betriebsaufspaltungsgrundsätze Anwendung. Vielmehr sind die gesetzlichen Regelungen

---

1 X R 84/88, BFHE 164, 385, BStBl II 1991, 713.

zur doppelstöckigen Personengesellschaft in § 15 Abs. 1 Satz 1 Nr. 2 Satz 2 EStG anzuwenden. Diese kommen in unserem Beispielfall jedoch nicht zur Anwendung, weil die ABC-GbR keine Mitunternehmerschaft, sondern nur eine vermögensverwaltende Personengesellschaft ist.

In dem Beispielfall ist also weder ein Anwendungsfall des § 15 Abs. 1 Satz 1 Nr. 2 Satz 2 EStG noch ein Betriebsaufspaltungsfall gegeben.

Dass kein Betriebsaufspaltungsfall vorliegt, ergibt sich auch aus dem BFH-Urteil vom 27. 8. 1992[1], in dem entschieden worden ist, dass bei der Zwischenschaltung einer GmbH zwischen die das Betriebsunternehmen beherrschende Person oder Personengruppe und das Besitzunternehmen keine Betriebsaufspaltung anzunehmen sei, weil die das Betriebsunternehmen beherrschende Person oder Personengruppe nicht Gesellschafter der Besitzpersonengesellschaft sei und ein Durchgriff durch die zwischengeschaltete GmbH nicht möglich sei. Die gleichen Überlegungen gelten auch für den Fall, dass zwischen die das Betriebsunternehmen beherrschende Person oder Personengruppe und das Besitzunternehmen eine mitunternehmerisch tätige Personengesellschaft zwischengeschaltet ist.

(2) Mehrstöckige Personengesellschaft auf der Seite des Betriebsunternehmens

Beispiel:
A und B sind je zu 1/2 Gesellschafter einer Grundstücks-GbR, die ihr Grundstück an die Y-Betriebs-KG vermietet hat. Das Grundstück ist für die Y-Betriebs-KG eine wesentliche Betriebsgrundlage. Die Anteile an der Y-Betriebs-KG gehören zum Gesellschaftsvermögen der X-OHG. An dieser sind A und B ebenfalls je zu 1/2 beteiligt.

Lösung:
In diesem Beispiel liegen sowohl die Voraussetzungen des § 15 Abs. 1 Satz 1 Nr. 2 Satz 2 EStG als auch die der Betriebsaufspaltung vor. Letzteres deshalb, weil auf der Seite des Betriebsunternehmens – anders als auf der Seite des Besitzunternehmens – eine mittelbare Beherrschung durch eine zwischengeschaltete Kapitalgesellschaft oder Personengesellschaft für die Annahme einer personellen Verflechtung als ausreichend angesehen wird. § 15 Abs. 1 Satz 1 Nr. 2 Satz 2 EStG findet Anwendung, weil die Y-Betriebs-KG eine mitunternehmerische Personengesellschaft ist.

---

1 IV R 13/91, BFHE 169, 231, BStBl II 1993, 134.

Nun sollte man eigentlich annehmen, dass in entsprechender Anwendung des Urteils des VIII. Senats vom 23. 4. 1996 auch in einem solchen Falle die Grundsätze der Betriebsaufspaltung Vorrang vor der gesetzlichen Regelung in § 15 Abs. 1 Satz 1 Nr. 2 Satz 2 EStG haben. Das jedoch lehnt die Finanzverwaltung in dem BMF-Schreiben vom 28. 4. 1998 ab. Sie gibt in diesem Fall der gesetzlichen Regelung des § 15 Abs. 1 Satz 1 Nr. 2 Satz 2 EStG den Vorrang vor dem Richterrecht Betriebsaufspaltung.

Es besteht also das eigenartige Ergebnis, dass nach Auffassung der Finanzverwaltung das Richterrecht „Betriebsaufspaltung" zwar der gesetzlichen Regelung des § 15 Abs. 1 Satz 1 Nr. 2 Satz 1 Halbsatz 2 EStG, nicht aber auch der gesetzlichen Regelung des § 15 Satz 1 Nr. 2 Satz 2 EStG vorgeht.

III. Einzelunternehmen als Betriebsunternehmen

Ein Einzelunternehmen kann bei der Betriebsaufspaltung kein Betriebsunternehmen sein.

Beispiel:
Der Einzelunternehmer A ist an der X-GbR mit 60 v.H. beteiligt. Das Vermögen der X-GbR besteht aus einem Grundstück, das an das Einzelunternehmen des A vermietet ist und hier eine wesentliche Betriebsgrundlage bildet.

A muss in seinem Einzelunternehmen seinen Anteil an den überlassenen Wirtschaftsgütern (§ 39 Abs. 2 Nr. 2 AO) als notwendiges Betriebsvermögen aktivieren[1]. Dadurch gibt es nichts zum Umqualifizieren. Für die Annahme eines Besitzunternehmens und damit auch für die Behandlung eines Einzelunternehmens als Betriebsunternehmen im Sinne der Betriebsaufspaltung ist damit kein Platz.

Zu einem anderen Ergebnis müsste man allerdings kommen, wenn man die – m.E. unzutreffenden – Überlegungen des Urteils des VIII. Senats des BFH vom 23.4.1996[2] auch hier anwenden würde. Eine solche Anwendung ist nicht von der Hand zu weisen; denn wenn man – wie dies der VIII. Senat getan hat – der Betriebsaufspaltungs-Rechtsprechung den Vorrang vor der Behandlung eines Wirtschaftsguts als Sonderbetriebsvermögen einräumt, dann kann man auch der Betriebsaufspaltungs-Rechtsprechung den Vorrang

---

1 BFH-Urteil vom 26.1.1978 IV R 160/73, BFHE 124, 335, BStBl II 1978, 299.
2 Vgl. oben unter F.II.2.

vor der Behandlung eines Wirtschaftsguts als Betriebsvermögen einräumen. Übertragen auf das vorstehende Beispiel würde dies bedeuten, dass das an das Einzelunternehmen des A vermietete Grundstück nicht zum Betriebsvermögen des Einzelunternehmens gehört, sondern als Besitzunternehmen einen eigenen Gewerbebetrieb neben dem als Betriebsunternehmen anzusehenden Einzelunternehmen bildet.

Meines Erachtens ist ein solches Ergebnis jedoch abwegig. Es zeigt vielmehr, dass die neue Rechtsprechung zur mitunternehmerischen Betriebsaufspaltung auch unter dem Vergleich mit einem Einzelunternehmen erheblichen Bedenken begegnet.

IV. Gemeinschaft als Betriebsunternehmen

Auch eine Gemeinschaft kann als Betriebsunternehmen in Betracht kommen, wenn die Gemeinschaft wirtschaftlich einer mitunternehmerisch tätigen Personengesellschaft vergleichbar ist. Hier gelten die gleichen Überlegungen wie in den Fällen, in denen das Betriebsunternehmen die Rechtsform einer Personengesellschaft hat[1].

V. Muss das Betriebsunternehmen einen Gewerbebetrieb zum Gegenstand haben?

Literatur: *o. V.*, Besteht die Gewerbesteuerpflicht des Besitzunternehmens nach einer Betriebsaufspaltung auch, wenn der Betriebsinhaber vor der Betriebsaufspaltung freiberuflich tätig war?, DB 1977, 2306.

Unstreitig ist, dass ein in der Rechtsform einer Kapitalgesellschaft geführtes Betriebsunternehmen nicht die Voraussetzungen des § 15 Abs. 2 EStG erfüllen muss, seine Tätigkeit sich also nicht als eine gewerbliche darstellen muss. Es genügt, dass es sich um einen Gewerbebetrieb kraft Rechtsform handelt.

Handelt es sich bei dem Betriebsunternehmen hingegen um eine Personengesellschaft oder eine wirtschaftlich vergleichbare Gemeinschaft – und diese Fälle sind nach der Rechtsprechungsabweichung des VIII. Senats bei der mitunternehmerischen Betriebsaufspaltung durch das BFH-Urteil

---

1 Vgl. vorstehend unter F.II.

vom 23.4.1996[1] viel häufiger als früher –, so ist bis heute noch nicht abschließend geklärt, ob die Annahme einer Betriebsaufspaltung tatbestandsmäßig voraussetzt, dass das Betriebsunternehmen einen Gewerbebetrieb i. S. des § 15 Abs. 2 EStG zum Gegenstand haben muss. Stellt man, wie dies in dem BFH-Urteil vom 12.11.1985[2] geschieht, als Rechtfertigung der Betriebsaufspaltungs-Rechtsprechung isoliert das Vorhandensein einer sachlichen und personellen Verflechtung in den Vordergrund, dann muss man zu dem Ergebnis kommen, dass eine Betriebsaufspaltung auch dann anzunehmen ist, wenn das Betriebsunternehmen eine Land- und Forstwirtschaft oder eine selbständige Tätigkeit zum Gegenstand hat[3]. Stellt man hingegen, wie dies in anderen Entscheidungen des BFH geschieht, darauf ab, dass die Gewerblichkeit des Besitzunternehmens aus der Gewerblichkeit des Betriebsunternehmens herzuleiten ist, dann kann Betriebsaufspaltung nur dann vorliegen, wenn das Betriebsunternehmen einen Gewerbebetrieb zum Gegenstand hat[4].

Geht man davon aus, dass das Betriebsunternehmen immer einen Gewerbebetrieb zum Gegenstand haben muss, dann ist wohl auch die Auffassung zutreffend, dass keine Betriebsaufspaltung vorliegt, wenn das Betriebsunternehmen **gemeinnützig**[5] ist. Hingegen soll nach der Rechtsprechung des BFH die **Gewerbesteuerfreiheit** des Betriebsunternehmens der Annahme einer Betriebsaufspaltung nicht entgegenstehen[6].

Vgl. auch die Ausführungen unten unter G.I.2.

VI. Inländische Betriebsstätte

Aus der Rspr. des BFH ist nicht erkennbar, dass das Institut der Betriebsaufspaltung auf die Fälle beschränkt sein soll, in denen das Betriebsunternehmen im Inland eine Betriebsstätte hat. Daher wird vielfach die Ansicht vertreten, dass dies nicht erforderlich sei und es demzufolge eine **Betriebs-**

---

1 VIII R 13/95, BFHE 181, 1, BStBl II 1998, 325.
2 VIII R 240/81, BFHE 145, 401, BStBl II 1986, 296.
3 Hinweis auf die Ausführungen unten unter G.II.3.
4 So L. Schmidt, ESt-Kom., 17. Aufl., § 15 Rz 856.
5 Vgl. auch L. Schmidt, ESt-Kom., 17. Aufl., § 15 Rz 856 m. w. N.
6 Ebenso L. Schmidt, ESt-Kom., 17. Aufl., § 15 Rz 856; vgl. aber auch die Ausführungen unten unter G.VI.6.

VI. Inländische Betriebsstätte

aufspaltung über die Grenze gäbe[1]. Nach anderen Literaturstimmen muss auch das Betriebsunternehmen im Inland eine Betriebsstätte haben[2]. Meines Erachtens ist – da es sich bei der Betriebsaufspaltung um Richterrecht handelt – von einer engen Auslegung auszugehen und zu verlangen, dass auch das Betriebsunternehmen eine inländische Betriebsstätte haben muss.

---

1 Vgl. oben unter E.II.
2 *L. Schmidt*, ESt-Kom., 17. Aufl., § 15 Rz 856.

G. Rechtsfolgen der Betriebsaufspaltung

Literatur: *Böth/Busch/Harle,* Die Betriebsaufspaltung – Teil II: Steuerliche Konsequenzen und Beendigung der Betriebsaufspaltung, SteuerStud 1992, 131; *Brandenberg,* Betriebsaufspaltung und Behandlung des Firmenwerts, JbFfSt 1990, 235; *Paus,* Die Betriebsaufspaltung: Voraussetzungen und Rechtsfolgen, StWa 1989, 57; *Schneeloch,* Betriebsaufspaltung – Voraussetzungen und Steuerfolgen, DStR 1991, 761 und 804; *Schulze zur Wiesche,* Betriebsaufspaltung in der jüngsten Rechtsprechung – Voraussetzungen und Konsequenzen, bilanz & buchhaltung, 1992, 267; *Wulff,* Ist die gewerbesteuerliche Behandlung des Aufspaltungs-Besitzunternehmens praktisch ein Schlag ins Wasser?, StBp 1970, 88.

I. Grundsätzliches

1. Kein einheitlicher Gewerbebetrieb

Literatur: *Risse,* Betriebsaufspaltung und „einheitlicher Organismus", GmbHR 1970, 178; *Voss,* Ertragsteuerliche Behandlung der Veräußerung von Anteilen an einer Betriebskapitalgesellschaft, DB 1991, 2411.

Die Rechtsfolge der Betriebsaufspaltung besteht nicht darin, dass das Besitzunternehmen und das Betriebsunternehmen als ein **einheitliches gewerbliches Unternehmen** angesehen werden. Besitzunternehmen und Betriebsunternehmen bleiben zwei selbständige Unternehmen[1], die ihren Gewinn unabhängig voneinander ermitteln. Das gilt selbst bei Personenidentität und gleichen Beteiligungsverhältnissen in beiden Unternehmen.

Im Gegensatz hierzu findet sich in den RFH-Urteilen vom 26.10.1938[2] und vom 16.11.1944[3] die Auffassung, dass im Fall einer Betriebsaufspaltung unter Umständen ein einheitlicher Gewerbebetrieb in Frage komme. Und in dem BFH-Urteil vom 24.11.1978[4] heißt es:

„In der älteren Rechtsprechung ... wurde die gewerbliche Tätigkeit einer Besitzgesellschaft ... darauf gegründet, dass zwischen der Besitzgesellschaft und der Betriebsgesellschaft wirtschaftlich ein einheitliches Unternehmen

---

1 BFH-Entscheidungen vom 8.11.1971 GrS 2/71, BFHE 103, 440, BStBl II 1972, 63; vom 23.1.1980 I R 33/77, BFHE 130, 173, BStBl II 1980, 356; vom 5.2.1981 IV R 165–166/77, BFHE 132, 466, BStBl II 1981, 376; vom 16.6.1982 I R 118/80, BFHE 136, 287, BStBl II 1982, 662; vom 17.7.1991 I R 98/88, BFHE 165, 369, BStBl II 1992, 246; vom 14.1.1998 X R 57/93, BFHE 185, 230.
2 VI 501/38, RStBl 1939, 282.
3 III 22/44, RStBl 1945, 34.
4 III R 121/76, BFHE 127, 214, BStBl II 1979, 366.

I. Grundsätzliches

gegeben sei (vgl. Entscheidung vom 24. 6. 1969 I 201/64, BStBl II 1970, 17)."
Diese Auffassung ist durch den Beschluss des GrS des BFH vom 8.11.1971[1] aufgegeben worden.
Eine Konsequenz der Tatsache, dass bei der Betriebsaufspaltung zwei Unternehmen vorhanden sind, ist, dass das im Wege der Betriebsaufspaltung entstandene Betriebsunternehmen ohne Einvernehmen mit dem FA ein vom Kalenderjahr **abweichendes Wirtschaftsjahr** wählen kann, weil keine Umstellung eines Wirtschaftsjahrs, sondern eine Neugründung der abgespaltenen Betriebsgesellschaft vorliegt[2].

2. Umqualifizierung des Besitzunternehmens

Literatur: *Bordewin*, Gewerbliche Einkünfte der Besitzpersonengesellschaft bei Betriebsaufspaltung, NWB Fach 3, 10449; *Dürkes*, Die Doppelgesellschaft, BB 1949, 65 und 266; *Keuk, Brigitte*, Gewerbesteuerpflicht des Besitzunternehmens bei Betriebsaufspaltung?, DB 1974, 205.

Die Rechtsfolge der Betriebsaufspaltung besteht nach der Rechtsprechung des BFH insbesondere darin, dass eine Vermietungs- oder Verpachtungstätigkeit in eine gewerbliche Tätigkeit (in einen Gewerbebetrieb) umqualifiziert wird[3]. Der Inhaber bzw. die Gesellschafter des Besitzunternehmens haben keine **Einkünfte aus Vermietung und Verpachtung**, sondern **gewerbliche Einkünfte**. Die ihm bzw. ihnen gehörenden Wirtschaftsgüter gehören nicht zum Privatvermögen, sondern sind Betriebsvermögen. Das Besitzunternehmen unterliegt der **Gewerbesteuer**[4].
Das gilt nach der Rechtsprechung des BFH[5] auch für diejenigen Gesellschafter des Besitzunternehmens, die an der Betriebsgesellschaft nicht beteiligt sind (**Nur-Besitz-Gesellschafter**)[6]. Ist das Besitzunternehmen eine

---

1 GrS 2/71, BFHE 103, 440, BStBl II 1972, 63.
2 BFH-Urteile vom 27.9.1979 IV R 89/76, BFHE 129, 25, BStBl II 1980, 94; vom 17.7.1991 I R 98/88, BFHE 165, 369, BStBl II 1992, 246; *Brandmüller*, BB 1980, 722; *Koevius*, DB 1981, 1308.
3 BFH-Urteile vom 16.6.1982 I R 118/80, BFHE 136, 287, BStBl II 1982, 662; vom 10.4.1997 IV R 73/94, BFHE 183, 127, BStBl II 1997, 569; vom 14.1.1998 X R 57/93, BFHE 185, 230, BB 1998, 1245; vom 15.10.1998 IV R 20/98 BFHE 187, 26, BStBl II 1999, 445; vom 14.9.1999 III R 47/98, BStBl II 2000, 255.
4 BFH-Urteil vom 26.1.1989 IV R 151/86, BFHE 156, 138, BStBl II 1989, 455.
5 BFH-Urteile vom 2.8.1972 IV 87/65, BFHE 106, 325, BStBl II 1972, 796; vom 12.11.1985 VIII R 240/81, BFHE 145, 401, BStBl II 1986, 296.
6 Vgl. hierzu auch *Wendt*, GmbHR 1983, 20, 25.

Bruchteilsgemeinschaft, gilt nichts anderes. Wegen der Bedenken gegen diese Auffassung s. unten unter G.III.2.b)(2).

Der Umqualifizierung des Besitzunternehmens in einen Gewerbebetrieb steht nichts entgegen, wenn die Betriebskapitalgesellschaft aus einem vor der Betriebsaufspaltung bestehenden freiberuflich tätigen Gesamtunternehmen hervorgegangen ist[1]. In dem dem Urteil vom 18.6.1980 zugrunde liegenden Sachverhalt hatte eine Heilpädagogin ein Kinderkurheim betrieben. Die Einkünfte daraus waren als solche aus selbständiger Arbeit behandelt worden. Später gründete die Heilpädagogin zusammen mit ihrem Ehemann eine GmbH, die den Betrieb des früheren Einzelunternehmens fortführte. Das unbewegliche Vermögen des früheren Einzelunternehmens wurde an die GmbH verpachtet.

Meines Erachtens tritt die Rechtsfolge der Umqualifizierung eines vermögensverwaltenden Besitzunternehmens nicht ein, wenn das Betriebsunternehmen kein gewerbliches Unternehmen ist, sondern eine **Land- und Forstwirtschaft** oder eine **selbständige Tätigkeit** zum Gegenstand hat.

Beispiel:
An dem in Form einer GbR geführten land- und forstwirtschaftlichen Betrieb L sind A mit 60 v.H. und B mit 40 v.H. beteiligt. A hat an die GbR ein Grundstück vermietet.

Die Grundstücksvermietung ist in dem Beispielsfall – obgleich die Voraussetzungen für eine Betriebsaufspaltung (sachliche und personelle Verflechtung) vorliegen – keine land- und forstwirtschaftliche Betätigung, sondern nur Vermietung und Verpachtung. Zwar würden bei einer Anwendung der Betriebsaufspaltungsgrundsätze auf Fälle, in denen das Betriebsunternehmen eine Land- und Forstwirtschaft oder eine selbständige Tätigkeit zum Gegenstand hat, auch die zum Vermögen des Besitzunternehmens gehörenden Wirtschaftsgüter hinsichtlich ihrer Substanzvermehrung der Einkommensteuer unterliegen. Das Institut der Betriebsaufspaltung ist aber nur für den Gewerbebetrieb entwickelt worden. Es hat keine gesetzliche Grundlage und ist deshalb reines Richterrecht, was nicht extensiv ausgelegt werden darf. Für diese Ansicht spricht auch der in dem BFH-Urteil vom 18.6.1980[2] enthaltene Satz:

> „Der gewerbliche Charakter der Betriebsgesellschaft bestimmt die Qualifikation der Vermietertätigkeit."

---

1 BFH-Urteil vom 18.6.1980 I R 77/77, BFHE 131, 388, BStBl II 1981, 39.
2 I R 77/77, BFHE 131, 388, BStBl II 1981, 39.

Es bestehen jedoch gewisse Bedenken, ob die hier vertretene Ansicht aus den oben unter F.V. dargestellten, sich aus dem BFH-Urteil vom 12.11.1985[1] ergebenden Gründen haltbar ist. Andererseits könnte man aus den BFH-Urteilen vom 12.11.1985[2] und vom 18.2.1986[3] schließen, dass das Betriebsunternehmen immer ein Gewerbebetrieb sein muss; denn dort heißt es, dass die Vermietung und Verpachtung von Grundstücken dann eine gewerbliche Tätigkeit ist, wenn neben dem Vorliegen einer personellen Verflechtung „die Nutzungsüberlassung einer wesentlichen Betriebsgrundlage an eine gewerblich tätige Personengesellschaft oder Kapitalgesellschaft" vorliegt.

Nach dem BFH-Urteil vom 13.10.1983[4] tritt eine Umqualifizierung des Besitzunternehmens auch dann ein, wenn eine Betriebsgesellschaft, die kraft Rechtsform ein Gewerbebetrieb ist, von der **Gewerbesteuer befreit** ist. Die Gewerbesteuerbefreiung erstreckt sich nicht auf die Besitzgesellschaft.

II. Bedenken gegen die Umqualifizierung

Literatur: *Söffing, Günter,* Ausgeuferte Betriebsaufspaltung: Systematik, Modellfälle, Grundsatzbedenken in Einzelpunkten, KÖSDI 1984, 5756; *Thissen,* Betriebsaufspaltung in der Landwirtschaft, StSem 1996, 123; *Weilbach,* Zivilrechtlicher Sündenfall bei der Betriebsaufspaltung: Kann Nutzungsüberlassung dem Eigentum gleichgestellt werden?, GmbHR 1991, 56.

1. Allgemeines

Gegen die Umqualifizierung des Besitzunternehmens in einen Gewerbebetrieb bestehen aus verschiedenen Gründen, insbesondere wegen des GmbH & Co. KG-Beschlusses des GrS des BFH vom 25.6.1984[5] und wegen des Fehlens der für die Annahme eines Gewerbebetriebs (§ 15 Abs. 2 EStG) erforderlichen Voraussetzung der Beteiligung am allgemeinen wirtschaftlichen Verkehr, Bedenken.

---

1 VIII R 240/81, BFHE 145, 401, BStBl II 1986, 296.
2 VIII R 240/81, BFHE 145, 401, BStBl II 1986, 296.
3 VIII R 125/85, BFHE 146, 266, BStBl II 1986, 611.
4 I R 187/79, BFHE 139, 406, BStBl II 1984, 115.
5 GrS 4/82, BFHE 141, 405, BStBl II 1984, 751.

2. Der GmbH & Co. KG-Beschluss

Literatur: *Felix,* Über einige Auswirkungen des „GmbH & Co. KG-Beschlusses 1984 des Großen Senats" auf das Rechtsinstitut der Betriebsaufspaltung, DStZ 1984, 575; *ders.,* Anm. zum BFH-Urteil vom 12.11.1985 – VIII R 240/81, BStBl II 1986, 296, StRK- Anm. EStG 1975 § 15 Abs. 1 Nr. 2 BetrAufsp. R 8.

Die Rechtsprechung des BFH – zumindest die des I. Senats[1] – hat die Betriebsaufspaltung stets damit gerechtfertigt, dass das Besitzunternehmen deshalb ein Gewerbebetrieb sei, weil der einheitliche geschäftliche Betätigungswille der hinter beiden Unternehmen stehenden Person oder Personengruppe auf die Ausübung eines Gewerbebetriebs gerichtet sei und dieser Wille in dem Besitzunternehmen durch die Verpachtung einer für das Betriebsunternehmen wesentlichen Betriebsgrundlage verwirklicht werde.

Nach dieser Rechtfertigung der Betriebsaufspaltung sind es letztlich also drei Merkmale, die die Umqualifizierung des Besitzunternehmens in einen Gewerbebetrieb bewirken:

- die gewerbliche Betätigung des Betriebsunternehmens,
- die personelle Verflechtung zwischen Betriebsunternehmen und Besitzunternehmen durch die hinter beiden stehende Person oder Personengruppe und
- der Umstand, dass das verpachtete Wirtschaftsgut für das gewerblich tätige Betriebsunternehmen eine wesentliche Betriebsgrundlage ist.

Sind diese außerhalb des Besitzunternehmens liegenden Voraussetzungen vorhanden, dann wird zwar nicht – worauf in dem BFH-Urteil vom 12.11.1985[2] zutreffend hingewiesen wird – die gewerbliche Tätigkeit der Betriebsgesellschaft dem Besitzunternehmen „zugerechnet". Aber die Person oder Personengruppe, die hinter beiden Unternehmen steht und in beiden Unternehmen mit einem einheitlichen geschäftlichen Betätigungswillen handelt, wird auch im Besitzunternehmen gewerblich tätig, weil dieser einheitliche geschäftliche Betätigungswille dann, wenn die Betriebsgesellschaft ein Gewerbebetrieb ist, auf eine gewerbliche Betätigung ausgerichtet

---

[1] BFH-Urteile vom 12.3.1970 I R 108/66, BFHE 98, 441, BStBl II 1970, 439; vom 18.6.1980 I R 77/77, BFHE 131, 388, BStBl II 1981, 39, 40; vom 16.6.1982 I R 118/80, BFHE 136, 287, BStBl II 1982, 662, 663; vom 10.11.1982 I R 178/77, BFHE 137, 67, BStBl II 1983, 136.
[2] VIII R 240/81, BFHE 145, 401, BStBl II 1986, 296.

II. Bedenken gegen die Umqualifizierung

ist. Diese Auffassung dürfte auch *Woerner*[1] mit der Formulierung zum Ausdruck bringen:

„Die Qualifikation des Besitzunternehmens ist letztlich bestimmt durch den Endzweck, zu dem es von dem Unternehmer oder den Unternehmern eingesetzt wird."

Diese Rechtfertigung der Betriebsaufspaltungs-Rechtsprechung, auf die in dem BFH-Urteil vom 12.11.1985[2] nicht eingegangen wird, macht es so außerordentlich schwer, zu einer Vereinbarkeit dieser Rechtsprechung mit dem GmbH & Co. KG-Beschluss[3] zu kommen. Der GrS hat in diesem Beschluss ausgesprochen, dass die Art der Einkünfte der Gesellschafter einer Personengesellschaft in erster Linie durch die Tätigkeit der Gesellschafter in ihrer gesamthänderischen Verbundenheit, mithin durch die Tätigkeit der Gesellschaft bestimmt wird. Und an einer anderen Stelle des Beschlusses heißt es:

„Bei der Frage nach dem Vorliegen eines gewerblichen Unternehmens der Personengesellschaft ist allein auf deren Tätigkeit, wie sie sich in der gemeinschaftlichen Tätigkeit ihrer Gesellschafter darstellt, abzustellen."

Außerhalb dieser Tätigkeit liegende Umstände dürfen bei der Bestimmung der Einkunftsart einer Personengesellschaft nicht berücksichtigt werden. Diese Rechtsansicht hat den GrS in seinem GmbH & Co. KG-Beschluss vom 25.6.1984[4] zu dem Ergebnis geführt, dass eine ihrer Art nach vermögensverwaltend tätige GmbH & Co. KG selbst dann nur Einkünfte aus Vermietung und Verpachtung hat, wenn an ihr nur Kapitalgesellschaften, also nur solche Personen beteiligt sind, die – weil sie kraft Rechtsform Gewerbetreibende sind – nur gewerblich handeln können. Denn die Gewerblichkeit, der an einer nur vermögensverwaltend tätigen Personengesellschaft beteiligten Kapitalgesellschaften, liegt außerhalb der Tätigkeit der Personengesellschaft und hat deshalb auf die Bestimmung der Art der Tätigkeit der Personengesellschaft keinen Einfluss.

Überträgt man diesen Gedanken auf die Betriebsaufspaltungs-Rechtsprechung, so liegt der Schluss nahe, dass die vorstehend angeführten drei Merkmale, die die Umqualifizierung der Besitzgesellschaft bewirken, auch außerhalb der Besitzpersonengesellschaft liegen. Denn weder die

---

1 BB 1985, 1609, 1612.
2 VIII R 240/81, BFHE 145, 401, BStBl II 1986, 296.
3 BFH-Beschluss vom 25.6.1984, GrS 4/82, BFHE 141, 405, BStBl II 1984, 751.
4 GrS 4/82, BFHE 141, 405, BStBl II 1984, 751.

gewerbliche Betätigung des Betriebsunternehmens noch die personelle Verflechtung (die Durchsetzbarkeit eines einheitlichen geschäftlichen Betätigungswillens) noch die sachliche Verflechtung (Vermietung einer für die Betriebsgesellschaft wesentlichen Betriebsgrundlage) hat mit der Tätigkeit der Betriebsgesellschaft etwas zu tun.

3. Das BFH-Urteil vom 12.11.1985

a) Die Begründung des Urteils

Trotz dieser Unvereinbarkeit kommt der VIII. Senat in dem Urteil vom 12.11.1985[1] zu dem Ergebnis, der Beschluss des GrS vom 25.6.1984[2] sei mit der Betriebsaufspaltungs-Rechtsprechung vereinbar. Zur Begründung dieser Ansicht wird ausgeführt:

(1) Die Rechtsprechung zur Betriebsaufspaltung rechne nicht die gewerbliche Tätigkeit der Betriebsgesellschaft der Besitzgesellschaft zu. Sie beruhe vielmehr darauf, dass die Vermietung oder Verpachtung beim Vorliegen einer sachlichen und personellen Verflechtung der Besitzgesellschaft und der Betriebsgesellschaft nicht mehr als Vermögensverwaltung, sondern als eine gewerbliche Tätigkeit anzusehen sei.

(2) Die Auffassung des GrS im Beschluss vom 25.6. 1984, dass sich die Art der Einkünfte der Gesellschafter einer Personengesellschaft regelmäßig nach der Tätigkeit der Gesellschaft bestimme, hindere nicht die Annahme einer personellen Verflechtung in den Fällen, in denen die Anteile an der Betriebs-Kapitalgesellschaft nicht der Besitzgesellschaft, sondern deren Gesellschaftern gehörten. Denn bei der Prüfung der personellen Verflechtung sei auch das Sonderbetriebsvermögen der Personengesellschaft zu berücksichtigen. Sonderbetriebsvermögen liege vor, wenn Wirtschaftsgüter der Gesellschafter dazu bestimmt und geeignet seien, dem Betrieb der Gesellschaft zu dienen. Im Fall der Betriebsaufspaltung genüge es, dass die Anteile an der Betriebs-Kapitalgesellschaft dazu dienten, den einheitlichen geschäftlichen Betätigungswillen in der Betriebs-Kapitalgesellschaft durchzusetzen. Das träfe auf die Anteile an der Betriebs-Kapitalgesellschaft zu, die den Gesellschaftern der Besitz-Personengesellschaft gehörten.

(3) Obgleich es sich bei der sachlichen Verflechtung um eine Voraussetzung handele, die im Unternehmen der Betriebsgesellschaft verwirklicht

---
1 VIII R 240/81, BFHE 145, 401, BStBl II 1986, 296.
2 GrS 4/82, BFHE 141, 405, BStBl II 1984, 751.

II. Bedenken gegen die Umqualifizierung 215

werde, dürfe sie berücksichtigt werden. Denn das Abstellen auf die Tätigkeit der Personengesellschaft bei der Bestimmung der Art der Einkünfte ihrer Gesellschafter bedeute nicht, dass die besonderen Umstände, die die Annahme einer gewerblichen Tätigkeit durch Vermietung oder Verpachtung rechtfertigten, ausschließlich in der Besitzgesellschaft vorhanden sein müsste. Es genüge, dass die Besitzgesellschaft die Tätigkeit des Vermietens oder Verpachtens entfalte. Die besonderen Umstände der sachlichen Verflechtung und der personellen Verflechtung seien nicht Teil dieser Tätigkeit, sondern verliehen ihr lediglich die Eigenschaft eines Gewerbebetriebs.

b) Kritische Überlegungen

(1) Gegen die Auffassung des VIII. Senats in seinem Urteil vom 12.11.1985[1] bestehen schon aufgrund der folgenden Überlegungen Bedenken: Wenn man, wie dies der VIII. Senat tut, die Rechtfertigung der Behandlung des Besitzunternehmens als Gewerbebetrieb von dem Charakter des Betriebsunternehmens als Gewerbebetrieb völlig löst und allein die von der Art der Tätigkeit des Betriebsunternehmens abstrahierten Merkmale der sachlichen und personellen Verflechtung als maßgeblich ansieht, um das Besitzunternehmen zu einem Gewerbebetrieb zu machen[2], dann hat dies zur Folge, dass sich auch in dem folgenden Beispiel die Grundstücksverpachtung als ein Gewerbebetrieb darstellt:

Beispiel:
Die X-GbR betreibt eine Land- und Forstwirtschaft. An ihr sind A mit 40 v.H. und B mit 60 v.H. beteiligt. B hat Grundstücke an die X-GbR verpachtet, welche für diese Gesellschaft eine wesentliche Betriebsgrundlage sind.

Lösung:
Zwischen B und der X-GbR liegen die Voraussetzungen einer sachlichen und personellen Verflechtung vor, so dass die Vermietungstätigkeit des B ein Gewerbebetrieb ist, obgleich die Mieterin, die X-GbR, kein Gewerbebetrieb, sondern nur eine Land- und Forstwirtschaft betreibt.

Vom Sinn und Zweck der Betriebsaufspaltung her gesehen besteht in diesem Beispiel aber überhaupt kein Grund dafür, das Besitzunternehmen als Gewerbebetrieb zu behandeln. Es ist keine Rechtfertigung dafür vorhanden, warum bei der Aufspaltung eines Betriebs der Land- und Forstwirtschaft in

---
1   VIII R 240/81, BFHE 145, 401, BStBl II 1986, 296.
2   Vgl. auch BFH-Urteil vom 8.3.1989 X R 9/86, BFHE 156, 443, BStBl II 1989, 714.

ein Betriebsunternehmen und ein Besitzunternehmen dieses als Restbetrieb des bisherigen einheitlichen land- und forstwirtschaftlichen Unternehmens als Gewerbebetrieb behandelt werden soll.

(2) Abgesehen davon ist der Widerspruch zum GmbH & Co. KG-Beschluss durch eine Loslösung der Einkunftsart des Besitzunternehmens von der des Betriebsunternehmens und ein bloßes Abstellen auf die Merkmale der sachlichen und personellen Verflechtung – so wie es der VIII. Senat tut – nicht aus der Welt; denn auch die Merkmale einer sachlichen und personellen Verflechtung liegen nicht im Tätigkeitsbereich des Besitzunternehmens, sondern außerhalb desselben.

(3) Für die sachliche Verflechtung ergibt sich dies aus den folgenden Überlegungen: Eine sachliche Verflechtung ist dann gegeben, wenn die vom Besitzunternehmen an das Betriebsunternehmen vermieteten oder verpachteten Wirtschaftsgüter eine wesentliche Betriebsgrundlage für das Betriebsunternehmen sind. Dieses Merkmal ist unstreitig in dem Betriebsunternehmen und nicht im Besitzunternehmen verwirklicht. Der Umstand, dass die vermieteten oder verpachteten Wirtschaftsgüter für das Betriebsunternehmen eine wesentliche Grundlage sind, hat mit der gemeinschaftlichen Tätigkeit der Gesellschafter der Besitzgesellschaft also nichts zu tun.

In dem Urteil vom 12.11.1985[1] wird zur Lösung dieses Widerspruchs die Auffassung vertreten, dass das Abstellen auf die gemeinschaftliche Tätigkeit der Gesellschafter des Besitzunternehmens nicht bedeutet, dass die besonderen Umstände der sachlichen Verflechtung und der personellen Verflechtung ausschließlich in der Besitzgesellschaft vorhanden sein müssten. Die sachliche Verflechtung und die personelle Verflechtung seien nicht Teil der Tätigkeit des Vermietens oder Verpachtens des Besitzunternehmens, sondern würden dieser Tätigkeit lediglich die Eigenschaft eines Gewerbebetriebs verleihen.

Das aber ist keine Begründung, die mit dem Beschluss des GrS vom 25.6.1984[2] vereinbar wäre; denn nach der früheren, durch diesen Beschluss aufgegebenen Gepräge-Rechtsprechung waren die besonderen Umstände, die zur Annahme eines Gewerbebetriebs bei der an und für sich nur vermögensverwaltend tätigen GmbH & Co. KG führten, nämlich die Gewerblichkeit der allein persönlich haftenden und geschäftsführenden

---

[1] VIII R 240/81, BFHE 145, 401, BStBl II 1986, 296.
[2] GrS 4/82, BFHE 141, 405, BStBl II 1984, 751.

II. Bedenken gegen die Umqualifizierung

Kapitalgesellschaft, auch nicht Teil der Vermietungs- oder Verpachtungstätigkeit der GmbH & Co. KG, sondern prägten diese Tätigkeit lediglich als eine gewerbliche, verliehen also dieser Tätigkeit lediglich den Charakter einer gewerblichen. Dass dabei zwischen „Verleihen" und „Prägen" kein Unterschied besteht, wird niemand bestreiten können.

(4) Hinsichtlich der personellen Verflechtung ist das Abstellen des VIII. Senats auf die Behandlung der Anteile der Personengesellschafter an der Betriebs-Kapitalgesellschaft als Sonderbetriebsvermögen II aus folgenden Gründen nicht geeignet den Widerspruch gegenüber dem GmbH & Co. KG-Beschluss[1] zu beseitigen: Wie in dem Urteil vom 12.11.1985[2] zutreffend ausgeführt wird, liegt nach der Rechtsprechung des BFH Sonderbetriebsvermögen vor, wenn Wirtschaftsgüter der Gesellschafter dazu bestimmt und geeignet sind, dem Betrieb der Gesellschaft zu dienen. Dabei muss jedoch berücksichtigt werden – was der VIII. Senat übersehen hat – dass dies nur dann gilt, wenn die Gesellschafter Mitunternehmer sind, also wenn die Personengesellschaft einen Betrieb zum Gegenstand hat. Die Gesellschafter einer Personengesellschaft können, wenn die Personengesellschaft nur vermögensverwaltend tätig ist, kein Sonderbetriebsvermögen haben. Das Vorhandensein von Wirtschaftsgütern der Gesellschafter einer vermögensverwaltenden Personengesellschaft, die dazu bestimmt und geeignet sind, der Vermögensverwaltung der Personengesellschaft zu dienen, kann entgegen der in dem Urteil vom 12.11.1985[3] zum Ausdruck kommenden Ansicht keinen Betrieb der Personengesellschaft begründen. Mit anderen Worten, die Erweiterung des Betriebsvermögens einer Personengesellschaft um das Kapital und die Wirtschaftsgüter, welche die Gesellschafter der Gesellschaft zur Nutzung überlassen haben, setzt das Vorhandensein von Betriebsvermögen voraus, aber kann es nicht begründen. Die Existenz eines Betriebs ist die Voraussetzung für die Annahme von Sonderbetriebsvermögen und nicht umgekehrt. Das bedeutet, dass bei der Prüfung der personellen Verflechtung Wirtschaftsgüter, die der Personengesellschaft von ihren Gesellschaftern überlassen worden sind (bei der Betriebsaufspaltung die Anteile an der Betriebskapitalgesellschaft), nur berücksichtigt werden können, wenn zuvor feststeht, dass als Folge des Vorliegens einer sachlichen und personellen Verflechtung das Besitzunternehmen ein Gewerbebetrieb ist.

---

1 BFH-Beschluss vom 25.6.1984 GrS 4/82, BFHE 141, 405, BStBl II 1984, 751.
2 VIII R 240/81, BFHE 145, 401, BStBl II 1986, 296.
3 VIII R 240/81, BFHE 145, 401, BStBl II 1986, 296.

(5) Meines Erachtens ist also durch das Urteil des VIII. Senats vom 12.11.1985[1] die Divergenz zwischen dem GmbH & Co. KG-Beschluss und der Betriebsaufspaltungsrechtsprechung nicht beseitigt, sondern nur vertuscht worden.

c) Wertende Betrachtungsweise

Auch der in dem BFH-Urteil vom 17.7.1991[2] unter Hinweis auf *L. Schmidt* angestellte Versuch, die Betriebsaufspaltung mit einem „in wertender Betrachtungsweise verstandenen Begriff des Gewerbebetriebs" zu rechtfertigen, ist nicht akzeptabel, weil nicht erkennbar ist, worin der Unterschied zwischen einem Gewerbebetrieb i. S. des § 15 Abs. 2 Satz 1 EStG und einem „in wertender Betrachtungsweise zu verstehenden Gewerbebetrieb" bestehen soll.

4. Lösungsvorschlag

Literatur: *Söffing, Günter,* Gedanken zur Rechtfertigung der Betriebsaufspaltung, DStR 1996, 1225.

Meines Erachtens lässt sich der aufgezeigte Widerspruch zwischen der Betriebsaufspaltungs-Rechtsprechung und dem GmbH & Co. KG-Beschluss des GrS vielleicht mit Hilfe folgender Überlegungen lösen: Eine Besitzgesellschaft selbst hat keine gewerblichen Einkünfte, sondern nur solche aus Vermietung und Verpachtung. Auf der Ebene der Gesellschafter jedoch werden die ihnen zugerechneten Anteile an den Vermietungs- und Verpachtungseinkünften wegen der in der Person der betreffenden Gesellschafter vorhandenen Merkmale der sachlichen und personellen Verflechtung in gewerbliche Einkünfte umqualifiziert, wie dies auch bei einer an einer vermögensverwaltenden Personengesellschaft beteiligten Kapitalgesellschaft oder dann der Fall ist, wenn eine natürliche Person ihre Beteiligung an der vermögensverwaltenden Personengesellschaft in einem Betriebsvermögen hält (**Zebragesellschaft**).

Wie in diesen Fällen, liegt auch bei der Betriebsaufspaltung der Grund für die Umqualifizierung in der Person eines Gesellschafters. Nur sind bei der Betriebsaufspaltung nicht die Rechtsform des Gesellschafters bzw. das Halten der Beteiligung in einem Betriebsvermögen, sondern seine

---

1 VIII R 240/81, BFHE 145, 401, BStBl II 1986, 296.
2 I R 98/88, BFHE 165, 369, BStBl II 1992, 246.

II. Bedenken gegen die Umqualifizierung

beherrschende Stellung sowohl im Betriebsunternehmen als auch im Besitzunternehmen und die Vermietung einer wesentlichen Betriebsgrundlage ausschlaggebend. Diese Umstände führen beim Gesellschafter zur Annahme eines Gewerbebetriebs, zu dessen Betriebsvermögen sowohl seine Beteiligung an der Betriebsgesellschaft als auch an der Besitzgesellschaft gehören.

Eine solche Konstruktion würde auch das unten unter G.III.2.b) behandelte Problem der **Nur-Besitz-Gesellschafter** lösen; denn bei diesen wäre – weil die Voraussetzungen der sachlichen und personellen Verflechtung nicht vorliegen – kein Gewerbebetrieb anzunehmen. Bei ihnen würden folglich die ihnen aus der Besitzgesellschaft anteilig zuzurechnenden Vermietungseinkünfte nicht umqualifiziert.

Die vorgeschlagene Lösung würde der Behandlung eines Steuerpflichtigen beim gewerblichen Grundstückshandel entsprechen, der an mehreren vermögensverwaltenden Personengesellschaften beteiligt ist.

Beispiel:
A ist an der AB-GbR, der AC-GbR und der AD-GbR beteiligt. Jede dieser Gesellschaften hat innerhalb von fünf Jahren drei Grundstücke erworben und wieder veräußert. A selbst hat in diesem Zeitraum keine Grundstücksgeschäfte getätigt.

Lösung:
Nach dem Beschluss des GrS des BFH vom 3.7.1995[1] sind alle drei Personengesellschaften nur vermögensverwaltend tätig, weil sie die Drei-Objekt-Grenze nicht überschritten haben. Die Grundstücksaktivitäten der drei Gesellschaften werden aber dem Gesellschafter A zugerechnet, so dass bei A ein gewerblicher Grundstückshandel vorliegt, obgleich er selbst keine Grundstücke veräußert hat.

5. Beteiligung am allgemeinen wirtschaftlichen Verkehr

a) Allgemeines

Nach der in § 15 Abs. 2 Satz 1 EStG enthaltenen Legaldefinition ist für die Annahme eines Gewerbebetriebs u. a. die Beteiligung am allgemeinen wirtschaftlichen Verkehr erforderlich. Dieses Merkmal ist erfüllt, wenn eine Tätigkeit – Güter oder Leistungen – am Markt gegen Entgelt für Dritte

---
1 GrS 1/93, BFHE 178, 86, BStBl II 1995, 617.

äußerlich erkennbar angeboten wird[1]. Der Steuerpflichtige muss am Markt gegen Entgelt Güter oder Leistungen anbieten.

Dieses Merkmal aber ist bei einem Besitzunternehmen nicht gegeben. Denn ein Besitzunternehmen bietet die Vermietung von Wirtschaftsgütern nicht am Markt an. Es ist nicht bereit, das an das Betriebsunternehmen vermietete Wirtschaftsgut auch an einen Dritten zu vermieten. Eine Vermietung kommt – unter den Voraussetzungen der Betriebsaufspaltung – für das Besitzunternehmen nur an das Betriebsunternehmen in Betracht[2].

Wenn die Rechtsprechung trotzdem beim Besitzunternehmen einen Gewerbebetrieb annimmt, dann ist das nur erklärbar, wenn dem Besitzunternehmen entweder die Beteiligung des Betriebsunternehmens am allgemeinen wirtschaftlichen Verkehr zugerechnet wird oder wenn man es als fortwirkenden Betrieb des vor der Betriebsaufspaltung bestehenden einheitlichen Betriebs ansieht.

b) Zurechnung der Beteiligung am allgemeinen wirtschaftlichen Verkehr des Betriebsunternehmens

Nachdem die frühere Ansicht, nach der bei einer Betriebsaufspaltung Betriebsunternehmen und Besitzunternehmen als wirtschaftlich einheitliches Unternehmen betrachtet wurden, aufgegeben worden ist, wird heute einhellig davon ausgegangen, dass Besitzunternehmen und Betriebsunternehmen zwei selbständige Betriebe sind. Beide also müssen die Voraussetzungen des § 15 Abs. 2 Satz 1 EStG erfüllen. Beide müssen sich also selbständig, nachhaltig mit Gewinnerzielungsabsicht am allgemeinen wirtschaftlichen Verkehr beteiligen.

Es gibt keine gesetzliche Vorschrift, wonach eines dieser Merkmale, das beim Betriebsunternehmen erfüllt ist, auch dem Besitzunternehmen zugerechnet werden kann. Durch Richterrecht kann eine solche fehlende gesetzliche Regelung nicht ersetzt werden, weil es sich bei dem Steuerrecht um Eingriffsrecht handelt und hier eine verschärfende Gesetzesauslegung verboten ist[3].

---

[1] U. a. BFH-Urteile vom 20.12.1963 VI R 313/62 U, BFHE 78, 352, BStBl III 1964, 137; vom 9.7.1986 I R 85/83, BFHE 147, 245, BStBl II 1986, 851; vom 6.3.1991 X R 39/88, BFHE 164, 53, BStBl II 1991, 631; vom 12.7.1991 III R 47/88, BFHE 165, 498, BStBl II 1992, 143, 146; vom 28.10.1993 IV R 66–67/91, BFHE 173, 313, BStBl II 1994, 463; *Mössner*, Stbg 1997, 1, 4 rechte Spalte.
[2] *Mössner*, Stbg 1997, 1, 4 rechte Spalte.
[3] Vgl. hierzu auch *Mössner*, Stbg 1997, 1, 5.

II. Bedenken gegen die Umqualifizierung 221

Um eine solche verschärfende Gesetzesauslegung aber handelt es sich, wenn man allein aufgrund der von der Rechtsprechung erfundenen Voraussetzung einer personellen und sachlichen Verflechtung das nur beim Betriebsunternehmen vorhandene Merkmal der Beteiligung am allgemeinen wirtschaftlichen Verkehr auch dem Besitzunternehmen zurechnet, so wie es zuletzt der XI. Senat des BFH in seinem Urteil vom 23.9.1998[1] mit den Worten: „das Besitzunternehmen beteiligt sich über das Betriebsunternehmen am allgemeinen wirtschaftlichen Verkehr, ..." getan hat.

c) Zurechnung der Betriebseigenschaft des früheren einheitlichen Betriebs

(1) Echte Betriebsaufspaltung

Nun könnte allerdings die fehlende Voraussetzung der Beteiligung am allgemeinen wirtschaftlichen Verkehr durch folgende Überlegungen ersetzt werden: Der bis zum Beginn der Betriebsaufspaltung bestehende einheitliche Gewerbebetrieb geht durch die Betriebsaufspaltung nicht unter, sondern er besteht nach der Betriebsaufspaltung in der Form eines Restbetriebs als Besitzunternehmen fort, wenn zwischen diesem Restbetrieb (Besitzunternehmen) und dem Betriebsunternehmen eine personelle und sachliche Verflechtung besteht. Nur aufgrund dieses **Restbetriebsgedankens** ist es auch möglich, hinsichtlich des „Restbetriebs" infolge der Betriebsaufspaltung, keine Betriebsaufgabe anzunehmen und die Versteuerung der im Restbetrieb (dem Besitzunternehmen) verbliebenen stillen Reserven zu vermeiden[2].

Besteht aber der Restbetrieb – zugunsten des Steuerpflichtigen – fort, so müssen auch die nach § 15 Abs. 2 Satz 1 EStG für die Annahme eines Gewerbebetriebs erforderlichen Voraussetzungen und damit auch die Voraussetzung der Beteiligung am allgemeinen wirtschaftlichen Verkehr als fortbestehend angesehen werden.

(2) Unechte Betriebsaufspaltung

Allerdings sind diese Überlegungen nicht anwendbar auf die Fälle der unechten Betriebsaufspaltung; denn in diesen Fällen gibt es keinen vor-

---
1 XI R 72/97, DB 1999, 28.
2 Vgl. BFH-Urteil vom 16.4.1991 VIII R 63/87, BFHE 164, 513, BStBl II 1991, 832 rechte Spalte.

ausgegangenen einheitlichen Gewerbebetrieb, der als durch die Betriebsaufspaltung fortbestehender Restbetrieb angesehen werden könnte.

In den Fällen der unechten Betriebsaufspaltung entsteht das Besitzunternehmen vielmehr originär im Zeitpunkt der Überlassung einer wesentlichen Betriebsgrundlage an das Betriebsunternehmen. Hier lässt sich die Gewerblichkeit der „Vermietertätigkeit" daher nicht mit dem Gedanken des Fortbestehens eines früheren einheitlichen Betriebs als Restbetrieb rechtfertigen.

Man muss daher zu dem Ergebnis kommen, dass sich das Bestehen der Voraussetzung „Beteiligung am allgemeinen wirtschaftlichen Verkehr" für die Fälle der echten Betriebsaufspaltung allenfalls mit dem „Restbetriebsgedanken" rechtfertigen lässt. Hingegen gibt es für die Fälle der unechten Betriebsaufspaltung keine Rechtfertigung. Aus diesem Grund werden in letzter Zeit in zunehmendem Maße Bedenken gegen die unechte Betriebsaufspaltung geltend gemacht[1].

III. Umfang der Umqualifizierung

Literatur: *Neufang*, Umfang des Betriebsvermögens beim Besitzunternehmen einer Betriebsaufspaltung, GmbHR 1992, 358; *o. V.*, Besteht die Gewerbesteuerpflicht des Besitzunternehmens nach einer Betriebsaufspaltung auch, wenn der Betriebsinhaber vor der Betriebsaufspaltung freiberuflich tätig war?, DB 1977, 2306.

Der Umfang der Umqualifizierung der Vermietungstätigkeit in ein gewerbliches Besitzunternehmen ist unterschiedlich, je nachdem, ob das Besitzunternehmen ein Einzelunternehmen, eine Personengesellschaft oder eine Gemeinschaft ist.

1. Das Besitzunternehmen ist ein Einzelunternehmen

a) Grundsätzliches

Literatur: *Märkle*, Die Betriebsaufspaltung an der Schwelle zu einem neuen Jahrtausend, XIII. Bilanzsteuerliche Behandlung von Wirtschaftsgütern, die neben der (den) die Betriebsaufspaltung begründenden wesentlichen Betriebsgrundlage(n) an Betriebsgesellschaft/Dritte zur Nutzung überlassen werden, BB 2000 Beilage 7, 19 ff.

---

1 *Felix*, StB 1997, 145; *Mössner*, Stbg 1997, 1 ff.; *G. Söffing*, DStR 1996, 1225 ff.

III. Umfang der Umqualifizierung 223

Ist das Besitzunternehmen ein Einzelunternehmen, dann gehören zum notwendigen Betriebsvermögen dieses Besitzunternehmens alle Beziehungen, die ihre Grundlage im einheitlichen geschäftlichen Betätigungswillen innerhalb des Besitz- und Betriebsunternehmens haben, also auf der Betriebsaufspaltung beruhen[1]. Notwendigerweise zum Betriebsvermögen eines Besitz-Einzelunternehmens gehören also

- die Wirtschaftsgüter, die das Besitzunternehmen dem Betriebsunternehmen zur Nutzung überlassen hat[2],
- die dem Besitzunternehmer gehörenden Anteile an der Betriebs-Kapitalgesellschaft[3] und
- regelmäßig auch Darlehensforderungen des Besitzunternehmens oder des Besitzunternehmers gegen das Betriebsunternehmen[4].

Liegen die Voraussetzungen der Betriebsaufspaltung vor, d. h. ist neben einer personellen Verflechtung auch eine sachliche Verflechtung gegeben, weil die das Betriebsunternehmen beherrschende Person oder Personengruppe dem Betriebsunternehmen eine wesentliche Betriebsgrundlage zur Nutzung überlassen hat, so gehörten zum Betriebsvermögen des Besitzunternehmens auch solche dem Betriebsunternehmen überlassene Wirtschaftsgüter, die für sich gesehen keine wesentliche Betriebsgrundlagen sind, wenn die Überlassung dieser Wirtschaftsgüter in einem unmittelbaren wirtschaftlichen Zusammenhang mit der Überlassung wesentlicher Betriebsgrundlagen stehen[5].

Beispiel:
Eine sachliche Verflechtung ist gegeben, weil der das Betriebsunternehmen beherrschende A diesem ein Fertigungsgebäude vermietet hat. Daneben hat A dem Betriebsunternehmen die Ausnutzung einer von ihm gemachten patentierten Erfindung mit dem dazu gehörenden know-how überlassen. Sowohl die patentierte Erfindung als auch das know-how sind für sich gesehen keine wesentlichen Betriebsgrundlagen.

---

1 BFH-Urteile vom 23.1.1980 I R 33/77, BFHE 130, 173, BStBl II 1980, 356; vom 23.7.1981 IV R 103/78, BFHE 134, 126, BStBl II 1982, 60.
2 BFH-Urteile vom 21.9.1977 I R 39–40/74, BFHE 123, 464, BStBl II 1978, 67; vom 6.11.1991 XI R 12/87, BFHE 166, 206, BStBl II 1992, 415.
3 BFH-Urteil vom 21.5.1974 VIII R 57/70, BFHE 112, 391, BStBl II 1974, 613.
4 BFH-Urteile vom 7.3.1978 VIII R 38/74, BFHE 124, 533, BStBl II 1978, 378; vom 10.11.1994 IV R 15/93, BFHE 176, 535, BStBl II 1995, 452.
5 BFH-Urteile vom 23.9.1998 XI R 72/97, BFHE 187, 36, BStBl II 1999, 281, 282; vom 2.2.2000 XI R 8/99, BFH/NV 2000, 1135, 1136 linke Spalte.

Lösung:
Auch die zur Ausnutzung überlassene patentierte Erfindung und das knowhow gehören zum Betriebsvermögen des Besitzunternehmens des A. Der BFH hat in seinem Urteil vom 23.9.1998 XI R 72/97[1] damit gerechtfertigt, dass ein unmittelbarer Zusammenhang zwischen der Überlassung des Fertigungsgebäudes (der wesentlichen Betriebsgrundlage) und der Überlassung des Patentes und des know-how (nicht wesentliche Betriebsgrundlagen) deshalb gegeben sei, weil die Patentüberlassung wie die Grundstücksüberlassung derselben gewerblichen Betätigung des A am allgemeinen wirtschaftlichen Verkehr diene und daher die Grundstücksüberlassung ergänze und so die Marktchancen des Betriebsunternehmens steigere.

Zahlt das Betriebsunternehmen dem Inhaber des Besitzunternehmens eine **Vergütung für seine Tätigkeit** im Dienst des Betriebsunternehmens, so gehört diese Vergütung nicht zum Gewinn des Besitzunternehmens, sondern ist bei dessen Inhaber Einkunft aus nichtselbständiger Tätigkeit[2].

b) Dem Betriebsunternehmen überlassene Wirtschaftsgüter

Die dem Betriebsunternehmen überlassenen Wirtschaftsgüter gehören nicht nur dann zum notwendigen Betriebsvermögen des Besitzunternehmens, wenn sie für das Betriebsunternehmen wesentlich sind. Vielmehr hat der BFH[3] entschieden, dass auch dem Betriebsunternehmen zur Nutzung überlassene nicht wesentliche Wirtschaftsgüter jedenfalls dann notwendiges Betriebsvermögen sind, wenn ihre Verpachtung in einem unmittelbaren Zusammenhang mit überlassenen wesentlichen Betriebsgrundlagen steht[4]. Dieselbe Ansicht hat das FG Münster[5] vertreten.

Beispiel:
A ist alleiniger Anteilseigner einer GmbH, die ihren Betrieb in einem Gebäude betreibt, das ihr A vermietet hat. Mitvermietet worden ist eine Fensterreinigungsanlage für das Gebäude.

---

1 BFHE 187, 36, BStBl II 1999, 281, 282 rechte Spalte.
2 BFH-Urteil vom 9.7.1970 IV R 16/69, BFHE 99, 533, BStBl II 1970, 722.
3 BFH-Urteile vom 30.4.1975 I R 111/73, BFHE 115, 500, BStBl II 1975, 582; vom 23.1.1991 X R 47/87, BFHE 163, 460, BStBl II 1991, 405.
4 BFH-Urteil vom 23.9.1998 XI R 72/97, BFHE 187, 36, BStBl II 1999, 281.
5 Urteil vom 25.7.1994, EFG 1997, 203 (Revision eingelegt, Az BFH: X R 143/96) und Urteil vom 17.9.1997, EFG 1998, 96 (bestätigt durch BFH vom 23.9.1998 XI R 72/97, BFHE 187, 36, BStBl II 1999, 281).

III. Umfang der Umqualifizierung

Lösung:
Die Fensterreinigungsanlage ist für die GmbH keine wesentliche Betriebsgrundlage. Sie steht aber in unmittelbarem Zusammenhang mit der Vermietung des Gebäudes, das eine wesentliche Betriebsgrundlage für die GmbH ist.

Das FG Münster[1] hat diese Rechtsprechung auf die Fälle ausgedehnt, in denen mehrere vermietete wesentliche Betriebsgrundlagen **teilweise** ihre Eigenschaft als wesentliche Betriebsgrundlage verlieren. In dem Urteilsfall hatte der Besitzunternehmer seiner Betriebs-GmbH Grundstücke und Patente zur Nutzung überlassen. Das FG hat die Patente auch noch zum Betriebsvermögen des Besitzunternehmens gerechnet, nachdem sie keine wesentliche Betriebsgrundlage mehr bildeten, weil das Besitzunternehmen durch die Grundstücksvermietung fortbestand. Der BFH[2] hat das Urteil des FG Münster bestätigt.

Ist ein Grundstück mit **Werkswohnungen** bebaut und ist nur ein Teil dieser Wohnungen an Arbeitnehmer des Betriebsunternehmens, ein anderer Teil an Fremde vermietet, so besteht entsprechend R 13 Abs. 4 EStR das Gebäude aus zwei Wirtschaftsgütern, nämlich aus einem eigenbetrieblich genutzten (an das Betriebsunternehmen vermieteten) Teil und einem zu fremden Wohnzwecken vermieteten Teil. Nur jener Gebäudeteil ist notwendiges Betriebsvermögen des Besitz-Einzelunternehmens[3].

Ausnahmsweise sollen nach dem BFH-Urteil vom 23.10.1986[4] auch fremdvermietete Wirtschaftsgüter zum Betriebsvermögen eines Besitzunternehmens gehören, nämlich dann, wenn diese Wirtschaftsgüter bei dem ursprünglich als Einzelunternehmen geführten, vor der Betriebsaufspaltung bestehenden Gesamtunternehmen, als **gewillkürtes Betriebsvermögen** behandelt worden sind und – so die Begründung des BFH – der Inhaber des ursprünglichen Gesamtunternehmens

> „diese Grundstücke als Bestandteil des Besitzunternehmens zurückbehalten und dadurch erreicht hat, dass eine sonst anzunehmende Betriebsaufgabe und damit eine Gewinnverwirklichung entsprechend § 16 Abs. 3 EStG vermieden wurde. Damit bleibt auch der fremdvermietete Grundstücksteil Betriebsvermögen der Besitzgesellschaft."

---

1 Urteil vom 17.9.1997, EFG 1998, 96 (bestätigt durch BFH vom 23.9.1998 XI R 72/97, BFHE 187, 36, BStBl II 1999, 281).
2 Urteil vom 23.9.1998 XI R 72/97, BFHE 187, 36, BStBl II 1999, 281.
3 Vgl. hierzu auch BFH-Urteil vom 21.9.1977 I R 39–40/74, BFHE 123, 464, 126, BStBl II 1978, 67.
4 IV R 214/84, BFHE 148, 65, BStBl II 1987, 120.

Meines Erachtens ist diese Begründung nicht überzeugend; denn Betriebsaufspaltung ist nicht deshalb anzunehmen, weil keine Betriebsaufgabe erfolgt ist. Es hätte näher gelegen, eine Entnahme der fremdvermieteten Wirtschaftsgüter durch schlüssiges Handeln im Zeitpunkt der Entstehung der Betriebsaufspaltung anzunehmen oder die fremdvermieteten Wirtschaftsgüter deshalb weiterhin als Betriebsvermögen zu behandeln, weil sie nicht entnommen worden sind.

Werden **verschiedenartige Wirtschaftsgüter** (z. B. Grundstücke und Patente) einem Betriebsunternehmen zur Nutzung überlassen, so besteht nur ein einheitliches Besitzunternehmen, wenn die überlassenen Wirtschaftsgüter denselben Besitzunternehmern gehören[1]. Wegen der Fälle in denen die überlassenen Wirtschaftsgüter mehreren Besitzunternehmen gehören s. unter D.III.9.

Wird ein zum Betriebsvermögen des Besitzunternehmens gehörendes Wirtschaftsgut vom Besitzunternehmer an Dritte veräußert oder unentgeltlich übertragen und vermietet der Dritte das Wirtschaftsgut weiter an die Betriebs-GmbH, so scheidet das Wirtschaftsgut aus dem Betriebsvermögen des Besitzunternehmens aus[2].

c) Die Anteile an der Betriebs-Kapitalgesellschaft als Betriebsvermögen des Besitzunternehmens

Literatur: *Barth,* Werden GmbH-Anteile bei Betriebsaufspaltung zu Betriebsvermögen? (Zur Grundsatz-Entscheidung des IV. Senats des BFH IV R 139/67 vom 15.11.1967), GmbHR 1967, 14 ff.; *Henninger,* Verdeckte Gewinnausschüttung bei Betriebsaufspaltungen, GmbHR 1968, 251 ff.; *Schorr,* Einlage von GmbH-Anteilen bei Gründung einer Betriebsaufspaltung, StSem 1996, 57; s. auch G III 2 c (2).

Es steht außer Frage, dass bei einer Einmann-Betriebsaufspaltung[3] die 100%ige Beteiligung des Besitzunternehmers an der Betriebs-Kapitalgesellschaft zum Betriebsvermögen des Besitzunternehmens gehört; denn diese Beteiligung dient dem Besitzunternehmen[4].

Entsprechendes gilt, wenn der Inhaber mit weniger als 100 v.H. an der Betriebs-Kapitalgesellschaft beteiligt ist. In diesen Fällen gehört sein

---

1 FG Münster, Urteil vom 17.9.1997, EFG 1998, 96 (bestätigt durch BFH vom 23.9.1998 XI R 72/97, BFHE 187, 36, BStBl II 1999, 281).
2 FG Baden-Württemberg, Urteil vom 6.3.1996, EFG 1997, 56.
3 Siehe oben unter D.III.3.a).
4 Siehe u.a. BFH-Urteil vom 14.9.1999 III R 47/98, BStBl II 2000, 255.

III. Umfang der Umqualifizierung

unter 100 v.H. liegender Anteil an der Betriebs-Kapitalgesellschaft zum Betriebsvermögen des Besitz-Einzelunternehmens.

Mit der Frage, wann ein Anteil an einer Kapitalgesellschaft, durch den eine Betriebs-Personengesellschaft (mittelbar) beherrscht wird, zum Betriebsvermögen eines Besitz-Einzelunternehmens gehört, hat sich der BFH in dem Urteil vom 23.7.1981[1] beschäftigt. Der Entscheidung lag folgender – vereinfacht dargestellter – Sachverhalt zugrunde:

A (80 v.H.) und B (20 v.H.) waren Gesellschafter der X-KG. Diese war mit 90 v.H. an der A-GmbH beteiligt. Die restlichen 10 v.H. Beteiligung an der A-GmbH gehörten dem A. A war außerdem mit 100 v.H. an der C-GmbH und mit 24 v.H. an der B-GmbH beteiligt. An der B-GmbH waren außerdem die minderjährigen Kinder des A mit zusammen 26 v.H. und ein

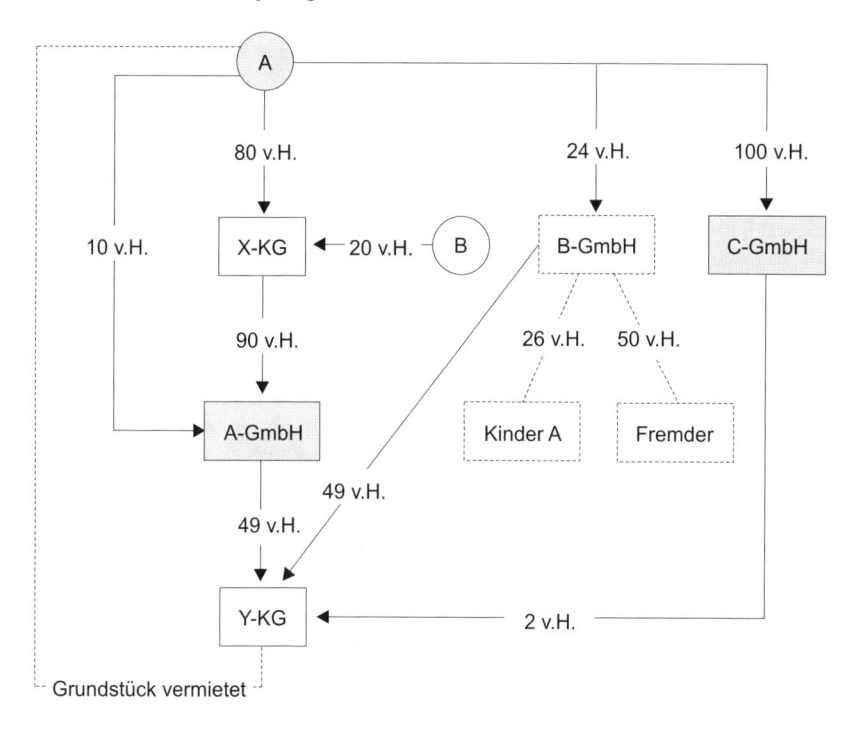

---

[1] IV R 103/78, BFHE 134, 126, BStBl II 1982, 60.

Fremder mit 50 v.H. beteiligt. An der Y-KG waren beteiligt: die A-GmbH, mit 49 v.H., die B-GmbH und die C-GmbH mit 2 v.H. A hatte der Y-KG ein Grundstück vermietet.

Die Vermietung des Grundstücks von A an die Y-KG stellt sich bei A als Besitz-Einzelunternehmen dar. Zum Betriebsvermögen dieses Einzelunternehmens gehören die Beteiligungen des A an der A-GmbH (10 v.H.) und an der C-GmbH (100 v.H.), weil A durch diese Beteiligungen die Betriebs-Personengesellschaft (Y-KG) beherrscht.

Anders verhält es sich mit dem Anteil des A an der B-GmbH. Hier verfügt A – selbst unter Berücksichtigung der Anteile seiner minderjährigen Kinder – nicht über mehr als die Hälfte der Stimmrechte. Diese Beteiligung ist daher zur Beherrschung der Y-KG nicht geeignet. Also gehören diese Anteile nicht zum Betriebsvermögen des Besitzunternehmens.

d) Darlehensforderungen

Literatur: *Neufang*, Darlehensverträge und Betriebsaufspaltung, StBp 1989, 86; *Pietsch*, Gesellschafterdarlehen an die Betriebs-GmbH im Rahmen einer Betriebsaufspaltung, StSem 1996, 298; *o. V.,* Betriebsaufspaltung: Darlehensforderung gegen Betriebs-GmbH – Zugehörigkeit zum notwendigen Betriebsvermögen des Besitzunternehmens, DB 1973, 2373; *o. V.,* Betriebsaufspaltung: Qualifikation von Darlehen, die vom Inhaber des Besitzunternehmens an die Betriebsgesellschaft gewährt werden – Betriebs- oder Privatvermögen?, DB 1980, 1371.

Gewährt der Inhaber eines Besitz-Einzelunternehmens dem Betriebsunternehmen ein Darlehen, so gehört die Darlehensforderung nicht in jedem Fall zum Betriebsvermögen des Besitzunternehmens. Die Zugehörigkeit der Darlehensforderung zum Betriebsvermögen lässt sich nicht schon deshalb bejahen, weil die Beteiligung an der Betriebsgesellschaft notwendiges Betriebsvermögen des Besitzunternehmens ist oder weil die Mittel für die Darlehensgewährung aus Gewinnausschüttungen der Betriebsgesellschaft stammen[1]. Die Zurechnung der Darlehensforderung zum Betriebsvermögen und damit auch die Behandlung der Darlehenszinsen als Betriebseinnahmen beim Besitzunternehmen ist dann gerechtfertigt,

- wenn das Darlehen im **Zusammenhang mit der Betriebsaufspaltung gewährt** wurde und seine Grundlage in dem einheitlichen

---

1 BFH-Urteil vom 7.3.1978 VIII R 38/74, BFHE 124, 533, BStBl II 1978, 378.

III. Umfang der Umqualifizierung 229

geschäftlichen Betätigungswillen des Besitzunternehmers auch in der Betriebsgesellschaft hat[1] oder
- wenn das Darlehen dazu dient, die **Vermögens- und Ertragslage der Betriebsgesellschaft zu verbessern** und damit den Wert der Beteiligung des Besitzunternehmens an der Betriebsgesellschaft zu erhalten oder zu erhöhen[2].

Wegen der Fälle, in denen ausnahmsweise Darlehensforderungen nicht zum Betriebsvermögen gehören s. BFH-Urteil vom 10.11.1994[3].

e) Betriebseinnahmen beim Besitzunternehmen

Literatur: *Hoffmann, Fritz*, Anm. zum BFH-Urteil IV R 16/69 vom 9.7.1970, GmbHR 1972, 95.

(1) Die **Pachteinnahmen (Mieteinnahmen)**, die das Besitzunternehmen von der Betriebsgesellschaft erhält, sind infolge der Zugehörigkeit der verpachteten Wirtschaftsgüter zum Betriebsvermögen des Besitzunternehmens keine Einkünfte aus Vermietung und Verpachtung, sondern solche aus Gewerbebetrieb. Das gilt grundsätzlich auch für alle anderen Betriebseinnahmen, die das Besitzunternehmen von der Betriebsgesellschaft erhält[4]. Demzufolge sind in dem BFH-Urteil vom 24.1.1968[5] Kapitalerträge aus der zum Betriebsvermögen des Besitzunternehmens gehörenden Beteiligung an der Betriebs-GmbH dem Gewerbeertrag des Besitzunternehmens zugerechnet worden[6]. Der Anspruch auf solche Kapitalerträge (**Gewinnausschüttungen**) entsteht in dem Zeitpunkt, in dem die Gesellschafter der Betriebs-GmbH eine Gewinnausschüttung beschließen. Dieser Zeitpunkt ist auch maßgebend für die Qualifikation der Einkunftsart, wenn die Beteiligung an der Betriebs-GmbH vor der Fassung des **Gewinnverteilungsbeschlusses** vom Privatvermögen ins Betriebsvermögen des Besitzunternehmens übergegangen ist, und auch für die Beurteilung der Frage, die Einnahmen aus dem **Gewinnauszahlungsanspruch** zustehen[7].

---

1 BFH-Urteil vom 21.5.1974 VIII R 57/70, BFHE 112, 391, BStBl II 1974, 613.
2 BFH-Urteile vom 7.3.1978 VIII R 38/74, BFHE 124, 533, BStBl II 1978, 378; vom 10.11.1994 IV R 15/93, BFHE 176, 535, BStBl II 1995, 452.
3 IV R 15/93, BFHE 176, 535, BStBl II 1995, 452.
4 BFH-Urteil vom 11.8.1966 IV R 219/64, BFHE 86, 621, BStBl III 1966, 601.
5 I 76/64, BFHE 91, 368, BStBl II 1968, 354.
6 Siehe auch BFH-Urteil vom 14.9.1999 III R 47/98, BStBl II 2000, 255.
7 BFH-Urteil vom 14.9.1999 III R 47/98, BStBl II 2000, 255.

Beispiel:
W ist alleiniger Anteilseigner der W-GmbH. Am 24.8.1993 erwirbt W ein Grundstück, dass an die W-GmbH verpachtet ist. W setzt den Pachtvertrag fort. Am 19.12.1993 beschließt W als Gesellschafter der W-GmbH eine Gewinnausschüttung für 1992. Am 21.12. wird der Gewinn an W ausbezahlt.

Lösung:
Der Gewinnauszahlungsanspruch für das Wirtschaftsjahr 1992 ist durch den Gewinnverteilungsbeschluss vom 19.12.1993 entstanden. In diesem Zeitpunkt gehörte die Beteiligung des W an der W-GmbH bereits zum Betriebsvermögen seines Besitzunternehmens, welches am 24.8.1993 durch den Erwerb des an die W-GmbH verpachteten Grundstücks durch unechte Betriebsaufspaltung entstanden war. Infolgedessen handelt es sich bei dem ausgeschütteten Gewinn für 1992 um gewerbliche Betriebseinnahmen des W in seinem Besitzunternehmen, obgleich die Beteiligung des W an der W-GmbH 1992 noch zu seinem Privatvermögen gehört hatte.

Soweit eine Darlehensforderung zum Betriebsvermögen eines Besitzunternehmens gehört, sind die von dem Betriebsunternehmen gezahlten **Zinsen** Betriebseinnahmen. Das Gleiche gilt für **Avalprovisionen** und **verdeckte Gewinnausschüttungen**, die dem Besitzunternehmen vom Betriebsunternehmen zufließen[1].

(2) Etwas anderes gilt nur dann, wenn die Leistungen der Betriebsgesellschaft nicht spezifisch auf der Betriebsaufspaltung beruhen[2]. Deshalb gehören Zahlungen, die die Betriebsgesellschaft an den Inhaber des Einzelunternehmens als **Vergütung für seine Tätigkeit** im Dienst der Betriebsgesellschaft leistet, nicht zum Gewinn des Besitzunternehmens, sondern sind bei dessen Inhaber Einkünfte aus nichtselbständiger Arbeit[3]. Auch Darlehenszinsen, die das Betriebsunternehmen an das Besitzunternehmen für Darlehen bezahlt, die nach den oben unter G.III.1.d) genannten Grundsätzen nicht zum Betriebsvermögen des Besitzunternehmens gehören, sind keine Betriebseinnahmen des Besitzunternehmens, sondern Einnahmen des Inhabers des Besitzunternehmens aus Kapitalvermögen.

---

1 BFH-Urteil vom 21.5.1974 VIII R 57/70, BFHE 112, 391, BStBl II 1974, 613.
2 BFH-Urteil vom 21.5.1974 VIII R 57/70, BFHE 112, 391, BStBl II 1974, 613.
3 BFH-Urteile vom 9.7.1970 IV R 16/69, BFHE 99, 533, BStBl II 1970, 722; vom 23.1.1980 I R 33/77, BFHE 130, 173, BStBl II 1980, 356.

III. Umfang der Umqualifizierung 231

(3) Keine Betriebseinnahmen bei einer Besitzgesellschaft sind nach dem BFH-Urteil vom 1.10.1996[1] die Anteile der Besitzgesellschafter an den Mieteinnahmen einer **Grundstücksgemeinschaft**, an der sie mit 50 v.H. beteiligt sind, wenn die Grundstücksgemeinschaft und nicht die Besitzgesellschaft ein Grundstück an die Betriebsgesellschaft vermietet hat, weil – so die Begründung des BFH – eine Bruchteilsgemeinschaft wie eine Personengesellschaft als solche nicht nur selbständiges „Subjekt der Gewinnerzielung", sondern auch selbständiges „Subjekt der Erzielung von Überschüssen aus Vermietung und Verpachtung" sein könne, soweit sie die Merkmale des Besteuerungstatbestandes des § 21 EStG erfülle. Etwas anderes soll nach dem Urteil nur dann gelten, wenn die Vermietung durch die Grundstücksgemeinschaft an die Betriebsgesellschaft durch die Besitzgesellschaft veranlasst ist, weil sich in diesem Fall die anteiligen Mieteinnahmen als Sonderbetriebseinnahmen der Besitzgesellschafter darstellten.

Dem Urteil ist im Ergebnis zuzustimmen, wenn die Anteile der Besitzgesellschafter an der Grundstücksgemeinschaft nicht zum Gesellschaftsvermögen der Besitzgesellschaft gehören. Gehören hingegen die Anteile an der Grundstücksgesellschaft zum Gesellschaftsvermögen der Besitzgesellschaft, dann sind m.E. die anteiligen Mieteinnahmen bei dieser Gesellschaft auch Betriebseinnahmen.

2. Das Besitzunternehmen ist eine Personengesellschaft

Literatur: *Fichtelmann,* Anm. zum BFH-Urteil vom 15.5.1975, IV R 89/73, StRK-Anm. R 323 zu § 2 Abs. 1 GewStG; *Märkle,* Die Betriebsaufspaltung an der Schwelle zu einem neuen Jahrtausend, X.3. Abfärberegelung auch in der Besitzgesellschaft, BB 2000 Beilage 7, 14 f.

a) Die nicht an das Betriebsunternehmen vermieteten Wirtschaftsgüter

Ist das Besitzunternehmen eine Personengesellschaft, dann gehören, anders als bei einem Besitz-Einzelunternehmen, nicht nur die an das Betriebsunternehmen zum Gebrauch überlassenen Wirtschaftsgüter zum Betriebsvermögen der Besitz-Personengesellschaft, sondern auch alle anderen Wirtschaftsgüter der Besitzgesellschaft, also auch diejenigen, die an fremde

---

[1] VIII R 44/95, BFHE 182, 327, BStBl II 1997, 530.

Dritte vermietet sind. Das ist eine zwangsläufige Folge, der in § 15 Abs. 3 Nr. 1 EStG enthaltenen Regelung, wonach eine Personengesellschaft, die teils gewerblich, teils nichtgewerblich tätig ist, insgesamt Einkünfte aus Gewerbebetrieb erzielt (**Infektionstheorie – Abfärbetheorie**)[1].

Zum gewerblichen Betriebsvermögen einer Besitz-Personengesellschaft gehören also alle Wirtschaftsgüter die zum **Gesellschaftsvermögen** und zu **den Sonderbetriebsvermögen** der Gesellschafter dieser Personengesellschaft gehören. Die Zugehörigkeit zum Betriebsvermögen ist hier also nicht auf die Wirtschaftsgüter beschränkt, die an das Betriebsunternehmen vermietet oder verpachtet sind[2]. Das gilt nicht nur für Personenhandelsgesellschaften, sondern auch für BGB-Gesellschaften unabhängig davon, ob es sich um eine Innengesellschaft oder eine Außengesellschaft handelt[3].

Beispiel:
A und B sind jeweils mit 30 v.H. an der X-GmbH beteiligt. Gleichzeitig betreiben sie in der Rechtsform einer KG die Vermietung von zehn Bürogebäuden. Eines dieser Bürogebäude ist an die X-GmbH vermietet und ist für diese eine wesentliche Betriebsgrundlage.

Lösung:
Auch die neun fremdvermieteten Gebäude gehören zum Betriebsvermögen des Besitzunternehmens[4]. Diese Wirkung ist eine Folge der in § 15 Abs. 3 Nr. 1 EStG zum Ausdruck kommenden sog. „Infektionstheorie", die besagt, dass eine teilweise gewerbliche Betätigung einer Personengesellschaft zur Folge hat, dass die Gesellschaft in vollem Umfang gewerblich tätig ist.

Wegen eines weiteren Beispiels s. BFH-Urteil vom 21.9.1977[5]. In dem Urteilsfall war von einer Besitz-Personengesellschaft ein Mietwohngebäude teilweise an **Werksangehörige** des Betriebsunternehmens, teilweise an fremde Dritte vermietet worden.

Die Abfärbewirkung tritt selbst dann ein, wenn die im Vermieten an das Betriebsunternehmen bestehende Tätigkeit der Besitz-Personengesellschaft im Verhältnis zu der übrigen an sich nicht gewerblichen Tätigkeit der Besitz-Personengesellschaft nur **geringfügig** ist[6].

---

1 BFH-Urteile vom 13.11.1997 IV R 67/96, BFHE 184, 512, BStBl II 1998, 254; vom 24.11.1999 VIII R 61/97, BFHE 187, 297, BStBl II 1999, 483.
2 BFH-Urteil vom 13.11.1997 IV R 67/96, BFHE 184, 512, BStBl II 1998, 254.
3 BFH-Urteil vom 13.11.1997 IV R 67/96, BFHE 184, 512, BStBl II 1998, 254.
4 BFH-Urteil vom 16.6.1982 I R 118/80, BFHE 136, 287, BStBl II 1982, 662.
5 I R 39–40/74, BFHE 123, 464, BStBl II 1978, 67.
6 BFH-Urteile vom 10.8.1994 I R 133/93, BFHE 175, 357, BStBl II 1995, 171; vom 13.11.1997 IV R 67/96, BFHE 184, 512, BStBl II 1998, 254.

III. Umfang der Umqualifizierung 233

Dieses Ergebnis kann nur dadurch vermieden werden, dass eine zweite Personengesellschaft gegründet wird, zu deren Gesellschaftsvermögen die fremdvermieteten Wirtschaftsgüter gehören. Das ist selbst dann möglich, wenn an beiden Personengesellschaften dieselben Gesellschafter im selben Verhältnis beteiligt sind[1]. Beide Gesellschaften unterscheiden sich durch ihre verschiedenen Zwecke. Der Zweck der einen Gesellschaft ist auf Vermietung und Verpachtung, der der anderen auf einen Gewerbebetrieb gerichtet. Selbstverständlich müssen beide Gesellschaften auch getrennte Buchführungen haben.

Eine weitere Möglichkeit, wie die Anwendung der Abfärbevorschrift des § 15 Abs. 3 Nr. 1 EStG im Rahmen der Betriebsaufspaltung vermieden werden kann, kann aus dem BFH-Urteil vom 27.8.1998[2] entnommen werden. Dem Urteil lag – vereinfacht dargestellt – folgender Sachverhalt zugrunde:

An der Betriebs-GmbH sind A mit 3/4 und B mit 1/4 beteiligt. Beiden gehört außerdem ein bebautes Grundstück (A 7/8 und B 1/8). Das Grundstück besteht aus zwei Wirtschaftsgütern, nämlich einem betrieblich genutzten und einem Wohnzwecken dienenden Teil. Der Wohnzwecken dienende Teil ist von der Grundstücksgemeinschaft A/B an Dritte vermietet. Den betrieblich genutzten Teil hat eine GbR an die Betriebs-GmbH vermietet, an der A mit 3/4 und B mit 1/4 beteiligt sind. Der betriebliche Teil des Grundstücks gehört nicht zum Gesellschaftsvermögen der Besitz-GbR. Vielmehr werden die A und B gehörenden Bruchteile von 7/8 und 1/8 an dem betrieblich genutzten Grundstücksteil als Sonderbetriebsvermögen von A und B bei der Besitz-GbR ausgewiesen. Der BFH hat entschieden, dass in einem solchen Fall der Wohnteil des Gebäudes nicht zum Betriebsvermögen der GbR gehört, weil er nicht von dieser, sondern von der Bruchteilsgemeinschaft A/B vermietet worden ist.

Keine Anwendung findet die Abfärbevorschrift des § 15 Abs. 3 Nr. 1 EStG nach dem Urteil des FG Rheinland-Pfalz vom 8.9.1997[3], wenn zwei Miterben das von ihnen ererbte Grundstück nur insoweit in eine GbR einbringen, wie es von einem ihnen gehörenden Betriebsunternehmen genutzt wird.

---

1 BFH-Urteile vom 10.11.1983 IV R 86/80, BFHE 140, 44, BStBl II 1984, 152; vom 8.12.1994 IV R 7/92, BFHE 176, 555, BStBl II 1996, 264; vom 13.11.1997 IV R 67/96, BFHE 184, 512, BStBl II 1998, 254.
2 IV R 77/97, BFHE 186, 422, DB 1998, 2401.
3 EFG 1998, 566 (bestätigt durch BFH v. 27.8.1998 IV R 77/97, BFHE 186, 422).

Zum Betriebsvermögen der Besitz-GbR gehören in einem solchen Fall nur die an das Betriebsunternehmen vermieteten Gebäudeteile.

b) Nur-Besitz-Gesellschafter

Literatur: *Fichtelmann,* Anm. zum Urteil des BFH IV R 145/72 vom 29.7.1976, BStBl 1976 II S. 750 in: StRK-Anm., GewStG § 2 Abs. 1 R. 332; *Mannhold,* Körperschaftsteuerreform und Gewerbesteuerpflicht der Nur-Besitz-„Unternehmer" von Betriebsaufspaltungen, GmbHR 1979, 256; *Meier;* „Nur-Besitzgesellschafter und Einstimmigkeitsprinzip bei Prüfung der personellen Verflechtung im Rahmen der Betriebsaufspaltung – Auswirkungen des Meinungsstreits zwischen BFH-Rechtsprechung und der Auffassung der Finanzverwaltung, FR 1992, 676; *o. V.,* Mitvermieter als Besitzunternehmer?, DB 1972, 2089; *o. V.,* Betriebsaufspaltung: Sind an der Betriebs-GmbH nichtbeteiligte Mitvermieter Besitzunternehmer?, DB 1975, 376; *o. V.,* Betriebsaufspaltung: Mitvermieter als Besitzunternehmer?, DB 1980, 1371.

(1) Die Mitgegangen-Mitgefangen-These

Die heutige Betriebsaufspaltungs-Rechtsprechung dehnt die Umqualifizierungswirkung auch auf die sog. Nur-Besitz-Gesellschafter aus, also auch auf die Gesellschafter der Besitz-Personengesellschaft, die nicht am Betriebsunternehmen beteiligt sind.

Beispiel:
A und B sind je zu 50 v.H. Anteilseigner der Betriebs-GmbH. An dem Besitzunternehmen aber sind sie nur mit 70 v.H. beteiligt. Die restlichen 30 v.H. gehören dem C.

Lösung:
Obwohl C nicht an der Betriebs-GmbH beteiligt ist, hat auch er hinsichtlich seines Gewinnanteils aus der Besitzgesellschaft Einkünfte aus Gewerbebetrieb. Der IV. Senat hat diese Mitgegangen-Mitgefangen-These in seinem Urteil vom 2.8.1972[1] wie folgt gerechtfertigt: Die Einordnung der Besitzgesellschaft als Gewerbebetrieb sei von der Mehrheit der Gesellschafter abhängig, die auch die Betriebsgesellschaft beherrschten. Die Minderheit der Gesellschafter, die an der Betriebsgesellschaft nicht beteiligt seien, teilten diese nach der beherrschenden Mehrheit ausgerichtete Zuordnung in der Besitzgesellschaft solange sie ihr angehörten, von der Möglichkeit ihres Ausscheidens also keinen Gebrauch machten.

---

[1] IV 87/65, BFHE 106, 325, BStBl II 1972, 796.

III. Umfang der Umqualifizierung

Der VIII. Senat[1] hat diese Rechtsprechung für den Fall übernommen, dass nicht alle Teilhaber einer Grundstücksgemeinschaft an dem Betriebsunternehmen beteiligt sind und dazu ausgeführt: Der einem Besitzteilhaber zustehende Anteil an der Betriebs-GmbH diene dazu, in der Grundstücksgemeinschaft und in der GmbH einen einheitlichen geschäftlichen Betätigungswillen durchzusetzen. Er sei daher Sonderbetriebsvermögen der Grundstücksgemeinschaft geworden. Das führe zur Umqualifizierung der Einkünfte der Grundstücksgemeinschaft in gewerbliche Einkünfte, da diese Einkünfte allen Teilhabern zuzurechnen seien. Dieses Ergebnis werde durch den Beschluss des GrS vom 25.6.1984[2] bestätigt; denn nach diesem Beschluss komme es bei der Bestimmung der Einkunftsart der Gesellschafter einer Personengesellschaft oder der Teilhaber einer Gemeinschaft regelmäßig auf die Tätigkeit der Gesellschaft oder Gemeinschaft an.

(2) Bedenken gegen die Mitgegangen-Mitgefangen-These

Meines Erachtens ist die Mitgegangen-Mitgefangen-These nicht mit dem Beschluss des GrS vom 25.6.1984[3] vereinbar. Zwar ist es richtig, dass sich nach diesem Beschluss die Einkunftsart der Gesellschafter der Personengesellschaft nach der Tätigkeit der Personengesellschaft bestimmt. Der VIII. Senat hat aber nicht berücksichtigt, dass nach dem Beschluss vom 25.6.1984 die Tätigkeit einer Personengesellschaft gleich der Tätigkeit ist, die ihre Gesellschafter in ihrer gesamthänderischen Bindung gemeinsam ausüben.

Geht man hiervon aus, dann ist beim Vorhandensein eines Nur-Besitz-Gesellschafters eine Umqualifizierung der vermögensverwaltenden Tätigkeit des Besitzunternehmens in eine gewerbliche schon deshalb nicht möglich, weil die Gesellschafter eines Besitzunternehmens, an dem auch Nur-Besitz-Gesellschafter beteiligt sind, gemeinsam nicht gewerblich tätig sein können, da die Nur-Besitz-Gesellschafter nicht die Eigenschaft der Sowohl-als-auch-Gesellschafter haben, die das Handeln der Besitzgesellschaft zu einer qualifizierten, also einer gewerblichen Vermietung machen könnte. In einem solchen Fall kann also das Besitzunternehmen als solches nur auf dem kleinsten gemeinsamen Nenner, also nur vermietend und verpachtend, also nur vermögensverwaltend tätig sein. Es fehlt an

---

[1] BFH-Urteil vom 12.11.1985 VIII R 240/81, BFHE 145, 401, BStBl II 1986, 296.
[2] GrS 4/82, BFHE 141, 405, BStBl II 1984, 751.
[3] GrS 4/82, BFHE 141, 405, BStBl II 1984, 751.

einer personellen Verflechtung zwischen dem Betriebsunternehmen und den gesamthänderisch verbundenen Gesellschaftern des Besitzunternehmens (= der Besitz-Personengesellschaft).

Da nach dem GmbH & Co. KG-Beschluss – wie dargestellt – die Einkunftsart einer Personengesellschaft sich nach der gemeinsamen Tätigkeit ihrer Gesellschafter bestimmt, kann die Mitgegangen-Mitgefangen-These damit nicht vereinbar sein; denn sie besagt, dass die Einkunftsart einer Personengesellschaft gerade nicht nach der gemeinsamen Tätigkeit ihrer Gesellschafter, sondern nach der Mehrheit ihrer Gesellschafter zu bestimmen sei.

Der VIII. Senat löst in seinem Urteil vom 12.11.1985[1] diesen Widerspruch nicht. Er nimmt zu dem Problem keine Stellung.

Zur Rechtfertigung der Mitgegangen-Mitgefangen-These kann auch nicht – wie *Woerner*[2] es tut – auf § 15 Abs. 3 Nr. 1 EStG hingewiesen werden; denn diese Vorschrift besagt lediglich, dass wenn eine Personengesellschaft, d. h. wenn alle ihre Gesellschafter in ihrer gesamthänderischen Verbundenheit, nur ein wenig gewerblich tätig sind, ihre gesamte Tätigkeit als Gewerbebetrieb gilt. Hingegen betrifft die Vorschrift nicht den Fall, dass ein Teil der Gesellschafter einer Personengesellschaft gewerblich tätig ist, ein anderer Teil nicht. Wäre § 15 Abs. 3 Nr. 1 EStG so auszulegen, wie *Woerner* meint, wäre der Beschluss des GrS des BFH vom 25.6.1984[3] nicht richtig.

Zu welchen unverständlichen Ergebnissen die Einbeziehung der Nur-Besitz-Gesellschafter in den Kreis der Gewerbetreibenden führt, zeigt sich an dem folgenden Beispiel.

Beispiel:
A, B und C betreiben in der Rechtsform einer GbR die Vermietung eines Bürohauses. A und B sind an der GbR mit je 30 v.H. und C mit 40 v.H. beteiligt. Für Gesellschafterbeschlüsse in der GbR reicht nach dem Gesellschaftsvertrag die einfache Mehrheit aus. Das Bürohaus ist an die X-GmbH vermietet. An dieser GmbH ist der O mit 60 v.H. beteiligt. O stirbt. A und B erben den GmbH-Anteil des O.

Lösung:
Nach der Rechtsprechung werden allein durch die Erbschaft, die A und B machen, die Einkünfte des C, die bis zum Tode des O solche aus

---

1 VIII R 240/81, BFHE 145, 401, BStBl II 1986, 296.
2 DStR 1986, 735, 737.
3 GrS 4/82, BFHE 141, 405, BStBl II 1984, 751.

III. Umfang der Umqualifizierung 237

Vermietung und Verpachtung waren, zu gewerblichen. Mit dem Tode des O wird der Anteil des C einem Betriebsvermögen zugerechnet. Verkauft später A 15 v.H. seines Anteils an der X-GmbH, wodurch die beherrschende Stellung der Personengruppe A und B in der X-GmbH und damit auch die personelle Verflechtung zwischen der X-GmbH und der GbR wegfällt, verliert C nach der heutigen Rechtsprechung wieder seine Stellung als Gewerbetreibender und wird zum einfachen Vermieter mit der Konsequenz, dass er die mittlerweile entstandenen stillen Reserven versteuern muss. Die Einkunftsart des C hinsichtlich seiner Einkünfte aus der GbR hat nach der heutigen Rechtsprechung also zweimal aufgrund des Verhaltens Dritter gewechselt. Das kann nicht richtig sein.

Solange die Rechtsprechung trotz erheblicher Bedenken daran festhält[1], dass auch ein Nur-Besitz-Gesellschafter gewerbliche Einkünfte erzielt, muss zur Vermeidung dieser Rechtsfolge in unserem Beispiel folgende Konstruktion erwogen werden: Die GbR wird in eine Bruchteilsgemeinschaft umgewandelt. A und B gründen eine neue GbR und bringen in diese die Anteile der Bruchteilsgemeinschaft ein. C, der an der GbR nicht beteiligt ist, überlässt dieser gegen ein angemessenes Entgelt die Nutzung des Gebäudes hinsichtlich seines Anteils an diesem Gebäude. Die GbR vermietet anschließend das Gebäude an die GmbH.

Als Besitzunternehmen kommt nur die GbR in Betracht, so dass nur die Anteile des A und B an dem vermieteten Gebäude Betriebsvermögen sind. Bei der GbR ist zwar die ganze von der GmbH vereinnahmte Miete Betriebseinnahme. Dieser Betriebseinnahme steht aber die an C zu zahlende Miete als Betriebsausgabe gegenüber, so dass dieser Teil der Miete nicht der Gewerbesteuer unterliegt.

Eine Steuerumgehung kann in dieser Konstruktion nicht gesehen werden, denn der BFH[2] selbst hat die Möglichkeit zugelassen, dass der Nur-Besitz-Gesellschafter zur Vermeidung seiner Gewerbesteuerpflicht aus der Besitzgesellschaft ausscheidet. Vgl. auch die Ausführungen oben unter G.III.2.b) (1).

---

1 Vgl. die Ausführungen oben unter G.II.4.
2 BFH-Urteil vom 2.8.1972 IV 87/65, BFHE 106, 325, BStBl II 1972, 796.

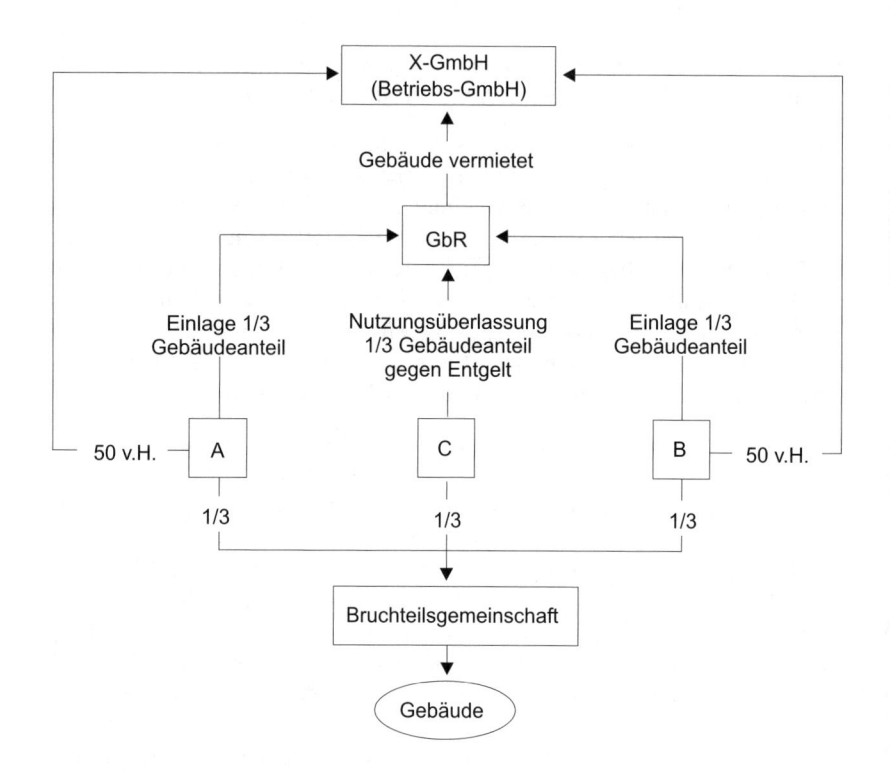

```
                    ┌──────────────────┐
         ┌─────────►│    X-GmbH        │◄─────────┐
         │          │  (Betriebs-GmbH) │          │
         │          └──────────────────┘          │
         │                   ▲                    │
         │          Gebäude vermietet             │
         │                   │                    │
         │          ┌────────────────┐            │
         │   ┌─────►│      GbR       │◄────┐      │
         │   │      └────────────────┘     │      │
         │   │               ▲             │      │
         │   │               │             │      │
   Einlage 1/3       Nutzungsüberlassung    Einlage 1/3
   Gebäudeanteil      1/3 Gebäudeanteil     Gebäudeanteil
                         gegen Entgelt
         │   │               │             │      │
         │   │               │             │      │
  50 v.H.┤  [A]             [C]           [B]  ├ 50 v.H.
         │   │               │             │      │
         │  1/3             1/3           1/3     │
         └───┴───────────────┴─────────────┴──────┘
                             ▼
                 ┌────────────────────┐
                 │ Bruchteilsgemeinschaft │
                 └────────────────────┘
                             ▼
                      ( Gebäude )
```

c) Sonderbetriebsvermögen

Literatur: *Bock,* Sonderbetriebsvermögen II und Betriebsaufspaltung, DStZ 2000, 42; *Lutterbach,* Sonderbetriebsvermögen II bei Betriebsaufspaltung – Anmerkung zu den BFH-Urteilen vom 23.9.1998 XI R 72/97, vom 13.10.1998 VIII R 46/95 und vom 10.6.1999 IV R 21/98, DB 1999, 2332; *Schmidt, Ludwig,* Anm. zum BFH-Urteil vom 23.1.1980 – I R 33/77, FR 1980, 331; *Schoor,* Einlage von GmbH-Anteilen bei Gründung einer Betriebsaufspaltung, StSem 1996, 156; *Söffing, Günter,* Sonderbetriebsvermögen bei der Betriebsaufspaltung und der Vererbung von Mitunternehmeranteilen, StbJb 1992/93, 151.

(1) Überlassung von Wirtschaftsgütern

(1.1) Die Abfärbewirkung tritt nicht nur dann ein, wenn das Besitzunternehmen dem Betriebsunternehmen Wirtschaftsgüter überlässt, die zum Gesellschaftsvermögen der Besitzgesellschaft gehören, sondern auch dann,

III. Umfang der Umqualifizierung 239

wenn es sich um Wirtschaftsgüter des Sonderbetriebsvermögens des Besitzunternehmens handelt[1].

(1.2) Beispiel:
Eine in der Rechtsform einer GbR bestehende Praxissozietät hat von einer anderen GbR, an der die Gesellschafter der Praxissozietät beteiligt sind, ein Grundstück gemietet. Die Praxissozietät vermietet das Grundstück weiter an eine GmbH, deren Anteilseigner ebenfalls die Gesellschafter der Praxissozietät sind.

Lösung:
Die Praxissozietät erzielt Einkünfte aus selbständiger Arbeit, also betriebliche Einkünfte. Auf sie findet § 15 Abs. 1 Satz 1 Nr. 2 EStG infolge der Verweisung in § 18 Abs. 4 EStG Anwendung. Die Praxissozietät hat mithin Betriebsvermögen und kann damit auch Sonderbetriebsvermögen haben. Das von ihr angemietete Grundstück gehört zum Sonderbetriebsvermögen. Durch die Vermietung dieses Grundstücks an die GmbH entsteht eine Betriebsaufspaltung mit der Wirkung, dass die Vermietung gewerblich ist. Das wiederum hat zur Folge, dass die gesamte Tätigkeit der Praxissozietät gem. § 15 Abs. 3 Nr. 1 EStG gewerblich wird.

Hinsichtlich der Frage, ob dieses Ergebnis vermeidbar ist, wenn die GbR, zu deren Gesellschaftsvermögen das Grundstück gehört, dieses direkt an die GmbH vermietet hätte, siehe unten unter (1.4).

(1.3) Weiteres Beispiel:
Zum Gesellschaftsvermögen einer GbR gehören die Grundstücke 1, 2 und 3. An der GbR sind A (51 v.H.) und B (49 v.H.) beteiligt. A und B sind gleichzeitig Anteilseigner der X-GmbH mit zusammen über 50 v.H. A hat das Grundstück 4, das ihm allein gehört, der GbR zur Nutzung überlassen. B hat das ihm allein gehörende Grundstück 5 der GbR zur Nutzung überlassen. Die GbR hat die Grundstücke 1 bis 4 an die X-GmbH und das Grundstück 5 an einen fremden Dritten vermietet.

Lösung:
Alle fünf Grundstücke gehören zum gewerblichen Betriebsvermögen der Besitz-GbR.
Die Zugehörigkeit des fremdvermieteten Grundstücks 5 zum Betriebsvermögen der Besitz-GbR kann dadurch vermieden werden, dass dieses Grundstück von B direkt an den fremden Dritten verpachtet wird. Das

---
1 BFH-Urteil vom 13.11.1997 IV R 67/96, BFHE 184, 512, BStBl II 1998, 254.

Grundstück 5 gehört dann nicht zum Sonderbetriebsvermögen des B bei der Besitz-GbR, sondern zu seinem Privatvermögen. Hinsichtlich dieses Grundstücks liegen folglich auch keine gewerblichen Einkünfte vor, sondern solche aus Vermietung und Verpachtung. Hinsichtlich des Grundstücks 4 lässt sich ein solches Ergebnis durch eine Direktvermietung ebenfalls erreichen, es sei denn, A wäre mit über 50 v.H. an der Betriebs-GmbH beteiligt. Für diesen Fall würde zwischen ihm und der GmbH eine Betriebsaufspaltung vorliegen.

(1.4) Für die Fälle, in denen ein Gesellschafter einer Besitz-Personengesellschaft ein ihm allein gehörendes Wirtschaftsgut unmittelbar dem Betriebsunternehmen zur Nutzung überlässt, entsteht die Frage, ob das betreffende Wirtschaftsgut als Sonderbetriebsvermögen II des überlassenden Gesellschafters bei der Besitz-Personengesellschaft zu behandeln ist. Die Beantwortung dieser Frage ist davon abhängig, ob der Einsatz des Wirtschaftsguts im Betriebsunternehmen letztlich durch den Betrieb der Besitz-Personengesellschaft oder durch eine anderweitige (eigenbetriebliche oder private) Tätigkeit des Gesellschafters veranlasst ist, mit anderen Worten, ob der Besitzgesellschafter mit der unmittelbaren Überlassung des Wirtschaftsguts an das Betriebsunternehmen sein eigenes wirtschaftliches Interesse verfolgt, oder damit seine Beteiligung an der Besitz-Personengesellschaft stärkt. Hingegen sind der Wert des überlassenen Wirtschaftsguts und dessen Bedeutung für die Betriebsführung des Betriebsunternehmens keine geeigneten Kriterien für die Beantwortung der aufgeworfenen Frage[1].

Ein wesentliches Indiz für einen Veranlassungszusammenhang der Nutzungsüberlassung mit den betrieblichen Interessen der Besitz-Personengesellschaft, also für die Behandlung des überlassenen Wirtschaftsguts als Sonderbetriebsvermögen II, soll nach dem BFH-Urteil vom 13.10.1998 VIII R 46/95[2] sein, wenn der Betriebs-GmbH ein Wirtschaftsgut zu Bedingungen überlassen wird, nicht den unter Fremden Üblichen entsprechen oder wenn die Nutzungsüberlassung von der Dauer der Beteiligung an der Betriebs-GmbH abhängig ist oder wenn ein enger zeitlicher Zusammenhang zwischen dem Abschluss des Überlassungsvertrags über das Wirtschaftsgut und der Begründung der Betriebsaufspaltung besteht oder wenn das Wirtschaftsgut schon vor der Betriebsaufspaltung an den bisherigen

---

[1] BFH-Urteile vom 1.10.1996 VIII R 44/95, BFHE 182, 327, BStBl II 1997, 530; vom 13.10.1998 VIII R 46/95, BFHE 187, 426, BStBl II 1999, 357.
[2] BFHE 187, 425, BStBl II 1999, 357.

III. Umfang der Umqualifizierung 241

Betriebsinhaber für die betrieblichen Zwecke des Unternehmens vermietet worden war und nach seiner Zweckbestimmung auch nur an den jeweiligen Betriebsinhaber vermietet werden konnte. Andererseits kann nach dem zitierten Urteil, wenn der Überlassungsvertrag mit der Betriebs-GmbH erst längere Zeit nach der Begründung der Betriebsaufspaltung abgeschlossen wird oder wenn bei der Überlassung eines Grundstücks durch eine Eigentümergemeinschaft die Gesellschafter der Besitzgesellschaft zivilrechtlich keinen Einfluss auf die Beschlüsse der Grundstücksgemeinschaft über die Verwaltung des Grundstücks nehmen können.

(1.5) Entsprechend diesen Grundsätzen hat der BFH bereits in einem Urteil vom 15.5.1975[1] entschieden, dass in dem folgenden Fall bei der unmittelbaren Vermietung eines Grundstücks von einem Gesellschafter der Besitzgesellschaft an die Betriebs-GmbH das unmittelbar verpachtete Grundstück als Sonderbetriebsvermögen dieser Gesellschafter bei der Besitz-Personengesellschaft anzusehen sei: An dem bisherigen Einheitsunternehmen, einer OHG, waren fünf Gesellschafter beteiligt. Der mit dem Betriebsgebäude bebaute Grundbesitz gehörte einer aus drei Gesellschaftern bestehenden Grundstücksgemeinschaft. Diese hatte den Grundbesitz an die OHG verpachtet. Als die bisherige Einheits-OHG in eine Betriebs-GmbH und ein Besitzunternehmen aufgespalten wurde, trat die Betriebs-GmbH in den mit der Grundstücksgemeinschaft bestehenden Mietvertrag über den Grundbesitz ein. Der BFH hat den Grundbesitz als Sonderbetriebsvermögen des Besitzunternehmens behandelt. Zur Begründung ist in dem Urteil ausgeführt:

> „Verpachtet eine OHG im Rahmen der Betriebsaufspaltung das gesamte ihr gehörende Betriebsvermögen an eine Betriebs-GmbH und wird dabei auch das Betriebsgrundstück, das einigen Gesellschaftern der OHG zu Miteigentum gehört, von diesen an die GmbH vermietet, so gehören die Einkünfte aus der Vermietung des Grundstücks zum gewerblichen Steuerbilanzgewinn der OHG, wenn das Grundstück mit seinen speziellen Gebäulichkeiten und Anlagen, aufgrund seiner nicht geänderten betrieblichen Zweckbestimmung, als Beitrag der betreffenden Gesellschafter zur Förderung auch des neuen gemeinsamen Gesellschaftszwecks Betriebsvermögen der OHG (Sonderbetriebsvermögen) geblieben ist."

(1.6) Zu erwähnen ist in diesem Zusammenhang auch noch das BFH-Urteil vom 27.8.1998 IV R 77/97[2]. Das Urteil betraf einen Fall, in

---
1 IV R 89/73, BFHE 116, 277, BStBl II 1975, 781.
2 BFHE 186, 422, BStBl II 1999, 279.

dem zwei Brüdern, die sowohl am Betriebsunternehmen als auch am Besitzunternehmen beteiligt waren, ein Grundstück als Bruchteilseigentum gehörte. Dieses Grundstück, das kein Gesellschaftsvermögen des Besitzunternehmens war, hatten die Brüder (teilweise) unmittelbar an die Betriebs-GmbH vermietet. Der BFH hat entschieden, dass der vermietete Grundstücksteil kein Sonderbetriebsvermögen bei dem Besitzunternehmen ist.

(1.7) Bisher noch nicht entschieden ist die Frage, wie zu verfahren ist, wenn auch hinsichtlich der unmittelbaren Überlassung einer wesentlichen Betriebsgrundlage von einem Gesellschafter der Besitz-Personengesellschaft an ein Betriebsunternehmen die Voraussetzungen der Betriebsaufspaltung erfüllt sind, also wenn zwei Besitzunternehmen vorliegen.

Beispiel:
A, B und C sind zu je 1/3 Gesellschafter der X-GbR. Diese hat der Y-GmbH eine wesentliche Betriebsgrundlage zur Nutzung überlassen. An der Y-GmbH sind A mit 51 v.H. und B und C mit je 24,5 v.H. beteiligt. A hat der Y-GmbH ein Grundstück zur Nutzung überlassen.

Lösung:
Zweifellos besteht zwischen der X-GbR (Besitz-Personengesellschaft) und der Y-GmbH (Betriebsunternehmen) eine Betriebsaufspaltung. Die Voraussetzungen für eine Betriebsaufspaltung sind aber auch im Verhältnis zwischen A und der Y-GmbH gegeben; denn neben der Personengruppe A, B und C beherrscht auch A allein die Y-GmbH. Nach den Ausführungen oben unter D.III.9. bestehen erhebliche Bedenken, ob in einem solchen Fall, wo zwei Besitzunternehmen vorhanden sind, überhaupt auch nur eine Betriebsaufspaltung vorliegt.

Gelöst werden kann m.E. das Problem nur dadurch, dass man – entgegen der neueren Rechtsprechung des BFH hinsichtlich der Vorrangstellung der Betriebsaufspaltung gegenüber § 15 Abs. 1 Satz 1 Nr. 2 Teilsatz 2 EStG[1] – hier die zwischen A und der Y-GmbH bestehende Betriebsaufspaltung ignoriert und das von A der Y-GmbH unmittelbar überlassene Wirtschaftsgut ggf. als Sonderbetriebsvermögen II des A bei der X-GbR (Besitzunternehmen) behandelt.

---

1 Siehe oben unter F.II.

III. Umfang der Umqualifizierung 243

(2) Die Anteile an der Betriebs-Kapitalgesellschaft als notwendiges Sonderbetriebsvermögen II des Besitzunternehmens

Literatur: *Färber,* Verdeckte Gewinnausschüttungen und Verrechnungskonten bei Betriebsaufspaltung, BuW 1994, 186; *Grieger,* Anteile an der Betriebs-GmbH als notwendiges Betriebsvermögen, BB 1960, 1377; *Schulze zur Wiesche,* Verdeckte Gewinnausschüttung und Betriebsaufspaltung, DStR 1991, 137; s. auch G III 1 c.

Der BFH[1] hat in ständiger Rechtsprechung entschieden, dass die einem Besitzgesellschafter gehörenden Anteile an der Betriebs-Kapitalgesellschaft zum notwendigen Sonderbetriebsvermögen II des betreffenden Gesellschafters bei der Besitzgesellschaft gehören. Der BFH[2] rechtfertigt dies mit dem einheitlichen geschäftlichen Betätigungswillen der sowohl am Besitzunternehmen als auch am Betriebsunternehmen beteiligten Person oder Personengruppe.

Hiergegen könnten gewisse Bedenken erhoben werden, weil diese Rechtfertigung nicht aus der üblichen von der Rechtsprechung entwickelten Definition des Begriffs „Sonderbetriebsvermögen II" abgeleitet werden kann.

Im Einkommensteuerrecht versteht man unter Sonderbetriebsvermögen II Wirtschaftsgüter, die dem Gesellschafter einer Personengesellschaft gehören und zur Begründung oder Stärkung der Beteiligung des betreffenden Gesellschafters an der Personengesellschaft eingesetzt werden[3]. Dieser Begriff des Sonderbetriebsvermögens II stimmt – wie sich aus dem vorgenannten BFH-Urteil ergibt – mit dem für die Einheitsbewertung des Betriebsvermögens geltenden Begriff des Sonderbetriebsvermögens II überein, der – ausgehend von § 95 Abs. 1 BewG – voraussetzt, dass die dem Gesellschafter einer Personengesellschaft gehörenden Wirtschaftsgüter dem Hauptzweck der Personengesellschaft dienen. Das ist z. B. bei einer GmbH & Co. KG dann nicht der Fall, wenn die Tätigkeit der Komplementär-GmbH, an der ein Kommanditist beteiligt ist, nicht auf die Geschäftsführung der KG beschränkt ist und die von der GmbH daneben ausgeübte Tätigkeit nicht nur von ganz untergeordneter Bedeutung ist[4].

---

1 BFH-Urteile vom 23.7.1981 IV R 103/78, BFHE 134, 126, BStBl II 1982, 60; vom 12.2.1992 XI R 18/90, BFHE 167, 499, BStBl II 1992, 723.
2 Vgl. u. a. Urteile vom 21.5.1974 VIII R 57/70, BFHE 112, 391, BStBl II 1974, 613; vom 8.3.1989 X R 9/86, BFHE 156, 443, BStBl II 1989, 714.
3 BFH-Urteil vom 31.10.1989 VIII R 374/83 BFHE 159, 434, BStBl II 1990, 677 m. w. N.
4 BFH-Urteile vom 7.12.1984 III R 35/79, BFHE 143, 87, BStBl II 1985, 236; vom 7.5.1986 II R 137/79, BFHE 147, 70, BStBl II 1986, 615.

Aus dieser Begrenzung des Sonderbetriebsvermögens II könnte man unter Umständen entgegen der bisherigen Rechtsprechung herleiten, dass auch eine Betriebs-Kapitalgesellschaft über ihre Verbindung mit dem Besitzunternehmen hinaus in einem erheblichen Umfang tätig ist und demzufolge – wie bei der GmbH & Co. KG – die Anteile an der Betriebs-Kapitalgesellschaft nicht Sonderbetriebsvermögen II sein könnten.

(3) Darlehensforderungen

Ist das Besitzunternehmen eine Personengesellschaft und steht ihm eine Darlehensforderung gegen die Betriebs-Kapitalgesellschaft zu, so gehört diese Darlehensforderung regelmäßig zum notwendigen Betriebsvermögen der Besitz-Personengesellschaft. Etwas anderes soll nach dem BFH-Urteil vom 7.3.1978 VIII R 38/74[1] nur dann gelten, wenn festgestellt werden kann, dass für die Darlehenshingabe lediglich private Zwecke maßgebend waren, z. B. der Wunsch nach einer besseren Kapitalanlage. Vgl. auch BFH-Urteil vom 19.10.2000[2].

Ist Darlehensgläubiger nicht die Besitz-Personengesellschaft, sondern einer ihrer Gesellschafter, so ist bisher noch nicht abschließend entschieden, ob auch hier regelmäßig die Darlehensforderung zum Betriebsvermögen der Besitz-Personengesellschaft – in der Form von Sonderbetriebsvermögen II – gehört. Der BFH hat in seinem Urteil vom 10.11.1994[3] entschieden, dass das jedenfalls dann der Fall ist, wenn der Gesellschafter der Besitzgesellschaft der Betriebs-GmbH bei deren Gründung ein Darlehen zu nicht marktüblichen Bedingungen gewährt und die Laufzeit des Darlehens an die Dauer der Beteiligung des Gesellschafters an der GmbH gebunden ist.

Das FG München, versteht in seinem Urteil vom 28.7.1999[4] das BFH-Urteil vom 10.11.1994 IV R 15/93[5] dahin gehend, dass auch bei der Gewährung eines Darlehens von einem Gesellschafter der Besitz-Personengesellschaft an das Betriebsunternehmen zu unterscheiden sei, ob die Darlehensgewährung lediglich durch eigene (private oder berufliche) Interessen des Gesellschafters veranlasst ist oder (auch) durch betriebliche Interessen der Besitz-Personengesellschaft. Im letzteren Fall soll das Darlehen stets zum Sonderbetriebsvermögen II gehören, weil es der Stärkung der Beteiligung

---

1 BFHE 124, 533, BStBl II 1978, 378.
2 IV R 73/99, BStBl II 2001, 335.
3 IV R 15/93, BFHE 176, 535, BStBl II 1995, 452.
4 EFG 1999, 1210.
5 BFHE 176, 535, BStBl II 1995, 452.

III. Umfang der Umqualifizierung 245

des Gesellschafters an der Besitz-Personengesellschaft diene. Das Urteil ist nicht rechtskräftig. Ein solches betriebliches Interesse liegt nach Ansicht des FG München immer dann vor, wenn ein Darlehen nach Art eines **Zero-Bonds** verzinslich ist. Die gegen das Urteil eingelegte Revision hatte aus den folgenden Gründen keinen Erfolg[1]: Die Darlehensforderung eines Gesellschafters eines Besitzunternehmens gehört immer dann zu dessen Sonderbetriebsvermögen II, wenn die Gewährung des Darlehens durch die betrieblichen Interessen der Besitzgesellschaft veranlasst sind. Indizien dafür sind das Fehlen fremdüblicher Darlehensbedingungen und ein enger zeitlicher Zusammenhang zwischen dem Abschluss des Darlehensvertrages und der Begründung der Betriebsaufspaltung.

(4) Gewillkürtes Sonderbetriebsvermögen

Literatur: *Henninger,* Beim Besitzunternehmen kann auch ein gewillkürtes Betriebsvermögen anerkannt werden, RWP-Blattei 14 Steuer-R D Betriebsaufspaltung II B 1 a.

Wirtschaftsgüter, die den Gesellschaftern einer Besitz-Personengesellschaft gehören, können auch gewillkürtes Betriebsvermögen sein[2]. Das gilt auch für fremdvermieteten Grundbesitz, soweit er durch eine unmissverständliche Bekundung der Zuordnungsentscheidung als Betriebsvermögen des Besitzunternehmens ausgewiesen wird. Das ist regelmäßig der Fall, wenn das Grundstück in der Bilanz der Besitz-Personengesellschaft als Betriebsvermögen ausgewiesen wird und wenn die Aufwendungen als betrieblicher Aufwand behandelt werden[3].

3. Das Besitzunternehmen ist eine Gemeinschaft

Literatur: *Höhmann,* Betriebsaufspaltung bei Wohnungseigentümergemeinschaften, NWB Blickpunkt Steuern 10/97, 3758.

Ist das Besitzunternehmen eine Gemeinschaft (Bruchteilsgemeinschaft, Erbengemeinschaft, usw.), so gelten grundsätzlich die Ausführungen vorstehend unter G.III.2. Allerdings hat das FG Rheinland-Pfalz[4] entschieden, dass die von den Mitgliedern einer **Erbengemeinschaft** (Besitz-

---
1 BFH-Urteil vom 19.10.2000 IV R 73/99, BStBl II 2001, 335.
2 BFH-Urteil vom 27.8.1998 IV R 77/97, BFHE 186, 422, BStBl II 1999, 279.
3 BFH-Urteil vom 27.10.1993 XI R 5/93, BFH/NV 1994, 472.
4 Urteil vom 13.2.1986, EFG 1986, 437.

unternehmen) der Betriebs-GmbH gewährten Darlehen regelmäßig zum Privatvermögen der Kreditgeber gehören.

Lediglich die Ausführungen vorstehend unter G.III.2.a) finden in den Fällen, in denen ein Besitzunternehmen eine Gemeinschaft ist, keine Anwendung, weil die Abfärberegelung des § 15 Abs. 3 Nr. 1 EStG auf Gemeinschaften keine Anwendung findet. Für die Zugehörigkeit von Wirtschaftsgütern zum Betriebsvermögen einer Besitzgemeinschaft gilt das Gleiche wie in den Fällen, in denen das Besitzunternehmen ein Einzelunternehmen ist. Fremdvermietete Grundstücke gehören hier also niemals zum Betriebsvermögen des Besitzunternehmens.

Beispiel:
Erben nach E sind je zu 1/3 A, B und C. Zum Gesamthandsvermögen der Erbengemeinschaft gehören fünf Fabrikgrundstücke, von denen das Grundstück 1 an die X-GmbH vermietet ist. Die Miterben A und B erwerben in ihrem Privatvermögen je 50 v.H. Anteile an der X-GmbH.

Lösung:
Vom Zeitpunkt des Anteilserwerbs an wird die Vermietung des Grundstücks 1 ein gewerbliches Besitzunternehmen. Die Grundstücke 2 bis 5 hingegen bleiben Privatvermögen der Erbengemeinschaft.

Auch in den Fällen, in denen das Besitzunternehmen eine Gemeinschaft ist, gilt also wie bei Personengesellschaften nach der Rechtsprechung des BFH[1] der Grundsatz, dass auch diejenigen Miteigentümer des an die Betriebsgesellschaft verpachteten Wirtschaftsguts, die nicht an der Betriebsgesellschaft beteiligt sind (**Nur-Besitz-Gemeinschafter**), gewerbliche Mitunternehmer der als Besitzunternehmen anzusehenden Gemeinschaft sind.

Beispiel:
A (60 v.H.) und B (40 v.H.) sind Miteigentümer eines Grundstücks, das an die X-GmbH verpachtet worden ist. A ist gleichzeitig zu 52 v.H. Anteilseigner der X-GmbH.

Lösung:
Die Grundstücksgemeinschaft AB ist ein gewerbliches Besitzunternehmen, zu dessen Betriebsvermögen auch der 40%ige Grundstücksanteil des B gehört.

---

1 Urteil vom 2.8.1972 IV 87/65, BFHE 106, 325, BStBl II 1972, 796.

Der VIII. Senat des BFH[1] hat diese Auffassung bestätigt und damit die Rechtsprechung des IV. Senats[2] für den Fall übernommen, dass nicht alle Teilhaber einer Grundstücksgemeinschaft an der Betriebsgesellschaft beteiligt sind. Zur Begründung hat der VIII. Senat ausgeführt: Die nur einem Teilhaber zustehenden Anteile an der Betriebs-GmbH dienten dazu, in der Grundstücksgemeinschaft und in der GmbH einen einheitlichen geschäftlichen Betätigungswillen durchzusetzen. Sie seien daher Sonderbetriebsvermögen der Grundstücksgemeinschaft. Das führe zur Umqualifizierung der Einkünfte der Grundstücksgemeinschaft in gewerbliche, da diese Einkünfte allen Teilhabern zuzurechnen seien. Dieses Ergebnis werde durch den Beschluss des GrS des BFH vom 25.6.1984[3] bestätigt; denn nach diesem Beschluss komme es bei der Bestimmung der Einkunftsart der Gesellschafter einer Personengesellschaft oder der Teilhaber einer Gemeinschaft regelmäßig auf die Tätigkeit der Gesellschaft oder Gemeinschaft an. Wegen der Bedenken gegen diese Argumentation siehe oben unter G.II. und G.III.2.b) (2).

IV. Korrespondierende Bilanzansätze

Literatur: *Schaaf*, Zur Bewertung der Pachterneuerungsforderung und -rückstellung bei Betriebsaufspaltung, RWP-Blattei 1974, 14 Steuer-R, D Betriebsaufspaltung II B 6, Einzelfragen, Bewertung der Pachterneuerungsforderung; *ders.*, Bewertung von Forderungen und Verbindlichkeiten bei Betriebsaufspaltung (§ 6 ESt), RWP-Blattei 1975, 14 Steuer-R, D Betriebsaufspaltung II B 7, Einzelfragen, Bewertung von Forderungen und Verbindlichkeiten; *Schmidt, Ludwig*, Grundsatzurteil: Bilanzierung von Rechtsbeziehungen zwischen Besitzunternehmen und Betriebsgesellschaft bei Betriebsaufspaltung, FR 1989, 396; *Woerner*, Die „korrespondierende Bilanzierung" von Wirtschaftsgütern bei der Betriebsaufspaltung – Zur Problematik einer wertenden Betrachtungsweise bei der Auslegung von Gesetzen, in: Handelsrecht und Steuerrecht, Festschrift für Döllerer, Düsseldorf 1988, 741; *o. V.*, Sachwertdarlehen und Pachtanlagenerneuerung bei Betriebsaufspaltung, DB 1973, 2424; *o. V.*, Betriebsaufspaltung – Bilanzierung der Mietgegenstände bei Besitzunternehmen, Anm. zum BdF-Erlass vom 26.12.1973 – IV B 2 – S 2179–2/73, BB 1974, 25; *o. V.*, Sachwertdarlehen und Pachtanlagenerneuerung bei Betriebsaufspaltung, DB 1976, 699.

---

1 Urteil vom 12.11.1985 VIII R 240/81, BFHE 145, 401, BStBl II 1986, 296.
2 Urteil vom 2.8.1972 IV 87/65, BFHE 106, 325, BStBl II 1972, 796.
3 GrS 4/82, BFHE 141, 405, BStBl II 1984, 751.

1. Die frühere Rechtsprechung des BFH

Eine weitere Rechtsfolge der Betriebsaufspaltung ist nach der Rechtsprechung des BFH die Notwendigkeit der korrespondierenden Bilanzansätze beim Besitz- und Betriebsunternehmen.

Beispiel:
A verpachtet sein Einzelunternehmen an die A-GmbH, deren alleiniger Anteilseigner er ist. Nach dem Pachtvertrag werden alle Wirtschaftsgüter des Anlagevermögens (Buchwert 1,2 Mio. DM) und alle Waren – Rohstoffe, Hilfsstoffe und sonstige Waren – (Buchwert 800.000 DM) verpachtet. Die A-GmbH ist verpflichtet, das Anlagevermögen instandzuhalten und zu erneuern und den an sie übergegangenen Warenbestand in gleicher Menge und Beschaffenheit durch ständige Neuanschaffungen zu erhalten. Nach Pachtende ist das verpachtete Betriebsvermögen in einem, den vorstehend genannten Verpflichtungen entsprechendem Zustand zurückzugeben.

Lösung:
Die A-GmbH darf die gepachteten Anlagegüter nicht aktivieren. Sie muss aber für ihre Verpflichtung zum kostenlosen Ersatz eine **Rückstellung** bilden. Die Höhe dieser Rückstellung wird durch die Abnutzung der gepachteten Wirtschaftsgüter während der Pachtzeit und durch die Wiederbeschaffungskosten bestimmt. Hinsichtlich der „verpachteten" Waren muss die A-GmbH ihre Sachleistungsverpflichtung auf Warenrückgabe passivieren.

A muss hinsichtlich des verpachteten Anlagevermögens seinen **Ersatzbeschaffungsanspruch** und hinsichtlich der „verpachteten" Waren seinen **Sachleistungsanspruch** aktivieren. Beide Aktivposten müssen nach der Rechtsprechung des BFH[1] betragsmäßig mit den entsprechenden Passivposten bei der A-GmbH übereinstimmen.

Der BFH[2] hat diese **Korrespondenzthese** wie folgt begründet: Der für das Rechtsinstitut der Betriebsaufspaltung kennzeichnende einheitliche geschäftliche Betätigungswille für zwei zivilrechtlich selbständige Unternehmen gebiete es – auch im Hinblick auf das verfassungsrechtliche Gebot, wirtschaftlich gleichartige Sachverhalte grundsätzlich auch steuerrechtlich gleichzubehandeln –, unabhängig, welche Rechtsgrundsätze bei Betriebsverpachtungen zwischen Fremden Gültigkeit hätten, vom Besitzunternehmen einen Wertansatz zu verlangen, der dem Wertansatz für den

---
1 Urteil vom 26.6.1975 IV R 59/73, BFHE 116, 160, BStBl II 1975, 700.
2 Urteil vom 26.6.1975 IV R 59/73, BFHE 116, 160, BStBl II 1975, 700.

Ansatz einer entsprechenden Verpflichtung bei dem Betriebsunternehmen entspräche. Im Hinblick auf die gegebene wirtschaftliche Einheit der formal-juristisch getrennten Unternehmen könne es keine unterschiedlichen Wertansätze geben[1].

2. Kritik an der BFH-Rechtsprechung

Woerner[2] lehnt die Korrespondenzthese des BFH im Wesentlichen aus folgenden Gründen ab: Die verfassungsrechtliche Argumentation des IV. Senates laufe auf eine verfassungskonforme Auslegung hinaus, wobei allerdings nicht gesagt werde, welche Vorschrift verfassungskonform ausgelegt werden solle. In Betracht dafür könne nur § 6 Abs. 1 EStG kommen, wonach Wirtschaftsgüter grundsätzlich mit den Anschaffungs- oder Herstellungskosten anzusetzen seien. Höhere Werte dürften nicht angesetzt werden. Die Korrespondenz-These des BFH laufe jedoch auf einen über den Anschaffungs- oder Herstellungskosten liegenden Wert beim Besitzunternehmen, nämlich einen Ansatz mit den Wiederbeschaffungskosten hinaus. Das sei durch eine verfassungskonforme Auslegung nicht gedeckt; denn diese sei nur „bis zur Grenze des Wortlauts (möglichen Wortsinns)" einer Vorschrift zulässig. Es sei auch falsch, wenn der IV. Senat zwei zur selbständigen Bilanzierung verpflichtete Unternehmen mit einem Einzelunternehmen vergleiche; denn bei einem Einzelunternehmen könnten die Probleme einer korrespondierenden Bilanzierung nicht auftreten. Die Korrespondenz-These des BFH vernachlässige die zweite Komponente der Betriebsaufspaltung, nämlich die sachliche Verflechtung. Fehle diese, so bestehe keine Betriebsaufspaltung und es brauche – trotz vorhandener personeller Verflechtung – nicht korrespondierend bilanziert zu werden.

Der Kritik von *Woerner* ist zuzustimmen. Das sich angeblich aus Art. 3 GG ergebende Gebot einer korrespondierenden Bilanzierung läuft im Ergebnis darauf hinaus, dass „Richterrecht Gesetzesrecht bricht". Das ist unmöglich. Der IV. Senat hat seine Kompetenz überschritten. Er hält § 6 Abs. 1 EStG in den Fällen der korrespondierenden Bilanzierung für mit der Verfassung nicht vereinbar und wendet ihn nicht an. So etwas darf kein oberstes Bundesgericht. Eine Gesetzesvorschrift kann nur vom BVerfG für verfassungswidrig erklärt werden.

---
1 BFH-Urteile vom 2.11.1965 I 51/61 S, BFHE 84, 171, BStBl III 1966, 61; vom 21.12.1965 IV 228/64 S, BFHE 84, 407, BStBl III 1966, 147; vom 23.6.1966 IV 75/64, BFHE 86, 625, BStBl III 1966, 589; vom 26.6.1975 IV R 59/73, BFHE 116, 160, BStBl II 1975, 700.
2 In: Handelsrecht und Steuerrecht, Festschrift für Döllerer, S. 741, 746 ff.

Die Berufung des IV. Senats auf den einheitlichen geschäftlichen Betätigungswillen muss auch als überholt angesehen werden; denn in späteren Entscheidungen hat der BFH in ähnlichen Fällen nicht auf den einheitlichen geschäftlichen Betätigungswillen abgestellt, sondern die Tatsache als entscheidend angesehen, dass es sich bei Besitzunternehmen und Betriebsunternehmen um zwei selbständige Unternehmen handelt[1]. In dem Urteil des I. Senats vom 13.10.1983[2] ist unter Hinweis darauf, dass es sich bei Besitzunternehmen und Betriebsunternehmen um zwei selbständige Unternehmen handele, einem Besitzunternehmen, welches ein Sanatorium an die Betriebsgesellschaft verpachtet hatte, die Befreiung nach § 11 GewStDV 1968 versagt worden, obwohl bei dem Betriebsunternehmen die Voraussetzungen für die Gewerbesteuerbefreiung vorlagen. Hätte der I. Senat den vorhandenen einheitlichen geschäftlichen Betätigungswillen in den Vordergrund gestellt, hätte er zu einem anderen Ergebnis kommen müssen. Der VIII. Senat hat in seinem Urteil vom 12.11.1985[3] hinsichtlich der Gewerbesteuerfreiheit einer Internatsschule diese Rechtsprechung des I. Senats übernommen.

Würde man unter diesen Umständen die Korrespondenzthese des IV. Senats als noch geltend ansehen, so müsste sich der BFH den Vorwurf gefallen lassen, ohne überzeugende Begründung einmal den als Richterrecht kreierten „einheitlichen geschäftlichen Betätigungswillen" und ein anderes Mal den sich aus dem Gesetz ergebenden Umstand, dass es sich bei Besitzunternehmen und Betriebsunternehmen um zwei rechtlich selbständige Unternehmen handelt, in den Vordergrund zu stellen und entscheidungserheblich sein zu lassen.

Die Korrespondenzthese des IV. Senats ist heute also überholt. Das Besitzunternehmen muss seine Ansprüche nach § 6 Abs. 1 EStG und nicht korrespondierend mit dem entsprechenden Verpflichtungsansatz beim Betriebsunternehmen ausweisen. Die Korrespondenzthese ist gesetzeswidrig.

3. Das BFH-Urteil vom 8.3.1989

Ein möglicher Wandel in der Rechtsprechung des BFH kann aus dem Urteil des X. Senats vom 8.3.1989[4] entnommen werden. Hier wird ausgeführt,

---

1 Vgl. die BFH-Urteile vom 13.10.1983 I R 187/79, BFHE 139, 406, BStBl II 1984, 115; vom 12.11.1985 VIII R 282/82, BFH/NV 1986, 362.
2 I R 187/79, BFHE 139, 406, BStBl II 1984, 115.
3 VIII R 282/82, BFH/NV 1986, 362.
4 X R 9/86, BFHE 156, 443, BStBl II 1989, 714.

IV. Korrespondierende Bilanzansätze

es gäbe keinen allgemeinen Grundsatz, nach dem bei einer Betriebsaufspaltung durchgängig korrespondierend bilanziert werden müsse. Die frühere, eine korrespondierende Bilanzierung zulassende Rechtsprechung könne nicht herangezogen werden, weil sie noch von dem Gedanken der wirtschaftlichen Einheit von Besitz- und Betriebsvermögen getragen sei. Nach dem Beschluss des GrS vom 25.6.1984[1] habe die Rechtsprechung mehrfach betont, dass Besitz- und Betriebsunternehmen getrennte Unternehmen seien. Beide ermittelten ihren Gewinn selbständig.

Die Auffassung des IV. Senats würde – wenn man sie als Grundsatz verstehe – zu dem Ergebnis führen, Forderungen des Besitzunternehmens gegen die notleidend gewordene Betriebs-Kapitalgesellschaft nur deshalb mit dem vollen Wert anzusetzen, weil die Betriebs-Kapitalgesellschaft ihrerseits die Verpflichtung in voller Höhe passivieren müsse. Nicht zu überzeugen vermöge der Hinweis auf die Konsolidierungsvorschriften des § 331 Abs. 1 Nr. 4 AktG 1965 und des § 303 Abs. 1 HGB i.d.F. des BiRiLiG, wonach Forderungen und Verbindlichkeiten zwischen Konzernunternehmen weggelassen würden. Besitz- und Betriebsunternehmen bildeten keinen Konzernkreis.

Andererseits könne der einheitliche geschäftliche Betätigungswille der hinter dem Besitz- und Betriebsunternehmen stehenden Person oder Personengruppe bei der Bilanzierung nicht unbeachtet bleiben. So müsse z. B. die Nutzungsdauer eines Wirtschaftsguts in beiden Unternehmen übereinstimmend geschätzt werden. Widersprüchlich wäre es auch, ein Wirtschaftsgut beiden oder keinem Unternehmen zuzurechnen oder in einem Unternehmen eine Verpflichtung anzunehmen, aber den entsprechenden Anspruch in dem anderen Unternehmen zu leugnen. In diesem Rahmen sei eine korrespondierende Bilanzierung geboten.

Eine solche finde allerdings ihre Begrenzung in den zwingenden handelsrechtlichen und steuerrechtlichen Bilanzierungsvorschriften. Demzufolge sei z. B. auch ein Anspruch des Besitzunternehmens gegen das Betriebsunternehmen (im Streitfall ging es um einen Gewinnausschüttungsanspruch) erst dann zu aktivieren, wenn er in rechtlich oder zumindest wirtschaftlich gesicherter Form entstanden sei.

---

[1] GrS 4/82, BFHE 141, 405, BStBl II 1984, 751.

4. Die BFH-Urteile vom 17.7.1991 und vom 14.1.1998

Die vom X. Senat eingeleitete Rechtsprechungsänderung wird in den Urteilen vom 17.7.1991[1] und vom 14.1.1998[2] durch den Hinweis bestätigt, dass es bei der Betriebsaufspaltung keinen allgemeinen Grundsatz gibt, wonach Besitzunternehmen und Betriebsunternehmen korrespondierend bilanzieren müssen.

V. Buchwertfortführung – Buchwertübertragung

Literatur: *Märkle*, Die Betriebsaufspaltung an der Schwelle zu einem neuen Jahrtausend, IX. Übertragung von Einzelwirtschaftsgütern bei Betriebsaufspaltung vor und nach 1999, BB 2000 Beilage 7, 12 f.; *Pott/Rasche,* Ertragsteuerliche Rechtsfolgen der Einbringung von Einzelwirtschaftsgütern in eine Kapitalgesellschaft im Rahmen einer Betriebsaufspaltung – Zulässigkeit einer Buchwertverknüpfung oder Zwang zur Gewinnrealisierung?, DStZ 1997, 473; *Rödder*; Erfolgsneutrale Übertragung von Wirtschaftsgütern im Rahmen einer kapitalistischen Betriebsaufspaltung, DStR 1996, 414; *Schoor*; Bargründung einer GmbH und anschließende Betriebsaufspaltung, StSem 1998, 228; *Uelner,* Betriebseinbringung in eine Kapitalgesellschaft bei Betriebsaufspaltung oder Betriebsverpachtung, DB 1970, 2048; *o. V.,* Gewinnrealisierung bei Begründung einer Betriebsaufspaltung?, DB 1975, 2059; *o. V.,* Zur Betriebsteilung bei Veräußerung einzelner Wirtschaftsgüter an die Betriebs-GmbH, DB 1975, 2060.

1. Einführung

Bei der Begründung einer echten Betriebsaufspaltung gehen die Wirtschaftsgüter, die zum Betriebsvermögen des bisherigen Einheitsunternehmens gehört haben, entweder auf das Betriebsunternehmen oder auf das Besitzunternehmen über.

Beim Übergang auf das Betriebsunternehmen bestand bis zum Inkrafttreten des StEntlG 1999/2000/2002[3], also bis zum 31.12.1998, das Problem, ob im Betriebsunternehmen die Buchwerte des Einheitsunternehmens fortgeführt werden konnten.

Während des Bestehens einer Betriebsaufspaltung bestand bis zum Inkrafttreten des StEntlG 1999/2000/20002 das Problem der Buchwertübertragung

---

1　I R 98/88, BFHE 165, 369, BStBl II 1992, 246.
2　X R 57/93, BFHE 185, 230.
3　Hinweise auf § 52 Abs. 1 EStG i.d.F. des StEntlG 1999/2000/2002.

V. Buchwertfortführung – Buchwertübertragung

in der Frage, ob Wirtschaftsgüter des Besitzunternehmens ins Betriebsunternehmen oder vice versa zum Buchwert übertragen werden konnten. Seit dem Inkrafttreten des StEntlG 1999/2000/2002 bestehen diese Probleme nicht mehr, wie sich aus den Ausführungen unten unter G.V.2.b.(3) und (4) ergibt.

2. Buchwertfortführung bzw. Buchwertübertragung bei der Begründung einer echten Betriebsaufspaltung

a) Buchwertfortführung im Besitzunternehmen

Hinsichtlich der Wirtschaftsgüter des bisherigen Einheitsunternehmens, die bei der Begründung einer Betriebsaufspaltung nicht auf das Betriebsunternehmen übertragen werden, sondern in dem als Besitzunternehmen fortgeführten Restbetrieb des bisherigen Einheitsunternehmens verbleiben und von diesem an das Betriebsunternehmen vermietet werden, gilt hinsichtlich der Buchwertfortführung – unabhängig davon, ob die Betriebsaufspaltung vor 1999, vor 2001 oder nach 2000 begründet worden ist – Folgendes: Das Besitzunternehmen muss die Buchwerte fortführen, weil insoweit weder eine Veräußerung, noch eine Entnahme noch eine Betriebsaufgabe vorliegt[1]. Eine Buchwertaufstockung ist hier also nicht möglich.

b) Buchwertübertragung ins Betriebsunternehmen

(1) Allgemeines

Bei der Übertragung von Wirtschaftsgütern des bisherigen Einheitsunternehmens in das Betriebsunternehmens ist zu unterscheiden, ob die Übertragung vor dem 1.1.1999, nach dem 31.12.1998 und vor dem 1.1.2001 oder nach dem 31.12.2000 erfolgt ist.

Für die Rechtslage bis zum 31.12.1998 muss ferner unterschieden werden, ob an der Betriebsgesellschaft dieselben Personen beteiligt waren

---

[1] BFH-Urteil vom 16.4.1991 VIII R 63/87, BFHE 164, 513, BStBl II 1991, 832.

wie am Besitzunternehmen (Sowohl-als-auch-Gesellschafter) oder ob im Zusammenhang mit der Aufspaltung des bisherigen Einheitsunternehmens in das neu entstandene Betriebsunternehmen Gesellschafter aufgenommen wurden, die am Besitzunternehmen nicht beteiligt waren (Nur-Betriebs-Gesellschafter).

Und schließlich ergeben sich auch noch Unterschiede, je nachdem ob es sich bei dem Betriebsunternehmen um eine Kapitalgesellschaft oder eine Personengesellschaft handelte.

(2) Rechtslage bis 1998

(2.1) Das Betriebsunternehmen ist eine Personengesellschaft

Sind bis Ende 1998 im Rahmen der Begründung einer Betriebsaufspaltung Wirtschaftsgüter aus dem bisherigen Einheitsunternehmen in die neu gegründete Betriebs-Personengesellschaft übertragen worden, war das bisherige Einheitsunternehmen ein Einzelunternehmen und erfolgte die Übertragung der Wirtschaftsgüter gegen Gewährung von Gesellschaftsrechten an der neu gegründeten Betriebs-Personengesellschaft, so war eine Übertragung zum Buchwert möglich[1].

Wurden Wirtschaftsgüter unentgeltlich – also nicht gegen Gewährung von Gesellschaftsrechten oder der Gewährung eines anderen Entgelts – von dem bisherigen Einzeleinheitsunternehmen auf die neugegründete Betriebs-Personengesellschaft übertragen, so war eine Übertragung zum Buchwert zulässig, soweit der bisherige Einzelunternehmer nach der Übertragung anteilig an dem übertragenen Wirtschaftsgut noch beteiligt war. Soweit mit der Übertragung eine anteilige mittelbare Schenkung an die übrigen Gesellschafter erfolgte, lag eine Entnahme aus dem abgebenden Einheitsunternehmen und eine Einlage bei der aufnehmenden Betriebs-Personengesellschaft vor[2].

Folgt man dieser Ansicht, so war bis Ende 1998 eine unentgeltliche Übertragung von Wirtschaftsgütern zum Buchwert von dem bisherigen Einheitsunternehmen auf die neu gegründete Betriebs-Personengesellschaft auch dann zulässig, wenn das bisherige Einheitsunternehmen eine Mitun-

---

1   RdNr. 24 und 56 des Mitunternehmererlasses.
2   *L. Schmidt*, 18. Aufl., § 15 Rz. 666.

ternehmerschaft war und die Mitunternehmer des bisherigen Einheitsunternehmens im gleichen Verhältnis wie an diesem auch an der neu gegründeten Betriebs-Personengesellschaft beteiligt waren. Bei unterschiedlichen Beteiligungsverhältnissen mussten entsprechende Entnahmen und Einlagen angenommen werden.

War das bisherige Einheitsunternehmen eine Mitunternehmerschaft, so waren nach meiner Ansicht Übertragungen von einzelnen Wirtschaftsgütern zum Buchwert auf eine Betriebs-Personengesellschaft gegen Gewährung von Gesellschaftsrechten nicht möglich, weil das bisherige Einheitsunternehmen infolge der Übertragung keine Gesellschaftsrechte erhalten konnte; denn nicht das bisherige Einheitsunternehmen, sondern dessen Mitunternehmer wurden Mitunternehmer der neu gegründeten Betriebs-Personengesellschaft.

(2.2) Das Betriebsunternehmen ist eine Kapitalgesellschaft

(2.2.1) Es sind nur Sowohl-als-auch-Gesellschafter vorhanden

(2.2.1.1) Allgemeines

Es ist für die Rechtslage bis 1998 noch nicht abschließend geklärt, ob und in wieweit im Rahmen der Begründung einer Betriebsaufspaltung einzelne Wirtschaftsgüter von dem bisherigen Einheitsunternehmen zum Buchwert auf die neu gegründete Betriebs-Kapitalgesellschaft übertragen werden können.

Eine gesetzliche Regelung für eine solche Buchwertübertragung gab es bis 1998 nicht, konnte es auch nicht geben, weil die Betriebsaufspaltung selbst gesetzlich nicht geregelt ist. Immerhin aber gab es bis 1999 auch andere Fälle, in denen eine Buchwertfortführung zulässig war, ohne dass es eine klare ausdrückliche gesetzliche Regelung dafür gab.

Das galt z. B. für alle Fälle der unentgeltlichen Übertragung eines Betriebs, Teilbetriebs oder Miteigentümeranteils (§ 7 Abs. 1 EStDV – jetzt § 6 Abs. 3 EStG). Es galt ferner für die Fälle der Übertragung von Wirtschaftsgütern aus einem Betrieb in einen anderen Betrieb desselben Steuerpflichtigen[1], aus einem Sonderbetriebsvermögen in ein anderes Sonderbetriebsvermögen

---

1 Vgl. z. B. BFH-Urteile vom 17.8.1972 IV R 26/69, BFHE 107, 27, BStBl II 1972, 903; vom 9.12.1986 VIII R 26/80, BFHE 148, 524, BStBl II 1987, 342.

G. Rechtsfolgen der Betriebsaufspaltung

derselben Personengesellschaft[1] und für die Übertragung eines Wirtschaftsguts vom Gesellschaftsvermögen in einen anderen Betrieb eines Gesellschafters oder vice versa. In dem letztgenannten Fall hatte der BFH in dem sog. Einbringungsurteil vom 15.7.1976[2] die Überführung eines Wirtschaftsguts wahlweise zum Buchwert, Teilwert oder einem Zwischenwert gegen Gewährung bzw. Minderung von Gesellschaftsrechten zugelassen. Er hatte diese Wahlmöglichkeit mit der unterschiedlichen zivilrechtlichen und steuerrechtlichen Beurteilung der Personengesellschaft und damit begründet, dass sich die Einbringung von Wirtschaftsgütern aus einem anderen Betriebsvermögen des Gesellschafters in das Gesellschaftsvermögen als Fortsetzung der bisherigen Sachherrschaft in Form der gesamthänderischen Berechtigung, d. h. in der besonderen Form des Verbringens (der Übertragung) eines Wirtschaftsguts aus einem Betrieb in einen anderen Betrieb desselben Steuerpflichtigen darstellt. In einem solchen Fall waren die Buchwerte fortzuführen.

Später war die Buchwertübertragung in den letztbezeichneten Fällen auch mit einer rechtsanalogen Anwendung der §§ 20, 24 UmwStG gerechtfertigt worden. Nach § 20 UmwStG kann ein Betrieb, Teilbetrieb oder Mitunternehmeranteil zum Buchwert, Teilwert oder einem Zwischenwert in eine GmbH gegen Gewährung von Gesellschaftsrechten eingebracht werden. Nach § 24 UmwStG ist die Buchwerteinbringung eines Betriebs, Teilbetriebs oder Mitunternehmeranteils in eine Personengesellschaft zulässig, wenn der Einbringende Mitunternehmer der Personengesellschaft wird.

Es hat sich daher sehr wohl nach der bis Ende 1998 geltenden Rechtslage der in § 20 UmwStG zum Ausdruck kommende allgemeine Rechtsgedanke der Zulässigkeit der Buchwertübertragung aus einem Personenunternehmen in eine Kapitalgesellschaft gegen Gewährung von Gesellschaftsrechten auch auf die Fälle übertragen lassen, in denen im Rahmen der Begründung einer Betriebsaufspaltung Wirtschaftsgüter aus dem Betriebsvermögen des bisherigen Einheitsunternehmens gegen Gewährung von Gesellschaftsrechten in das Betriebsvermögen der neu gegründeten Betriebs-GmbH übertragen werden, wenn an der neu gegründeten Betriebs-Kapitalgesellschaft dieselben Personen beteiligt waren wie an dem Besitzunternehmen.

---

1 BFH-Urteil vom 28.8.1974 I R 18/73, BFHE 114, 180, BStBl II 1975, 166.
2 I R 17/74, BFHE 119, 285, BStBl II 1976, 748.

(2.2.1.2) Verwaltungspraxis

Auch von der Finanzverwaltung wurde bis zum 31.12.1998 bei der Begründung einer echten Betriebsaufspaltung eine Buchwertübertragung insoweit zugelassen, als die steuerliche Erfassung der auf die GmbH-Anteile übergehenden stillen Reserven infolge der Zugehörigkeit der Anteile zum Betriebsvermögen des Besitzunternehmens sichergestellt war[1]. Das war stets der Fall, wenn alle an der Betriebs-GmbH beteiligten Gesellschafter auch am Besitzunternehmen beteiligt sind; denn in diesem Fall gehören alle GmbH-Anteile zu den (Sonder-)Betriebsvermögen beim Besitzunternehmen und die stillen Reserven des Betriebsunternehmens bleiben dadurch steuerlich verhaftet.

Beispiel:
A und B waren Gesellschafter je zu 1/2 der X-OHG. Diese wurde in eine Betriebs-GmbH und eine Besitz-GbR aufgespalten. Das bewegliche Anlagevermögen (Buchwert 100, Teilwert 1.000) wurde zum Buchwert auf die GmbH gegen Gewährung von Gesellschaftsrechten übertragen.

Lösung:
Eine solche Buchwertübertragung war zulässig, wenn nur A und B Anteilseigner der GmbH waren. Denn in diesem Fall müssen die auf die GmbH übergegangenen stillen Reserven von 900 von der GmbH bei der Veräußerung des übernommenen beweglichen Anlagevermögens und bei der Veräußerung der GmbH-Anteile, die bei der Besitz-GbR mit einem Buchwert von je 50 für A und B als Sonderbetriebsvermögen ausgewiesen sind, versteuert werden.

(2.2.1.3) Übernahme von Verbindlichkeiten

Eine Buchwertübertragung von Wirtschaftsgütern des bisherigen Einheitsunternehmens auf die Betriebs-GmbH war auch schon vor dem 1.1.1999 **nicht möglich**, wenn gleichzeitig mit der Übertragung der Wirtschaftsgüter auch Verbindlichkeiten von dem bisherigen Einheitsunternehmen auf die Betriebs-GmbH übergingen.

In einem solchen Fall war die Übernahme der Verbindlichkeiten durch die Betriebs-GmbH als (Teil-)Entgelt für die Übertragung der Wirtschaftsgüter

---

1 BMF-Schreiben vom 22.1.1985, BStBl I 1985, 97; BFH-Urteil vom 14.1.1998 X R 57/93, BFHE 185, 230.

anzusehen[1]. Die sog. **Einheitsbetrachtung** fand hier keine Anwendung, weil diese nur bei der teilentgeltlichen Übertragung eines Betriebs, Teilbetriebs oder Mitunternehmeranteils zum Zuge kommt. Bei der teilentgeltlichen Übertragung einzelner Wirtschaftsgüter hingegen ist die sog. **Trennungsmethode** anzuwenden, nach der der Übertragungsvorgang im Verhältnis des Veräußerungsentgelts zum Teilwert in ein vollentgeltliches und ein voll unentgeltliches Geschäft aufzuteilen ist. Die auf den entgeltlichen Teil entfallenden stillen Reserven sind stets zu realisieren.

Beispiel:
Im Rahmen einer Aufspaltung seines bisherigen Einzelunternehmens übertrug A auf die neu gegründete Betriebs-GmbH ein Wirtschaftsgut (Buchwert 1.000, Teilwert 2.500). Gleichzeitig übernahm die Betriebs-GmbH Verbindlichkeiten des bisherigen Einheitsunternehmens in Höhe von 800.

Lösung:
Von dem übertragenen Wirtschaftsgut (Teilwert 2.500) war ein Teilwertanteil in Höhe von 800 (= 32 v.H.) entgeltlich übertragen worden. Dem entsprach ein anteiliger Buchwert von 320 (32 v.H. von 1.000). Mithin entstand ein Veräußerungsgewinn von 480. Der restliche Teil des Wirtschaftsguts (78 v.H.) konnte zum Buchwert übertragen werden (= 1.700).

Soweit bis zum Erlass des vorerwähnten BMF-Schreibens anders verfahren worden war, waren die vorstehend dargestellten Rechtsgrundsätze nach der in dem BMF-Schreiben enthaltenen Übergangsregelung erstmals auf Fälle anzuwenden, in denen das wirtschaftliche Eigentum nach dem 31.12.1997 auf die Betriebsgesellschaft übergegangen war.

Wie zu verfahren war, wenn mehrere Wirtschaftsgüter vom Einheitsunternehmen auf die Betriebs-GmbH übertragen wurden, wurde in dem erwähnten BMF-Schreiben nicht gesagt.

Beispiel:
Im Rahmen der Begründung einer Betriebsaufspaltung wurden vom bisherigen Einheitsunternehmen mehrere Anlagegüter (Buchwert 1.000, Teilwert 10.000) und das gesamte Umlaufvermögen (Buchwert = Teilwert 5.000 DM) übertragen. Gleichzeitig übernahm die Betriebs-GmbH Verbindlichkeiten des bisherigen Einheitsunternehmens in Höhe von 5.000 DM.

---

1 BMF-Schreiben vom 27.3.1998, DB 1998, 1060.

Lösung:

Da man einem Steuerpflichtigen nicht vorschreiben kann, welche Teile seines Vermögens er entgeltlich veräußern und welche er zu Buchwerten übertragen will, ist das Entgelt von 5.000 DM nicht auf alle übertragenen Wirtschaftsgüter verhältnismäßig zu verteilen, wenn der Steuerpflichtige bestimmt, dass die von der Betriebs-GmbH übernommenen Verbindlichkeiten als Entgelt für bestimmte übertragene Wirtschaftsgüter anzusehen sind. Wurde im vorstehenden Beispiel also bestimmt, dass die übernommenen Verbindlichkeiten Entgelt für das übernommene Umlaufvermögen sein sollten, so konnte nach der bis zum 31.12.1998 geltenden Rechtslage das Anlagevermögen zum Buchwert gegen Gewährung von Gesellschaftsrechten übertragen werden.

(2.2.2) Es sind auch Nur-Betriebs-Gesellschafter vorhanden

(2.2.2.1) Die Verwaltungsmeinung

Wurden bei der Begründung einer Betriebsaufspaltung in die Betriebs-GmbH Gesellschafter aufgenommen, die nicht am Besitzunternehmen beteiligt sind, so kam nach Auffassung der Finanzverwaltung[1] eine Buchwertübertragung von Wirtschaftsgütern aus dem bisherigen Einheitsunternehmen in die Betriebs-GmbH nur insoweit nicht in Betracht, als an der neugegründeten Kapitalgesellschaft eine nahe stehende Person beteiligt wurde, die nicht am Besitzunternehmen beteiligt war und kein Aufgeld für die ihr zuwachsenden stillen Reserven zu leisten hatte. Dies sollte nach Ansicht der Finanzverwaltung[2] der Fall sein, wenn

- die Besitzgesellschaft oder ihre Gesellschafter Anteile an der Betriebsgesellschaft auf eine nahe stehende Person zu einem Kaufpreis übertragen, der niedriger ist als der bei Veräußerung an einen fremden Dritten erzielbare Betrag (**Veräußerungsfall**), oder

- der Inhaber des Besitzunternehmens es der nahe stehenden Person ermöglicht, Anteile an der aus der Betriebsaufspaltung hervorgegangenen Kapitalgesellschaft gegen Leistung einer Einlage zu erwerben, die niedriger als der Wert der Anteile ist (**Einlagefall**), oder

---

1 BMF-Schreiben vom 27.3.1998, DB 1998, 1060.
2 BMF-Schreiben vom 22.1.1985, BStBl I 1985, 97; Vfg. OFD Münster vom 16.8.1990, DB 1990, 1797; OFD Frankfurt vom 6.9.1996, FR 1996, 762.

- eine Betriebsaufspaltung mit einer zuvor durch Bargründung errichteten Kapitalgesellschaft begründet wird, an der Angehörige des Besitzunternehmers mit einer Einlage beteiligt worden sind, die niedriger ist als die Einlage, die ein fremder Dritter bei der Aufnahme in die Kapitalgesellschaft hätte leisten müssen (**Bargründungsfall**).

In all diesen Fällen soll nach Ansicht der Finanzverwaltung in Höhe des Unterschiedsbetrags eine Entnahme aus dem Besitzunternehmen vorliegen. Zwar fehle es – so die Finanzverwaltung – im Einlagefall und im Bargründungsfall an einer Entnahmehandlung. Eine Entnahme liege aber trotzdem vor, weil andernfalls stille Reserven von den Gesellschaftern der Besitzgesellschaft gehörenden Anteilen auf Personen übergingen, bei denen die Anteile nicht zum Betriebsvermögen der Besitzgesellschaft gehörten wodurch folglich die spätere steuerliche Erfassung der stillen Reserven nicht sichergestellt sei.

Die Auffassung der Finanzverwaltung beruht auf der folgenden Überlegung: Hätten in dem Beispiel vorstehend unter G.V.2.b)(1.2.3) A und B im Rahmen der Betriebsaufspaltung ihre Ehefrauen mit je 24,5 v.H. an der Betriebs-GmbH ohne Aufdeckung der stillen Reserven beteiligt, so würden die Anteile der Ehefrauen nicht zu einem Betriebsvermögen, sondern zu deren Privatvermögen gehören. Da diese Anteile auch nicht unter § 17 EStG[1] fallen, würden die in ihnen enthaltenen stillen Reserven nicht mehr der Besteuerung unterliegen.

(2.2.2.2) Die Rechtsprechung des BFH

(2.2.2.2.1) Entnahmefälle

Der BFH hat mit dem Urteil vom 16.4.1991[2] die Verwaltungsmeinung insoweit bestätigt, wie eine Entnahme von Anteilen an der Betriebs-Kapitalgesellschaft aus dem Betriebsvermögen des Besitzunternehmens vorliegt.

Dem Urteil lag – vereinfacht dargestellt – folgender Sachverhalt zugrunde:
A und B waren je zu 1/2 an der Betriebs-GmbH und der Besitz-GbR beteiligt. Die Anteile von A und B an der Betriebs-GmbH (stille Reserven

---

1 Im Zeitpunkt der Abfassung des BMF-Schreibens vom 22.1.1985 war für die Anwendung des § 17 EStG noch eine Beteiligung von mehr als 25 v.H. erforderlich.
2 VIII R 63/87, BFHE 164, 513, BStBl II 1991, 832.

V. Buchwertfortführung – Buchwertübertragung

insgesamt 1.272.200 DM) sind Sonderbetriebsvermögen bei der Besitz-GbR. Die GmbH erhöht ihr Stammkapital von 20.000 DM auf 100.000 DM. Von den neuen Anteilen erhalten A und B je 30.000 DM und je 10.000 DM die Ehefrauen A und B. Jede Ehefrau leistete ihre Einlage von 10.000 DM. Sonstige Leistungen mussten sie nicht erbringen. Nach der Kapitalerhöhung entfielen auf die Anteile von Frau A und Frau B je 127.220 DM stille Reserven.

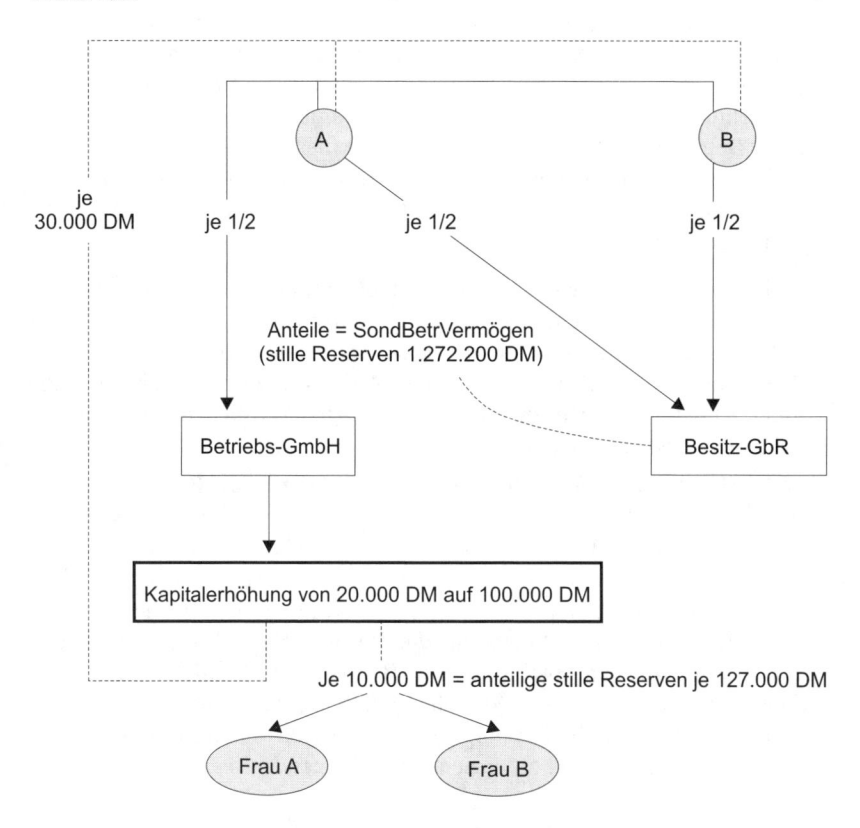

```
                    A                                    B
je
30.000 DM    je 1/2          je 1/2              je 1/2

              Anteile = SondBetrVermögen
              (stille Reserven 1.272.200 DM)

          Betriebs-GmbH  ----------  Besitz-GbR

          Kapitalerhöhung von 20.000 DM auf 100.000 DM

              Je 10.000 DM = anteilige stille Reserven je 127.000 DM

              Frau A          Frau B
```

Der BFH hat entschieden, dass insoweit (in Höhe von je 127.220 DM) ein Entnahmegewinn zu Lasten von A und B entstanden ist, als sie die zu ihrem Sonderbetriebsvermögen bei der Besitz-GbR gehörenden Anteile an der Betriebs-GmbH in Höhe von jeweils 10 v.H. entnommen und zum Nennwert auf ihre Ehefrauen übertragen haben.

(2.2.2.2.2) Nicht-Entnahmefälle
Das BFH-Urteil vom 12.5.1993

Abgelehnt hat der BFH mit seinem Urteil vom 12.5.1993[1] die Verwaltungsansicht insoweit, als keine Entnahmehandlung vorliegt, die Verwaltung aber trotzdem eine Entnahme annehmen will.

Dem Urteil lag folgender Sachverhalt zugrunde:
A betrieb ein Einzelunternehmen. Ende 1982 errichtete er zusammen mit seiner Ehefrau im Wege einer Bargründung eine GmbH, an der er mit 80 v. H., seine Ehefrau mit 20 v. H. beteiligt war. 1983 wurden beide Unternehmen durch eine echte Betriebsaufspaltung verbunden. Die GmbH wurde Betriebsunternehmen, das Einzelunternehmen Besitzunternehmen. Das bewegliche und unbewegliche Anlagevermögen des Einzelunternehmens wurde an die GmbH verpachtet. Das Umlaufvermögen wurde an die GmbH veräußert.

Das FA vertrat die Ansicht, A hätte einen fremden Dritten nur dann in die GmbH aufgenommen, wenn dieser ein entsprechend hohes Aufgeld für die ihm aus dem Anteilserwerb erwachsenen Rechte und Ertragsaussichten geleistet hätte. Weil A auf ein solches Aufgeld verzichtet habe und die Anteile seiner Ehefrau in deren Privatvermögen verblieben seien, sei ein Entnahmetatbestand verwirklicht.

Der BFH hat diese Verwaltungsansicht abgelehnt. Die Begründung des Urteils lautet im Wesentlichen: Die Beteiligung an der durch Bargründung neu entstandenen Betriebs-Kapitalgesellschaft habe nie zum Betriebsvermögen des Besitzunternehmens gehört. Daher habe es nicht zu einer Entnahme kommen können. Weder die Verpachtung von Anlagevermögen seitens des Besitzunternehmens an die Betriebs-Kapitalgesellschaft noch die Zugehörigkeit der Anteile der Nur-Betriebs-Gesellschafterin zu ihrem Privatvermögen, noch die mögliche Erhöhung des inneren Werts der Anteile an der Betriebs-Kapitalgesellschaft durch die nachfolgende Betriebsaufspaltung, würden an diesem Ergebnis etwas ändern.

Das BFH-Urteil vom 14.1.1998

Der X. Senat des BFH hat sich mit seinem Urteil vom 14.1.1998[2] der Auffassung angeschlossen, die der XI. Senat in dem vorstehend

---

[1] XI R 58, 59/92, BFHE 171, 282.
[2] X R 57/93, BFHE 185, 230.

V. Buchwertfortführung – Buchwertübertragung

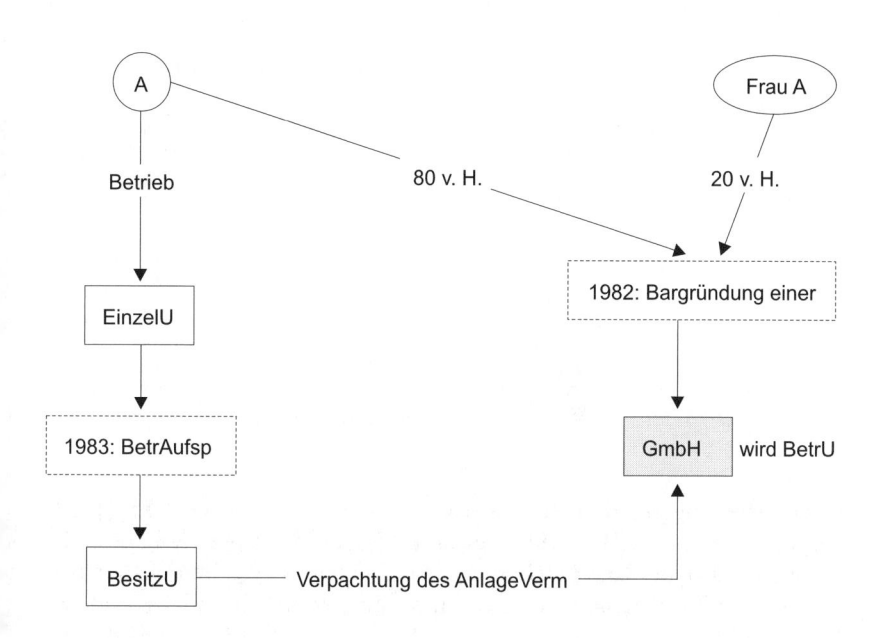

```
           A                                    Frau A
           │                                      │
Betrieb    │        80 v. H.         20 v. H.    │
           │                                      │
           ▼                                      ▼
       ┌───────┐              ┌──────────────────────────┐
       │EinzelU│              │ 1982: Bargründung einer  │
       └───┬───┘              └────────────┬─────────────┘
           │                               │
           ▼                               ▼
   ┌───────────────┐                   ┌──────┐
   │1983: BetrAufsp│                   │ GmbH │  wird BetrU
   └───────┬───────┘                   └───▲──┘
           │                               │
           ▼                               │
       ┌───────┐                            │
       │BesitzU├──── Verpachtung des AnlageVerm ────┘
       └───────┘
```

wiedergegebenen Urteil vertreten hat. Dem Urteil des X. Senats lag folgender Sachverhalt zugrunde: A betrieb bis zum 30.6.1985 eine Bäckerei als Einzelunternehmen. Zum 1.7.1985 gründete A zusammen mit seinen drei Kindern eine GmbH. Am Stammkapital dieser Gesellschaft waren A mit 70 v.H. und jedes Kind mit 10 v.H. beteiligt. Die GmbH führte den Betrieb der Bäckerei fort. Das gesamte Anlagevermögen des bisherigen Einzelunternehmens wurde an die GmbH verpachtet.

Die Finanzverwaltung hat beide Urteile nicht im Bundessteuerblatt II veröffentlicht. Es ist aber auch kein Nichtanwendungserlass ergangen.

(2.2.2.2.3) Lösungsvorschlag

Die Lösung des Problems liegt m.E. auf einem ganz anderen Gebiet, nämlich dort, wo nach der Bargründung Wirtschaftsgüter von dem bisherigen Einzelunternehmen auf die Betriebs-GmbH übertragen werden. Eine

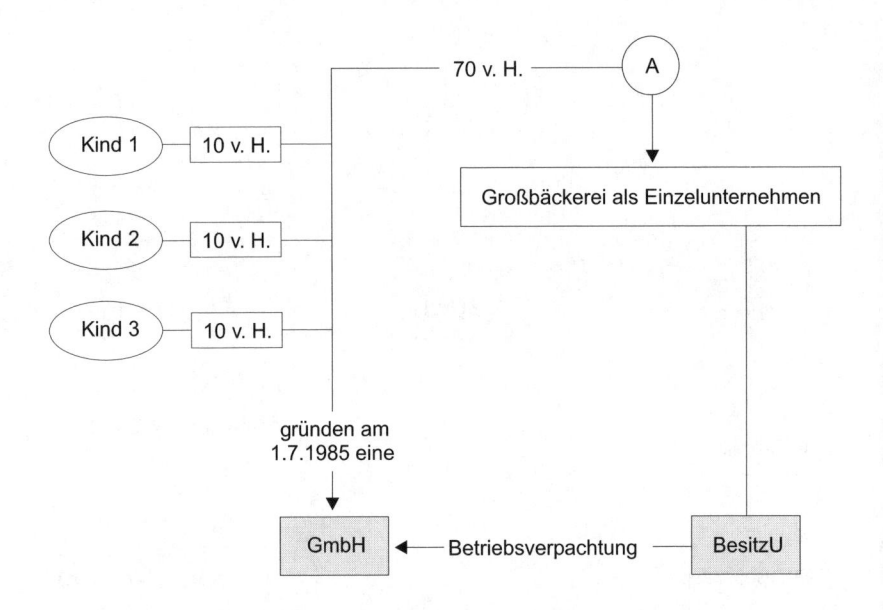

```
            ┌──── 70 v. H. ────( A )
            │                     │
 (Kind 1)─[10 v. H.]─┤            ▼
                     │   ┌──────────────────────────────────┐
 (Kind 2)─[10 v. H.]─┤   │ Großbäckerei als Einzelunternehmen│
                     │   └──────────────────────────────────┘
 (Kind 3)─[10 v. H.]─┤
            │
         gründen am
         1.7.1985 eine
            ▼
        [ GmbH ] ◄── Betriebsverpachtung ── [ BesitzU ]
```

solche Übertragung zum Buchwert war – wie oben unter G.V.2.b)(1.2.2) dargelegt – bis zum 31.12.1998 nur in rechtsanaloger Anwendung des § 20 UmwStG, also nur dann möglich, wenn die Anteile an der Betriebs-GmbH, auf die die Wirtschaftsgüter übertragen wurden, steuerlich verhaftet bleiben. Dies ist im Fall des Urteils vom 12.5.1993[1] nur hinsichtlich eines Anteils von 80 v. H. der übertragenen Wirtschaftsgüter – wenn solche überhaupt übertragen worden sind – möglich, weil nur insoweit die GmbH-Anteile notwendiges (Sonder-)Betriebsvermögen beim Besitzunternehmen werden. Der auf die Ehefrau entfallende Anteil von 20 v. H. an den übertragenen Wirtschaftsgütern hingegen erfüllt diese Voraussetzung nicht, weil insoweit die GmbH-Anteile zum Privatvermögen der Ehefrau gehören. Insoweit ist also eine Buchwertübertragung vom Einzelunternehmen auf die Betriebs-GmbH nicht zulässig. Insoweit muss die Übertragung der Wirtschaftsgüter zur Gewinnrealisierung führen.

Zu einem anderen Ergebnis könnte man nur dann kommen, wenn die an die Ehefrau übertragenen Anteile als einbringungsgeborene Anteile behandelt würden. Das aber ist m.E. nicht frei von Bedenken.

---

1 XI R 58, 59/62, BFHE 171, 282.

(2.2.2.3) Teilwertübertragung

Statt der Buchwertübertragung war m.E. bis zum 31.12.1998 in rechtsanaloger Anwendung der §§ 20, 24 UmwStG auch die Überführung von Wirtschaftsgütern aus dem bisherigen Einheitsunternehmen in das Betriebsunternehmen zum Teilwert (volle Gewinnrealisierung) oder zu einem Zwischenwert (teilweise Gewinnrealisierung) zulässig[1].

(3) Die Rechtslage in den Jahren 1999 und 2000

(3.1) Das Betriebsunternehmen ist eine Kapitalgesellschaft

Werden bei der Begründung einer echten Betriebsaufspaltung einzelne Wirtschaftsgüter von dem bisherigen Einheitsunternehmen auf die Betriebs-Kapitalgesellschaft übertragen, so liegt entweder eine Sacheinlage oder eine verdeckte Einlage vor.

Bei einer Sacheinlage erhält der Steuerpflichtige für die übertragenen Wirtschaftsgüter Gesellschaftsrechte. Hier liegt also ein tauschähnlicher Vorgang vor. Nach dem durch das StEntlG 1999/2000/2002 neu eingeführten § 6 Abs. 6 Satz 1 EStG sind, wenn ein einzelnes Wirtschaftsgut im Wege des Tausches übertragen wird, die Anschaffungskosten nach dem gemeinen Wert des hingegebenen Wirtschaftsguts zu bemessen. D.h., die Betriebs-Kapitalgesellschaft muss das auf sie im Wege der Sacheinlage übertragene Wirtschaftsgut mit dem gemeinen Wert der Gesellschaftsanteile ansetzen, die der einlegende Steuerpflichtige erhalten hat. Eine Buchwertübertragung ist damit nicht mehr möglich.

Erfolgt die Übertragung einzelner Wirtschaftsgüter aus dem bisherigen Einheitsunternehmen in die Betriebs-Kapitalgesellschaft im Wege der verdeckten Einlage, so kommt die durch das StEntlG 1999/2000/2002 neu eingeführte Regelung des § 6 Abs. 6 Satz 2 EStG zur Anwendung, wonach sich in einem solchen Fall die Anschaffungskosten der Beteiligung an der Kapitalgesellschaft um den Teilwert des eingelegten Wirtschaftsguts erhöhen. Daraus folgt m.E., dass bei einer verdeckten Einlage eines einzelnen Wirtschaftsguts aus dem bisherigen Einheitsunternehmen in die Betriebs-Kapitalgesellschaft das eingelegte Wirtschaftsgut von dieser Gesellschaft mit seinem Teilwert anzusetzen ist.

---

1 Ebenso *Wendt*, Harzburger Protokolle 1982, 382; *Streck*, KÖSDI 1984, 5409; BMF vom 10.12.1985 unter II.3. Satz 2, BStBl I 1985, 683, 684.

Auch für den Fall einer verdeckten Einlage ist also eine Buchwertübertragung im Rahmen der Begründung einer echten Betriebsaufspaltung ab 1.1.1999 nicht mehr möglich.

(3.2) Das Betriebsunternehmen ist eine Personengesellschaft

Auch wenn das Betriebsunternehmen eine Personengesellschaft ist, konnten bei in den Jahren 1999 und 2000 begründeten echten Betriebsaufspaltungen keine einzelnen Wirtschaftsgüter mehr zum Buchwert von dem bisherigen Einheitsunternehmen auf die Betriebs-Personengesellschaft übertragen werden.

Das ergab sich für den Fall, dass das bisherige Einheitsunternehmen ein Einzelunternehmen war, aus dem durch das StEntlG 1999/2000/2002 neu geschaffenen § 6 Abs. 5 Satz 3 EStG. In dieser Vorschrift wurde bestimmt, dass die nach § 6 Abs. 5 Satz 1 EStG zulässige Buchwertübertragung nicht zulässig ist, wenn ein Wirtschaftsgut aus einem Betriebsvermögen des Mitunternehmers in das Gesamthandsvermögen einer Mitunternehmerschaft übertragen wird. D.h., wenn im Rahmen der Begründung einer Mitunternehmerschaft der Inhaber des bisherigen Einheitsunternehmens ein einzelnes Wirtschaftsgut aus dem als Einzelunternehmen geführten Einheitsunternehmen in den Jahren 1999 und 2000 in das Gesellschaftsvermögen der Betriebs-Personengesellschaft übertragen hat, war eine solche Übertragung nicht zum Buchwert zulässig.

Für den Fall, dass das bisherige Einheitsunternehmen eine Personengesellschaft ist, ergibt sich das Verbot der Buchwertübertragung einzelner Wirtschaftsgüter in das Gesellschaftsvermögen der Betriebs-Personengesellschaft für die Jahre 1999 und 2000 aus dem durch das StEntlG 1999/2000/2002 eingeführten Abs. 4 des § 6 EStG. In dieser Vorschrift wurde bestimmt:

> „Wird ein einzelnes Wirtschaftsgut ... unentgeltlich in das Betriebsvermögen eines anderen Steuerpflichtigen übertragen, gilt sein gemeiner Wert für das aufnehmende Betriebsvermögen als Anschaffungskosten."

Das bisherige Einheitsunternehmen und die Betriebs-Personengesellschaft sind verschiedene Steuerpflichtige im Sinne dieser für zwei Jahre geltenden Vorschrift.

(4) Die Rechtslage ab 2001

(4.1) Allgemeines

Der durch das StEntlG 1999/2000/2002 eingeführte § 6 Abs. 5 EStG ist durch das StSenkG wieder geändert worden. Durch die Änderungen ist das Verbot der Buchwertübertragung eines Wirtschaftsguts

- aus einem Betriebsvermögen eines Mitunternehmers in das Gesellschaftsvermögen der Mitunternehmerschaft und vice versa,
- aus dem Gesellschaftsvermögen einer Mitunternehmerschaft in das Sonderbetriebsvermögen eines Mitunternehmers bei derselben Mitunternehmerschaft und vice versa sowie
- zwischen den Sonderbetriebsvermögen der Mitunternehmer derselben Mitunternehmerschaft

für Übertragungen nach dem 31.12.2000[1] in ein Buchwertübertragungsgebot umgewandelt worden.

Diese Änderungen sind erst aufgrund eines Beschlusses des Vermittlungsausschusses[2] in das StSenkG aufgenommen worden. Es kann daher – erfahrungsgemäß – nicht ausgeschlossen werden, dass die Änderungen nicht mit der für eine ordentliche Gesetzgebung gebotenen Sorgfalt formuliert worden sind.

(4.2) Das Betriebsunternehmen ist eine Kapitalgesellschaft

Infolge der Änderungen des § 6 Abs. 5 EStG durch das StSenkG hat sich hinsichtlich der Buchwertübertragung von dem bisherigen Einheitsunternehmen auf die neu gegründete Betriebs-Kapitalgesellschaft die Rechtslage nicht verändert, weil für diesen Fall der Übertragung von Wirtschaftsgütern sich das Verbot der Buchwertübertragung nicht aus § 6 Abs. 5 EStG i.d.F. des StEntlG 1999/2000/2002 ergab, sondern aus § 6 Abs. 6 EStG i.d.F. des StEntlG 1999/2000/2002 ergibt und diese Regelung durch das StSenkG nicht verändert wurde.

Hinzu kommt, dass § 6 Abs. 5 EStG i.d.F. des StSenkG nur die Übertragung von Wirtschaftsgütern zwischen dem Betriebsvermögen eines Mitunternehmers, Gesamthandsvermögen und Sonderbetriebsvermögen regelt, nicht

---

1 § 52 Abs. 16 a EStG i.d.F. des StSenkG.
2 BT-Drucksache 14/3760.

aber auch Übertragungen zwischen einem Personenunternehmen und einer Kapitalgesellschaft.

(4.3) Das Besitzunternehmen ist eine Personengesellschaft

Für die Übertragung von Wirtschaftsgütern von einem bisherigen Einheitsunternehmen auf eine Betriebs-Personengesellschaft im Zusammenhang mit der Begründung einer Betriebsaufspaltung nach dem 31.12.2000 ist zu unterscheiden, ob das bisherige Einheitsunternehmen ein Einzelunternehmen oder eine Personengesellschaft ist.

Ist das bisherige Einheitsunternehmen ein Einzelunternehmen, so ist eine Buchwertübertragung nach § 6 Abs. 5 Satz 3 EStG i.V.m. § 6 Abs. 5 Satz 1 EStG geboten, weil hier ein Mitunternehmer der Betriebs-Personengesellschaft ein Wirtschaftsgut aus seinem bisherigen Einheitseinzelunternehmen in das Gesamthandsvermögen der Betriebs-Personengesellschaft überträgt.

Das gilt m.E. auch dann, wenn die Übertragung des Wirtschaftsguts gegen Gewährung von Gesellschaftsrechten der Betriebs-Personengesellschaft geschieht. Zwar wird in § 6 Abs. 6 Satz 1 EStG bestimmt, dass bei der Übertragung eines einzelnen Wirtschaftsguts im Wege des Tausches sich die Anschaffungskosten nach dem gemeinen Wert des hingegebenen Wirtschaftsguts, also bei der Übertragung gegen Gewährung von Gesellschaftsrechten nach deren Wert bemessen. Die Regelungen über die Buchwertübertragungen in § 6 Abs. 5 EStG sind aber wohl gegenüber der Grundsatzvorschrift in § 6 Abs. 6 EStG lex specialis, so dass sie § 6 Abs. 6 EStG vorgehen. Die Stellung des § 6 Abs. 5 EStG als lex specialis gegenüber § 6 Abs. 6 EStG dürfte sich aus der Entwicklung des § 6 Abs. 5 EStG i.d.F. des StSenkG (Wiedereinführung der bisher möglichen Buchwertübertragungsmöglichkeiten) und dem Zweck des § 6 Abs. 6 Satz 1 EStG (Abschaffung des Tauschgutachtens) ergeben.

Ist das bisherige Einzelunternehmen eine Mitunternehmerschaft, so findet auf die Übertragung von Wirtschaftsgütern im Rahmen der Begründung einer echten Betriebsaufspaltung von der bisherigen Einheits-Personengesellschaft auf die neu gegründete Betriebs-Personengesellschaft § 6 Abs. 4 EStG Anwendung; denn nach der heute herrschenden Einheitsbetrachtung sind die bisherige Einheits-Personengesellschaft und die neu gegründete Betriebs-Personengesellschaft zwei verschiedene Steuerpflichtige. Eine

V. Buchwertfortführung – Buchwertübertragung

Buchwertübertragung ist daher auch nach dem 31.12.2000 hier nicht mehr möglich.
Die unterschiedlichen Ergebnisse, je nachdem ob das bisherige Einheitsunternehmen ein Einzelunternehmen oder eine Mitunternehmerschaft ist, zeigen, dass die Regelungen in § 6 Abs. 4 bis 6 EStG nicht aufeinander abgestimmt und daher in einem hohen Maße reformbedürftig sind.

3. Buchwertübertragung während des Bestehens einer Betriebsaufspaltung

a) Allgemeines

Wie oben unter E.III. dargelegt, kann m. E. eine Kapitalgesellschaft kein Besitzunternehmen sein. Es werden daher hier grundsätzlich nur diejenigen Fälle behandelt, in denen ein Wirtschaftsgut von einem Besitz-Einzelunternehmen oder einer Besitz-Personengesellschaft (Besitz-Gemeinschaft) auf eine Betriebs-Kapitalgesellschaft oder eine Betriebs-Personengesellschaft übertragen wird.

b) Die Rechtslage bis zum 31.12.1998

(1) Buchwertübertragung von einem Besitzunternehmen in ein Betriebsunternehmen

(1.1) An beiden Unternehmen sind dieselben Gesellschafter beteiligt

Wie bereits erwähnt[1] konnten bis zum 31.12.1998 – ohne dass es dafür eine gesetzliche Regelung gab – nach der Rechtsprechung des BFH Wirtschaftsgüter aus dem Gesellschaftsvermögen einer Personengesellschaft in einen anderen Betrieb eines Gesellschafters zum Buchwert überführt werden oder vice versa. Der BFH hat – wie bereits oben unter G.V.2.b) erwähnt – diese Buchwertübertragungsmöglichkeit wie folgt gerechtfertigt:

> „Die Einbringung eines Wirtschaftsgutes aus einem anderen Betriebsvermögen des Gesellschafters stellt sich so gesehen dar als Fortsetzung der bisherigen Sachherrschaft in der Form der gesamthänderischen Berechtigung, d.h. als eine besondere Form des Verbringens (der Überführung) eines Wirtschaftsguts aus einem Betrieb in einen anderen Betrieb desselben Steuerpflichtigen."

---

1 Oben unter G.V.2.b).

Diese Formel ließ sich m.E. auch auf die Fälle der Übertragung von Wirtschaftsgütern des Besitzunternehmens auf eine Betriebs-Kapitalgesellschaft während des Bestehens einer Betriebsaufspaltung bis Ende 1998 anwenden, wobei zwischen beiden Bereichen einzig und allein der Unterschied besteht, dass an die Stelle der in den Einbringungsfällen durch Alleineigentum bzw. Gesamthandseigentum begründeten Sachherrschaft in den Betriebsaufspaltungsfällen die durch die personelle und sachliche Verflechtung begründete Sachherrschaft tritt:

> „Die Übertragung eines Wirtschaftsguts aus einem Besitzunternehmen ins Betriebsunternehmen stellt sich so gesehen dar als Fortsetzung der bisherigen Sachherrschaft in dem Betriebsunternehmen, d.h. als eine besondere Form des Verbringens (der Überführung) eines Wirtschaftsgutes aus einem Betrieb (dem Besitzunternehmen) in einen anderen Betrieb (das Betriebsunternehmen) desselben Steuerpflichtigen."

Der Umstand, dass es sich bei dem Betriebsunternehmen regelmäßig um eine Kapitalgesellschaft handelt, steht dem m.E. nicht entgegen; denn nach § 20 UmwStG ist bei der Einbringung in eine Kapitalgesellschaft ebenso wie bei der Einbringung in eine Personengesellschaft nach § 24 UmwStG eine Buchwertfortführung möglich.

Es handelt sich also auch bei der Betriebsaufspaltung um einen speziellen Fall der Überführung eines Wirtschaftsguts aus einem Gewerbebetrieb in einen anderen Gewerbebetrieb desselben Steuerpflichtigen, jedenfalls dann, wenn am Besitz- und Betriebsunternehmen nur Sowohl-als-auch-Gesellschafter beteiligt sind.

Damit aber kam man unter rechtsanaloger Anwendung des in den §§ 20, 24 UmwStG zum Ausdruck kommenden allgemeinen Rechtsgedankens der Buchwertfortführung bei der Übertragung eines Wirtschaftsguts von einem Betrieb in einen anderen Betrieb desselben Steuerpflichtigen zu dem Ergebnis, dass eine Buchwertübertragung bei der Betriebsaufspaltung an die gleichen Voraussetzungen gebunden war wie die Betriebsaufspaltung selbst und letztlich ihre Rechtfertigung nur darin fand, dass die heutige h.L. eine sachliche und personelle Verflechtung als ausreichend ansieht, um eine vermögensverwaltende Betätigung in eine gewerbliche umzuqualifizieren.

Mithin gelten in den Fällen, in denen am Besitz- und Betriebsunternehmen nur Sowohl-als-auch-Gesellschafter beteiligt sind, für die Übertragung von Wirtschaftsgütern aus dem Besitzunternehmen ins Betriebsunternehmen zum Buchwert während des Bestehens einer Betriebsaufspaltung die oben

V. Buchwertfortführung – Buchwertübertragung 271

unter G.V.2.b) dargestellten Grundsätze entsprechend und zwar unabhängig davon, ob das Betriebsunternehmen eine Kapitalgesellschaft oder eine Mitunternehmerschaft war. Dies wurde durch das BMF-Schreiben vom 27.3.1998[1] bestätigt, das sich nicht nur auf Übertragungen im Zeitpunkt der Betriebsaufspaltung, sondern auch auf Übertragungen während des Bestehens einer Betriebsaufspaltung bezieht.

(1.2) Buchwertübertragung beim Vorhandensein von Nur-Besitz-Gesellschaftern

Höchstrichterlich noch nicht entschieden ist, ob bei der Übertragung eines Wirtschaftsguts von einem Besitzunternehmen auf ein Betriebsunternehmen eine Buchwertübertragung bis zum 31.12.1998 auch hinsichtlich der Besitz-Gesellschafter möglich war, die am Betriebsunternehmen nicht beteiligt sind (Nur-Besitz-Gesellschafter). Zwar spricht vieles dafür, die Frage mit „nein" zu beantworten; denn Nur-Besitz-Gesellschafter sind mit der Betriebsgesellschaft nicht durch personelle Verflechtung verbunden. Andererseits könnte man – entsprechend der heute herrschenden Einheitsbetrachtung – die Besitz-Personengesellschaft als Einheit ansehen, die das Wirtschaftsgut überträgt. Hinzu kommt, dass es für die Ausdehnung der Umqualifizierung des Besitzunternehmens in einen Gewerbebetrieb auch hinsichtlich der Nur-Besitz-Gesellschafter keine gesetzliche Grundlage gibt und diese Einbeziehung auch nicht mit den vom GrS des BFH in seinem Beschluss vom 25.6.1984[2] aufgestellten Grundsätzen vereinbar ist[3]. Man könnte deshalb sagen, es bestünden deshalb auch keine Bedenken, wenn man die Auswirkungen dieses Fehlers dadurch abmildere, dass man in der Systemwidrigkeit systemgerecht einen zweiten Fehler macht, indem man die Möglichkeit der Buchwertübertragung auch für die Nur-Besitz-Gesellschafter zulässt.

Lässt man hingegen den Gedanken der Milderung eines Fehlers durch einen zweiten Fehler außer Betracht, so wird man m.E. kaum zu einem anderen Ergebnis kommen können als dem, dass eine Buchwertübertragung hinsichtlich der Nur-Besitz-Gesellschafter nicht möglich war, und zwar aufgrund folgender Überlegungen:

---

1 DB 1998, 1060.
2 GrS 4/82, BFHE 141, 405, BStBl II 1984, 751.
3 Vgl. oben unter G.III.2.b)(2).

- Liegt ein Fall der mitunternehmerischen Betriebsaufspaltung vor, so wird eine Buchwertübertragung hinsichtlich des Anteils des Nur-Besitz-Gesellschafters nicht möglich sein, weil eine Übertragung eines Wirtschaftsguts aus einem Betriebsvermögen eines Gesellschafters in das Gesellschaftsvermögen zum Buchwert nur gegen Gewährung von Gesellschaftsrechten, also nur dann möglich war, wenn ein Gesellschafter etwas überträgt. Nur-Besitz-Gesellschafter aber sind keine Gesellschafter der Besitz-Personengesellschaft.

- Ist die Betriebsgesellschaft eine Kapitalgesellschaft, dann wird durch die Übertragung eines Wirtschaftsguts vom Besitzunternehmen auf die Betriebs-Kapitalgesellschaft deren Vermögen um den Betrag der übergegangenen stillen Reserven erhöht. Diese – durch eine Buchwertübertragung nicht aufgedeckten – stillen Reserven werden später in der Kapitalgesellschaft und, da die Anteile der Sowohl-als-auch-Gesellschafter als deren Sonderbetriebsvermögen II zum Betriebsvermögen der Besitzgesellschaft gehören, hier noch einmal versteuert, nämlich dann, wenn dieser Anteil veräußert wird. Hinsichtlich eines Nur-Besitz-Gesellschafters kommt eine solche Besteuerung der stillen Reserven nicht in Betracht, so dass unter diesem Gesichtspunkt hinsichtlich seines Anteils an den auf die Betriebs-Kapitalgesellschaft übertragenen Wirtschaftsgütern eine Buchwertübertragung ausscheiden muss.

Nach dem vorerwähnten BMF-Schreiben vom 22.1.1985[1] dürfte diese Ansicht wohl auch von der Finanzverwaltung vertreten werden. Auf die hier entsprechend geltenden Ausführungen oben unter G.V.2.b) (2.2.2.2.3) wird verwiesen.

(1.3) Buchwertübertragung beim Vorhandensein von Nur-Betriebs-Gesellschaftern

Sind an der Betriebsgesellschaft Nur-Betriebs-Gesellschafter beteiligt, so steht m.E. einer Buchwertübertragung – unabhängig davon, ob die Betriebsgesellschaft eine Kapitalgesellschaft oder eine Personengesellschaft ist – nichts entgegen[2]. Ob aus dem BMF-Schreiben vom 22.1.1985[3] etwas gegenteiliges zu entnehmen ist, lässt sich wegen dessen nicht klarer

---
1 BStBl I 1985, 97.
2 Ebenso L. Schmidt, ESt-Kom., 16. Aufl., § 15 Rz 877.
3 BStBl I 1985, 97.

V. Buchwertfortführung – Buchwertübertragung

Abfassung nicht mit Sicherheit sagen. Entnahmen ohne Entnahmehandlung, worauf das BMF abstellt, gibt es nicht.

(2) Besitz- und Betriebsunternehmen sind Kapitalgesellschaften

Ist sowohl das Besitzunternehmen als auch das Betriebsunternehmen eine Kapitalgesellschaft[1], war es bis zum 31.12.1998 nach der m.E. bedenklichen Ansicht der Finanzverwaltung[2] sowohl bei der Begründung einer Betriebsaufspaltung als auch während der Zeit ihres Bestehens möglich, ein Wirtschaftsgut von der Besitz-GmbH (Muttergesellschaft) zum Buchwert auf die Betriebs-GmbH (Tochtergesellschaft) zu übertragen. Allerdings deuten die Klammerzusätze Tochtergesellschaft und Muttergesellschaft darauf hin, dass dies nur bei der sog. Einheitsbetriebsaufspaltung[3] gelten soll.

Nach der Verfügung der OFD Frankfurt soll die beschriebene Buchwertübertragung selbst dann zulässig sein, wenn die Besitz-Kapitalgesellschaft neben der Überlassung von Wirtschaftsgütern an die Betriebs-Kapitalgesellschaft noch andere Tätigkeiten ausübt (sog. **überlagernde Betriebsaufspaltung**).

(3) Buchwertübertragung vom Betriebsunternehmen auf das Besitzunternehmen

Ist die Betriebsgesellschaft eine Kapitalgesellschaft, so wäre nach der bisher hier vertretenen Ansicht eine Buchwertübertragung vom Betriebsunternehmen auf das Besitzunternehmen auch bis zum 31.12.1998 nicht möglich gewesen. Diese Ansicht dürfte heute überholt sein, nachdem in dem UmwG vom 28.10.1994[4] die erfolgsneutrale Umwandlung einer Kapitalgesellschaft in ein Personenunternehmen zulässig ist.

Ist das Betriebsunternehmen eine Personengesellschaft, dann kommt eine Übertragung zum Buchwert nach den allgemeinen Grundsätzen, also gegen Minderung von Gesellschaftsrechten in der Betriebs-Personengesellschaft in Betracht.

---

1 Nach der oben unter E.III. vertretenen Ansicht liegt in einem solchen Fall keine Betriebsaufspaltung vor.
2 Vfg. OFD Frankfurt vom 23.7.1996, FR 1996, 650 und DB 1996, 1753.
3 Siehe oben unter C.VIII.
4 BGBl I 1994, 3210.

c) Die Rechtslage in den Veranlagungszeiträumen 1999 und 2000

Nach dem In-Kraft-Treten des StEntlG 1999/2000/2002 können während des Bestehens einer Betriebsaufspaltung keine einzelnen Wirtschaftsgüter mehr zum Buchwert vom Besitzunternehmer auf das Betriebsunternehmen oder umgekehrt übertragen werden. Dies gilt unabhängig davon, ob das Besitzunternehmen ein Einzelunternehmen, eine Gemeinschaft, eine Personengesellschaft oder eine Kapitalgesellschaft oder ob das Betriebsunternehmen eine Kapitalgesellschaft oder eine Personengesellschaft ist. Die Ausführungen oben unter G.V.2.b) (2.2.1.) gelten entsprechend.

d) Die Rechtslage ab Veranlagungszeitraum 2001

Buchwertübertragungen von Wirtschaftsgütern zwischen einem Besitzunternehmen und einem Betriebsunternehmen sind auch nach dem 31.12.2000 nicht mehr zulässig, wenn das Betriebsunternehmen eine Kapitalgesellschaft ist. Das Verbot der Buchwertübertragung ergibt sich hier aus dem durch das StEntlG 1999/2000/2002 eingeführten Abs. 4 des § 6 EStG.

Ist hingegen das Betriebsunternehmen eine Mitunternehmerschaft, sind Buchwertübertragungen zwischen Besitzunternehmen und Betriebsunternehmen nach dem 31.12.2000 wieder möglich. Die Ausführungen oben unter G.V.b) (4.3) gelten auch hier.

VI. Können Besteuerungsmerkmale, die bei dem Betriebsunternehmen vorliegen, dem Besitzunternehmen zugerechnet werden (Merkmalübertragung)?

Literatur: *Bundessteuerberaterkammer,* Erhöhte Investitionszulage und § 5 Abs. 2 Nr. 2 InvZulG 1993 bei Betriebsaufspaltung, DStR 1994, 1568; *Burger,* Die Gewährung von Sonderabschreibungen nach dem Zonenrandförderungsgesetz in Fällen der Betriebsaufspaltung, StBp 1997, 75; *Hennerkes/Binz/Sorg,* Die Betriebsaufspaltung im Zielkonflikt zwischen Gewerbesteuerfreiheit und Investitionszulage, BB 1984, 1995; *Kaufmann, Jürgen,* Die Voraussetzungen des Verbleibens von Wirtschaftsgütern in einer Betriebsstätte im Zonenrandgebiet bei Betriebsverpachtungen für Sonderabschreibungen gem. § 3 ZRFG, DStR 1993, 1212; *Märkle,* Die Betriebsaufspaltung an der Schwelle zu einem neuen Jahrtausend, Tendenz zur Einheitsbetrachtung bei der Betriebsaufspaltung, BB 2000, Beilage 7, 3 f.; *Rosenau,*

VI. Übertragung von Besteuerungsmerkmalen möglich?

Kann ein Fabrikantenerfinder, der seine Erfindungen in der aus einer Betriebsaufspaltung hervorgegangenen Betriebs-GmbH verwertet, die Tarifvergünstigungen der Erfinderverordnung in Anspruch nehmen?, DB 1971, 1933; *Sauer*; Kann die Steuervergünstigung des § 9 Nr. 1 Satz 2 GewStG auch bei einer Betriebsaufspaltung vom Besitzunternehmen in Anspruch genommen werden?, StBp 1973, 42; *Söffing, Günter*, Dreijährige Bindungsvoraussetzung bei der Betriebsaufspaltung – BFH-Beschluss vom 26.3.1993 – III S 42/92, NWB Fach 3, 8739; *ders.*, Merkmalübertragung bei Betriebsaufspaltung: BFH-Urteil vom 16.9.1994 – III R 45/92, NWB Fach 3, 9317; *ders.*, Merkmalübertragung bei der Betriebsaufspaltung, BB 1998, 2289; *Tiedtke/Wälzholz*, Betriebsaufspaltung und Investitionszulage – Zugleich eine Besprechung der Entscheidung des Niedersächsischen FG vom 16.3.1995, DStR 1996, 1551; *dies.*, Betriebsaufspaltung und Investitionszulage, DStR 1996, 1551; *o. V.*, Gewährung von Investitionszulagen im Fördergebiet in Fällen der Betriebsaufspaltung, GmbHR 1993, 279.

1. Einführung

Bisher durch den BFH noch nicht abschließend geklärt ist die Frage, ob die Betriebsaufspaltung zur Folge hat, dass einkommensteuerliche Steuerbefreiungen und Steuervergünstigungen für zum Betriebsvermögen des Besitzunternehmens gehörende Wirtschaftsgüter auch dann zu gewähren sind, wenn die Voraussetzungen für die Steuerbefreiung oder Steuervergünstigung zum Teil im Bereich des Betriebsunternehmens, also einem anderen Unternehmen, erfüllt werden (kurz: Merkmalübertragung).

Beispiel:

Das Besitzunternehmen erwarb in einem Zeitpunkt, in dem das InvZulG a.F. noch zur Anwendung kam, eine Maschine, die an das Betriebsunternehmen vermietet wird. Das Besitzunternehmen will für die Maschine eine Investitionszulage haben.

Lösung:

Die Gewährung einer **Investitionszulage** nach § 1 InvZulG setzt u.a. voraus, dass das Wirtschaftsgut drei Jahre im Betrieb des Investors **verbleibt**. Das ist in unserem Beispiel nicht der Fall; denn Investor ist das Besitzunternehmen und die Maschine befindet sich im Betrieb des Betriebsunternehmens.

Trotzdem erhält nach Auffassung der Finanzverwaltung[1] das Besitzunternehmen eine Investitionszulage, weil die Finanzverwaltung das dreijäh-

---

[1] InvZulErl, BMF-Schreiben vom 5.5.1977, BStBl I 1977, 246, Tz 104; BMF-Schreiben vom 10.12.1985, BStBl I 1985, 683, Abs. II.

rige Verbleiben im Betriebsunternehmen dem investierenden Besitzunternehmen zurechnet. Diese Rechtsansicht dürfte auf der Vorstellung beruhen, dass der gewerbliche Charakter des Betriebsunternehmens infolge des Vorhandenseins eines einheitlichen geschäftlichen Betätigungswillens und einer sachlichen Verflechtung auf das Besitzunternehmen ausstrahlt.

2. Das BMF-Schreiben vom 10.12.1985

In dem BMF-Schreiben vom 10.12.1985[1] hat die Finanzverwaltung die eben dargelegte für die Investitionszulage (auch § 4 Abs. 2 InvZulG und § 19 BerlinFG und § 4a Abs. 2 InvZulG) geltende Ansicht übertragen auf Sonderabschreibungen nach § 3 Abs. 2 ZRFG, erhöhte Absetzungen für Wirtschaftsgüter, die dem Umweltschutz dienen (§ 7d EStG), Sonderabschreibungen für Fabrikgebäude, Lagerhäuser und landwirtschaftliche Betriebsgebäude (§ 7e EStG), Sonderabschreibungen zur Förderung kleiner und mittlerer Betriebe (§ 7g EStG), erhöhte Absetzungen nach § 14 BerlinFG und Sonderabschreibungen für Anlagegüter, die der Forschung und Entwicklung dienen (§ 82d EStDV).

Nach dem BMF-Schreiben soll dies sogar dann gelten, wenn das Besitzunternehmen eine **Kapitalgesellschaft** ist, obgleich in einem solchen Fall die Rechtsfolgen der Betriebsaufspaltung m.E.[2] überhaupt nicht zum Zuge kommen, weil eine Besitz-Kapitalgesellschaft bereits kraft Rechtsform gem. § 2 Abs. 2 GewStG ein Gewerbebetrieb ist[3].

3. Die Rechtsprechung zur Investitionszulage

Der III. Senat des BFH hat in mehreren Entscheidungen[4] die Ansicht der Finanzverwaltung hinsichtlich der Investitionszulage geteilt und entschieden, dass

- hinsichtlich der Verbleibens- und Verwendungsvoraussetzungen (§ 1 Abs. 3 Satz 1 Nr. 1 InvZulG 1979, 1982 und 1986),

---

1 BStBl I 1985, 683.
2 A.A. die Rechtsprechung des BFH: u.a. BFH-Urteil vom 16.9.1994 III R 45/92, BFHE 176, 98, BStBl II 1995, 75; vgl. auch oben unter E.III.
3 Vgl. oben unter E.I.
4 BFH-Entscheidungen vom 20.5.1988 III R 86/83, BFHE 153, 481, BStBl II 1988, 739; vom 23.3.1993 III S 42/92, BFHE 171, 164, BStBl II 1993, 723; vom 16.9.1994 III R 45/92, BFHE 176, 98, BStBl II 1995, 75; vom 10.12.1998 III R 50/95, BFHE 188, 176, BStBl II 1999, 607; vom 28.1.1999 III R 77/96, BFHE 188, 194, BStBl II 1999, 610.

VI. Übertragung von Besteuerungsmerkmalen möglich?

- hinsichtlich der Zugehörigkeits- und Verbleibensvoraussetzungen nach § 2 Satz 1 Nrn. 1 und 2 InvZulG 1991 und
- hinsichtlich der Voraussetzung der Eintragung in die Handwerksrolle (§ 5 Abs. 2 Satz 1 Nr. 2 Buchstabe a InvZulG 1993)

die bei einem Betriebsunternehmen erfüllten Voraussetzung dem die Wirtschaftsgüter anschaffenden oder herstellenden Besitzunternehmen zuzurechnen sind, wenn zwischen beiden Unternehmen eine **betriebsvermögensmäßige Verflechtung** besteht. Diese Voraussetzung ist nach dem Beschluss des III. Senats des BFH vom 26.3.1993 III S 42/92[1] dann erfüllt,

- wenn entweder – in Fällen einer „normalen" Betriebsaufspaltung – die Beteiligung der Besitz-Personengesellschafter an der Betriebs-Kapitalgesellschaft unmittelbar oder mittelbar (Sonder-)Betriebsvermögen der Besitz-Personengesellschaft ist oder
- umgekehrt – in den Fällen der sog. umgekehrten Betriebsaufspaltung – die Beteiligung der Betriebs-Personengesellschafter an der Besitz-Kapitalgesellschaft oder deren Anteile haltenden Obergesellschaft (Sonder-)Betriebsvermögen bei der Betriebs-Personengesellschaft ist.

Die Zulässigkeit der Merkmalübertragung im Investitionszulagerecht hat der BFH wie folgt gerechtfertigt:

- Ließe man hier die Gewährung der Zulage unter dem formalen Gesichtspunkt, dass Besitzunternehmen und Betriebsunternehmen rechtlich selbständige Unternehmen sind, nicht zu, so wäre eine Zulage in den typischen Fällen der Betriebsaufspaltung gänzlich ausgeschlossen. Denn die Besitzgesellschaft investiert hier zwar, aber sie nutzt die von ihr angeschafften oder hergestellten Wirtschaftsgüter nicht selbst im eigenen Betrieb, die Betriebsgesellschaft nutzt die Wirtschaftsgüter zwar, sie hat selbst aber nicht investiert. Dieses Ergebnis widerspräche der Rechtsnatur der Betriebsaufspaltung, die weit verbreitet und von der Rechtsprechung anerkannt ist. Ihr Sinn und Zweck besteht gerade darin, dass die Funktionen eines normalerweise einheitlichen Betriebes bei ihr auf zwei Rechtsträger und damit zwei Betriebe aufgeteilt sind.

- Bei einer betriebsvermögensmäßigen Verflechtung zwischen Besitz- und Betriebsunternehmen sei es möglich und zulässig, die an sich gegebene rechtliche Selbständigkeit von Besitz- und Betriebsunternehmen

---

[1] BFHE 171, 164, BStBl II 1993, 723.

zu vernachlässigen und dem Prinzip der „**wirtschaftlichen Einheit**" der verflochtenen Unternehmen von dem das Rechtsinstitut der Betriebsaufspaltung geprägt sei, im Investitionszulagenrecht den Vorrang einzuräumen. Hierin liege keinen Verstoß gegen den „Grundsatz der institutsfreundlichen Interpretation".

- Der in § 5 Abs. 2 Satz 1 Nr. 2 Buchstabe a InvZulG 1993 verwendete Begriff des Betriebs sei nicht eindeutig. Wenn man entsprechend dem Sinn und Zweck des InvZulG im Falle der Betriebsaufspaltung Besitz- und Betriebsunternehmen als Einheit auffasse, sei das Betriebsunternehmen als Betriebsstätte des in unterschiedliche funktionelle Bereiche aufgeteilten einheitlichen Unternehmens aufzufassen.

- Der mit dem InvZulG erstrebte Förderungszweck werde bei Investitionen des Besitzunternehmens, dass die angeschafften oder hergestellten Wirtschaftsgüter einem Betriebsunternehmen überlässt, in gleicher Weise verwirklicht, wie wenn ein einheitliches Unternehmen die Investitionen durchführe.

4. Die Rechtsprechung des BFH zum Gewerbesteuergesetz

Literatur: *O. V.*, Anm. zum BFH-Urteil vom 13.10.1983, I R 187/79, FR 1984, 128.

Im Gegensatz zu der Rechtsprechung des BFH zur Merkmalübertragung bei der Investitionszulage steht die Rechtsprechung des BFH zur Übertragung der Gewerbesteuerfreiheit des Betriebsunternehmens auf das Besitzunternehmen. Der I. Senat des BFH hat in seinem Urteil vom 13.10.1983[1] einem Besitzunternehmen, welches ein Sanatorium an die Betriebsgesellschaft verpachtet hatte, die Gewerbesteuerbefreiung nach § 11 GewStDV 1968 versagt, obgleich beim Betriebsunternehmen die Voraussetzungen für die Gewerbesteuerbefreiung vorlagen. Der BFH hat Besitzunternehmen und Betriebsunternehmen als zwei getrennte Unternehmen angesehen und eine Merkmalübertragung abgelehnt. Diese Ansicht ist damit begründet worden, dass ein Besitzunternehmen trotz seiner sachlichen und personellen Verflechtung mit der als Krankenanstalt tätigen Betriebs-Kapitalgesellschaft ein selbständiger, für sich gewerbesteuerrechtlich zu qualifizierender Verpachtungsbetrieb sei, der nicht dadurch eine Krankenanstalt werde, dass

---

[1] I R 187/79, BFHE 139, 406, BStBl II 1984, 115; s. auch BFH-Urteil vom 17.7.1991 I R 98/88, BFHE 165, 369, BStBl II 1992, 246.

VI. Übertragung von Besteuerungsmerkmalen möglich? 279

er mit einer solchen sachlich und personell verflochten sei. Die Gewerbesteuerbefreiung erstrecke sich nur auf das begünstigte Unternehmen und nicht auch auf andere Unternehmen, die mit jenem sachlich und personell verbunden seien.

Mit der gleichen Begründung hat der BFH[1] es abgelehnt, die Steuerbefreiung eines Betriebsunternehmens nach § 3 Nr. 20 GewStG auf das Besitzunternehmen zu übertragen. In dem Beschluss vom 18.12.1997[2] wird zusätzlich ausgeführt, dass trotz der wirtschaftlichen Verflechtung zwischen Betriebs- und Besitzunternehmen zwei voneinander unabhängige Steuerschuldverhältnisse i. S. der §§ 37 ff. AO 1977 bestünden, nämlich eines zwischen dem Steuergläubiger und dem Besitzunternehmen und ein anderes zwischen dem Steuergläubiger und dem Betriebsunternehmen. Daraus folge, dass beide Steuersubjekte auch hinsichtlich der Verwirklichung abgabenrechtlicher Tatbestände (§ 38 AO 1977) grundsätzlich streng auseinander zu halten seien: Das gelte für den Regelungsbereich steuerbegründender Normen prinzipiell in gleicher Weise wie für das Eingreifen steuerbegünstigender oder steuerbefreiender Gesetzesbestimmungen. Und in dem BFH-Urteil vom 14.1.1998[3] heißt es:

> „Wirtschaftsgüter und für die Besteuerung maßgebliche Verhältnisse des einen Unternehmens sind dem an der Betriebsaufspaltung beteiligten anderen Unternehmen nicht zuzurechnen."

Der VIII. Senat hat die Auffassung des I. Senats in dem Urteil vom 12.11.1985[4] hinsichtlich der Gewerbesteuerbefreiung einer Internatsschule bestätigt.

Im Gegensatz hierzu hat das FG Baden-Württemberg in seinem das Aussetzungsverfahren betreffenden Beschluss vom 25.6.1997[5] in Bezug auf die Rechtsprechung zur Übertragung der Gewerbesteuerbefreiung des Betriebsunternehmens auf das Besitzunternehmen ausgeführt:

> „Mit dem Hinweis auf die rechtliche – auch gewerbesteuerrechtliche – Selbständigkeit zweier miteinander verflochtener Unternehmen und der Erkenntnis, dass die Verpachtung von für den Betrieb einer steuerbefreiten Einrichtung (...) wesentlichen Betriebsgrundlage etwas anderes sei, als der Betrieb einer solchen

---

1 Beschlüsse vom 30.9.1991 IV B 21/91, BFH/NV 1992, 333; vom 18.12.1997 X B 133/97, bisher nicht veröffentlicht.
2 X B 133/97, bisher nicht veröffentlicht.
3 X R 57/93, BFHE 185, 230.
4 VIII R 282/82, BFH/NV 1986, 362; s. auch BFH-Urteil vom 17.7.1991 I R 98/88, BFHE 165, 369, BStBl II 1992, 246.
5 EFG 1997, 1250.

Einrichtung selbst, blendet der BFH die wirtschaftliche Verflechtung zwischen beiden Unternehmen letztendlich aus seiner Betrachtung aus, misst ihr jedenfalls keine entscheidungserhebliche Bedeutung zu. Es erscheint indessen zweifelhaft, ob eine solche formale Beurteilung dem Rechtsinstitut der Betriebsaufspaltung gerecht wird. Denn es geht in Fällen dieser Art nicht darum, ob das Besitzunternehmen mit seiner Verpachtungstätigkeit in vollem Umfang die Merkmale einer Steuerbefreiungsvorschrift erfüllt, sondern darum, ob dem Besitzunternehmen die steuerbefreite Betätigung des Betriebsunternehmens aus eben **den** Gründen zuzurechnen ist, aus denen es für geboten erachtet wird, eine bloße Verpachtung von – wenn auch wesentlichen – Betriebsgrundlagen als gewerbliche Betätigung zu qualifizieren."

Der BFH hat diese Entscheidung mit dem vorerwähnten Beschluss vom 18.12.1997[1] aufgehoben, ohne auf die Begründung des FG näher einzugehen.

5. Die Rechtsprechung des BFH zu § 7g EStG

Literatur: *Gosch*, Keine Zusammenrechnung der Einheitswerte von Besitz- und Betriebsgesellschaften im Rahmen des § 7g EStG, StBp 1992, 49.

Erwähnt werden muss in diesem Zusammenhang auch das BFH-Urteil vom 17.7.1991[2], in dem entschieden worden ist, dass es bei der Anwendung des § 7g EStG an einer rechtlichen Grundlage dafür fehle, den Einheitswert des Betriebsvermögens eines Besitzunternehmens dem des Betriebsunternehmens hinzuzurechnen, weil beide Unternehmen nicht als einheitliches Unternehmen zu behandeln seien.

Zur Begründung wird in dem Urteil im Wesentlichen ausgeführt: Die sachliche und personelle Verflechtung zwischen Besitz- und Betriebsunternehmen führe nicht dazu, dass Wirtschaftsgüter und für die Besteuerung maßgebliche Verhältnisse des einen Unternehmens dem an der Betriebsaufspaltung beteiligten anderen Unternehmen zuzurechnen seien. Beide Unternehmen könnten auch ohne Zustimmung des FA abweichende Wirtschaftsjahre haben. Die Entscheidung, ob eine ausländische Besitzgesellschaft im Inland eine Betriebsstätte habe, sei allein nach den Gegebenheiten des Besitzunternehmens zu treffen. Der Sinn und Zweck des § 7g EStG, die Finanzierung kleiner und mittlerer Betriebe zu fördern, könne zu keinem anderen Ergebnis führen.

---

1 X B 133/97, bisher nicht veröffentlicht.
2 I R 98/88, BFHE 165, 369, BStBl II 1992, 246.

VI. Übertragung von Besteuerungsmerkmalen möglich?

6. Bedenken gegen die Rechtsprechung zum Gewerbesteuergesetz

a) Grundsätzliche Bedenken

Ausgehend von der Tatsache, dass bei der Betriebsaufspaltung Besitzunternehmen und Betriebsunternehmen zwei selbständige Unternehmen sind, wird in dem Beschluss des BFH vom 18.12.1997[1] zutreffend ausgeführt, dass sich aus diesem Umstand ergäbe, dass zwischen Steuergläubiger und dem Besitzunternehmen einerseits und dem Steuergläubiger und dem Betriebsunternehmen andererseits – ungeachtet der wirtschaftlichen Verflechtung – zwei voneinander unabhängige, jeweils selbständig zu beurteilende Steuerschuldverhältnisse bestünden mit der weiteren Konsequenz, dass beide Steuerrechtssubjekte auch hinsichtlich der Verwirklichung abgabenrechtlicher Tatbestände (§ 38 AO) grundsätzlich streng auseinander zu halten seien und dass dies für den Regelungsbereich steuerbegründender Normen prinzipiell in gleicher Weise wie für das Eingreifen steuervergünstigender oder steuerbefreiender Gesetzesbestimmungen gelte.

Allerdings wird in dem Beschluss aus dieser Erkenntnis nicht die zutreffende Konsequenz gezogen. Denn nach Ansicht des X. Senats wird – in Übereinstimmung mit der ständigen Rechtsprechung des BFH – bei der Anwendung der steuerbegründenden Norm „Betriebsaufspaltung" die Selbständigkeit von Besitz- und Betriebsunternehmen durch deren wirtschaftliche Verflechtung in der Weise überlagert, dass die Gewerblichkeit des Betriebsunternehmens auf das Besitzunternehmen durchschlägt, während bei der Anwendung der Steuerbefreiungsvorschrift des § 3 Nr. 20 GewStG, also bei der Anwendung einer steuerbefreienden Norm, die Gewerbesteuerfreiheit des Betriebsunternehmens nicht auf das Besitzunternehmen durchschlagen soll.

Die Begründung des Beschlusses des X. Senats, nämlich die Beachtung der Selbständigkeit von Besitz- und Betriebsunternehmen bei allen steuerbegründenden, steuervergünstigenden oder steuerbefreienden Normen trotz bestehender wirtschaftlicher Verflechtung stimmt mit dem Ergebnis des Beschlusses also nicht überein.

Sind die oben unter G.VI.4. wiedergegebenen Ausführungen in dem Beschluss des BFH vom 18.12.1997[2] richtig, so muss man entweder –

---

[1] X B 133/97, bisher nicht veröffentlicht.
[2] X B 133/97, bisher nicht veröffentlicht.

entgegen der bisherigen Betriebsaufspaltungs-Rechtsprechung – das Durchschlagen der Gewerblichkeit des Betriebsunternehmens auf das Besitzunternehmen verneinen oder man muss das Durchschlagen der Gewerbesteuerfreiheit gem. § 3 Nr. 20 GewStG bei vorhandener wirtschaftlicher Verflechtung auf das Besitzunternehmen zulassen.

Für die Ansicht, dass die Gewerbesteuerfreiheit des Betriebsunternehmens auf das Besitzunternehmen durchschlägt, spricht auch, dass die Finanzverwaltung in dem BMF-Schreiben vom 10.12.1985[1] die eben dargelegte für die Investitionszulage geltende Auffassung auch auf Sonderabschreibungen nach § 3 Abs. 2 ZRFG, erhöhte Absetzungen für Wirtschaftsgüter, die dem Umweltschutz dienen (§ 7d EStG), Sonderabschreibungen für Fabrikgebäude, Lagerhäuser und landwirtschaftliche Betriebsgebäude (§ 7e EStG), Sonderabschreibungen zur Förderung kleiner und mittlerer Betriebe (§ 7g EStG), erhöhte Absetzungen nach § 14 BerlinFG und Sonderabschreibungen für Anlagegüter, die der Forschung und Entwicklung dienen (§ 82d EStDV) übertragen hat.

b) Keine spezielle Zwecksetzung und tatbestandsmäßige Ausgestaltung bei der Investitionszulage

(1) Allgemeines

Der X. Senat des BFH hat in dem oben unter G.VI.4. erwähnten Beschluss vom 18.12.1997[2] die unterschiedliche Behandlung der Merkmalübertragung bei der Investitionszulage und bei der Gewerbesteuerfreiheit mit folgenden Ausführungen begründet:

> „Daraus, dass im Investitionszulagenrecht in Fällen der Betriebsaufspaltung bisweilen auf die wirtschaftliche Einheit abgestellt wird ..., können – entgegen der Meinung des FG und der Antragstellerin – schon wegen der speziellen Zwecksetzung und tatbestandsmäßigen Ausgestaltung der Investitionszulage keine allgemeinen, in Fällen der hier zu beurteilenden Art verwertbaren, Rückschlüsse gezogen werden."

Dem ist zunächst entgegenzuhalten das nicht nur im Investitionszulagenrecht in Fällen der Betriebsaufspaltung bisweilen auf die wirtschaftliche Einheit zwischen Besitzunternehmen und Betriebsunternehmen abgestellt

---

1 BStBl I 1985, 683.
2 X B 133/97, bisher nicht veröffentlicht.

VI. Übertragung von Besteuerungsmerkmalen möglich? 283

wird, sondern dass das gesamte Institut der Betriebsaufspaltung auf der Annahme einer wirtschaftlichen Einheit zwischen beiden Unternehmen beruht. Schon die Prämisse in dem Beschluss des X. Senats kann daher nicht überzeugen.

Hinzu kommt, dass es hinsichtlich der Investitionszulage weder eine spezielle Zwecksetzung noch eine besondere tatbestandsmäßige Ausgestaltung gibt, die es rechtfertigen würde, das Problem der Merkmalübertragung bei der Investitionszulage und den Steuervergünstigungen anders zu behandeln als bei Steuerbefreiungen nach dem GewStG.

(2) Keine spezielle Zwecksetzung

(2.1) Zielsetzung der Investitionszulage

Die erste Investitionszulage wurde für Westberlin als § 14e des Gesetzes zur Förderung der Wirtschaft von Berlin (West)[1] durch das Gesetz zur Änderung und Ergänzung des Gesetzes zur Förderung der Wirtschaft von Berlin (West) und des Steuererleichterungsgesetzes für Berlin (West) vom 26.7.1962[2] eingeführt.

Im Laufe der Zeit sind zu dieser Berliner Investitionszulage noch weitere Investitionszulagearten hinzugetreten, nämlich

- die regionale Investitionszulage nach §§ 1 bis 3 InvZulG,
- die Zulage für Forschungs- und Entwicklungsinvestitionen nach § 4 InvZulG,
- die Energiezulage nach § 4a InvZulG und
- die Konjunkturzulage nach § 4b InvZulG.

Ziel dieser Investitionszulagen ist also die Schaffung von Anreizen für Investitionen in bestimmten förderungsbedürftigen Gebieten oder in besonders förderungswürdigen wirtschaftlichen Bereichen oder aber auch die Förderung der Gesamtwirtschaft wie im Falle der Konjunkturzulage.

---

1 Später § 19 BerlinFG.
2 BGBl I 1962, 481, BStBl I 1962, 986, 990.

Die gleichen Zielsetzungen werden auch durch Steuervergünstigungen – insbesondere durch Abschreibungsvergünstigungen[1] – und Steuerbefreiungen verfolgt.

Es besteht mithin kein Unterschied zwischen dem Ziel, das durch die Gewährung von Investitionszulagen verfolgt wird, und dem Ziel, das durch die Gewährung von bestimmten Steuervergünstigungen nach dem EStG verfolgt wird. Auch die Steuerbefreiung nach § 3 Nr. 20 GewStG dient dem Ziel, Anreize für Investitionen in einem bestimmten wirtschaftlichen Bereich zu schaffen.

Mithin kann aus der Zielsetzung einer Investitionszulage keine spezielle Zwecksetzung dieser Förderungsmaßnahme hergeleitet werden, die eine unterschiedliche Behandlung der Merkmalübertragung bei der Investitionszulage und anderen Steuervergünstigungen oder Steuerbefreiungen rechtfertigen könnte.

(2.2) Die Investitionszulagenvorschriften sind keine Steuergesetze

Es ist heute wohl unbestritten, dass die Vorschriften über die Gewährung einer Investitionszulage keine steuerrechtlichen Vorschriften sind[2]; denn es handelt sich bei der Investitionszulage nicht um Eingriffs-, sondern um Leistungsverwaltung[3].

Aber auch aus diesem Umstand lässt sich keine spezifische Zwecksetzung herleiten, die es rechtfertigen würde, nur bei der Investitionszulage und nicht auch bei steuerrechtlichen Vergünstigungen oder Befreiungen eine Merkmalübertragung zuzulassen. Denn der Unterschied zwischen Eingriffsverwaltung und Leistungsverwaltung besteht hier lediglich darin, dass dem Steuerpflichtigen bei der Erfüllung bestimmter Voraussetzungen ein Anspruch an Auszahlung einer Zulage zusteht, während bei Steuervergünstigungen bei der Erfüllung bestimmter Voraussetzungen die Steuer gemindert wird oder bei Steuerbefreiungen überhaupt nicht entsteht. Der Zweck aller drei Maßnahmen aber ist der gleiche, nämlich Anreize zur

---

1 Z.B. Sonderabschreibungen nach dem Fördergebietsgesetz oder die früheren Abschreibungsvergünstigungen nach § 7b EStG (Einfamilienhäuser, Zweifamilienhäuser und Eigentumswohnungen), § 7d EStG (Umweltschutz), § 7e EStG (Fabrikgebäude, Lagerhäuser und landwirtschaftliche Betriebe), § 7f EStG (private Krankenhäuser), § 7g EStG (kleine und mittlere Betriebe).
2 A.A. noch BMF-Schreiben vom 5.5.1977 (Investitonszulageerlass), BStBl I 1977, 246, Tz. 1 Satz 3.
3 BFH-Urteil vom 25.6.1976 III R 167/73, BFHE 119, 336, BStBl II 1976, 728.

VI. Übertragung von Besteuerungsmerkmalen möglich?

Verwirklichung eines bestimmten vom Gesetzgeber gewünschten Verhaltens des Steuerpflichtigen zu schaffen.

(2.3) Anwendung steuerrechtlicher Grundsätze

Für eine Gleichbehandlung des Problems der Merkmalübertragung bei den Investitionszulagen und anderen Steuervergünstigungen und bei Steuerbefreiungen spricht, dass unstreitig die im Investitionszulagenrecht verwendeten Begriffe nach steuerrechtlichen Grundsätzen auszulegen sind[1].

Dem steht nicht entgegen, dass der III. Senat des BFH in seinem Urteil vom 16.9.1994[2], ausgeführt hat:

> „Nur unter diesen Voraussetzungen hält es der Senat für möglich und zulässig, die an sich gegebene rechtliche Selbständigkeit von Besitz- und Betriebsunternehmen zu vernachlässigen, und dem Prinzip der ‚wirtschaftlichen Einheit' der verflochtenen Unternehmen, von dem das Rechtsinstitut der Betriebsaufspaltung auch geprägt ist ..., im Investitionszulagenrecht den Vorrang einzuräumen."

Der III. Senat hat mit den Worten „im Investitionszulagenrecht den Vorrang einzuräumen" keineswegs zum Ausdruck bringen wollen, dass bei Steuervergünstigungen und Steuerbefreiungen im Einkommensteuerrecht andere Maßstäbe zu gelten hätten. Er hat vielmehr nur deshalb den Investitionszulagenbereich besonders erwähnt, um eine Divergenz zu der oben unter 2. dargestellten Rechtsprechung des BFH[3] und damit die Notwendigkeit der Anrufung des GrS des BFH zu vermeiden.

(2.4) Gleichmäßigkeit der Begünstigung durch Investitionszulagen

Die meisten anderen Steuervergünstigungen (z.B. erhöhte Absetzungen, Sonderabschreibungen, steuerfreie Rücklagen) bestehen darin, dass sie im Ergebnis die Bemessungsgrundlage für die Einkommensteuer, die Körperschaftsteuer und die Gewerbesteuer mindern. Das hat zur Folge, dass sie solchen Steuerpflichtigen nicht zugute kommen, die infolge von Verlusten keine Einkommensteuer, keine Körperschaftsteuer und

---

1 Ständige Rspr., z.B. BFH-Urteile vom 25.1.1985 III R 130/80, BFHE 143, 192, BStBl II 1985, 309; vom 15.11.1985 III R 110/80, BFHE 145, 482, BStBl II 1986, 367; vom 21.7.1989 III R 89/85, BFHE 158, 280, BStBl II 1989, 906; *Selder* in *Blümich*, ESt-, KSt- und GewSt-Kom. vor § 1 InvZulG Rz 5; *M. Söffing* in *Lademann/Söffing*, ESt-Kom., Einführung ins InvZulG Anm. 10.
2 III R 45/92, BFHE 176, 98, BStBl II 1995, 75.
3 Hinweis auf § 11 Abs. 2 FGO.

auch keine Gewerbesteuer zu bezahlen brauchen. Entsprechendes gilt für Steuerbefreiungen.

Bei der Einkommensteuer kommt noch hinzu, dass sich gleichgestaltete Steuervergünstigungen infolge des progressiv gestalteten Einkommensteuertarifs unterschiedlich auswirken, je nachdem ob der Steuerpflichtige ein hohes oder ein niedriges Einkommen zu versteuern hat.

Diese Unterschiede bestehen bei der Investitionsförderung durch Investitionszulagen nicht. Die Investitionszulage wird unabhängig von der Tarifprogression und unabhängig von dem Vorhandensein von Gewinnen oder Verlusten jedem Investor in gleicher Höhe gewährt.

Aus diesem Umstand lässt sich jedoch ebenfalls keine unterschiedliche spezielle Zwecksetzung zwischen Investitionszulage und Steuervergünstigungen oder Steuerbefreiungen herleiten. Alle diese Maßnahmen dienen dem Zweck, Anreize für Investitionen zu schaffen, die der Gesetzgeber für bestimmte Regionen oder bestimmte wirtschaftliche Bereiche für erforderlich hält.

Daran ändert auch die Tatsache nichts, dass der dargestellte Förderungszweck, nämlich die Anschaffung oder Herstellung von Investitionsgütern, durch Investitionszulagen zeitnaher und direkter als durch andere Maßnahmen erreicht wird[1]. Denn durch diesen Umstand entsteht keine spezielle Zwecksetzung der Investitionszulage, die es rechtfertigen würde, die Anwendung der Merkmalübertragung allein auf den Bereich der Investitionszulage zu beschränken.

(2.5) Öffentlicher Zuschuss

Eine spezielle Zwecksetzung der Investitionszulage lässt sich auch nicht aus ihrer Ausgestaltung als öffentlicher Zuschuss herleiten. Diese Ausgestaltung hat lediglich zur Folge, dass die Investitionszulage nicht bei der Ermittlung der Einkommensteuer oder Körperschaftsteuer und der Gewerbesteuer berücksichtigt und auch nicht von einer dieser Steuern abgezogen

---

1 Hinweis auf die Ausführungen in der Begründung zum Entwurf eines Gesetzes zur Änderung des Investitionszulagegesetzes, des Fördergebietsgesetzes und des Umsatzsteuergesetzes vom 23. 7. 1997 (BT-Drucksache 13/8294). Dort heißt es unter I. der Begründung wörtlich:
„Für Investoren wird mehr Planungssicherheit geschaffen, als dies bei der Gewährung von Sonderabschreibungen der Fall ist. Denn sie können bei der Anschaffung des Investitionsguts die Auszahlung der Investitionszulage in einer bestimmten Höhe berücksichtigen, während bei der Sonderabschreibung der konkrete Vorteil von weiteren Faktoren (Gewinn, Verlust, Steuersatz) abhängt."

VI. Übertragung von Besteuerungsmerkmalen möglich?

wird, sondern unabhängig davon vom Finanzamt aus dem Aufkommen an Einkommensteuer bzw. Körperschaftsteuer an den Anspruchsberechtigten ausgezahlt wird. Dadurch wird jedoch gegenüber dem Zweck von Steuervergünstigungen und Steuerbefreiungen, nämlich der Förderung bestimmter Investitionen, kein spezieller Zweck geschaffen.

Das Gleiche gilt für die Tatsache, dass durch die Investitionszulage – anders als bei Abschreibungsvergünstigungen – keine normale AfA vorweggenommen wird, sondern eine zusätzliche Vergünstigung gewährt wird; denn auch dadurch wird keine spezielle Zwecksetzung für die Investitionszulage geschaffen.

(3) Tatbestandsmäßige Ausgestaltung

Die tatbestandsmäßige Ausgestaltung bei der Investitionszulage weicht auch nicht in einer Art und Weise von der tatbestandsmäßigen Ausgestaltung vergleichbarer Steuervergünstigungen oder Steuerbefreiungen ab, die eine unterschiedliche Behandlung des Problems der Merkmalübertragung rechtfertigen könnte.

(3.1) Vergleichbarkeit der Bemessungsgrundlagen

Das gilt insbesondere für die Vergleichbarkeit der Bemessungsgrundlagen. Sowohl für die Bemessung der Investitionszulage als auch für die Bemessung von Steuervergünstigungen knüpft der Gesetzgeber grundsätzlich an die Anschaffungs- oder Herstellungskosten an. Soweit aus wirtschaftlichen Gründen gerechtfertigt, werden in beiden Bereichen auch schon Anzahlungen auf Anschaffungskosten oder Teilherstellungskosten begünstigt. Unterschiede bei den Bemessungsgrundlagen, die eine Nichtanwendung der Merkmalübertragung im Bereich der Steuervergünstigungen und der Steuerbefreiungen rechtfertigen könnten, sind nicht erkennbar.

(3.2) Andere tatbestandsmäßige Ausgestaltungen

Auch andere tatbestandsmäßige Ausgestaltungen bei der Investitionszulage gegenüber den steuerrechtlichen Vergünstigungen, die eine Beschränkung der Merkmalübertragung auf den Bereich der Investitionszulage rechtfertigen könnten, sind nicht vorhanden. In dem Beschluss des X. Senats des BFH vom 18.12.1997 werden auch keine Umstände genannt, die auf eine unterschiedliche tatbestandsmäßige Ausgestaltung hindeuten könnten.

7. Das Urteil des FG Baden-Württemberg vom 6.9.2000

Abweichend von der Rechtsprechung des BFH hat das FG Baden-Württemberg in seinem Urteil vom 6.9.2000 2 K 78/98[1] entschieden, dass auch bei der Gewerbesteuer im Rahmen einer Betriebsaufspaltung in folgendem Fall eine Merkmalübertragung zu erfolgen habe: Eine GmbH betreibt auf gepachtetem Grundbesitz ein psychiatrisches Wohn- und Pflegeheim. Zwischen der GmbH, die die Voraussetzungen der Steuerbefreiung nach § 3 Nr. 20 c GewStG erfüllte, und dem Verpachtungsunternehmen waren die Voraussetzungen der Betriebsaufspaltung erfüllt. Das FG hat im Wesentlichen aus den unter VI.6. dargestellten Überlegungen entschieden, dass auch das Verpachtungsunternehmen als Besitzunternehmen gewerbesteuerfrei sei, weil die bei der Betriebs-GmbH vorliegenden Voraussetzungen für die Gewerbesteuerfreiheit auch dem Besitzunternehmen zuzurechnen seien.

Im Wesentlichen ist in dem FG-Urteil zur Begründung der von der BFH-Rechtsprechung abweichenden Auffassung ausgeführt worden:

- Eine rein wortbezogene Auslegung des § 3 Nr. 20 GewStG vernachlässige, dass sich schon die Qualifizierung der von einem Personenunternehmen ausgeübten Verpachtungstätigkeit als Gewerbebetrieb im Rahmen einer Betriebsaufspaltung nicht aus dem Wortlaut der §§ 2 Abs. 2 bis 3 GewStG, 15 Abs. 2 EStG und 14 AO erschließe, sondern das Ergebnis wertender Zuordnung eines durch bestimmte Merkmale gekennzeichneten Sachverhaltskomplexes zum Typusbegriff des Gewerbebetriebs sei. Dann aber müsse auch die Frage, ob eine Berücksichtigung von der Betriebsgesellschaft verwirklichten Besteuerungsmerkmalen bei der Besteuerung des Besitzunternehmens möglich oder gar geboten sei, unter Beachtung dieser Wertung und deren folgerichtiger Anwendung bewertet werden. Es gehe nicht darum, ob Besitzunternehmen und Betriebsunternehmen zwei voneinander zu unterscheidende Rechtssubjekte seien und ob das Besitzunternehmen die Merkmale der Steuerbefreiung erfülle, sondern darum, ob das Besitzunternehmen die steuerbefreite Betätigung des Betriebsunternehmens aus eben den Gründen zuzurechnen sei, aus denen es für geboten erachtet werde, eine bloße Verpachtung von Wirtschaftsgütern als gewerbliche Betätigung zu qualifizieren.

---

1 Gegen das Urteil ist Revision eingelegt worden.

VI. Übertragung von Besteuerungsmerkmalen möglich? 289

- Die Rechtfertigung der Betriebsaufspaltung werde vom BFH darin gesehen, dass die hinter dem Besitz- und Betriebsunternehmen stehenden Personen einen einheitlichen geschäftlichen Betätigungswillen haben, der (über das Betriebsunternehmen) auf die Ausübung einer gewerblichen Betätigung gerichtet sei; der Inhaber des Besitzunternehmens beteiligte sich über die Betriebsgesellschaft am allgemeinen wirtschaftlichen Verkehr; der gewerbliche Charakter der Betriebsgesellschaft bestimme die Qualifikation der Verpachtungstätigkeit.
- An dieser Rechtfertigung der Betriebsaufspaltung habe der BFH auch nach dem Beschluss seines GrS vom 25.6.1984 GrS 4/82[1] festgehalten, obwohl dort in Abkehr von der sog. Geprägerechtsprechung entschieden worden sei, dass die Art der Einkünfte von Personengesellschaften in erster Linie durch die Tätigkeit der Gesellschafter in ihrer gesamthänderischen Verbundenheit und nicht durch die Rechtsform ihrer Gesellschafter bestimmt werde. Allerdings habe der BFH in seiner Folgerechtsprechung betont, dass die Rechtsprechung der Betriebsaufspaltung nicht die gewerbliche Tätigkeit der Betriebsgesellschaft der Besitzgesellschaft zurechne, sondern sich darauf stütze, dass die Vermietung und Verpachtung beim Vorliegen einer personellen und sachlichen Verflechtung nicht mehr als Vermögensverwaltung, sondern als eine gewerbliche Tätigkeit anzusehen sei.
- Aber auch bei diesem neueren Begründungsansatz dürfe nicht übersehen werden, dass für die Annahme einer Betriebsaufspaltung letztlich Umstände maßgebend seien, die sich auf die Verhältnisse der Betriebsgesellschaft beziehen, wie z. B. die Tatsache, ob das verpachtete Wirtschaftsgut für das Betriebsunternehmen eine wesentliche Betriebsgrundlage sei.
- Wenn man der Begründung des BFH folge, wonach eine Merkmalübertragung deshalb abzulehnen sei, weil es die Konsequenz des Bestehens zweier selbständig zu beurteilender Schuldverhältnisse sei, dass diese hinsichtlich der Verwirklichung abgaberechtlicher Tatbestände grundsätzlich streng auseinander zu halten seien, dann hänge das Rechtsinstitut der Betriebsaufspaltung weitgehend in der Luft.
- Wenn die Verpachtungstätigkeit eines Besitzunternehmens ausschließlich deshalb in einen Gewerbebetrieb umqualifiziert würde, weil dieses Unternehmen mit dem Betriebsunternehmen sachlich und personell ver-

---

[1] BFHE 141, 405, BStBl II 1984, 751.

flochten sei, dann sei es geboten, auf das Besitzunternehmen auch die gewerbesteuerbefreienden Verhaltensweisen des Betriebsunternehmens zu beziehen. Der Gleichheitssatz des Art. 3 GG und das daraus abgeleitete Gebot der Folgerichtigkeit zwinge zu diesem Ergebnis. Allein dadurch würde vermieden, dass die mit der Zielsetzung einer weitgehenden Gleichbehandlung des im Wege einer Betriebsaufspaltung entstandenen Doppelunternehmens mit dem ehemals einheitlichen Unternehmen begründete Betriebsaufspaltungs-Rechtsprechung über ihren Belastungsgrund hinausgreife, indem sie eine bloße Verpachtung von Grundbesitz auch dann als gewerbesteuerpflichtig ansieht, wenn dieser Grundbesitz die sachliche Grundlage einer von der Gewerbesteuer befreiten Betätigung sei.

- Dass die Betriebsaufspaltung maßgeblich von dem Gedanken der wirtschaftlichen Einheit beeinflusst sei, zeige sich auch an der bisher für zulässig erachteten Buchwertfortführung im Falle der Übertragung von Wirtschaftsgütern vom Besitz- auf das Betriebsunternehmen.

- Die mit der engen wirtschaftlichen Verflechtung von Besitz- und Betriebsunternehmen begründete Betriebsaufspaltung lasse sich gerade auch unter verfassungsrechtlichem Blickwinkel nur aufrecht erhalten, wenn dieser – steuerbegründende – Verflechtungsgedanke auch bei den Rechtsfolgen der Betriebsaufspaltung aufgenommen und zweckentsprechend entfaltet werde. Dass dies durch die rechtliche Selbständigkeit von Besitz- und Betriebsunternehmen nicht ausgeschlossen werde, zeige auch die Rechtsprechung des BFH zur Investitionszulage.

8. Zusammenfassung

Unabhängig von der Art und Weise, wie das Rechtsinstitut der Betriebsaufspaltung gerechtfertigt wird[1], ist nach der heute herrschenden Rechtsprechung die gewerbliche Tätigkeit des Betriebsunternehmens infolge seiner wirtschaftlichen Verflechtung mit dem Besitzunternehmen für die Umqualifizierung des Besitzunternehmens in einen Gewerbebetrieb von ausschlaggebender Bedeutung, ohne dass dem die rechtliche Selbständigkeit beider Unternehmen entgegensteht oder dadurch zerstört wird. Das Gleiche muss auch für den Fall gelten, dass das Betriebsunternehmen von der Gewerbesteuer befreit ist. Infolge der bestehenden wirtschaftlichen Verflechtung ist auch die gewerbesteuerfreie Tätigkeit des Betriebsunternehmens für

---

1 Siehe oben unter B.II.

die Umqualifizierung der Vermietertätigkeit in eine gewerbesteuerfreie Tätigkeit des Besitzunternehmens von ausschlaggebender Bedeutung, ohne dass dem die rechtliche Selbständigkeit beider Unternehmen entgegensteht oder zerstört wird. Entsprechendes gilt auch für die Fälle, in denen im Betriebsunternehmen Merkmale verwirklicht werden, die als Voraussetzungen einer Steuervergünstigung für das Besitzunternehmen erforderlich sind. Die Gegenmeinung führt zu dem nicht überzeugenden Ergebnis, dass bei der Betriebsaufspaltung die wirtschaftliche Verflechtung zwischen Besitz- und Betriebsunternehmen nur zu Lasten der Steuerpflichtigen, nicht aber auch zu deren Gunsten von Bedeutung wäre. Das kann nicht Sinn und Zweck des Richterrechts „Betriebsaufspaltung" sein.

VII. Phasengleiche Bilanzierung bei Ausschüttung der Betriebs-GmbH

Literatur: *Hildesheim*, Phasengleiche Aktivierung von Gewinnansprüchen – Änderung der (BFH-)Rechtsprechung, DStZ 1999, 551; *Hoffmann, Wolf Dieter*, Zum Zeitpunkt der Aktivierung von Dividendenansprüchen bei Betriebsaufspaltung, DStR 1993, 558; *ders.*, Zur phasenkongruenten Vereinnahmung von Dividenden, zugleich eine Konfrontation oberster Gerichtshöfe mit der Praxis der Rechnungslegung, BB 1995, 1075; *Kemmer*, Aktivierung von Gewinnansprüchen bei Betriebsaufspaltung, KFR F. 3 EStG § 5, 4/89, S. 253; *Märkle*, Die Betriebsaufspaltung an der Schwelle zu einem neuen Jahrtausend, X.2. Gewinnausschüttungen während der Betriebsaufspaltung für Zeiten vor der Betriebsaufspaltung und XII. Phasengleiche Aktivierung von Dividendenansprüchen – ein Dauerbrenner, BB 2000 Beilage 7, 17 ff.; *Moxter*, Phasengleiche Dividendenaktivierung: Der Große Senat des BFH im Widerstreit zu den handelsrechtlichen GoB, DB 2000, 2333; *Weber*, Gewinnausschüttung für Zeitraum vor Begründung einer Betriebsaufspaltung, StSem 2000, 151; *o. V.*, Phasengleiche Bilanzierung des Gewinnanspruchs bei Betriebsaufspaltung?, Stbg 1997, 549.

1. Einführung

Schüttet eine Kapitalgesellschaft Gewinne aus, die in einem bereits abgelaufenen Wirtschaftsjahr erwirtschaftet worden sind, so fragt es sich, ob diese Gewinne bei den Anteilseignern phasengleich in dem Wirtschaftsjahr der Erwirtschaftung der Gewinne oder erst später als Kapitaleinkünfte der Anteilseigner zu versteuern sind.

Auch bei der Betriebsaufspaltung entsteht, wenn das Betriebsunternehmen einer Kapitalgesellschaft ist, die Frage der phasengleichen Bilanzierung für den Fall, dass eine Betriebs-GmbH Gewinnausschüttungen vornimmt, die sich bei dem Betriebsunternehmen infolge der Zugehörigkeit der Anteile an der Betriebs-Kapitalgesellschaft zum (Sonder-)Betriebsvermögen des Besitzunternehmens in diesem Gewerbebetrieb als Betriebseinnahmen darstellen.

Beispiel:
A und B sind je zu 1/2 Anteilseigner der Betriebs-GmbH AB. Sie sind auch Gesellschafter einer AB-GbR, die eine wesentliche Betriebsgrundlage an die AB-GmbH vermietet hat. Die AB-GmbH hat im Wirtschaftsjahr 01 einen Gewinn von 100 erzielt. Ihren Jahresabschluss hat sie am 30.6.02 aufgestellt. In ihm war eine Ausschüttung des Gewinns an A und B vorgesehen. Der Gesellschafterbeschluss hierzu und der entsprechende Gewinnverwendungsbeschluss sind erst im Dezember 02 gefasst worden. Das Besitzunternehmen AB-GbR hat seinen Jahresabschluss am 25.6.01 aufgestellt. Er ist durch Gesellschafterbeschluss vom selben Tag beschlossen worden.

Die Frage ist, ob das Besitzunternehmen AB-GbR in seiner Bilanz zum 31.12.01 den Gewinnausschüttungsanspruch gegen die AB-GmbH aktivieren darf, aktivieren muss oder nicht aktivieren darf.

2. Grundsätzliches zu Gewinnausschüttungen

a) Allgemeines

Der Anspruch eines Anteilseigners auf Auszahlung des von seiner Kapitalgesellschaft in einem Wirtschaftsjahr erwirtschafteten Gewinns (**Gewinnauszahlungsanspruch**) entsteht als selbständiges Gläubigerrecht des Gesellschafters erst mit dem Gewinnverteilungsbeschluss und nicht allmählich und pro rata temporis der Eigenkapitalnutzung durch die Kapitalgesellschaft. Mit dem Gewinnverteilungsanspruch spaltet sich der Gewinnanteil von dem übrigen Mitgliedschaftsrecht ab und erstarkt zu einer selbständigen Forderung. Vorher besteht er nur im Sinne eines Gewinnbeteiligungsanspruchs als unselbständiger Teil, des Mitgliedschaftsrechts des Gesellschafters[1].

---

1 BFH-Urteile vom 21.5.1986 I R 199/84, BFHE 147, 44, BStBl II 1986, 794; vom 14.9.1999 III R 47/98, BStBl II 2000, 255.

b) Versteuerung im Privatvermögen

Gewinnausschüttungen einer Kapitalgesellschaft an ihre Gesellschafter sind einkommensteuerrechtlich erst dann zu erfassen, wenn sie diesen zugeflossen sind. Dabei können der Zeitpunkt, zu dem sich die Ausschüttung bei der Kapitalgesellschaft auswirkt, und der, zu dem die Ausschüttungen bei den Gesellschaftern zu erfassen sind, auseinander fallen; und zwar auch in der Weise, dass sich die Gewinnausschüttung bei der Kapitalgesellschaft in einem anderen Veranlagungszeitraum auswirkt als der Zufluss bei dem Gesellschafter.

c) Versteuerung im Betriebsvermögen

Gehört die Beteiligung an einer Kapitalgesellschaft zu einem Betriebsvermögen und wird hinsichtlich dieses Betriebsvermögens der Gewinn durch Betriebsvermögensvergleich ermittelt, so ist regelmäßig der Gewinnausschüttungsanspruch gegenüber der Kapitalgesellschaft nach dem Realisationsprinzip erst in dem Wirtschaftsjahr zu aktivieren, in dem er entstanden ist. Das setzt einen Gewinnverwendungsbeschluss der Kapitalgesellschaft voraus; denn erst dadurch ergibt sich für den Anteilseigner ein verfügbarer Rechtsanspruch auf den Gewinnanteil in einer bestimmten Höhe[1].

d) Betriebsaufspaltungsfälle

In den Fällen einer Betriebsaufspaltung gehört die Beteiligung des Besitzunternehmers bzw. gehören die Beteiligungen der Besitzunternehmer an einer Betriebs-Kapitalgesellschaft zum Betriebsvermögen des Besitzunternehmens. In den Fällen, in denen das Besitzunternehmen eine Besitz-Personengesellschaft ist, sind die Anteile an der Betriebs-Kapitalgesellschaft Sonderbetriebsvermögen der Gesellschafter bei der Besitz-Personengesellschaft.

Auch in diesen beiden Fällen sind im Prinzip Gewinnausschüttungsansprüche gegenüber der Betriebs-Kapitalgesellschaft erst von dem Zeitpunkt an beim Besitzunternehmen zu aktivieren, in dem bei der Betriebs-Kapitalgesellschaft ein Gewinnverwendungsbeschluss gefasst worden ist.

---

1 Vgl. u.a. Stbg 1997, 549.

Die Rechtsfigur der Betriebsaufspaltung – für sich allein gesehen – führt zu keinem anderen Ergebnis[1].

3. Die Ausnahme

a) Die Rechtsprechung des BGH

Von den dargestellten Grundsätzen hat der BGH[2] eine Ausnahme für den Fall gemacht, dass ein Konzern oder eine Holding-Gesellschaft mit Mehrheit an einer anderen AG (Tochtergesellschaft) beteiligt ist und beide Gesellschaften ein übereinstimmendes Geschäftsjahr haben. Nach Ansicht des BGH kann in einem solchen Fall die Muttergesellschaft (Obergesellschaft) ihren Gewinnausschüttungsanspruch gegenüber der Tochtergesellschaft (Untergesellschaft) zeitkongruent (phasengleich) schon in dem Jahr aktivieren, für das ausgeschüttet werden soll. Voraussetzung ist allerdings weiter, dass der Jahresabschluss der Tochtergesellschaft noch vor Abschluss der Prüfung bei der Muttergesellschaft festgestellt wird und dass ein entsprechender Gewinnverwendungsbeschluss oder -vorschlag gem. § 170 Abs. 2, § 171 AktG 1965 vorliegt.

Mit seinem Urteil vom 12.1.1998[3] hat der BGH das vorstehend dargestellte handelsrechtliche Aktivierungswahlrecht in eine Aktivierungspflicht umgewandelt[4], wenn ein am Bilanzstichtag rechtlich noch nicht entstandener Gewinnverteilungsanspruch eines an einer GmbH allein beteiligten Gesellschafters sich schon soweit konkretisieren lässt, dass er wirtschaftlich als Vermögensgegenstand qualifiziert werden kann. Das ist nach Ansicht des BGH der Fall, wenn die für die Entstehung des Gewinnausschüttungsanspruchs wesentlichen Ursachen bereits im abgelaufenen Geschäftsjahr gesetzt worden sind und der Eintritt der übrigen rechtlichen Entstehensvoraussetzungen mit Sicherheit erwartet werden kann.

b) Die Rechtsprechung des BFH

(1) Die neue Rechtsprechung des BFH folgt dieser Rechtsprechung des BGH grundsätzlich nicht. Der GrS des BFH hat vielmehr mit

---
1 BFH-Urteil vom 8.3.1989 X R 9/86, BFHE 156, 443, BStBl II 1989, 714; FG Münster, Urteil vom 6.5.1996, EFG 1996, 1022; BFH-Urteil vom 31.10.2000 VIII R 85/94 unter II.2.c.cc., BStBl II 2001, 185.
2 Urteil vom 3.11.1975 II ZR 67/73, BGHZ 65, 230.
3 II ZR 82/93, BB 1998, 635.
4 Vgl. hierzu auch *Hofmeister*, BB 1998, 637.

VII. Phasengleiche Bilanzierung

Beschluss vom 7.8.2000 GrS 2/99[1] entschieden, dass eine Kapitalgesellschaft, die mehrheitlich an einer anderen Kapitalgesellschaft beteiligt ist, Dividendenansprüche aus einer am Bilanzstichtag noch nicht beschlossenen Gewinnverwendung der nachgeschalteten Gesellschaft grundsätzlich nicht phasengleich aktivieren kann.

(2) Für den Fall, dass eine Beteiligung an einer Kapitalgesellschaft im Gesamthandsvermögen einer Mitunternehmerschaft oder in einem Sonderbetriebsvermögen bei einer Mitunternehmerschaft oder in dem Betriebsvermögen eines Einzelunternehmers gehalten wird, gilt das Gleiche[2]. Die von der Entscheidung des GrS abweichende frühere Rechtsprechung ist ebenso wie Verwaltungsanweisungen, die mit dem Beschluss des GrS nicht vereinbar sind, gegenstandslos.

(3) Auch ein Besitzunternehmen darf daher Dividendenansprüche, die ihm oder seinem Inhaber oder seinen Gesellschaftern gegenüber der Betriebs-GmbH zustehen, grundsätzlich erst aktivieren, wenn bei der Betriebs-GmbH ein entsprechender Gewinnverwendungsbeschluss gefasst worden ist[3].

(4) Der GrS des BFH hat seine Auffassung im Wesentlichen wie folgt begründet: Ein Dividendenanspruch dürfe erst aktiviert werden, wenn er durch Abspaltung von dem Beteiligungsrecht als Wirtschaftsgut entstanden sei. Diese Voraussetzung sei grundsätzlich erst dann erfüllt, wenn sich der Dividendenanspruch zumindest wirtschaftlich verselbständigt (realisiert) habe. Die bloße Abspaltbarkeit reiche nicht aus. Deshalb sei die Möglichkeit der Aktivierung einer Dividendenforderung vor Fassung des Gewinnverteilungsbeschlusses im Grundsatz zu verneinen. Dies gelte auch bei einer 100%igen Beteiligung an der Kapitalgesellschaft.

(5) Nach dem Beschluss des GrS kann von diesem Grundsatz nur in äußerst seltenen Fällen abgewichen werden, wenn am Bilanzstichtag ein Bilanzgewinn der Kapitalgesellschaft (der Betriebs-GmbH) auszuweisen ist, der mindestens ausschüttungsfähige Bilanzgewinn den Gesellschaftern bekannt ist und für den Bilanzstichtag anhand objektiver Anhaltspunkte nachgewiesen ist, dass die Gesellschafter endgültig entschlossen sind, eine bestimmte Gewinnverwendung künftig zu beschließen. Nur unter diesen strengen Voraussetzungen ist eine phasengleiche Bilanzierung zulässig. Es

---

1 DB 2000, 1993.
2 BFH-Urteil vom 31.10.2000 VIII R 85/94 unter II.2.c.aa, BStBl II 2001, 185.
3 BFH-Urteil vom 31.10.2000 VIII R 85/94 unter II.2.c.aa, BStBl II 2001, 185.

liege – so der BFH – im Interesse der Rechtssicherheit, dass diese Prüfung nur an Hand objektiver, nachprüfbarer und nach außen in Erscheinung tretender Kriterien vorgenommen werde. Die Kriterien müssten sich sowohl auf den ausschüttungsfähigen Bilanzgewinn als auch auf die feste Ausschüttungsabsicht der Gesellschafter beziehen. Sie müssten einen sicheren Schluss zulassen und könnten weder unterstellt noch vermutet werden. Könnten sie nicht nachgewiesen werden, trage die objektive Beweislast derjenige, der sich zu seinen Gunsten auf eine phasengleiche Aktivierung berufe.

Möglicherweise ist der VIII. Senat des BFH[1] der Ansicht, es sei noch nicht abschließend entschieden, ob die ausnahmsweise zulässige phasengleiche Bilanzierung nur von einem beherrschenden Gesellschafter in Anspruch genommen werden könne und ob bei der Betriebsaufspaltung infolge der hier geltenden Personengruppentheorie alle Gesellschafter als (mit-)beherrschend anzusehen seien. M.E. sind die Grundsätze des GrS zur phasengleichen Bilanzierung und zu der Ausnahme hiervon auf alle Gesellschafter der ausschüttenden Kapitalgesellschaft anzuwenden, die ihre Beteiligung in einem Betriebsvermögen halten.

(6) Die neue Rechtsprechung des BFH gilt für alle noch nicht bestandskräftigen Fälle. Es wird daher der Finanzverwaltung kaum noch möglich sein, eine phasengleiche Bilanzierung zu verlangen, da die dafür von der Rechtsprechung verlangten strengen Voraussetzungen wohl nur dann erfüllt sein werden, wenn sie vom Steuerpflichtigen willentlich gesetzt werden. Andererseits aber besteht auf Seiten des Steuerpflichtigen in einem eingeschränkten Umfang ein tatsächliches Wahlrecht für eine phasengleiche Bilanzierung, nämlich dadurch, dass er die von der Rechtsprechung geforderten strengen Voraussetzungen erfüllt. Dies ist m.E. z. B. der Fall, wenn die Gesellschafter der Kapitalgesellschaft kurz vor Ablauf des Wirtschaftsjahres einen Beschluss fassen, aus dem sich ergibt, dass ein ausschüttungsfähiger Bilanzgewinn aufgrund des Ergebnisses der bisherigen Buchführung zu erwarten ist und dass sie sich gegenseitig zu einer Ausschüttung in einer bestimmten Höhe verpflichten. Nach dem BFH-Urteil vom 31.10.2000[2] setzt eine phasengleiche Bilanzierung voraus, dass am Bilanzstichtag entweder bereits eine Verpflichtung zu einer bestimmten Gewinnausschüttung besteht (z. B. infolge eines Ausschüttungsgebotes nach

---

1 BFH-Urteil vom 31.10.2000 VIII R 85/94 unter II.2.c.aa, BStBl II 2001, 185.
2 BFH-Urteil vom 31.10.2000 VIII R 85/94 unter II.2.c.bb, BStBl II 2001, 185.

Gesetz oder Gesellschaftsvertrag, eines Vorabausschüttungsbeschlusses, einer Ausschüttungsvereinbarung etc.) oder doch zumindest die Meinungsbildung der Gesellschafter über die Höhe der späteren Ausschüttung am Bilanzstichtag bereits endgültig abgeschlossen ist.

(7) Es bestehen gewisse Zweifel, ob – unter Berücksichtigung des in § 5 Abs. 1 EStG gesetzlich verankerten Grundsatzes der Maßgeblichkeit der Handelsbilanz – diese Rechtsprechung des BFH mit dem BFH-Urteil vom 12.1.1998[1] zu vereinbaren ist[2].

VIII. Eintritt der weiteren Rechtsfolgen nur bei Umqualifizierung

Aus dem, was bisher über die **Rechtsfolgen** der **Betriebsaufspaltung** ausgeführt worden ist, kann entnommen werden, dass es nicht nur eine, sondern mehrere Rechtsfolgen der Betriebsaufspaltung gibt. Neben der Umqualifizierung steht die korrespondierende Bilanzierung, die Buchwertfortführung und die Merkmalübertragung.

Das Problem, das hier besteht und das in der Literatur bisher kaum erörtert worden ist, ist folgendes: Die Rechtsfolge der Umqualifizierung tritt – auch wenn die Voraussetzungen der Betriebsaufspaltung vorliegen, also wenn zwei Unternehmen sachlich und personell verflochten sind –, nicht ein, wenn das Besitzunternehmen von sich aus schon ein Gewerbebetrieb ist. Dadurch entsteht die Frage, ob die übrigen Rechtsfolgen, insbesondere die der Buchwertfortführung nur dann eintreten, wenn auch die Rechtsfolge der Umqualifizierung zum Zuge kommt, oder ob die übrigen Rechtsfolgen sich unmittelbar aus dem Vorliegen der Voraussetzungen der personellen und sachlichen Verflechtung herleiten.

Die Finanzverwaltung[3] vertritt hinsichtlich der Merkmalübertragung letztere Ansicht, indem sie die Merkmalübertragung auch dann zulässt, wenn das Besitzunternehmen eine Kapitalgesellschaft ist, also überhaupt keine Umqualifizierung durch die Betriebsaufspaltung vorliegt[4]. Ich habe Zweifel, ob die Finanzverwaltung diesen Standpunkt auch dann vertreten wird, wenn es um die Frage der Buchwertfortführung geht.

---

1   Siehe vorstehend unter G VII 3 a).
2   Hinweis auf die Ausführungen von Moxter, DB 2000, 2333.
3   BMF-Schreiben vom 10.12.1985, BStBl I 1985, 683.
4   Vgl. oben unter G.VI.2.

Beispiel:
A ist an der X-AG und der Y-GmbH mit je 51 v.H. beteiligt. Die X-AG hat der Y-GmbH eine wesentliche Betriebsgrundlage vermietet. Zum Betriebsvermögen der X-AG gehört ein Wirtschaftsgut, dessen Teilwert 5 Mio DM beträgt. Die X-AG möchte das Wirtschaftsgut zum Buchwert auf die Y-GmbH übertragen.

Ich halte die Zulässigkeit einer Buchwertübertragung in diesem Fall für bedenklich. Meines Erachtens treten alle Rechtsfolgen der Betriebsaufspaltung dann nicht ein, wenn zwar eine sachliche und personelle Verflechtung gegeben ist, aber das Besitzunternehmen schon aus anderen Gründen ein Gewerbebetrieb ist. Ich neige dieser Auffassung zu, weil es wohl nicht angehen kann, dass **zwischen zwei Kapitalgesellschaften** Wirtschaftsgüter zum Buchwert übertragen werden können, bloß weil die eine Kapitalgesellschaft der anderen eine wesentliche Betriebsgrundlage zur Nutzung überlassen hat und beide Gesellschaften personell verflochten sind. Allerdings wird von der Finanzverwaltung[1] in den Fällen, in denen das Besitzunternehmen und das Betriebsunternehmen eine Kapitalgesellschaft[2] ist, sowohl bei der Begründung einer Betriebsaufspaltung als auch während der Zeit ihres Bestehens eine Buchwertübertragung von Wirtschaftsgütern von der Besitz-GmbH (Muttergesellschaft) auf die Betriebs-GmbH (Tochtergesellschaft) zugelassen.

IX. Pensionsrückstellungen und Tätigkeitsvergütungen

Literatur: *Binz/Rauser,* Betriebliche Altersversorgung bei Betriebsaufspaltung, BB 1980, 897; *Hennerkes/Binz/Rauser,* Zur Übernahme von Ruhegeldverbindlichkeiten bei Unternehmensveräußerung und Betriebsaufspaltung, BB 1982, 930.

Die Betriebsaufspaltung ermöglicht es, im Rahmen der Betriebs-Kapitalgesellschaft Pensionsrückstellungen für einen Gesellschafter-Geschäftsführer zu bilden. Das Betriebsvermögen der Besitzgesellschaft wird hierdurch nicht berührt.

Außerdem sind die an einen Gesellschafter-Geschäftsführer gezahlten Tätigkeitsvergütungen bei der Betriebs-Kapitalgesellschaft Betriebsausgaben

---

1 Vfg. OFD Frankfurt vom 23.7.1996, FR 1996, 650 und DB 1996, 1553.
2 Nach der oben unter E.III. vertretenen Ansicht liegt in einem solchen Fall keine Betriebsaufspaltung vor.

und beim Gesellschafter-Geschäftsführer Einnahmen aus nichtselbständiger Arbeit.

Ist die Betriebsgesellschaft eine **Personengesellschaft,** so können keine Pensionsrückstellungen für die Gesellschafter-Geschäftsführer gebildet werden und deren Tätigkeitsvergütungen sind nach § 15 Abs. 1 Satz 1 Nr. 2 Satz 1 Halbsatz 2 EStG bei dem betreffenden Gesellschafter Gewinn aus Gewerbebetrieb.

X. Haftung

Literatur: *Bäcker,* Die Vermietung von Betriebsmitteln an die GmbH durch einen Gesellschafter als kapitalersetzende Rechtshandlung gem. § 32 a Abs. 3 GmbHG, ZIP 1989, 681; *Braun, Eberhard,* Kapitalersetzende Maßnahme i. S. v § 32 Abs. 3 GmbHG durch Pachtverträge in der Betriebsaufspaltung?, ZIP 1983, 1175; *Drygala,* Betriebsaufspaltung und Haftungsausschluss doch keine Illusion?, NJW 1995, 3237; *Ebeling,* Keine Betriebsaufspaltung bei Pachtverträgen zwischen Kapitalgesellschaften, in: A Raupach (Hrsg.): Ertragsbesteuerung, München 1993; *Ebenroth/Wilken,* Kapitalersatz und Betriebsaufspaltung. Anm. zum BGH-Urteil vom 14.12.1992, BB 1993, 240 ff. und BB 1993, 305; *Heidemann,* Haftungsproblematik und Entflechtung bei Betriebsaufspaltung, INF 1993, 324; *Jestädt,* Haftung gemäß § 74 AO und Betriebsaufspaltung, DStR 1989, 243; *Junge,* Die haftungsrechtlichen Risiken der Betriebsaufspaltung, Festschrift für Franz Merz zum 65. Geburtstag, hrsg. von Gerhardt/Henckel/Kilger/Kreft, Köln 1992; *Kessler,* Zivilrechtliche Haftungsrisiken der Betriebsaufspaltung, GmbHR 1993, 541; *Knobbe-Keuk,* Die Verpachtung von Anlagevermögen des Gesellschafters an die GmbH und § 32 a GmbH-Gesetz, BB 1984, 1; *dies.,* Eigenkapitalersetzende Gebrauchsüberlassung bei Begründung der Betriebsaufspaltung, DStR 1992, 823; *Mayer,* Der Einfluss der Rechtsprechung des BGH zur kapitalersetzenden Nutzungsüberlassung auf die Betriebsaufspaltung, DStR 1993, 206; *Mutter,* Kapitalersetzende Darlehen und Gebrauchsüberlassung bei der GmbH, Steuersituation, Betriebsaufspaltung und Konzernhaftung, Frankfurt 1992; *Raiser,* Betriebsaufspaltung und Haftungsausschluss eine Illusion?, NJW 1995, 1804; *Schmidt, Karsten,* Nutzungsüberlassung, Eigenkapitalersatz und materielle Unterkapitalisierung, ZIP 1993, 161; *Seiler,* Nutzungsüberlassung, Betriebsaufspaltung und Unterkapitalisierung im Licht von § 32 a Abs. 3 GmbHG, Frankfurt/Main 1991; *Spoelgen,* Betriebsaufspaltung und Haftung gemäß § 74 AO, StLex 1992/II – 2- 19 (zu AO § 69 bis 77); *Stahl,* Haftungsgefahren für den Betriebsaufspaltungsunternehmer, KÖSDI 1992, 9042; *ders.,* Aktuelle Entwicklung der Haftungsrisiken bei Betriebs-Aufspaltungsunternehmen, KÖSDI 1993, 9508; *Timm/Drygala,* Nutzungsüberlassung als Eigenkapitalersatz – insbesondere bei der Betriebsaufspaltung. Auswirkungen des BGH-Urteils vom 16.10.1989 – II ZR 307/88, NWB Fach 18, 3065; *Vonnemann,* Gebrauchsüberlassung als eigenkapitalersetzende Leistung, DB 1990, 261; *Weiss,* Zur Haftung der Besitzgesellschaft bei der Betriebsaufspaltung, insbesondere gegenüber Arbeitnehmern, München 1988; *Wellkamp,* Die Einheit von Betriebs- und Besitzgesellschaft – Zu den Rechtsfolgen eigenkapitalersetzender Nutzungsüberlassung, DB 1993, 1759; *ders.,* Die kapitalersetzende Gebrauchsüberlassung nach den „Lagergrundstück"-Urteilen III und IV des BGH, INF 1995, 499; *von Westphalen,* Die Betriebsaufspaltung und Produzentenhaftung, Festgabe für Felix, S. 559; *Wilken,* Betriebsaufspaltung, Finanzplanmittel und Kapitalersatzrecht, WiB 1996, 561; *Ziegler,* Kapitalersetzende Gebrauchsüberlassungsverhältnisse und Konzernhaftung bei der GmbH – unter besonderer Berücksichtigung der Betriebsaufspaltung, Baden-Baden 1989.

Die Betriebsaufspaltung ermöglicht es auch, wesentliche Teile des Betriebsvermögens aus der Haftung für das mit einem laufenden Geschäftsbetrieb verbundene Risiko herauszuhalten.

Das gilt hinsichtlich der einer Betriebs-Kapitalgesellschaft zur Nutzung überlassenen Wirtschaftsgüter selbst für den Fall einer **kapitalersetzenden Nutzungsüberlassung**. Das ergibt sich aus der Rechtsprechung des BGH[1], in der entschieden worden ist, dass eine eigenkapitalersetzende Nutzungsüberlassung im Konkurs der Gesellschaft keinen Anspruch des Konkursverwalters auf Übertragung des Eigentums an dem Grundstück oder auf dessen Herausgabe an den Konkursverwalter zum Zwecke der Verwertung durch Veräußerung begründet. Der Konkursverwalter ist lediglich berechtigt, das der Gemeinschuldnerin in eigenkapitalersetzender Weise überlassene oder belassene Grundstück zugunsten der Konkursmasse durch Weiternutzung innerhalb des Gesellschaftsunternehmens oder durch anderweitige Vermietung oder Verpachtung weiter zu verwerten.

XI. Angemessener Pachtzins (Mietzins)

Literatur: *Grieger,* Anm. zum BFH-Urteil vom 8.11.1960, I 131/59 S, BB 1961, 84; *ders.,* Steuerliche Anerkennung eines ungewöhnlich niedrigen Pachtzinses bei der Betriebsaufspaltung, BB 1961, 83; *Hartmann,* Ertrag- und schenkungsteuerliche Probleme bei unangemessen gestalteter Nutzungsüberlassung im Rahmen einer Betriebsaufspaltung, FR 1999, 1925; *Kleineidam/Seutter,* Zur Angemessenheit der Entgeltvereinbarungen bei der Betriebsaufspaltung, StuW 1989, 250; *Märkle,* Die Betriebsaufspaltung an der Schwelle zu einem neuen Jahrtausend, XI. Die Bedeutung der Höhe des Pachtentgelts, BB 2000 Beilage 7, 15 ff.; *Schiffler,* Die Pachtzinsermittlung bei Betriebsaufspaltung, GesRZ 1978, 112; *o. V.,* Betriebsaufspaltung: Vorläufige Entgelte an die Betriebs-GmbH, DB 1974, 849; *o. V.,* Pachtzins

---

1 U.a. BGH-Urteile vom 11.7.1994 II ZR 146/92, DB 1994, 1715 und II ZR 162/92, DB 1994, 2017.

für Firmenwert bei Betriebsaufspaltung, GmbHR 1991, R 69/70; *o. V.,* Verzicht auf Pachtzins im Rahmen einer Betriebsaufspaltung, GmbHR 1993, 575.

1. Grundsätzliches

a) Unangemessen niedriger Pachtzins (Mietzins)

Ein im Rahmen einer Betriebsaufspaltung zwischen Besitzunternehmen und Betriebsunternehmen geschlossener Miet- oder Pachtvertrag, in dem aus gesellschaftsrechtlichen Gründen ein unangemessen niedriger Miet- oder Pachtzins vereinbart worden ist, ist steuerrechtlich grundsätzlich anzuerkennen[1]. Diese Rechtsprechung beruht auf folgenden Überlegungen:

- Niemand ist verpflichtet, aus seinem Vermögen bestimmte Nutzungen zu ziehen.

- Nutzungen, die ein Berechtigter zulässigerweise nicht zieht oder nicht ziehen will, dürfen steuerrechtlich nicht als gezogen und zugeflossen unterstellt werden.

- Ein Gesellschafter – auch ein beherrschender Gesellschafter – darf seiner Gesellschaft Vorteile aller Art als verlorenen Gesellschafterzuschuss zuführen[2]. Er darf ihr daher jederzeit auch Nutzungen unentgeltlich oder teilentgeltlich überlassen.

- Unentgeltlich oder teilentgeltlich überlassene Nutzungen, die ein Gesellschafter seiner Gesellschaft überlässt, führen nicht zu Einkünften des Gesellschafters[3].

- Die fehlende Gegenleistung der Gesellschaft lässt sich nicht durch eine Fiktion des Inhalts ersetzen, der Gesellschafter habe zunächst ein angemessenes Nutzungsentgelt vereinbart und nachträglich auf seine Ansprüche verzichtet oder aber das Entgelt erhalten und eingelegt.

Allerdings wird in dem Urteil vom 8.11.1960[4] davon ausgegangen, dass im Fall der Betriebsaufspaltung der Unterschied zwischen dem angemessenen Pachtzins und dem vereinbarten niedrigeren Pachtzins, der sich bei der Betriebs-GmbH als Gewinn niederschlägt, bei einer Ausschüttung der Doppelbelastung mit Körperschaftsteuer und Einkommensteuer unterliege

---

1 BFH-Urteile vom 8.11.1960 I 131/59 S, BFHE 71, 706, BStBl III 1960, 513; vom 14.1.1998 X R 57/93, BFHE 185, 230.
2 BFH-Urteil vom 14.1.1998 V R 57/93, BFHE 185, 230 m.w.N.
3 BFH-Beschluss vom 26.10.1987 GrS 2/86, BFHE 151, 523, BStBl II 1988, 348.
4 I 131/59 S, BFHE 71, 706, BStBl III 1960, 513.

und dass kein Anlass bestehe, diese Doppelbelastung gegen den Willen des Steuerpflichtigen zu beseitigen. Meines Erachtens ist das Urteil auch noch nach der Beseitigung der Doppelbelastung mit Körperschaftsteuer und Einkommensteuer durch die Körperschaftsteuerreform anzuwenden, weil durch einen zu niedrigen Pachtzins keine Beträge der Gewerbesteuer entzogen werden; denn der Gewinn der Betriebsgesellschaft ist durch den zu niedrigen Pachtzins entsprechend höher. Hinzu kommt, dass eine Betriebsaufspaltung auch bei einer unentgeltlichen Nutzungsüberlassung an die Betriebsgesellschaft angenommen wird.

Die Vereinbarung eines unangemessen niedrigen Pachtzinses ist nach dem BFH-Urteil vom 8.11.1960[1] jedoch dann nicht zulässig, wenn dadurch bei der Personengesellschaft auf längere Sicht Verluste, bei der GmbH jedoch Gewinne entstehen. In diesen Fällen liege, so der BFH, in Höhe der Verluste eine gesellschaftsrechtliche Einlage der Personengesellschaft in die Betriebs-GmbH vor, die zu einer entsprechenden Erhöhung des Buchwerts der Beteiligung führe. Der Verlust sei bei der Personengesellschaft nicht anzuerkennen, der Gewinn der Betriebs-Kapitalgesellschaft sei entsprechend zu ermäßigen. Diese Einschränkung ist heute gegenstandslos, nachdem der GrS des BFH durch Beschluss vom 26.10.1987[2] entschieden hat, dass es keine Nutzungseinlagen gibt.

b) Unangemessen hoher Pachtzins (Mietzins)

Wird zwischen Besitzunternehmen und Betriebsgesellschaft ein höherer Pachtzins vereinbart, als das Besitzunternehmen von einem Fremden fordern würde, kann dies im Umfang der durch das Überentgelt bewirkten Vermögensverschiebung zu einer **verdeckten Gewinnausschüttung** führen[3].

2. Ausnahme beim Vorhandensein von Nur-Betriebs-Gesellschafter

Sind an der Betriebs-Kapitalgesellschaft gewinnberechtigte Nur-Betriebs-Gesellschafter beteiligt, dann kommen die Vorteile einer verbilligten Nutzungsüberlassung in Gestalt möglicher entsprechend höherer Gewinnaus-

---

1 I 131/59 S, BFHE 71, 706, BStBl III 1960, 513.
2 GrS 2/86, BFHE 151, 523, BStBl II 1988, 348.
3 BFH-Urteil vom 14.1.1998 X R 57/93, BFHE 185, 230.

XI. Angemessener Pachtzins

schüttungen nicht nur den Sowohl-als-auch-Gesellschaftern, sondern auch den am Besitzunternehmen und damit auch an den vermieteten oder verpachteten Wirtschaftsgütern nicht beteiligten Nur-Betriebs-Gesellschaftern zugute. Ist in einem solchen Fall ein Nur-Betriebs-Gesellschafter ein **naher Angehöriger** und ist das unangemessen niedrige Entgelt für die Nutzungsüberlassung aus privaten Gründen vereinbart worden (z.B. um den Nur-Betriebs-Gesellschafter höhere Ausschüttungen zukommen zu lassen), so ist nach dem BFH-Urteil vom 14.1.1998[1] infolge der Regelung in § 12 Nr. 2 EStG „beim Besitzunternehmen für Wirtschaftsgüter des Betriebsvermögens gebuchter Aufwand anteilig zu stornieren".

Beispiel:
An der Betriebs-GmbH sind der Vater V mit 51 v.H. und sein Sohn S mit 49 v.H. beteiligt. A hat der GmbH ein Grundstück vermietet. Der angemessene Mietzins beträgt 1.000 DM. Vereinbart ist ein Mietzins von nur 200 DM. Der Aufwand des A (Besitzunternehmen) für das vermietete Grundstück beträgt 100 DM.

Lösung nach dem BFH-Urteil vom 14.1.1998, so wie das Urteil meines Erachtens zu verstehen ist:
Infolge des um 800 zu niedrigen Mietzinses ist der Gewinn der Betriebs-GmbH um 800 höher. Davon entfallen bei einer möglichen Ausschüttung 49 v.H. = 392 auf S. Von dem auf das an die Betriebs-GmbH vermietete Grundstück beim Besitzunternehmen entstandenen Aufwand (100) entfallen auf die Differenz zwischen einem angemessenen Mietzins und dem vereinbarten Mietzins (800) 80. Von diesen 80 entfallen auf die an S mögliche höhere Gewinnausschüttung 49 v.H. = 39,2. Mithin ist der bei dem Besitzunternehmen (V) angefallene Aufwand von 100 in Höhe von 39,2 nach § 12 Nr. 2 EStG nicht als Betriebsausgabe abziehbar.

Der X. Senat rechtfertigt dieses Ergebnis im Wesentlichen mit der Rechtsprechung zur Nutzungsentnahme.

Ob diese neue Rechtsprechung auch dann Anwendung findet, wenn der Nur-Betriebs-Gesellschafter ein Fremder ist, hat der X. Senat dahingestellt sein lassen.

---

[1] X R 57/93, BFHE 185, 230.

3. Wann ist ein Nutzungsentgelt angemessen?

Für die Ermittlung eines angemessenen Pachtzinses gibt es keine allgemeine Formel[1]. Berücksichtigt werden müssen bei der Ermittlung unter Ausgleich der Interessen von Verpächter und Pächter (Vermieter und Mieter) insbesondere folgende Umstände: Kapitalverzinsung, Vergütung für den Wertverzehr und Vergütung für immaterielle Wirtschaftsgüter, insbesondere den Geschäftswert[2].

---

[1] BFH-Urteil vom 14.1.1998 X R 57/93, BFHE 185, 230.
[2] BFH-Urteil vom 14.1.1998 X R 57/93, BFHE 185, 230.

H. Betriebsaufspaltung und Betriebsverpachtung

Literatur: *Feißt,* Gewerbesteuer, Betriebsverpachtung, Betriebsaufspaltung, Zerlegung, LSW 1998, G4/148.1–12; *Fichtelmann,* Anm. zum BFH-Urteil vom 31.3.1971, I R 111/69, FR 1971, 492; *ders.,* Der Pachtvertrag bei der Betriebsaufspaltung, INF 1994, 366, 396; *Knoppe,* Betriebsverpachtung, Betriebsaufspaltung, 7. Aufl., Düsseldorf 1985; *Neufang,* Der Pachtvertrag bei der Betriebsaufspaltung, INF 1989, 56; *Schmidt, Ludwig,* In den Grenzbereichen von Betriebsaufgabe, Betriebsverpachtung, Betriebsaufspaltung und Mitunternehmerschaft, DStR 1979, 671 und 699; *Tillmann,* Betriebsaufspaltung und Betriebsverpachtung als steuerliche Gestaltungselemente, StKongrRep 1990, 131; *Winter,* Betriebsverpachtung und Betriebsaufspaltung, GmbHR 1995, 34.

I. Betriebsverpachtung

Literatur: *Geiger,* Verpachtung von wirtschaftlichen Geschäftsbetrieben bei Vereinen als Betriebsaufgabe oder Betriebsaufspaltung?, DB 1983, 2489; *Schopp,* Pacht- und Mietrechtliches bei der Betriebsaufspaltung, ZMR 1979, 290.

Nach der Rechtsprechung des BFH[1] setzt eine Betriebsverpachtung voraus, dass der Betrieb im Ganzen verpachtet worden ist, d.h. es müssen – vom Standpunkt des Verpächters aus gesehen – alle wesentlichen Grundlagen des Betriebs als einheitliches Ganzes verpachtet worden sein, und der Pächter muss im Wesentlichen den vom Verpächter betriebenen Gewerbebetrieb fortsetzen.

Sind diese Voraussetzungen gegeben, kann der Verpächter eines Gewerbebetriebs wählen, ob er die Betriebsverpachtung als Betriebsaufgabe mit der sofortigen Versteuerung der stillen Reserven behandeln will oder ob er den Betrieb nicht als aufgegeben, sondern in der Form eines verpachteten Betriebs als fortgeführt ansehen will, mit der Konsequenz, dass die stillen Reserven nicht aufgedeckt werden[2]. Im ersten Fall ist beim Verpächter das Pachtentgelt als Einkünfte aus Vermietung und Verpachtung, im letzten Fall als Einkünfte aus Gewerbebetrieb zu versteuern. Gewerbesteuer fällt jedoch auch im letzten Fall nicht an.

---

1 BFH-Urteile vom 4.11.1965 IV 411/61 U, BFHE 84, 134, BStBl III 1964, 49; vom 16.11.1967 IV R 8/67, BFHE 90, 329, BStBl II 1968, 78.
2 BFH-Beschluss vom 13.11.1963 GrS 1/63 S, BFHE 78, 315, BStBl III 1964, 124; vgl. Einzelheiten Erl. FM Nordrhein-Westfalen vom 28.12.1964, BStBl II 1965, 5.

II. Betriebsaufspaltung mit und ohne Betriebsverpachtung

1. Allgemeines

Hinsichtlich des Verhältnisses zwischen Betriebsaufspaltung und Betriebsverpachtung sind zwei Grundfälle zu unterscheiden:

(1) Der erste Fall betrifft die Gestaltung, dass im Rahmen der Entstehung der Betriebsaufspaltung der gesamte Betrieb des bisherigen Einheitsunternehmens (= alle wesentlichen Betriebsgrundlagen des bisherigen Einheitsunternehmens) an das Betriebsunternehmen vermietet oder verpachtet werden. Man kann diese Gestaltung als **betriebsverpachtende Betriebsaufspaltung** bezeichnen.

(2) Im zweiten Fall werden nicht alle wesentlichen Betriebsgrundlagen, sondern nur eine oder einige der wesentlichen Betriebsgrundlagen des bisherigen Einheitsunternehmens an das Betriebsunternehmen vermietet oder verpachtet. Hier könnte man im Unterschied zur betriebsverpachtenden Betriebsaufspaltung von einer **nur wirtschaftsgutüberlassenden Betriebsaufspaltung** sprechen.

2. Die betriebsverpachtende Betriebsaufspaltung

Literatur: *Kaligin*, Fiskalische Konsequenzen des Umkippens einer Betriebsaufspaltung in eine Betriebsverpachtung, BB 1996, 2017.

Bei der betriebsverpachtenden Betriebsaufspaltung, also in den Fällen, in denen sowohl die Voraussetzungen der Betriebsverpachtung als auch die der Betriebsaufspaltung vorliegen, ist das dem Steuerpflichtigen aufgrund der Betriebsverpachtung zustehende **Wahlrecht** nicht gegeben, weil in einem solchen Falle das Richterrecht Betriebsverpachtung von dem Richterrecht Betriebsaufspaltung überlagert wird.

Der Verpächter kann – solange die Voraussetzungen der Betriebsaufspaltung erfüllt sind – keine Betriebsaufgabe erklären, und er muss auch weiterhin Gewerbesteuer zahlen. Entfallen die Voraussetzungen der Betriebsaufspaltung, dann lebt das Wahlrecht wieder auf, und der Verpächter

II. Betriebsaufspaltung mit und ohne Betriebsverpachtung

kann das Wahlrecht ausüben[1]. Wählt es nicht die Betriebsaufgabe, bleibt das Besitzunternehmen als Verpachtungsbetrieb ein Gewerbebetrieb.

3. Nur wirtschaftsgutüberlassende Betriebsaufspaltung

In der Regel werden bei einer Betriebsaufspaltung jedoch nicht gleichzeitig auch die Voraussetzungen einer Betriebsverpachtung vorliegen, sondern es wird nur eine oder es werden nur einige wesentliche Betriebsgrundlagen des bisherigen Einheitsunternehmens dem Betriebsunternehmen zur Nutzung überlassen. Das Besitzunternehmen hat demzufolge regelmäßig der Art seiner Tätigkeit nach keinen Gewerbebetrieb. Ein solcher wird bei ihm infolge der Betriebsaufspaltungs-Rechtsprechung nur fingiert.

Aus diesem Grund hat der IV. Senat in seinem Urteil vom 15.12.1988[2] bei einer Betriebsaufspaltung für den Regelfall das Vorliegen der Voraussetzungen der Betriebsverpachtung auch deshalb verneint, weil das Besitzunternehmen bei Beendigung der Pacht den Betrieb nicht fortsetzen kann. Vgl. auch BFH-Urteil vom 5.12.1996[3].

Mit den vorstehenden Ausführungen übereinstimmend hat der VIII. Senat des BFH bereits in seinem Urteil vom 13.12.1983[4] entschieden, dass keine Betriebsverpachtung vorliegt, wenn einer Kapitalgesellschaft im Rahmen einer Betriebsaufspaltung nicht sämtliche Betriebsgrundlagen des bisherigen einheitlichen Unternehmens zur Verfügung gestellt werden, sondern sich die Verpachtung nur auf die Überlassung einer wesentlichen Betriebsgrundlage beschränkt.

Meines Erachtens ist im Hinblick auf diese Rechtsprechung für die Annahme einer Betriebsverpachtung selbst die Verpachtung des gesamten beweglichen und unbeweglichen **Anlagevermögens** nicht ausreichend, wenn **immaterielle Wirtschaftsgüter** von einigem Gewicht vorhanden sind, wie z.B. Kundenstamm oder Know-how, die nicht mitverpachtet, sondern auf das Betriebsunternehmen übertragen werden. Wegen der Verpachtung eines **Geschäftswertes** s. BFH-Urteil vom 14.1.1998[5].

---

1 BFH-Urteile vom 23.4.1996 VIII R 13/95, BFHE 181, 1; vom 6.3.1997 XI R 2/96, BFHE 183, 85, BStBl II 1997, 460; vom 2.2.2000 XI R 8/99, BFH/NV 2000, 1135 rechte Spalte; FG Schleswig-Holstein Urteil vom 17.11.1999, EFG 2000, 302.
2 IV R 36/84, BFHE 155, 538, BStBl II 1989, 363.
3 IV R 83/95, BFHE 182, 137, BStBl II 1997, 287.
4 VIII R 90/81 BFHE 140, 526, BStBl II 1984, 474.
5 X R 57/93, BFHE 185, 230.

Schwierigkeiten werden sicherlich auch dann auftreten, wenn in dem Miet- oder Pachtvertrag nur einzelne Wirtschaftsgüter als vermietet oder verpachtet bezeichnet werden und nicht zum Ausdruck kommt, dass ein Betrieb, also eine organisatorische Zusammenfassung von personellen und sachlichen Mitteln verpachtet werden soll. Denn bei Betriebsverpachtungen unter Fremden ist es üblich, dass der Vertrag als solcher über eine Betriebsverpachtung bezeichnet wird.

Ist eine Betriebsaufspaltung erfolgt, ohne dass gleichzeitig die Voraussetzungen einer Betriebsverpachtung vorliegen, ist es m.E. nicht möglich, diese Voraussetzungen später nachträglich zu schaffen.

Bei der **unechten Betriebsaufspaltung** ist ein Zusammentreffen der Voraussetzungen von Betriebsaufspaltung und Betriebsverpachtung nur in dem seltenen Fall denkbar, dass bei bestehender personeller Verflechtung ein Betrieb an einen bereits bestehenden anderen Betrieb verpachtet wird. A.A. FG Schleswig-Holstein[1] das in einem Fall, in dem der Anteilseigner einer GmbH auf einem Privatgrundstück ein Betriebsgebäude errichtete und beides an die GmbH verpachtete, eine Betriebsverpachtung nach Beendigung der Betriebsaufspaltung angenommen hat. Gegen das Urteil ist Revision eingelegt worden[2], über die bei Redaktionsschluss noch nicht entschieden war.

---

1 Urteil vom 17.11.1999, EFG 2000, 302.
2 Aktenzeichen beim BFH: X R 8/00.

J. Beginn und Beendigung der Betriebsaufspaltung

Literatur: *Schoor*, Bilanzierung bei zunächst fälschlich nicht erkannter Betriebsaufspaltung, StSem 1998, 253; *ders.*, Begründung einer GmbH und anschließende Betriebsaufspaltung, StSem 1998, 228; *o. V.*, Beteiligungsverhältnisse sowie Beginn und Ende von Besitzunternehmen, DB 1970, 1350; *o. V.*, Nachträgliche Erfassung von Besitzunternehmen, DB 1971, 1138.

I. Beginn der Betriebsaufspaltung

Literatur: *Märkle*, Die Betriebsaufspaltung an der Schwelle zu einem neuen Jahrtausend, X.1. Gewerbesteuerlicher Betriebsbeginn des Besitzunternehmens, BB 2000 Beilage 7, 13.

1. Allgemeines

Die **echte Betriebsaufspaltung** beginnt in dem Zeitpunkt, in dem die Existenz des bisherigen Einheitsunternehmens steuerrechtlich endet und an seine Stelle das Betriebsunternehmen und das Besitzunternehmen treten.

Im Rahmen der sog. **unechten Betriebsaufspaltung** sind nach der Rechtsprechung des BFH[1] an den Beginn des Besitzunternehmens strenge Anforderungen zu stellen, weil die Vermieter-/Verpächtertätigkeit bei der Aufspaltung von Betrieben generell nur ausnahmsweise, bei Vorliegen besonderer Umstände (personeller und sachlicher Verflechtung), als gewerbliche Tätigkeit qualifiziert wird und es bei einer unechten Betriebsaufspaltung an einem augenfälligen, für alle Fälle gleichermaßen verbindlichen Zeitpunkt des Beginns des Besitzunternehmens fehlt. Daher beginnt der gewerbliche Betrieb des Besitzunternehmens bei der unechten Betriebsaufspaltung erst in dem Zeitpunkt, in dem der spätere Besitzunternehmer mit Tätigkeiten beginnt, die eindeutig und objektiv erkennbar auf die Vorbereitung der endgültig beabsichtigten Überlassung von mindestens einer wesentlichen Betriebsgrundlage an die von ihm beherrschte Betriebsgesellschaft gerichtet sind[2]. Diese Voraussetzungen sind z.B. gegeben, wenn ein Grundstück in der Absicht erworben wird, es mit Gebäuden zu bebauen, die nach Fertigstellung den Betrieb des Betriebsunternehmens aufnehmen sollen.

---

1 BFH-Urteil vom 12.4.1991 III R 39/86, BFHE 165, 125, BStBl II 1991, 773.
2 BFH-Urteil vom 12.4.1991 III R 39/86, BFHE 165, 125, BStBl II 1991, 773.

Gleiches gilt, wenn ein Architekt mit der entsprechenden Planung für ein bereits seit längerem vorhandenes Grundstück beauftragt wird[1].

Aus dem Urteil des FG Münster vom 11.5.1995[2] kann entnommen werden, dass in dem Fall, in dem sich die Gesellschafter einer GbR im Gesellschaftsvertrag einer GmbH verpflichten, dieser Gesellschaft die von ihnen persönlich gehaltene Funktaxenkonzession pachtweise zur Verfügung zu stellen, dadurch eine sachliche Verflechtung zwischen der GmbH und der GbR begründet wird, und damit auch die GbR als Besitzunternehmen entsteht.

2. Bewertung bei Beginn der Betriebsaufspaltung

Literatur: *O. V.*, Nachträgliche Erfassung von Besitzunternehmen und Eröffnungsbilanz, DB 1974, 503.

Bei Beginn einer **echten Betriebsaufspaltung** hat das Besitzunternehmen die Buchwerte des bisherigen Einheitsunternehmens fortzuführen[3].

Bei der **unechten Betriebsaufspaltung** sind die Wirtschaftsgüter mit den Anschaffungs- oder Herstellungskosten anzusetzen, wenn sie mit der Begründung der unechten Betriebsaufspaltung angeschafft oder hergestellt werden. Hat das FA eine unechte Betriebsaufspaltung einige Jahre zu Unrecht als Vermietung und Verpachtung behandelt, dann sind nach einer Änderung der rechtlichen Qualifikation die an das Betriebsunternehmen vermieteten oder verpachteten Wirtschaftsgüter nicht mit dem Teilwert im Zeitpunkt der Erstellung der Eröffnungsbilanz, sondern mit den Anschaffungs- oder Herstellungskosten, vermindert um die AfA, anzusetzen[4].

II. Beendigung der Betriebsaufspaltung

Literatur: *Autenrieth*, Ansatzpunkte für die Beendigung der Betriebsaufspaltung, DStZ 1989, 99; *ders.*, Probleme bei Beendigung der Betriebsaufspaltung, DStZ 1990, 125; *Bordewin*, Gewinnrealisierung bei Beendigung einer Betriebsaufspaltung, NWB Fach 18, 2731; *Böth/Busch/Harle*, Die Betriebsaufspaltung – Teil II: Steuerliche Konsequenzen und Beendigung der Betriebsaufspaltung, SteuerStud 1992,

---

1 BFH-Urteil vom 12.4.1991 III R 39/86, BFHE 165, 125, BStBl II 1991, 773.
2 EFG 1996, 434.
3 Siehe oben unter G.V.1.
4 FG Nürnberg, Urteil vom 7.11.1995, EFG 1997, 152 (Revision eingelegt, Az BFH: IV R 76/96).

II. Beendigung der Betriebsaufspaltung 311

131; *Brandenberg,* Betriebsaufspaltung und Behandlung des Firmenwerts, JbFStR 1990, 235; *Centrale-Gutachtendienst,* Beendigung der Betriebsaufspaltung, GmbH-Praxis 1998, 135; *Diers,* Die Veräußerung von Betriebs- und Besitzgesellschaft im Rahmen einer Betriebsaufspaltung, DB 1991, 1299; *ders.,* Rückabwicklung einer Betriebsaufspaltung, GmbHR 1992, 90; *Döllerer/Thurmayr,* Beendigung der Betriebsaufspaltung – Konsequenzen für die Anteile an der Betriebskapitalgesellschaft, DStR 1993, 1465; *Fichtelmann,* Probleme der Gewinnrealisierung bei der Betriebsaufspaltung, GmbHR 1991, 369, 431; *ders.,* Beendigung der Betriebsaufspaltung durch Konkurs der Betriebskapitalgesellschaft?, DStZ 1991, 257; *ders.,* Beendigung einer Betriebsaufspaltung bei mehreren Betriebsgesellschaften, StSem 1997, 115; *Höhmann,* Liegen bei Beendigung der Betriebsaufspaltung durch Wegfall der personellen Verflechtung grundsätzlich die Voraussetzungen einer Betriebsverpachtung vor?, DStR 1998, 61; *Korn,* Steuerproblematik der Beendigung der Betriebsaufspaltung und optimale Beratung, KÖSDI 1992, 9082; *Lemm,* Zu Döllerer/Thurmayer, Beendigung der Betriebsaufspaltung – Konsequenzen für die Anteile an der Betriebskapitalgesellschaft (DStR 1993, 1465), DStR 1993, 1904; *Lempenau,* Ist die Betriebsaufspaltung noch empfehlenswert?, Steuerschonende Wege zu ihrer Beendigung, StbJb 1995, 169; *Märkle,* Die Betriebsaufspaltung an der Schwelle zu einem neuen Jahrtausend, XIV. Wegfall bzw. irrtümliche Unterstellung der personellen Verflechtung – Betriebsaufgabe, BB 2000 Beilage 7, 22 f.; *Niemeyer,* Billigkeit gegen sich selbst? – Anmerkung zum BFH-Urteil vom 15.12.1988 – IV R 36/84 –, BB 1989, 2452; *Paus,* Beendigung einer Betriebsaufspaltung in Fällen der Lizenzvergabe, DStZ 1990, 193; *Pollmann, Erika,* Aufdeckung stiller Reserven bei Beendigung einer Betriebsaufspaltung, NWB Fach 3, 9601; *Pott,* Zur Behandlung von Anteilen an der Betriebskapitalgesellschaft bei Beendigung der Betriebsaufspaltung, DStR 1997, 807; *Schmidt, Ludwig,* Anm. zum BFH-Urteil vom 13.12.1983 – VIII R 90/81, FR 1984, 320; *Tiedke/Heckel,* Die Beendigung der Betriebsaufspaltung aufgrund einer Änderung der Rechtsprechung, DStZ 1999, 725; *Thissen,* Beendigung einer Betriebsaufspaltung, StSem 1995, 227; *Winter,* Beendigung der Betriebsaufspaltung, GmbHR 1994, 313; *o. V.,* Besitzunternehmen und ruhende Betriebs-GmbH, DB 1971, 652; *o. V.,* Besitzunternehmen und ruhende Betriebs-GmbH, DB 1974, 1793; *o. V.,* Zur Beendigung einer Betriebsaufspaltung, DB 1975, 2013; *o. V.,* Rückübertragung von Anlagevermögen bei (teilweiser) Beendigung einer Betriebsaufspaltung, GmbHR 1991, R 21; *o. V.,* Beendigung der Betriebsaufspaltung durch Konkurs der Betriebs-GmbH, GmbHR 1997, 162; *o. V.,* Beendigung einer Betriebsaufspaltung, GmbHR 1998, 135; *o. V.,* Beendigung der Betriebsaufspaltung durch Beitritt atypisch stiller Gesellschafter, GmbHR 1998, 1030.

1. Allgemeines

Eine Betriebsaufspaltung kann auf verschiedene Weise enden:

- Die Voraussetzungen der Betriebsaufspaltung, also die sachliche und/oder die personelle Verflechtung, fallen weg;
- das Besitzunternehmen wird veräußert; oder
- das Betriebsunternehmen wird veräußert oder aufgegeben.

In allen diesen Fällen sind die stillen Reserven der zum Betriebsvermögen des Besitzunternehmens gehörenden Wirtschaftsgüter zu versteuern. Verbleiben Wirtschaftsgüter, die zum bisherigen Betriebsvermögen des Besitzunternehmens gehört haben, im Eigentum des Besitzunternehmens (der Besitzunternehmer), so werden sie aus rechtlichen Gründen **Privatvermögen**. Werden diese Wirtschaftsgüter weiterhin einem Dritten zur entgeltlichen Nutzung überlassen, erzielt der Eigentümer (erzielen die Eigentümer) hieraus fortan Einkünfte aus Vermietung und Verpachtung[1].

Eine **Aufgabe des Besitzunternehmens** bei Fortbestand des Betriebsunternehmens und Fortbestand der sachlichen Verflechtung ist nicht denkbar[2]. Denkbar aber ist die **Aufgabe eines Teilbetriebs des Besitzunternehmens**. So hat das FG Münster[3] entschieden, dass im Rahmen einer Betriebsaufspaltung sowohl beim Betriebsunternehmen als auch beim Besitzunternehmen Teilbetriebe bestehen können. Allerdings führt nach demselben Urteil die Aufgabe eines Teilbetriebs des Betriebsunternehmens nicht zwangsläufig zu einer Teilbetriebsaufgabe bei dem Besitzunternehmen. Vielmehr muss dort ein einzelner, organisatorisch abgrenzbarer (Verwaltungs)Komplex und damit ebenfalls ein Teilbetrieb vorgelegen haben, der entnommen wird. Ein solcher Komplex kann nach Ansicht des FG Münster auch ein einzelnes Grundstück sein. Im Gegensatz hierzu hat das FG Baden-Württemberg[4] die Annahme einer **Teilbetriebsveräußerung bei einem Besitzunternehmen** hinsichtlich eines einzelnen Grundstücks selbst für den Fall abgelehnt, dass für dieses eine eigene Gewinnermittlung vorliegt. Dem ist im Grundsatz zuzustimmen. Etwas anderes kann nur dann angenommen werden, wenn das einzelne Grundstück für sich gesehen einen abgrenzbaren, organisatorischen (Verwaltungs)Komplex bildet.

---

1 BFH-Urteil vom 25.8.1993 XI R 6/93, BFHE 172, 9i, BStBl II 1994, 23 m.w.N.
2 Vgl. auch FG Nürnberg, Urteil vom 12.11.1997, EFG 1999, 330, 331 linke Spalte.
3 Urteil vom 27.6.1997, EFG 1998, 737; siehe auch BFH-Beschluss vom 27.9.1993 IV B 125/92, BFH/NV 617, 618 mittlere Spalte.
4 Urteil vom 3.3.1993, EFG 1993, 512.

II. Beendigung der Betriebsaufspaltung

Beispiel:
A ist Alleinanteilseigner der A-GmbH. Er hat dieser GmbH eine patentierte Erfindung und ein Grundstück zur Nutzung überlassen. Für beide Bereiche (Erfindung und Grundstück) werden im Besitzunternehmen des A getrennte Gewinnermittlungen durchgeführt.

2. Wegfall einer Voraussetzung der Betriebsaufspaltung

Literatur: *Offerhaus*, Anm. z. BFH-Urteil vom 13.12.1983 – VIII R 90/81, StBp 1984, 238; *Pietsch*, Wegfall der personellen Verflechtung bei einer Betriebsaufspaltung, StSem 1994, 182; *Schoor*, Steuerfolgen einer Anteilsübertragung bei Betriebsaufspaltung, DStZ 1992, 788; *Voss*, Ertragsteuerliche Behandlung der Veräußerung von Anteilen an einer Betriebskapitalgesellschaft, DB 1991, 2411; *Woerner*, Anm. zum BFH-Urteil vom 13.12.1983 – VIII R 90/81, BB 1984,1213; *o. V.*, Vermeidung und Wegfall eines Besitz-Personenunternehmens, DB 1972, 361; *o. V.*, Betriebsaufgabe bei Wegfall der personellen Verflechtung einer Betriebsaufspaltung, StBp 1984, 238.

Verlieren die dem Betriebsunternehmen überlassenen Wirtschaftsgüter ihre Eigenschaft als eine wesentliche Betriebsgrundlage oder fällt die personelle Verflechtung weg, dann verliert das Besitzunternehmen automatisch seinen Charakter als Gewerbebetrieb. Der VIII. Senat des BFH hat in dem Urteil vom 13.12.1983[1] entschieden, dass hier in der Regel eine **Betriebsaufgabe** anzunehmen ist, mit der Folge, dass die im Betriebsvermögen des Besitzunternehmens enthaltenen stillen Reserven versteuert werden müssen[2]. Der IV. Senat des BFH ist mit Urteil vom 15.12.1988[3] dieser Auffassung gefolgt und zwar selbst für den Fall, dass eine der Voraussetzungen der Betriebsaufspaltung ohne oder gegen den Willen der Beteiligten wegfällt.

Beispiel:
A ist an einer Besitz-GbR mit 51 v.H. und an einer Betriebs-GmbH mit 60 v.H. beteiligt. Die restlichen 40 v.H. gehören dem B. C ist an der Besitz-GbR mit 49 v.H. beteiligt. Die stillen Reserven der Besitz-GbR sollen 1 Mio. DM betragen, so dass auf C 490.000 DM stille Reserven entfallen. A verkauft 10 v.H. seiner GmbH-Beteiligung an X, so dass er nur noch mit 50 v.H. an der GmbH beteiligt ist.

---

1 VIII R 90/81, BFHE 140, 526, BStBl II 1984, 474.
2 BFH-Urteile vom 13.12.1983 VIII R 90/81, BFHE 140, 526, BStBl II 1984, 474; vom 15.12.1988 IV R 36/84, BFHE 155, 538, BStBl II 1989, 363; vom 22.3.1990 IV R 15/87, BFH/NV 1991, 439; vom 26.5.1993 X R 78/91, BFHE 171, 476, BStBl II 1993, 718 a.E.; vom 25.8.1993 XI R 6/93, BFHE 172, 91, BStBl II 1994, 23; vom 6.3.1997 XI R 2/96, BFHE 183, 85, BStBl II 1997, 460.
3 IV R 36/84, BFHE 155, 538, BStBl II 1989, 363.

Nach der Betriebsaufspaltungs-Rechtsprechung war die Besitz-GbR zunächst ein Gewerbebetrieb. Durch die Veräußerung der GmbH-Anteile an X verliert A in der GmbH seine beherrschende Stellung. Dadurch fallen die Tatbestandsvoraussetzungen für die Betriebsaufspaltung mit der Folge weg, dass die Besitz-GbR ihren Charakter als gewerbliches Unternehmen verliert, obwohl weder C noch die GbR irgend eine Handlung vorgenommen haben, die auf die Beendigung der gewerblichen Tätigkeit der Besitz-GbR hindeuten könnte.

Der IV. Senat hat in seinem Urteil vom 15.12.1988[1] das Vorliegen einer Betriebsaufgabe beim Wegfall einer Voraussetzung der Betriebsaufspaltung wie folgt begründet: Obgleich eine Betriebsaufgabe regelmäßig einen nach außen in Erscheinung tretenden Aufgabeentschluss des Steuerpflichtigen erfordere, sei nach der Rechtsprechung des BFH eine Betriebsaufgabe auch dann anzunehmen, wenn ein Betrieb als wirtschaftlicher Organismus zwar bestehen bleibe, aber durch eine Handlung oder einen Rechtsvorgang so verändert werde, dass die Erfassung der stillen Reserven nicht mehr gewährleistet sei. Dies sei beim Wegfall einer Voraussetzung der Betriebsaufspaltung aufgrund der folgenden Überlegungen der Fall:

- Die Voraussetzungen einer Betriebsverpachtung seien in der Regel nicht erfüllt; denn das Besitzunternehmen als Verpächter könne bei Beendigung der Pacht den Betrieb regelmäßig nicht fortsetzen, weil gleichzeitig mit Pachtende die sachliche Verflechtung und damit die Gewerblichkeit der Vermietertätigkeit entfalle.
- Die Grundsätze, die für einen Strukturwandel vom Gewerbebetrieb zur Landwirtschaft entwickelt worden seien, könnten auf die Fälle des Wegfalls einer Voraussetzung der Betriebsaufspaltung nicht übertragen werden, weil bei der Beendigung einer Betriebsaufspaltung hinsichtlich des Besitzunternehmens kein Betrieb bestehen bleibe.
- Nicht anwendbar seien auch die von der Rechtsprechung entwickelten Grundsätze für den Übergang eines land- und forstwirtschaftlichen Betriebs zur Liebhaberei, wonach eine Versteuerung der stillen Reserven erst bei ihrer späteren Realisierung verlangt werde; denn eine Ausdehnung dieser Grundsätze auf die Beendigung der Betriebsaufspaltung würde die Rechtsfigur des ruhenden Gewerbebetriebs wiederbeleben, die vom GrS aufgegeben worden sei.

---

1 IV R 36/84, BFHE 155, 538, BStBl II 1989, 363.

II. Beendigung der Betriebsaufspaltung

- Die Fortführung des Vermögens des bisherigen Besitzunternehmens als Betriebsvermögen könne auch nicht mit der Begründung angenommen werden, dass als Betriebsaufgabe nur die willentliche Einstellung des Betriebs und die willentliche Realisierung seiner Vermögenswerte anzusehen sei. Dies stehe nicht im Einklang mit der BFH-Rechtsprechung über die Voraussetzungen und Folgen der Betriebsaufgabe.

- Es werde nicht verkannt, dass durch die Betriebsaufgabe beim Besitzunternehmen Steuerlasten entstehen könnten, die den Bestand der Betriebsgesellschaft gefährden könnten, was insbesondere dann bedenklich erscheine, wenn eine Betriebsaufgabe durch vom Steuerpflichtigen nicht beeinflussbare Umstände einträte. Deshalb könne es angezeigt sein, dass die Möglichkeit eröffnet werde, bei bestimmten Gestaltungen im Billigkeitswege die Grundsätze der Betriebsverpachtung anzuwenden.

Da sich der IV. Senat mit dem vorstehend wiedergegebenen Urteil der Entscheidung des VIII. Senats des BFH vom 13.12.1983[1] angeschlossen hat und nachdem auch der XI. Senat mit seinen Urteilen vom 25.8.1993[2] und vom 6.3.1997[3] dem gefolgt ist, besteht keine Hoffnung mehr, der BFH werde in Änderung seiner Rechtsprechung die Annahme einer Betriebsaufgabe bei Wegfall der personellen oder sachlichen Verflechtung auf die Fälle beschränken, in denen ein Betriebsaufgabewille vorliegt. Der XI. Senat hat zusätzlich ausgeführt, dass die Entnahmehandlung (Aufgabemaßnahme) in den hier besprochenen Fällen durch das Einwirken außersteuerrechtlicher Normen auf den steuerrechtlich relevanten Sachverhalt ersetzt werde.

Betriebsaufgabe liegt damit auch in dem folgenden Fall vor:

Beispiel:
E betreibt als Einzelunternehmer eine Maschinenfabrik. Das Fabrikgrundstück gehört in Bruchteilsgemeinschaft ihm zu 60 v.H. und seiner Frau zu 40 v.H. E spaltet seinen Betrieb auf. Die Maschinenfabrik wird in der Rechtsform einer GmbH fortgeführt. Das Fabrikgrundstück verpachten E und Frau E an die GmbH. Da E erhebliche private Schulden hat, werden ihm eines Tages 55 v.H. seiner GmbH-Anteile gepfändet und gehen auf Z über.

---

1 VIII R 90/81 BFHE 140, 526, BStBl II 1984, 474.
2 XI R 6/93, BFHE 172, 91, BStBl II 1994, 23.
3 XI R 2/96, BFHE 183, 85, BStBl II 1997, 460.

Lösung:
Im Einzelunternehmen des E war der 60 v.H.-Anteil des E an dem Fabrikgrundstück notwendiges Betriebsvermögen. Mit der Aufspaltung des Betriebs entstand eine sachliche und personelle Verflechtung zwischen der Grundstücksgemeinschaft und der Betriebs-GmbH. Damit wurde die gesamte Grundstücksgemeinschaft, also auch hinsichtlich der 40%igen Beteiligung der Ehefrau, gewerbliches Besitzunternehmen. Die Ehefrau musste im Zeitpunkt der Betriebsaufspaltung ihren 40-%-Grundstücksanteil mit dem Teilwert in das Besitzunternehmen einlegen. Der Übergang von 55 v.H. der GmbH-Anteile des E auf den Z führt zum Wegfall der personellen Verflechtung und damit, bei der aus E und seiner Ehefrau bestehenden Grundstücksgemeinschaft, zur Betriebsaufgabe. Frau E, die mit dem Übergang der GmbH-Anteile an Z nichts zu tun hat, muss die auf ihren 40-%-Anteil entfallenden stillen Reserven versteuern.

Eine Betriebsaufspaltung endet auch mit der Eröffnung des **Konkursverfahrens** über das Vermögen des Betriebsunternehmens, weil damit die Voraussetzung der personellen Verflechtung wegfällt[1]. Das ergibt sich daraus, dass mit der Konkurseröffnung die Gesellschafter des Besitzunternehmens ihren Willen im Betriebsunternehmen nicht mehr durchsetzen können, weil nach §§ 6, 207, 213 KO der Konkursverwalter die alleinige Verwaltungs- und Verfügungsbefugnis über das Vermögen des Betriebsunternehmens – vornehmlich im Interesse der Gläubiger – kraft Amtes auszuüben hat. Etwas anderes gilt nur dann, wenn die durch die Konkurseröffnung zerstörte personelle Verflechtung später wieder auflebt, nachdem das Konkursverfahren aufgehoben oder eingestellt und die Fortsetzung der Gesellschaft beschlossen wird. Dann treten die Rechtsfolgen der (lediglich unterbrochenen) Betriebsaufspaltung erneut ein mit der Folge, dass die Erfassung der stillen Reserven des Besitzunternehmens gewährleistet bleibt[2].

3. Veräußerung des Besitzunternehmens

Literatur: *O. V.*, Veräußerung eines Mitunternehmeranteils unter Fortbestehen der Betriebsaufspaltung, GmbHR 1989, 69.

---

1 BFH-Urteil vom 6.3.1997 XI R 2/96, BFHE 183, 85, BStBl II 1997, 460; vgl. auch FG Münster, Urteil vom 19.9.1995, EFG 1996, 771.
2 BFH-Urteil vom 6.3.1997 XI R 2/96, BFHE 183, 85, BStBl II 1997, 460.

II. Beendigung der Betriebsaufspaltung

Wird das Besitzunternehmen veräußert oder aufgegeben, so findet § 16 EStG Anwendung. Der entstehende Veräußerungsgewinn ist zu versteuern.

Allerdings ist dabei zu bedenken, dass eine Betriebsaufgabe so lange nicht angenommen werden kann, wie eine an das Betriebsunternehmen verpachtete wesentliche Betriebsgrundlage noch nicht veräußert worden ist und eine personelle Verflechtung noch besteht; denn das Wesen der Betriebsaufspaltung verbietet eine Überführung einer an das Betriebsunternehmen verpachteten wesentlichen Betriebsgrundlage ins Privatvermögen. Denkbar ist eine Betriebsaufgabe des Besitzunternehmens also nur durch Wegfall der sachlichen und/oder personellen Verflechtung.

Die Auflösung der Besitzgesellschaft führt noch nicht zu einer Gewinnrealisierung bei den in ihrer Hand befindlichen **Anteilen an der Betriebskapitalgesellschaft**. Dies tritt erst ein bei der Veräußerung dieser Anteile an dritte Personen, die nicht zu den Gesellschaftern der Besitzgesellschaft gehören[1].

4. Das Betriebsunternehmen wird veräußert oder aufgegeben

Literatur: *Schmidt, Ludwig*, In den Grenzbereichen von Betriebsaufgabe, Betriebsverpachtung, Betriebsaufspaltung und Mitunternehmerschaft, DStR 1979, 671 und 699.

Die Voraussetzungen einer Betriebsaufspaltung können auch dadurch wegfallen, dass das Betriebsunternehmen veräußert oder aufgegeben wird. Meines Erachtens müssen hier die gleichen Grundsätze zur Anwendung kommen, wie in den anderen Fällen des Wegfalls der Voraussetzungen der Betriebsaufspaltung.

Bisher nicht abschließend geklärt ist die Frage, welche Auswirkungen es auf ein Besitzunternehmen hat, wenn die Betriebs-Kapitalgesellschaft ihre **betriebliche Tätigkeit einstellt**. Entscheidend für die Lösung des Problems ist wohl, ob man die Rechtfertigung für die Betriebsaufspaltung darin sieht, dass sich die Besitzgesellschaft über die Betriebsgesellschaft am allgemeinen wirtschaftlichen Verkehr beteiligt, oder ob man sich für eine andere Rechtfertigung entscheidet. Entschließt man sich trotz der hiergegen bestehenden erheblichen Bedenken für die erste Version, so dürfte gleichzeitig mit der Einstellung jeder gewerblichen Tätigkeit des

---

1 BFH-Urteil vom 24.3.1959 I 205/57 U, BFHE 69, 72, BStBl III 1959, 289.

Betriebsunternehmens auch die gewerbliche Prägung der Besitzgesellschaft wegfallen und eine Betriebsaufgabe anzunehmen sein.

Wird eine Betriebsaufspaltung dadurch beendet, dass die Betriebs-GmbH auf eine AG verschmolzen und das Besitzunternehmen in die AG eingebracht wird, kann dieser Vorgang gewinnneutral gestaltet werden, wenn das Besitzunternehmen nicht nur wegen der Betriebsaufspaltung gewerblich tätig war. Anderenfalls führt die **Verschmelzung** zur Aufgabe des Gewerbebetriebs mit der Folge, dass dieser nicht mehr zu Buchwerten in die AG eingebracht werden kann.

5. Möglichkeiten zur Vermeidung der Besteuerung der stillen Reserven des Besitzunternehmens bei Beendigung der Betriebsaufspaltung

Literatur: *von Elsner,* Gestaltungsspielräume und Zwänge für Nachfolgeregelungen unter Lebenden und von Todes Wegen – Einkommensteuer: Erhaltung der Betriebsaufspaltung, SbFf St 1994/95, 550; *Hoffmann, Wolf Dieter,* Gestaltungen bei der Beendigung einer Betriebsaufspaltung, GmbHR 1994, 865.

a) Allgemeines

Die mit dem Wegfall einer Voraussetzung der Betriebsaufspaltung verbundene Konsequenz der Versteuerung der stillen Reserven des Besitzunternehmens kann vermieden werden, wenn die Gewerblichkeit des Besitzunternehmens auch ohne das Institut der Betriebsaufspaltung erhalten werden kann. Dazu sind teilweise bestimmte Konstruktionen erforderlich, deren Zweckmäßigkeit von Fall zu Fall geprüft werden muss. Hier können daher nur die einzelnen Möglichkeiten dargestellt werden.

b) Zusammentreffen von Betriebsaufspaltung und Betriebsverpachtung

Liegen in einem Fall sowohl die Voraussetzungen der Betriebsaufspaltung als auch der Betriebsverpachtung vor, dann führt – wie oben unter H.I. dargestellt – der Wegfall einer Voraussetzung der Betriebsaufspaltung nicht zur Betriebsaufgabe, sondern zum Wiederaufleben des mit der Betriebsverpachtung verbundenen Wahlrechts.

II. Beendigung der Betriebsaufspaltung

Um diese Möglichkeit zu haben, empfiehlt es sich bei der Neugestaltung einer echten Betriebsaufspaltung, die Dinge so zu regeln, dass gleichzeitig die Voraussetzungen einer Betriebsverpachtung vorliegen.

c) Einbringung in eine GmbH

Vermieden werden kann eine Besteuerung der stillen Reserven des Besitzunternehmens bei Beendigung der Betriebsaufspaltung in jedem Fall dadurch, dass das Besitzunternehmen gem. § 20 UmwStG in eine GmbH zum Buchwert eingebracht wird. Die Einbringung ist sowohl in die Betriebs-GmbH als auch in eine andere GmbH möglich.

Meines Erachtens müssen bei einer solchen Gestaltung die Anteile an der Betriebs-GmbH, die beim Besitzunternehmen als Sonderbetriebsvermögen II behandelt worden sind, nicht mit in die GmbH eingebracht werden, es sei denn, man würde auch die Wirtschaftsgüter des Sonderbetriebsvermögens II als wesentliche Betriebsgrundlage des Besitzunternehmens ansehen, wozu ich jedoch nicht neige.

Allerdings müssen bei einer Nichteinbringung der Anteile an der Betriebs-GmbH diese entnommen und damit die in ihnen enthaltenen stillen Reserven versteuert werden, soweit deren steuerrechtliche Verhaftung nicht anderweitig sichergestellt ist.

d) Schaffung einer gewerblich geprägten Personengesellschaft

Möglich ist auch der Weg, das Besitzunternehmen in eine gewerblich geprägte Personengesellschaft i.S. von § 15 Abs. 3 Nr. 2 EStG umzuwandeln.

Zu diesem Zweck muss das Besitzunternehmen – wenn möglich – die Rechtsform einer KG oder zumindest einer GbR erhalten, soweit es diese noch nicht hat. An der KG wird die Betriebs-GmbH oder eine andere GmbH als persönlich haftender Gesellschafter beteiligt. Damit liegen die Voraussetzungen des § 15 Abs. 3 Nr. 2 EStG vor.

Kann die Rechtsform einer KG aus handelsregisterlichen Gründen nicht erreicht werden, so ist wohl eine gewerblich geprägte Personengesellschaft auch dann anzunehmen, wenn bei einer GmbH & Co. GbR nach außen hinreichend in Erscheinung tritt, so dass alle Gesellschafter, bis auf die GmbH, wie Kommanditisten nur beschränkt haften und von der Geschäftsführung ausgeschlossen sind.

Wird das Besitzunternehmen bei Wegfall einer Voraussetzung der Betriebsaufspaltung in eine gewerblich geprägte Personengesellschaft umgewandelt, dann brauchen die stillen Reserven bei Beendigung der Betriebsaufspaltung nicht versteuert zu werden. Die Besteuerung tritt erst bei der Veräußerung oder Entnahme der einzelnen Wirtschaftsgüter ein, oder wenn die Voraussetzungen des § 15 Abs. 3 Nr. 2 EStG etwa dadurch beseitigt werden, dass ein Kommanditist, zusätzlich zur GmbH, aufgrund eines Arbeitsverhältnisses mit der KG oder GbR zum Geschäftsführer bestellt wird.

e) Schaffung der Voraussetzung des § 15 Abs. 3 Nr. 1 EStG

Ist das Besitzunternehmen eine Personengesellschaft, so ist eine Versteuerung der stillen Reserven bei Wegfall einer Voraussetzung der Betriebsaufspaltung auch noch durch die Aufnahme einer geringfügigen gewerblichen Tätigkeit durch das Besitzunternehmen vermeidbar. Denn dadurch wird die Personengesellschaft gem. § 15 Abs. 3 Nr. 1 EStG in toto unabhängig von der Betriebsaufspaltung zum Gewerbebetrieb.

Ist das Besitzunternehmen ein Einzelunternehmen oder eine Gemeinschaft, besteht diese Möglichkeit nicht; denn § 15 Abs. 3 Nr. 1 EStG gilt nur für Personengesellschaften, hingegen nicht für Gemeinschaften.

f) Änderung der Stimmrechtsverhältnisse

In manchen Fällen wird man eine drohende Betriebsaufgabe beim Besitzunternehmen auch durch eine rechtzeitige Änderung des Stimmrechtsverhältnisses vermeiden können.

Beispiel:
An der Betriebs-GmbH und an der Besitz-GbR sind jeweils A mit 80 v.H. und B mit 20 v.H. beteiligt. In der GbR werden die Gesellschafterbeschlüsse einstimmig gefasst.

Wenn B seinen GbR-Anteil auf seinen Sohn überträgt, so hat dies hinsichtlich der Besitz-GbR eine Betriebsaufgabe zur Folge. Vereinbaren jedoch A und B vor dieser Übertragung, dass in Zukunft für Gesellschafterbeschlüsse in der GbR eine Mehrheit von 75 v.H. ausreichen soll, dann wird durch die Übertragung des Anteils des B die personelle Verflechtung nicht zerstört. Denn A kann in einem solchen Fall, auch nach dem Ausscheiden des B in

II. Beendigung der Betriebsaufspaltung

der GbR, seinen einheitlichen geschäftlichen Betätigungswillen mit Hilfe seiner Stimmrechtsmacht durchsetzen.

g) Billigkeitsmaßnahme

Und schließlich kann eine Versteuerung der stillen Reserven auch noch dann vermieden werden, wenn – auf diese Möglichkeit wird in dem Urteil des IV. Senats vom 15.12.1988[1] hingewiesen – die Finanzverwaltung im Billigkeitswege es zulässt, dass das Besitzunternehmen bei Beendigung der Betriebsaufspaltung wie ein verpachteter Betrieb behandelt wird.

Allerdings müssen dann wohl die allgemeinen Voraussetzungen für die Anwendung von Billigkeitsmaßnahmen vorliegen.

---

1 IV R 36/84, BFHE 155, 538, BStBl II 1989, 363.

K. Betriebsaufspaltung: Ja oder Nein?

Literatur: *Brandmüller,* Betriebsaufspaltung – die derzeit günstigste Unternehmensform, Steuerbriefe, Quartalsmagazin IV/1982, S. 36; *ders.,* Betriebsaufspaltung – die aktuelle Rechtsform, Freiburg 1983/1993; *ders.* Betriebsaufspaltung – eine attraktive Gesellschaftsform, Freiburg 1983/1996; *ders.,* Betriebsaufspaltung heute – planmäßige Entsorgung?, DStZ 1989, 4; *Felix,* Steuervorteilhafte „Umwandlung" einer Familien-KG in eine Familienbetriebsaufspaltung, DStZ 1988, 621; *ders.,* Erwünschte Betriebsaufspaltung bei Einbringung von Einzelunternehmen unter Zurückbehaltung der Betriebsgrundstücke, DStZ 1992, 247; *ders.,* Steuerrechtliches Nachdenken über Betriebsaufspaltung, StB 1997, 145; *Felix/Söffing/Carlé/Korn/Stahl,* Betriebsaufspaltung: Vorteile und Risiken im Steuer- und Zivilrecht an der Schwelle zur Steuerreform 1990, Köln 1988; *Gehring,* Belastungsvergleich: Reine GmbH/Betriebsaufspaltung, GmbHR 1983, 74; *Geiser, Fritz,* Betriebsaufspaltung. Die Eignung der Doppelgesellschaft für mittelständische Unternehmen, Neuwied 1984; *Herzig/Kessler,* Steuerorientierte Wahl der Unternehmensform GmbH, OHG, GmbH & Co. und Betriebsaufspaltung, GmbHR 1992, 232; *Hesselmann/Hüfner/Pinkwart,* Betriebsaufspaltung und Insolvenzrisiko, Stuttgart 1990; *Hinke,* Neue Möglichkeiten der Steuerersparnis durch Betriebsaufspaltung, Kissing 1979; *Institut „Finanzen und Steuern" e. V,* Die Steuerbelastung bei Betriebsaufspaltung nach der Körperschaftsteuerreform im Vergleich zur Steuerbelastung bei der Personengesellschaft und der Kapitalgesellschaft, Bonn 1980; *Kessler/Teufel,* Die klassische Betriebsaufspaltung nach der Unternehmenssteuerreform, BB 2001, 17; *Kiesel,* Die „richtige" Betriebsaufspaltung ist sehr zeitgemäß, DStR 1998, 962; *Korn,* Unerwünschte und erwünschte Betriebsaufspaltung, KÖSDI 1992, 9077; *Lakies,* Betriebsaufspaltung als Ertragsteuerfalle – gewerbesteuerliche Organschaft als Gegenmaßnahme, bilanz & buchhaltung 1989, 375; *Lempenau,* Ist die Betriebsaufspaltung noch empfehlenswert?, Steuerschonende Wege zu ihrer Beendigung, StbJb 1995, 169; *Märkle,* Die Betriebsaufspaltung an der Schwelle zu einem neuen Jahrtausend, I. Die Bedeutung der Betriebsaufspaltung im Wandel der Zeit, BB 2000 Beilage 7, 3; *Mannhold,* Die Betriebsaufspaltung als optimale Rechtsform auch für Familienunternehmen, BB 1979, 1813; *Rose,* Die Betriebsaufspaltung – eine ideale Rechtsformkonstruktion für mittelständische Unternehmungen? – Festschrift „Unternehmung und Steuer" zur Vollendung des 80. Lebensjahres von Peter Scherpf, hrsg. von Lutz Fischer, Wiesbaden 1983; *Schneeloch,* Steuerplanerische Überlegungen zur Betriebsaufspaltung, DStR 1991, 955 und 990; *Seithel,* Die steuerlichen Vorteile der Betriebsaufspaltung, LSW, Gr. 5 S. 471 (1977); *Weilbach,* Die Betriebsaufspaltung – ein realökonomisches Erfordernis, BB 1990, 829; *Wien,* Betriebsaufspaltung quo vadis? Chancen, Gestaltung und Tendenzen, DStZ 2991, 196; *Zartmann,* Überblick über die steuerliche Situation bei der Betriebsaufspaltung und ihre Vor- und Nachteile in heutiger Sicht, RWP-Blattei 14 Steuer-R D Betriebsaufspaltung I Überblick; *ders.,* Die Betriebsaufspaltung, eine attraktive Gestaltungsform, Stuttgart-Wiesbaden 1980.

I. Einführende Bemerkung

Die Frage, ob eine Betriebsaufspaltung zu empfehlen ist oder nicht, lässt sich allgemein weder mit Ja noch mit Nein beantworten, weil es stets auf die Verhältnisse des einzelnen Falls ankommt. Dabei spielen u.a. der Umfang der vorhandenen stillen Reserven, die Größe und die Art des Betriebs, die familiären Verhältnisse, Haftungsfragen, arbeitsrechtliche Fragen und noch vieles mehr eine Rolle. Allgemein ist – ohne Anspruch auf Vollständigkeit – auf die unten folgenden Punkte hinzuweisen.

II. Haftungsbeschränkung

1. Allgemeines

Mit dem Betrieb eines gewerblichen Unternehmens sind nicht unerhebliche Haftungsrisiken verbunden. Sie ergeben sich aus der Produktion, dem Produkt selbst, der Finanzierung, aber auch aus der Beschäftigung von Arbeitnehmern.

Durch die Betriebsaufspaltung wird im Prinzip die Haftung für diese Risiken auf das Betriebsunternehmen – regelmäßig eine GmbH – beschränkt. Die im Besitzunternehmen verbleibenden Anlagegegenstände (in der Regel die Grundstücke) sind grundsätzlich der Haftung entzogen. Die vertragliche Ausdehnung der Haftung auf das Besitzunternehmen durch Einzelverträge, Bürgschaften oder Sicherungsübereignungen ist besser steuerbar.

2. Qualifiziert faktischer Konzern

Allerdings ist in diesem Zusammenhang die Rechtsprechung des BGH zur Haftung im sog. qualifiziert faktischen Konzern[1] zu beachten. Drei BGH-Entscheidungen sind hier bedeutsam: Das **Autokranurteil**[2], das **Videourteil**[3] und das **TBB-Urteil**[4].

Haftungsvoraussetzungen sind beim qualifiziert faktischen Konzern – bezogen auf die Betriebsaufspaltung –:

---

1 BGH-Urteil vom 29.3.1993 II ZR 265/91, DB 1993, 825.
2 BGH-Urteil vom 16.9.1985 II ZR 275/84, DB 1985, 3241.
3 BGH-Urteil vom 23.9.1991 II ZR 135/90, DB 1991, 2176.
4 BGH-Urteil vom 23.9.1993 II ZR 265/91, DB 1993, 825.

- Die Betriebs-GmbH muss – was nur bei der Einheitsbetriebsaufspaltung der Fall ist – vom Besitzunternehmen abhängig sein, oder mehrere Unternehmer müssen hinsichtlich der Betriebs-GmbH durch Vertrag oder eine Abrede einen Beherrschungswillen begründen;
- der beherrschende Gesellschafter muss Unternehmer sein; und
- der beherrschende Gesellschafter muss seine Leitungsmacht in einer Weise ausüben, die keine angemessene Rücksicht auf die Belange der abhängigen Betriebs-GmbH nimmt, ohne dass sich der ihr insgesamt zugefügte Nachteil durch Einzelausgleichsmaßnahmen kompensieren ließe[1].

Derjenige, der bei einer Betriebsaufspaltung eine Haftung der hier erörterten Art geltend machen will, muss die Umstände darlegen und Beweise vorlegen, die die Annahme nahe legen, dass keine angemessene Rücksicht auf die Belange der Betriebs-GmbH genommen worden ist.

Beherrscht das Besitzunternehmen die Betriebs-GmbH, was nur bei der sog. Einheitsbetriebsaufspaltung möglich ist, so haftet das Besitzunternehmen mit seinem ganzen Vermögen. Wird hingegen die Beherrschung – wie dies der Normalfall bei der Betriebsaufspaltung ist – von dem Besitzunternehmern oder den Betriebsgesellschaftern ausgeübt, so ist über den Umfang der Haftung bisher noch nicht entschieden worden. Der BGH[2] hat die Frage ausdrücklich offen gelassen. In der Literatur[3] wird eine Beschränkung der Haftung auf das unternehmerisch genutzte Vermögen gefordert.

Meines Erachtens ist bei einer Betriebsaufgabe die Gefahr der Inanspruchnahme im qualifiziert faktischen Konzern nicht sehr groß. Sie kann jedoch nicht völlig ausgeschlossen werden.

3. Kapitalersetzende Nutzungsüberlassung

In diesem Zusammenhang muss auch beachtet werden, dass unter bestimmten Voraussetzungen die Nutzungsüberlassung von Wirtschaftsgütern durch das Besitzunternehmen an die Betriebs-GmbH als **eigenkapitalersetzende Gesellschaftsleistung** behandelt werden kann[4]. Die Rechtsfolge ist, dass

---

1 BGH-Urteil vom 23.9.1993 II ZR 265/91, DB 1993, 825.
2 BGH-Urteil vom 23.9.1993 II ZR 265/91, DB 1993, 825.
3 *Wiedmann*, DB 1993, 141, 153; *K. Schmidt*, ZIP 1993, 549, 554; *Priester*, ZIP 1986, 146, 147; *Ehlke*, DB 1986, 523, 524.
4 Vgl. auch oben unter G.X.

VI. Attraktivitätsverlust?

das Besitzunternehmen im Fall des Konkurses der Betriebsgesellschaft seinen Anspruch auf den künftigen **Mietzins** sowie auf die Mietzinszahlungen für das letzte Jahr vor Konkurseröffnung verliert. Ggf. müssen die schon entrichteten Mietzinszahlungen zurückerstattet werden. Das Eigentum an den zur Nutzung überlassenen Wirtschaftsgütern geht hingegen nicht auf die Betriebsgesellschaft über[1]. Der BFH stützt die dargestellten Rechtsfolgen auf die Vorschriften der §§ 30, 31 GmbHG. Demzufolge treten sie nur dann ein,

- wenn die Betriebsgesellschaft im Zeitpunkt der Nutzungsüberlassung überschuldet war oder
- wenn der Besitzunternehmer im Zeitpunkt des Eintritts der Krise die zur Nutzung überlassenen Wirtschaftsgüter der Betriebsgesellschaft weiter belässt, obgleich er rechtlich in der Lage gewesen wäre, sie abzuziehen.

III. Geschäftsführergehalt und Pensionsrückstellung

Wird – was regelmäßig der Fall ist – das Betriebsunternehmen in der Rechtsform einer GmbH geführt, so hat dies im Vergleich zu dem vorher als Personenunternehmen geführten Einheitsbetrieb den Vorteil, dass der oder die Betriebsinhaber sich Geschäftsführergehälter und rückstellungsfähige Pensionszusagen gewähren können[2]. Das hat zur Folge, dass die entsprechenden Beträge nicht der Gewerbesteuer unterliegen.

IV. Übertragung des Unternehmens auf die nächste Generation

Die Betriebsaufspaltung kann auch bei Wechsel eines Unternehmens auf die nächste Generation in Erwägung gezogen werden.

Häufig kommt es vor, dass der Vater die Führung seines Unternehmens – aus Gründen der Alterssicherung – auf die Kinder überträgt, sich aber von seinem Anlagevermögen noch nicht trennen will. Dieses Ziel kann durch eine Betriebsaufspaltung erreicht werden.

---

1 Vgl. oben unter G.X.
2 Vgl. oben unter G.IX.

V. Attraktivitätsverlust?

Erwähnt werden muss in diesem Zusammenhang auch noch, dass die Betriebsaufspaltung durch die Abschaffung der Vermögensteuer mit Wirkung ab 1997 und durch den Wegfall der Gewerbekapitalsteuer zum 1.1.1998 an Attraktivität verloren hat.

Welche Auswirkungen die Abschaffung des Körperschaftsteuer-Anrechnungsverfahren und die Einführung einer Definitivsteuer von 25 v.H. durch das StSenkG auf die Attraktivität der Betriebsaufspaltung hat, lässt sich nur im Einzelfall beurteilen. Die Frage, ob Gewinne aus der Betriebs-Kapitalgesellschaft ausgeschüttet werden sollen oder nicht wird hier ebenso von Bedeutung sein wie die Frage der von der Höhe des Hebesatzes der Gemeinden abhängigen Frage der Auswirkung der Anrechnung der Gewerbesteuer gem. § 35 EStG.

Nachteilig für die Betriebsaufspaltung dürfte sein, dass bei der Neugründung einer echten Betriebsaufspaltung Wirtschaftsgüter von dem bisherigen Einheitsunternehmen infolge der Neufassung des § 6 Abs. 5 und 6 EStG nicht mehr zum Buchwert auf eine Betriebs-Kapitalgesellschaft übertragen werden können. Der Nachteil ist m.E. aber deshalb nicht besonders groß, weil sich heute bei der Neugründung echter Betriebsaufspaltung es sich auch aus anderen Gründen empfiehlt, keine Wirtschaftsgüter auf die Betriebs-Kapitalgesellschaft zu übertragen, sondern den gesamten bisherigen Einheitsbetrieb an die Betriebsgesellschaft zu verpachten.

Stichwortverzeichnis

Die Ziffern verweisen auf die Seiten.

Abfärberegelung 320
AG 174
Aktiengesellschaft 86
Alleinerbe 120
Alterssicherung 120
Anbau 56
Anforderungen, strenge 97
Angehörige 117 ff.
Angehörigenanteile,
  Zusammenrechnung 117 ff.
Anlagevermögen 54, 307
Anteilsbesitz 130, 138
AO § 42 164
Arbeitsrecht 27 ff.
Ausländer 168
Außenprüfung 27 ff.
Ausstellungshalle 58
Austauschbarkeits-
  Rechtsprechung 63 f.
Autokranurteil 323

Bebauung mit einem Gebäude 74
Bedeutung, untergeordnete 61 ff.
Beherrschung 94
– faktische 108, 109, 129 ff., 134
– mittelbare 112, 113
– tatsächliche 130
Beherrschungsfragen 86
Beherrschungsidentität 84, 85
Beherrschungswille 86
Besitz-Personengesellschaft 148
Besitzpersonenunternehmen 84
Besitzunternehmen 36, 40, 45, 46,
  151, 166 ff.
– Aufgabe 311
– Beginn und Ende 90
– mehrere 155 ff.
– mittelbare Beherrschung auf der
  Seite des 114 f.
– Personenmehrheit beim 94
– Teilbetriebsaufgabe 311

– Veräußerung des 316 f.
Betätigungswille 89
– Durchsetzung des 90 ff.
– einheitlicher geschäftlicher 85,
  86, 155
Beteiligung
– extrem konträre 103
– rechtliche 130
– stimmrechtsmäßige 130
– unterschiedliche 97
Beteiligungsgleichheit 162
Beteiligungsidentität 84, 97 ff.,
  101 f.
Beteiligungsverhältnisse
– extrem konträre 103
– unterschiedliche 84, 90, 97, 100,
  101 f.
Betrachtungsweise
– isolierte 168
– wertende 247
Betrieb
– betriebliche Tätigkeit, Einstellung
  der 317
– land- und forstwirtschaftlicher 45
Betriebs-AG 86
Betriebsaufgabe 190 f., 313
– Besitzunternehmen 311
Betriebaufspaltung
– Beendigung 160, 310 ff.
– Beginn 309 f.
– betriebsverpachtende 305, 306
– echte 37, 45 f., 309, 310
– Entwicklung 37 ff.
– fehlgeschlagene 27 ff.
– Formen 45 ff.
– kapitalistische 47
– klassische 47
– mehrfache 155
– mittelbare 49
– mitunternehmerische 48, 174 ff.

- Rechtfertigung 40 ff.
- über die Grenze 168, 206
- umgekehrte 48
- unechte 46 ff., 307, 309, 310
- unmittelbare 48
- Verfassungsmäßigkeit 44
- Voraussetzungen 50 ff.
- Wegfall einer der Voraussetzungen 313 f.
- Wesen 40
- wirtschaftsgutüberlassende 307 f.

Betriebsaufspaltungs-Grundproblem 36
Betriebsaufspaltungs-Rechtsprechung 36
Betriebsausübung in anderem Gebäude 61
Betriebsgebäude auf fremdem Grund und Boden 57
Betriebsgesellschaft 108
Betriebsgrundlage, wesentliche 45, 53 ff.
Betriebshalle mit Büroanlagen 70
Betriebskapitalgesellschaft, Anteile an der 316 f.
Betriebs-Personengesellschaft 148
Betriebsprüfung 27 ff.
Betriebsstätte, inländische 168
Betriebsunternehmen 36, 40, 45, 46, 110, 152 ff., 174 ff.
- Aufgabe des 317
- gemeinnütziges 205
- gewerbesteuerfreies 205
- gewerbliche Tätigkeit 205
- mehrere 160 f.
- mittelbare Beherrschung auf der Seite des 113 f.
- Personenmehrheit beim 94 ff.
- Veräußerung des 317
Betriebsverfassung 27 ff.
Betriebsverpachtung 54 ff., 305 ff., 318
Beurteilung, einheitliche 60

Beweisanzeichen, zusätzliches 119, 138
Beweislast, objektive 128
Bilanzierung 27 ff.
Bilanzierungsfragen 27 ff.
Bilanzierungskonkurrenz 27 ff., 174
Billigkeitsmaßnahme 321
Bruchteilsgemeinschaft 109, 110, 151, 166
Buchführungspflicht 173
Bürogebäude 70 ff.
Büroräume 68

Café 66 f.

Diensterfindung 80
Dienstleistung, persönliche 52
Dienstleistungsunternehmen 27 ff.
Doppelgesellschaft 166
Dreieckskonstruktion 91
Durchgriffshaftung 27 ff.

Ehegatte 93, 117, 118, 135
Ehegattenanteile, Zusammenrechnung 117
Ehegattenbeteiligung 129
Ehegattengrundstück 129
eigenkapitalersetzende Gesellschafterleistung 324
Eigentum, wirtschaftliches 148
Eigentümergemeinschaft 101, 166
Einbringung 319
Einheits-Betriebsaufspaltung 86, 91, 170 ff.
Einkünfte
- aus Gewerbebetrieb 36
- aus Vermietung und Verpachtung 36
Einmann-Betriebsaufspaltung 85, 91
Einstellung der betrieblichen Tätigkeit 317
Einstimmigkeit 104, 107, 109
Einstimmigkeitsvereinbarung 84, 109

Stichwortverzeichnis

Einzelgeschäftsführungsbefugnis 106
Einzelhandelsgeschäft 66 f.
Einzelunternehmen 91, 148, 166, 179
Einzelvertretungsbefugnis 106
Eltern 118
Erbauseinandersetzung 27 ff.
Erbbaurecht 82
Erbengemeinschaft 104, 110, 150, 166
Erbfolge 104
– vorweggenommene 27 ff.
Erbstreitigkeiten 27 ff.
Erfindervergütung 75
Erfindung 76 ff.
– geschützte 76 f.
– ungeschützte 77 f.
EStG § 15 Abs. 3 Nr. 1 320

Fabrikantenerfindung 75
Fabrikgebäude 68 f.
Fachkenntnis 130
– erforderliche 120
faktische Beherrschung 130 ff.
Familienangehörige 27 ff.
Familien-Betriebsaufspaltung 117 f.
Familienverbund 117
Feststellungslast 128
Firmenwert 78
Flugzeuge 27 ff., 75
Freibeträge 174

Gebäude, gemischt genutzte 74
Gebrauchsregelung 81
gemeinnützige Einrichtung 172
Gemeinnützigkeit 27 ff.
Gemeinschaft 108 ff., 166, 205
Generationenwechsel 326
Genossenschaft 166
Gesamtbildbetrachtung 60 f.
Gesamtgut 93
Geschäfte des tatsächlichen Lebens 87

Geschäftsführer 101, 135
– der GmbH 138
Geschäftsführergehalt 325
Geschäftsführung, jede einzelne Maßnahme der 86
Geschäftsführungsbefugnis 106
Geschäftswert 78, 307
Gesellschaft bürgerlichen Rechts 107, 150
Gesellschafter, Zustimmung der 101
Gesellschafterbeschluss 93, 106
Gesellschafterdarlehen 27 ff.
Gesellschafterleistung, eigenkapitalersetzende 324
Gesellschaftsrecht 27 ff., 86
Gesetzesgrundlage der Betriebsaufspaltung 27 ff.
Gestaltungsmissbrauch 27 ff., 164
Getränkeeinzelhandel 66
Gewerbebetrieb, Einkünfte aus 36
Gewerbesteuer 27 ff.
Gewerbesteuerbefreiung 193
Gewerbesteuerhebesätze 174
Gewerbeverlust 27 ff.
gewerbliche Tätigkeit 40
Gewinnbezugsrecht 92
Gewinnermittlung 173
Gewinnerzielungsabsicht 81, 174
Gewinnrealisierung 27 ff.
Gewinnverteilung 92
Gewinnverteilungsabrede 93
Gewinnverlagerung 27 ff.
Gläubigerschutz 27 ff.
Gleichordnungsverhältnis 91
GmbH 150, 174
GmbH & Still 27 ff.
GmbH-Anteil 93
GmbH-Geschäftsführer 92, 135
Großgläubiger 140
Großgläubigerstellung 130
Grundbesitz 54
Grundbuch 27 ff.
Gründe, andere innerbetriebliche 59
Grundpfandrecht 27 ff.

Grundstück 54
– bebautes 56 ff.
– unbebautes 74 ff.
Gütergemeinschaft 93, 110, 166 f.
Haftungsbeschränkung 323 ff.
Handelsregistereintragung 27 ff.
Handelsvertreterrechte 78
Handelsvertretervertrag 78
Herrichtung, besondere 54 f., 57 f.
Holding 170
– geschäftsführende 170
– vermögensverwaltende 170
Holdinggesellschaft 170
Hotelanlage 66 f.
Hotelgrundstück 66 f.

Infektionsvorschrift 320
Inländer 168
Interessen, gleichgerichtete 117
– Widerlegung 101
Interessengegensätze 101 ff.
Interessengleichheit 100
Interessengleichklang 135
Investitionszulage 27 ff.

kapitalersetzende Nutzungsüberlassung 324 f.
Kapitalgesellschaft 169 f., 174
Kaufhausgrundstück 66
Kind
– minderjähriges 118, 128
– volljähriges 118
Klempnerwerkstatt 68
Know-how 78
Kollektivvereinbarung 27 ff.
Kommanditgesellschaft 107
Konkurs 90
Konkursverfahren 313
Konzern
– faktischer 27 ff.
– qualifiziert faktischer 323 f.
Konzernrechnungspflicht 27 ff.
Konzernrecht 27 ff.
Konzernsteuerrecht 27 ff.
Kundenstamm 78

Kurheim 67 f.
Lage, besondere 58 f.
Lagerhalle 68, 70
land- und forstwirtschaftlicher Betrieb 45
Landwirtschaft 27 ff.
Lebens- und Wirtschaftsgemeinschaft 135
Lebensmittelsupermarkt 67
Leihe 81
Liebhaberei 27 ff.
Liquidation 174

Machtstellung, tatsächliche 130
Mehrheit
– einfache 94 ff.
– qualifizierte 104 ff., 106
Mehrpersonen-Betriebsaufspaltung 86, 92
Meinungsverschiedenheit 101
Mietzins 324
Minderheitenschutz 27 ff.
Minderheitsgesellschafter 84
Mitarbeiterbeteiligung 27 ff.
Mitbestimmungsgesetz 27 ff.
mittelbare Beherrschung 112 ff.
Mitunternehmerschaft 27 ff.
Möbeleinzelhandel 58

Nettobetrachtung 27 ff.
Nießbrauch 82
Nießbrauchsrecht 93
Nur-Besitz-Gesellschafter 82, 104, 105, 110 f., 116 f., 151, 190
Nur-Betriebs-Gesellschafter 110 f., 152
Nutzung, durch anderen Unternehmer 61
Nutzungsüberlassung 27 ff., 51, 84
– Abgrenzung zur Veräußerung 79 f.
– Art der 81 f.
– eines fremden Wirtschaftsguts 80 f.
– kapitalersetzende 324 f.

– unentgeltliche 81
offene Handelsgesellschaft 107, 150
Organschaft 27 ff., 170

Pachtrecht 27 ff.
Patent 76
Pensionsrückstellung 325
personelle Verflechtung 84 ff.
Personengesellschaft 110, 113 f., 115 f., 151, 166, 174 ff.
– doppelstöckige 189 ff.
– gewerblich geprägte 319 f.
– mehrstöckige 189 ff.
– nichtgewerbliche 183
Personengruppentheorie 96 f.
– Rechtfertigung 100 f.
Personenidentität 84
Personenstandsveränderung 166
Privatvermögen 311
Produktionshalle 68

Rechtsfolgen der Betriebsaufspaltung 50
Rechtsprechungsänderung 128
Rechtsprechungsübersicht 27 ff.
Reisebüro 66
Reparaturhalle 68
Reparaturwerkstatt 69
Reserven, stille 53
Restbetriebsgedanken 43, 221
Rezepte 78

Sachliche Verflechtung 51 ff.
Schenkung 27 ff., 120
Schulgebäude 68
Schutzrecht 76, 78
Schwestergesellschaften 174
Sonderbetriebsvermögen 80, 174
Sonderbetriebsvermögen II 116, 174
Sondervergütungen 174
Sowohl-als-auch-Gesellschafter 110 f.
Sportler, ausländische 27 ff.
Stiftung 112, 113
Stille Beteiligung 162 f.
stille Reserven 53

Stimmenmehrheit 109
Stimmrecht 93 f., 130
Stimmrechtsausschluss 117, 149 ff., 152
Stimmrechtsbindung 120, 127
Stimmrechtsmacht 105
Stimmrechtsvereinbarung 84, 107, 110
Stimmrechtsverhältnis 92, 93
– Änderung 320 f.
Stimmrechtsvertrag 130
Subsidiaritätsgrundsatz 174
Systemhalle 68

Tätigkeit
– freiberufliche 45 f.
– gewerbliche 40
– vermögensverwaltende 40
Tätigkeit, freiberufliche 205
tatsächliche Machtstellung 130
Taxikonzession 78
TBB-Urteil 323
Teilbetrieb 27 ff.
Teilbetriebsaufgabe, Besitzunternehmen 313
Teilbetriebsaufgliederung 27 ff.
Teilbetriebsverpachtung 54
Testamentsvollstrecker 89
Testamentsvollstreckung 89
Treuepflicht 135

Überlassungsverhältnis 88 f.
Umlaufvermögen 79
Umqualifizierung 36
Umwandlung 27 ff.
Unterbeteiligung 163
Unterkapitalisierung 27 ff.
Unternehmenssteuerreform 27 ff.
Urheberrecht 78

Veräußerung, Abgrenzung zur Nutzungsüberlassung 79 f.
Verbrauchermarkt 67
Verein 150, 166
Vererbung 27 ff.

Verflechtung
– enge wirtschaftliche 40
– personelle 50, 84 ff.
– personelle, Begriff 85
– sachliche 50, 51 ff.
– sachliche, Rechtfertigung 52 f.
Vergleich, gerichtlicher 90
Verlagsgebäude 70
Verlustverlagerung 27 ff.
Vermietung 81
Vermietung und Verpachtung,
  Einkünfte aus 36
Vermögensbeteiligungsverhältnis 93
vermögensverwaltende Tätigkeit 40
Vermutung 118, 119
Vermutungs-Rechtsprechung 135
Verpachtung 81
Verschmelzung 318
Verschwägerte 119
Videourteil 323
Vollmacht
– jederzeit widerrufliche 120
– unwiderrufliche 120

Wahlrecht 109, 110, 151, 305, 306
Warenzeichen 78

wesentliche Betriebsgrundlage 52, 53 ff.
Widerlegung, gleichgerichteter
  Interessen 101
Wiesbadener Modell 129
Wirtschaftsgemeinschaft 122
– enge 117
Wirtschaftsgut
– bewegliches 75
– immaterielles 75 ff., 307
– Überlassen von 104
Wirtschaftsjahr, abweichendes 27 ff.
Wirtschaftsüberlassungsvertrag 27 ff.
Wohnungseigentümergemein-
  schaft 27 ff., 87, 108

Zugewinngemeinschaft 120
Zusammenhang, enger
  wirtschaftlicher 50
Zusammenwirken, konfliktfreies 120
Zustimmung der Gesellschafter 101
Zwangsverwaltung 90
Zweck- und Wirtschaftsgemein-
  schaft 125
Zweckbetrieb 172
Zweckgemeinschaft 122
Zwischenvermietung 83